Ágnes Heller · Was ist komisch?

Ágnes Heller

Was ist komisch?

Kunst, Literatur, Leben und die unsterbliche Komödie

Edition Konturen

Wien · Hamburg

Bibliografische Information der Deutschen Bibliothek
Die Deutsche Bibliothek verzeichnet diese Publikation in der Deutschen Nationalbibliografie, detaillierte bibliografische Daten sind im Internet über http://dnb.ddb.de abrufbar.

Umschlaggestaltung: Georg Hauptfeld, dressed by Gerlinde Gruber
Umschlagbild: Statue von Don Quijote und Sancho Panza in Madrid, Spanien, ID 9249301 © Alain Lacroix | Dreamstime.com

Übersetzung: Georg Hauptfeld
Lektorat: Bettina Plenz

ISBN 978-3-902968-30-2

Druck: Druckerei Berger, 3580 Horn
Printed in Austria

„... denn nur als aesthetisches Phänomen ist das Dasein und die Welt ewig gerechtfertigt ..."

Friedrich Nietzsche, Die Geburt der Tragödie

Inhalt

Vorwort

Dieses Buch sollte als Versuch gelesen werden, über das Phänomen des Komischen im Allgemeinen philosophisch nachzudenken. Soviel ich weiß, ist dies der erste Versuch, dies zu tun. Ich habe nach etwas Vergleichbarem gesucht, aber nichts gefunden, deshalb bin ich einen neuen Weg gegangen. Mein Buch soll keine Zusammenfassung sein, sondern eine Ouvertüre. Es ist nicht provokant, auch wenn Form und Inhalt vielleicht stellenweise provokant wirken. Ich hoffe, es wird angefochten, zurückgewiesen oder lächerlich gemacht. Nur dann kann ich von einem Erfolg ausgehen.

Sehr wenige Dinge müssen vorab gesagt werden. Ich habe kein Wort verloren über einen Roman, eine Komödie, ein Gemälde oder einen Film, den oder die ich nicht gelesen oder gesehen habe – oder mich auch nur indirekt darauf bezogen. Ich verlasse mich nie auf Informationen aus der Sekundärliteratur. Ich habe versucht, die Sekundärliteratur überhaupt zu übergehen, mein eigenes Verständnis jedes einzelnen Werkes zu bieten, das hier besprochen wird, und Interpretationen anderer zu vergessen oder gar nicht erst zur Kenntnis zu nehmen. Ich wollte dieses Buch ohne Krücken schreiben und ohne die Sichtweisen anderer zurückzuweisen. Ich wollte ein schmales Buch ohne endlose Anmerkungen. Ich wollte über komische Phänomene nachdenken und nicht bloß Informationen darüber sammeln.

Nur wenn es um die Erörterung von Theorien der Komödie ging, war das nicht ganz so. Um solche Theorien zu besprechen, muss man sie beschreiben. Doch auch dabei behandle ich nur philosophische, literatur- oder kunsttheoretische Arbeiten, die ich gelesen und für wesentlich befunden habe. Ich beziehe mich nie auf Werke, auf die sich von mir besprochene Arbeiten stützen oder die sie kritisieren.

Das Ziel, ein dünnes Buch über ein dickes Thema zu schreiben und dem Leser, der Leserin Gedanken anstelle von Lexikonwissen zu bieten, führt zweifellos zu Unzulänglichkeiten. Man kann nur eine begrenzte Zahl von Büchern lesen. Mir ist bewusst, dass ich einige literaturtheoretische und ästhetische Arbeiten berücksichtigt habe, die manche als unbedeutend ansehen, und dass ich einige andere übergangen habe, die andere Fachleute für bedeutend und wichtig halten. Die Auswahl der Lektüre hängt von vielen Dingen ab, unter anderem auch ganz einfach von der Verfügbarkeit.

Meine Auswahl an komischen Dramen, Romanen, Novellen, Büchern, Gemälden, Filmen oder auch Witzen mag manche stören. Ich habe viel mehr Werke gelesen und erwogen, als ich in einem kurzen Buch erörtern kann, und daraus jene ausgewählt, die ich besonders bedeutend und/oder besonders charakteristisch fand für das komische Genre, für das sie stehen. Manche werde ich mehr im Einzelnen besprechen, auf andere mich nur beziehen. Oft folge ich dem Urteil der Überlieferung – weil es auch mein eigenes war – und analysiere jene Werke besonders genau, die zweifellos die leuchtenden Sterne des komischen Genres sind, Werke wie „Don Quijote" unter den Romanen, „As You Like It" und „Tartuffe" unter den Komödien sowie die Werke von Pieter Brueghel und Honoré Daumier unter den Malern.

In einer Auswahl wie meiner gibt es mehrere zufällige Elemente. Vor allem leitet mich mein Geschmack. Vielleicht werden andere bestimmte Werke aufgrund ihres Geschmacks für wichtiger halten. Manche werden sich ärgern, dass ich die Romane von Rabelais oder den großartigen „Tristram Shandy" nur erwähne, ohne sie im Detail zu besprechen. Ich kann das begründen, auch wenn manche Leser und Leserinnen meine Entschuldigung nicht überzeugend finden werden. Es gehört nicht zu den Zielen meines Buches, eine Stimme unter vielen zu sein. Seit dem Buch von Michail Bachtin ist Rabelais der bevorzugte komische Autor moderner Literaturtheorie, nur vergleichbar mit Lawrence Stern. Sie werden seither ununterbrochen und von allen Seiten kommentiert. Ich hätte mir und meinen Lesern und Leserinnen einen Bezug auf diese Diskussion nicht ersparen können. Ich hätte nicht vermeiden können, meine Zustimmung zu oder Ablehnung von Aspekten der Debatte zu formulieren – ich hätte also nicht umgehen können, was ich am meisten vermeiden wollte. Ich bitte alle Leser und Leserinnen, die nicht persönlich betroffen sind (so wie viele Literaturtheoretiker des Betriebes), diese Romane selbst zu lesen und erst danach die vielen Bücher zu konsultieren, die bereits über sie geschrieben wurden. Und schließlich war meine Auswahl auch nicht von meinen ganzheitlichen Neigungen getrieben (und ich muss gestehen, dafür habe ich einige Erwähnungen unentschuldbar ausgelassen), sondern von einer Sehnsucht nach einigen Schriften, die ich nicht auslassen konnte, die einbezogen werden mussten, auch wenn sie nur kurz erwähnt werden – einfach aus Liebe.

Am Ende des Kapitels über komische Bilder nenne ich zu viele Werke. Vielleicht kann ich mich damit entschuldigen, dass die meisten zeitgenössische Werke sind und ich dadurch zeigen wollte, wie positiv unsere zeitgenössische Welt komischen Bildern gegenübersteht. Ich wollte darstellen, wie eine früher marginale Haltung heute zentral geworden ist. Eine weitere Schwierigkeit ist, dass nicht jeder dieselben Ausstellungen besuchen, dieselben Sammlungen aufsuchen oder dieselben Musikstücke genießen kann. Ein spezielles Problem könnte sein, dass einige meiner komischen Lieblingsbilder zu privaten Sammlungen gehören. Doch ich hoffe, dass Leser und Leserinnen den Ehrgeiz haben, die Liste wichtiger komischer Bilder durch Hinzufügen verschiedener Künstler und Bilder zu erweitern, statt auch nur wenige herauszunehmen.

Es ist auch problematisch, dass ich im Kapitel über komische Filme prinzipiell nur solche bespreche, in denen Drehbuchautor, Regisseur und Hauptfigur ein und dieselbe Person sind. Diese Entscheidung für eine klare Autorenschaft kann man natürlich kritisieren. Außerdem gibt es in meinem Wissen über Stummfilme und frühe Tonfilme einige Lücken, die bisher noch kein Videoangebot füllen konnte.

Ich glaube jedoch nicht, dass irgendeines der genannten Bedenken, selbst wenn sie alle berechtigt sind, auch nur das Geringste an meiner Theorie oder vielmehr meinen Theorien über komische Genres ändern könnte oder geändert hätte. Denn die Wahrheit einer Theorie hängt nicht von der Anzahl der Beispiele ab. Es gibt allerdings ein gewichtigeres Problem, das in eine einzige Frage gefasst werden kann: *Welche Werke sind tatsächlich komisch?*

Wie ich in den Hauptkapiteln dieses Buches immer wieder sagen werde, sind manche Dinge, Figuren und Ereignisse zu einer bestimmten Zeit oder für bestimmte Personen überhaupt nicht komisch, die zu anderen Zeiten und von anderen Personen als durchaus komisch empfunden werden. Komisch „sein" ist also nicht wie Zucker oder Salz, nicht wie eine chemische Substanz, denn man muss einen Sinn für das Komische haben, sowohl einen persönlichen wie einen unpersönlichen, um das Komische zu schmecken, zu fühlen und zu würdigen. Überlieferung, Geschichte und Gedächtnis haben bereits vor uns Werke ausgewählt, die als komisch gelesen und angesehen wurden, und diese werden auch heute als komisch angesehen. Doch trifft das Gegenteil nicht immer zu. Manche nicht komischen Werke können heute nur noch unter der Bedingung gewürdigt werden, dass man sie in einem komischen Licht sieht. Zeitgenössische Theaterregisseure kennen dieses Phänomen genau und nutzen es manchmal glänzend, vor allem in der Oper. Doch wenn wir einen zeitgenössischen Roman lesen oder ein zeitgenössisches Bühnenstück sehen, haben Geschichte und Gedächtnis noch in keiner Weise entschieden, ob es als komisch betrachtet werden soll. Die Absicht des Autors ist, auch wenn sie ausgesprochen wurde, nicht allein entscheidend, denn er ist ja auch nur ein Rezipient seines Werkes unter vielen.

Um auf den Punkt zu kommen: Manche mögen beanstanden, dass ich einige Romane von Samuel Beckett im Kapitel über den komischen Roman besprochen habe, und auch einige seiner Dramen im Kapitel über das komische Drama. Man kann Einwände dagegen erheben, dass „Die Blechtrommel" als komischer Roman bezeichnet wird, denn wie soll man Nazideutschland auf komische Weise betrachten? Ein ähnliches Problem mögen manche damit haben, dass ich in Franz Kafkas „Die Verwandlung" stark komische Züge entdeckte. Doch so lese ich diese Bücher, so sehe ich sie. Ich glaube, selbst die, die das nicht tun, können trotzdem verstehen, warum. Dazu habe ich ein eigenes Kapitel über die „existenziale Komödie" geschrieben, ohne Dramen und Romane zu trennen, um zu zeigen, dass es eine Art von Komödie gibt, die sich vom Komischen, wie es traditionell dargestellt wird, unterscheidet, und die als repräsentativ gelten kann für zeitgenössisches Auftreten des unsterblichen komischen Phänomens in der Literatur.

Genug des Vorspiels, Vorhang auf!

1. Das unbestimmbare Wesen
   des Komischen

Sowohl die Tragödie als Gattung wie auch das Tragische als Ereignis oder Phänomen des Lebens sind von Beginn an beliebte Themen philosophischer Untersuchung gewesen. Aristoteles, dessen „Poetik" zum Masternarrativ für jeden Schriftsteller, Interpreten oder häufigen Theaterzuschauer wurde, interessierte sich für das Wesen des Dramas und hob die geschwisterlichen Bindungen zwischen Philosophie und Tragödie hervor. Er meinte, man müsse die Dinge darstellen, wie sie sein sollten, nicht, wie sie sind. Die Tragödie zeigt Figuren, die über uns stehen, wenn auch nicht immer ethisch, so jedenfalls im Bezug auf ihre Erhabenheit. Aus Schriften des Aristoteles, die später „Metaphysik" genannt wurden, wissen wir, dass philosophisches Denken zwei Stufen höher steht als Alltagsdenken und sogar noch über dem wissenschaftlichen Denken. In seinem hierarchisch geordneten Raum sind Tragödie und Philosophie gleichwertig. Dieses Masternarrativ stellte Platons äußerst problematische Ablehnung der Tragödie als Genre in den Schatten und marginalisierte leider auch Platons Unterscheidung zwischen dem Tragischen als Ereignis des Lebens auf der einen Seite und der Tragödie als Gattung auf der anderen. Aristoteles wich dieser Unterscheidung gänzlich aus. Nicht jede historische Epoche hatte einen Sinn für das tragische Drama – so verstand etwa Avicenna nicht die Bedeutung der Begriffe Tragödie und Komödie in den Schriften von Aristoteles. Doch immer dort, wo erstere zur anerkannten Gattung wurde, wurden die brüderlichen Verbindungen zwischen Tragödie und Philosophie erneuert. Diese Brüderlichkeit wurde noch im 19. und 20. Jahrhundert von Hegel, Nietzsche, Lukács, Heidegger oder Adorno gefeiert, um nur einige zu nennen.

Das zweite Masternarrativ der europäischen Philosophie, die Bibel, kennt weder Tragödie noch Philosophie, zumindest nicht in der griechischen Bedeutung des Wortes. Natürlich berichtet die Bibel von tragischen Ereignissen und tragischen Figuren. Alles, was nach Aristoteles Handlung und Helden der griechischen Tragödie kennzeichnet, trifft auch auf verschiedene Gestalten und Geschichten der jüdischen Bibel zu. Jesus und die Apostel waren zwar keine tragischen Figuren, aber wir können die Geschichten von Jakob, Joseph oder Moses problemlos als tragische Beispiele nennen. Aristoteles sagt, dass ein tragischer Held, der in seiner Erhabenheit über uns steht, in keiner Weise perfekt sein muss, dass seine Unvollkommenheit zu seinem Fall in den Abgrund, in Verzweiflung oder in unglückliche Umstände beiträgt, aus denen einige tragische Helden dann wieder auftauchen können (wie zum Beispiel Orestes). Man sagt, in der Tragödie spiele die *dianoia* eine zentrale Rolle, die Kollision von Gedanken und Absichten. Aristoteles legte auch besonderen Wert auf Szenen der Erkenntnis. Die Geschichte Josephs enthält zum Beispiel alle von Aristoteles aufgezählten Elemente des Tragischen, andere Geschichten wie die von Samson, Saulus, Jonathan oder David zeigen zumindest eines dieser Elemente. Diese tragischen Ereignisse des Lebens werden in Erzählungen dargestellt, nicht als Drama. Und weil das Tragische (oder was Platon die Tragödie des Lebens nannte) im aristotelischen Masternarrativ mit dem tragischen Drama gleichgesetzt wird, gehören die tragischen Helden der Bibel nicht zu den wichtigsten *interpretanda* einer philosophischen Erörterung der Tragödie. Aus mehr als einem Grund war dies in der jüdischen wie in der christlichen Philosophie unmöglich, auch nicht in der modernen Philosophie. In der Moderne nehmen tragische Ereignisse und Geschichten der jüdischen Bibel durchaus die Form tragischer Darstellung an, zunächst in musikalischen Genres wie Oper und Oratorium (etwa bei Georg Friedrich Händel), später auch auf der Theaterbühne. Trotzdem hat die Philosophie diese tragischen Masternarrative nicht zu den grundlegenden Geschichten des tragischen Genres gezählt.

Im Gegensatz zur Tragödie konnte sich die Komödie keiner besonderen Aufmerksamkeit durch die Philosophie erfreuen – mit der repräsentativen Ausnahme des ersten Philosophen, Platon. Wiederum nach der „Poetik" des Aristoteles wird die Komödie für die *mimesis* von Menschen und Handlungen gehalten, die unter uns stehen. Philosophie interessierte sich immer für das Erhabene, nicht das Lächerliche. Wie erwähnt nimmt das Tragische im metaphysischen hierarchischen Werteraum von Aristoteles einen Ehrenplatz auf einer der höchsten Stufen ein, während das Komische auf eine sehr niedrige Stufe gesetzt wird, zu den verächtlichen Gestalten und Taten des Lebens. Wir alle kennen Umberto Ecos wundervollen Roman „Der Name der Rose", aber wir können uns kaum vorstellen, dass Aristoteles im verlorenen Kapitel seiner „Poetik" oder in anderen Werken seine Meinung über den niederen Rang der Komödie geändert hätte. Der tragische Held gefällt den kultivierten, edlen Zuschauern, die eine *katharsis* erfahren, während die Komödie eine Art Unterhaltung ist, wie sie die gewöhnliche Menge mag. Geist oder Seele nehmen ihren Platz ganz oben ein, auf den höchsten Rängen, während der Körper sich hier unten findet, auf dem niedrigsten. In der Komödie spielt der Körper eine wichtige Rolle, er kann auch – wie bei Aristophanes, dem bedeutendsten komischen Schriftsteller, den Aristoteles kannte – eine schmutzige Rolle spielen, vulgär und plump. Katharsis ist eine innere geistige Erfahrung, am Lachen jedoch ist der ganze Körper beteiligt, und das ist eines *megalopsychos*, einer großen Seele unwürdig, wie wir aus der Nikomachischen Ethik wissen.

Erst in den Karnevalsfeiern des Mittelalters und der Renaissance wird das Komische eine bedeutende Rolle spielen. Für die ausführliche Erörterung der Bedeutung des Narrenfestes und der verschiedenen Arten, wie das Komische Karriere machte, vom Marktplatz bis zu François Rabelais' Romanen, haben wir Michail Bachtin zu danken. Einige seiner Interpretationen wurden seither infrage gestellt und sein populistischer Ton wurde kritisiert, aber das interessiert mich hier nicht. Bachtin ist trotzdem ein sehr philosophischer Autor, der seinen Finger auf das vernachlässigte Phänomen des Komischen gelegt hat – und auf die Beziehung zwischen dem Komischen und einer Umkehr der hierarchischen Ordnung einerseits sowie die direkte Verbindung zwischen dem Komischen und den Körperfunktionen andererseits. Auch die Betonung der Körperfunktionen ist Ausdruck der Umkehr der Hierarchie von Befehl und Gehorsam. Skatologischer Humor – der schon bei Aristophanes vorkam – kehrte auf den Jahrmarkt zurück, wo eine Umkehr der Befehl-Gehorsam-Beziehung zwischen Geist und Körper für eine Repräsentation des Komischen ebenso wichtig wurde wie die Umkehr der Befehl-Gehorsam-Beziehung auf sozialer oder politischer Ebene. Scheißen, Pinkeln, Spucken und ungehobelte Ausdrucksweise sollten nach Bachtin das Leben feiern, *zoe* und *bios*. In seinen philosophischen Aphorismen und Gedichten hat Nietzsche als Erster das Thema des Narrenfestes wieder aufgegriffen – in der „Fröhlichen Wissenschaft" und im letzten Buch von „Also sprach Zarathustra". Mit ihm begann auch die Rehabilitation des Körpers, was nicht einfach war nach Jahrtausenden philosophischer Vernachlässigung und Missachtung.

Das Bild hat sich langsam gewandelt, allerdings nicht ganz. Schon die Dekonstruktion oder Destruktion metaphysischer Systeme der Philosophie bereitete den Weg für eine intensive philosophische Auseinandersetzung mit der Komödie. Doch es wäre eine Täuschung zu glauben, metaphysisches Denken wäre das einzige Hindernis dafür gewesen, die Komödie ebenso ernst zu nehmen wie die Tragödie. In der deutschen Kultur, wo die Identifikation des alten Griechenland mit dem deutschen Geist seit Winckelmann weit verbreitet war, lässt sich kein wesentlicher Wandel feststellen. Georg Lukács und Martin Heidegger habe ich schon erwähnt, ich könnte der Liste anti-metaphysischer Denker noch Hans-Georg Gadamer hinzufügen, sie alle verbanden die Tragödie und nicht die Komödie mit Wahrheit *(aletheia)* und Freiheit. Die einzige Ausnahme auf dieser Liste wäre Aristophanes, der tatsächlich Grieche war.

Wir können daher die Frage nicht umgehen, ob es im Phänomen des Komischen oder der Komödie selbst etwas gibt, das philosophisches Denken ausschließt oder zumindest furchtbar erschwert. Und noch eine Frage lässt sich nicht vermeiden. Man hat oft behauptet, dass es in der Moderne keine Tragödien mehr gäbe. Wäre das wahr, könnte die Moderne einen Raum nicht nur für die

Darstellung des Komischen, sondern auch für philosophische Reflexion über die Komödie öffnen. Was ist also mit dem Phänomen des Komischen in der Moderne? Können in der Moderne Komödien entstehen? Oder ist der moderne Way of Life selbst so komisch, dass die Darstellung des Komischen unmöglich wird? Dass das Nachdenken über das Phänomen des Komischen von einer philosophischen zu einer empirischen Übung auf niedriger Stufe wird wie beispielsweise derber Humor? In einigen seiner Bemerkungen neigte Kierkegaard dazu, genau das zu denken. Doch wenn wir davon ausgehen, dass das moderne Leben durch und durch komisch ist, welchen Maßstab würden wir dabei anlegen? Tragisch? Ernst? Katastrophal? Schrecklich? In Umberto Ecos eben erwähntem Thriller „Der Name der Rose" ist Fanatismus das „Andere", der Feind des Komischen, und das Komische leuchtet im Licht der Toleranz. Wir sollten daher auch die Frage stellen, ob komische Genres in einer Welt weitverbreiteter Toleranz noch möglich sind. Bedauerlicherweise ist diese Gefahr nicht imminent und wird es wahrscheinlich auch nie sein. Die Antwort auf diese Frage hängt jedenfalls hauptsächlich von unserer Wahrnehmung der Toleranz und unserem Verständnis des Komischen ab.

*****

Philosophie war also bis jetzt nie besonders interessiert am Phänomen des Komischen. Das hat sich allerdings allmählich geändert. In den letzten Jahren oder gar Jahrzehnten wurden verschiedene Manifestationen des Komischen in einigen philosophischen Büchern erörtert. Es gibt ein paar Bücher über das Lachen nach Henri Bergson, die gegen ihn polemisieren, Bücher über Humor, Ironie, Witze, Parodie, Palimpseste etc. Viele werde ich an geeigneter Stelle erwähnen. Aber keines der mir bekannten Werke – möglicherweise habe ich welche übersehen – erörtert das Phänomen des Komischen im Allgemeinen. Manifestationen des Komischen sind Manifestationen von etwas. Ich möchte herausfinden, was dieses etwas sein könnte. Vielleicht klingt das nach einer platonischen Theorie der Partizipation. Doch ich fühle mich eher Ludwig Wittgensteins *Familienähnlichkeit* verpflichtet. Wenn ich sage, dass die Parodie komisch ist – ebenso wie Ironie, Humor oder Satire –, meine ich keine allen gemeinsame Substanz, sondern eine *Familienähnlichkeit*. Ich ziehe es vor, über das Phänomen des Komischen im Allgemeinen zu sprechen und nicht über Humor, das Groteske und so weiter, weil mich zuerst und vor allem die Familie interessiert und nicht die einzelnen Familienmitglieder. Mein Ausgangspunkt ist die Entdeckung oder eher die Wiederentdeckung des Komischen als ein Hauptbestandteil des Menschlichen selbst. Das meine ich, wenn ich vom „Komischen" im Allgemeinen spreche, und daraus folgt alles, was ich hier machen möchte. Dass ich die Familie „das Komische" nenne, ist nicht ganz zufällig, wenn auch bis zu einem gewissen Grad beliebig.

Unter allen Ausdrücken zu Beschreibung des Phänomens in einem philosophischen Diskurs ist dieser der älteste. Der Begriff *grotesk* wurde in der Renaissance geprägt, das Wort *Humor* wurde im heutigen Sinn erstmals im 18. Jahrhundert gebraucht, und der Ausdruck *Ironie* begann seine relativ steile philosophische Karriere in der deutschen Romantik. Und auch diese Begriffe haben ihre Bedeutung im Laufe der Zeit erheblich geändert. Wie Manfred Frank betont hat, können wir Ironie nicht genauso verstehen wie Friedrich Schlegel vor gar nicht so langer Zeit.

Es gibt einen relevanten Einwand dagegen, dass man vom Phänomen des Komischen im Allgemeinen spricht, und zwar, dass man dieses Phänomen, so wie es ist, gar nicht philosophisch begreifen kann. Möglicherweise gab es neben den metaphysischen Bedenken weitere gute Gründe, warum die bedeutenden Philosophen des philosophischen Kanons die Erörterung komischer Themen vermieden haben.

Das Phänomen des Tragischen ist selten und außergewöhnlich – zumindest, wenn wir das aristotelische „Masternarrativ" akzeptieren, das die platonische Unterscheidung zwischen der Tragödie des Lebens und der Tragödie als Genre aus dem philosophischen Gedächtnis getilgt hat. Die tragische Erfahrung – sowohl die der tragischen Helden wie die intelligenter Zuschauer – ist homogen, denn die als Tragödie bezeichnete Gattung integriert alle heterogenen Phänomene. Eine Tragödie ist unteilbar, genau wie die perfekte Seele bei Platon oder die individuelle Substanz bei Aristoteles. Das macht ihre Überlegenheit über andere Gattungen aus, die Heterogenität zulassen. Und das ist eine gute Beschreibung: Die Tragödie homogenisiert, ganz gleich, ob in einem engeren oder weiteren Sinn. Ob sämtliche Arten tragischer Phänomene homogenisiert werden können und ob daher alle tragischen Phänomene (die „Tragödien des Lebens", wie Sokrates in „Philebos" sagt) in Tragödien dargestellt werden können, ist eine Frage, die man nicht beantworten kann. Denn die Antwort hängt erstens davon ab, was wir unter einer Tragödie des Lebens verstehen, und zweitens können traditionelle Interpretationen in einer philosophischen Diskussion nicht zur Gänze vergessen und abrupt und ohne weiteres durch lange vergessene ersetzt werden. Ich werde die Beziehung zwischen den tragischen Ereignissen des Lebens, was immer sie sein mögen, einerseits und der Tragödie als Gattung andererseits nicht thematisieren – daher muss ich auch den Pfad der Tradition nicht weiter beschreiten.

Die Tragödie homogenisiert das tragische Ereignis, indem sie den tragischen Helden und die tragische Handlung miteinander verschmilzt. Man kann dies im engeren oder weiteren Sinn verstehen. Lukács zum Beispiel verstand es im engeren Sinn. Seiner Ansicht nach homogenisiert die Tragödie die Seele der tragischen Helden, die alle von einer Leidenschaft besessen sind und ein einziges

Schicksal anstreben: ihren eigenen Tod. In einem weiteren Sinn homogenisiert die Tragödie insofern, als jede tragische Figur nur in Beziehung auf die anderen existiert, sich bewegt und handelt. Nach Hegel steht die Tragödie für die Totalität (und Totalisierung) von Handlungen. Auch wenn diese Definitionen vor allem zum Verständnis der griechischen Tragödien und der *tragédie classique* passen, kann man den Prozess der Homogenisierung auch in Shakespeares Tragödien problemlos finden. Wie ein Gott wirft der Autor die Gestalten seiner Tragödie in eine gemeinsame Situation, in der sie gegeneinander oder füreinander zu handeln beginnen, immer voneinander abhängig, sodass sie alle ihr gemeinsames Schicksal bis zum Tod erfüllen. Auf diese Weise wird ihr Schicksal zum Schicksal der Welt, in die sie geworfen wurden. Diese Tendenz zur Homogenisierung im engeren oder weiteren Sinn des Wortes setzt die Tragödie in Beziehung zur traditionellen Philosophie, aber sie wird dadurch auch leichte Beute spekulativer Ansichten und post-metaphysischer, moderner Philosophen.

Wenn wir allerdings über das Komische sprechen, stehen wir vor einem Durcheinander.

Wie einfach ist doch die Beziehung zwischen der Tragödie von Lebensereignissen (was immer das bedeutet) und der Tragödie. Die Tragödie als Gattung homogenisiert tragische Erfahrungen, das ist ganz klar. Das „Tragische" ist nicht sichtbar, nicht hörbar, es spricht die Sinne nicht unmittelbar an, sondern nur den Verstand, den Geist oder die Seele (je nachdem, wie der Denker das nennt). Die Tragödie ist nicht nur deshalb selten, weil tragische Helden selten sind, sondern weil tragische Zeiten selten sind. Es hat lange historische Zeiträume ohne irgendwelche Tragödien gegeben, also auch ohne tragische Erfahrungen oder zumindest bewusste tragischen Erfahrungen. Und wenn die tragische Erfahrung nicht bewusst ist, dann ist sie überhaupt keine tragische Erfahrung, denn eine unbewusste tragische Erfahrung ist Unsinn, nicht zuletzt nach dem Gründungsvater des Unbewussten, Sigmund Freud.

Wie kompliziert alles wird, wenn wir von komischen Erfahrungen sprechen.

Es gibt keine historischen Zeiten ohne komische Erfahrungen. Es gibt keine bekannte menschliche Gemeinschaft, in der man nicht lächerliche oder komische Dinge, Gesten, Existenzen findet. Es gibt keine Gemeinschaft ohne Gelächter und keine, die keine Scherze kennt. Es gibt Dinge, die sind überall und jederzeit komisch, und es gibt Dinge, Handlungen, Existenzen, die sind in einer Gemeinschaft lächerlich und in einer anderen nicht. Dinge, die zu einer Zeit komisch sind und zu einer anderen nicht, in einer menschlichen Gruppe, aber nicht für andere. Viele komische Phänomene gehen direkt auf die Sinne. Es gibt komische Anblicke, komische Geräusche, die ohne weitere Umstände oder Überlegungen wahrgenommen werden. Es gibt komische Gesten. Das komische Phänomen kann ein Körper sein, ein Text, eine Handlung, freiwillig oder unfreiwillig, eine Position, eine Erzählung oder eine Art zu sprechen. Es kann auch ein Spiel sein. Das Komische ist chaotisch wie das Leben selbst. Es durchtränkt unser Alltagsleben, unsere Unterhaltung, unsere menschlichen Beziehungen. Es kann eine Erscheinungsform von Vertrautheit sein oder Fremdheit, von Liebe oder Abscheu, von Freude oder Scham – von praktisch allem. Das Komische ist ganz einfach gänzlich, absolut, hoffnungslos heterogen. Zudem ist es gemäß der philosophischen Tradition auch prosaisch. Das Alltagsleben ist eben prosaisch. Im Komischen gibt es keine Poesie, keine Schönheit, keine Erhabenheit. Ist das nicht Grund genug, dass die Philosophie sich nicht dafür interessiert?

Ich gebe zu, es scheint unmöglich, über eine „Familie" zu sprechen, deren Mitglieder derart verschieden sind, so zahlreich, dass man sie nicht einmal alle persönlich kennenlernen kann. Dennoch muss die Philosophie meiner Ansicht nach über die Familie selbst sprechen. Sie muss vom Komischen reden, nicht nur vom Absurden oder Grotesken, oder von Ironie, Lachen, Witzen oder von den Komödien Shakespeares, der Kunst Honoré Daumiers usw. Ich habe mich für einen Rundgang entschieden oder vielmehr für eine Aufgabe, die mir lösbar schien, und ich denke, indem ich diese leichtere Aufgabe erfülle, können wir am Ende auch das ursprüngliche Ziel erreichen, eine Antwort auf die Frage anzubieten, was das Komische ist.

Um mich dieser Aufgabe zu stellen, beschloss ich, die philosophische Tradition zu ignorieren, die in dieser Beziehung nicht sehr erhellend ist, und mich den Künsten zuzuwenden. Philosophie steht immer noch auf Kriegsfuß mit dem Komischen. Literatur, Malerei, Skulptur und das Theater sind damit immer bestens zurechtgekommen. Das Phänomen des Komischen kann sich nicht nur mit einer hohen Kunst schmücken, sondern mit vielen (zu ihrer Aufzählung komme ich später). Weil manche Dinge visuell komisch sind, andere für das Ohr, und weil der Körper und seine Gesten und Bewegungen ebenso komisch sein können wie ein Text, können ganz verschiedene hohe Künste das Phänomen des Komischen nutzen. Um das Komische im Allgemeinen zu begreifen, schlage ich vor, verschiedene Wege zu gehen. Ich möchte die verschiedenen komischen Gattungen gesondert erörtern – Witze, Komödien, den komischen Roman, das komische Bild, die existenziale Komödie und den komischen Film. Alle hohen Künste gemeinsam werden die Frage beantworten, was das Komische ist und was es ausmacht. Zuvor muss ich allerdings noch die Grenzen beschreiben oder eher Begrenzungen meines Unterfangens.

*****

Das erste Problem, dem ich begegnet bin, ist folgendes: Auch wenn man sich auf die „hohen" komischen Künste beschränkt, bleibt die Heterogenität der Welt des Komischen ein Problem – allerdings nicht auf derselben Ebene, wie wenn man versuchen würde, die Erfahrung des Komischen im Alltag zu beschreiben. Die einzelnen Genres selbst homogenisieren in mehr als einer Weise. Die komische Malerei muss sich naturgemäß auf das Visuelle konzentrieren und komisches Sprechen, komischen Text und Klang und sogar komisches Narrativ vernachlässigen, letzteres allerdings nicht notwendigerweise. Eine Bühnenkomödie kann fast alle diese Elemente einsetzen, muss aber die Beschränkungen der Gattung berücksichtigen (ich komme gleich darauf zurück). Sie wird die meisten Elemente einigermaßen homogenisieren, denn sie müssen der Struktur untergeordnet werden, den Figuren und der Handlung, einer Dauer von zwei oder drei Stunden, also einem engen Rahmen. Ich nenne dies die Homogenisierung der ersten Art. Sie führt vielleicht zu einem Phänomen, dem wir bald begegnen werden: Komische Genres, vor allem das komische Drama, der komische Roman und die existenziale Komödie, haben alle relativ fixe Strukturen, die sich immer wiederholen, wenn auch mit vielen Variationen, und sie bieten Platz für gleichbleibende Figuren. Doch trotz der Homogenisierung der ersten Art taucht die Heterogenität auf einer anderen Ebene auf, und nicht nur auf eine Art. Erstens gibt es viele komische Genres, die alle völlig verschieden sind und verschiedenen strukturellen Modellen folgen, auch wenn jede bestimmten eigenen Mustern gehorcht. Man könnte den komischen Gattungen sogar vorwerfen, dass es bei jeder nur um eine relativ gleichbleibende Schablone geht. Doch sind nicht alle Wiederholungen von derselben Art.

Darüber hinaus können Dramen, Romane, Gemälde und Filme auf sehr verschiedene Art komisch sein, auch wenn das Phänomen, das man „komisch" nennt, eine allgemeine Gruppe bleibt. Sie können satirisch, humorvoll, ironisch oder grotesk sein. Es können Parodien, Witze, Karikaturen sein usw. Keine einzige Welt des komischen Genres kann ausschließlich mit einer davon gleichgesetzt werden. Ist „Don Quijote" grotesk? Ironisch? Satirisch? Oder humoristisch? Ist es eine Parodie oder eine Karikatur oder alles zusammen? Oft werden sehr heterogene Standpunkte oder komische Elemente in einem einzigen komischen Werk eingeführt, und die Autoren bemühen sich gewöhnlich nicht, sie eng zusammenzuführen, denn sie pflegen ja gerade diese Heterongenität.

Was ist also falsch an der Heterogenität? Ich glaube nicht, dass irgendetwas daran „falsch" ist, doch ist es wichtig, die Heterogenität des Lebens in die Heterogenität der hohen komischen Künste zu transformieren, und zwar mittels ihrer ursprünglichen Homogenität. So wie die Wiederholung in den komischen Genres anders ist als die Wiederholung im Alltag, so ist auch die Heterogenität anders. Und was ist mit den anderen Vorwürfen bezüglich des prosaischen Charakters der Komischen und seines Mangels an Schönheit? Die Frage ist nicht, ob man die Schönheit der Verse von Molière genießt oder zum Beispiel Bruegels wunderschön gemalte „Bauernhochzeit". Die Frage ist vielmehr, ob Schönheit, wenn sie da ist, irgendetwas mit dem komischen Charakter des Dramas oder Gemäldes zu tun hat oder ob sie trotz des komischen Charakters da ist. Ich denke, sie ist „trotzdem" dort und nicht „deswegen". Das Phänomen des Komischen ist nicht „schön". Und ich möchte auch gleich vorschlagen, warum: Lachen ist rational, nicht emotional. Wir lieben die Schönheit, weil sie Gefühle und Emotionen direkt anspricht. Auch komische Werke können Gefühle erzeugen, aber sie tun das nur indirekt, nicht spontan, in der Reflexion. Mehr noch, das Komische und das Hässliche können – wenn auch nicht notwendigerweise – eine *Familienähnlichkeit* aufweisen, auch wenn das Hässliche keineswegs immer lächerlich ist. Hässlichkeit kann entsetzlich sein, doch wenn sie nicht gefährlich ist, kann sie auch Gegenstand von Gelächter und Frohsinn sein.

Die Heterogenität der zweiten Art und die Repetitivität der zweiten Art in den komischen Genres können auch als reflexive Distanz zur Heterogenität der ersten Art und der Repetitivität der ersten Art im Alltagsleben verstanden werden. In einem ersten Ansatz könnte man sagen, dass das komische Genre sich über das Alltagsleben und seine Gestalten lustig macht, die sie zugleich präsentieren und repräsentieren. Diese Theorie sieht vielversprechend aus. Einige Haupttypen des komischen Genres – vor allem Filmkomödien und komische Dramen – stellen dem alltäglichen Menschenverstand den alltäglichen Unsinn gegenüber. Der gesunde Menschenverstand macht sich über jene lustig, die ihn nicht haben oder weit hinter sich lassen. Dieser gesunde Menschenverstand kann verschiedene Dinge oder Ansichten repräsentieren. Es gab eine Zeit, da war es gegen den gesunden Menschenverstand, zu leugnen, dass Zeus Blitz und Donner verursacht oder Söhne ihren Vätern gehorchen müssen. Zu anderen Zeiten entsprach es nicht dem gesunden Menschenverstand, zu glauben, dass Söhne ihren Vätern unbedingt gehorchen müssen oder Frauen ihren Männern. Manche Ansichten und Dinge können ebenso vom gesunden Menschenverstand vertreten werden wir ihr genaues Gegenteil – abhängig von Zeit und Publikum im weitesten Sinn. Die Inhalte unsinniger Ansichten können verschieden sein, doch Starrsinn und/oder Absonderlichkeit sind immer lächerlich, denn sie beleidigen die Idee der Gerechtigkeit, wie sie der gesunde Menschenverstand repräsentiert.

Diese Theorie ist allerdings hauptsächlich aus dem komischen Drama hervorgegangen und speziell aus dem antiken komischen Drama. In fast allen komischen Romanen und in bestimmten modernen komischen Dramen nimmt die Rationalität kaum je den Standpunkt des empirischen Menschenverstandes ein – man denke an „Gullivers Reisen". Ich komme darauf bei der Erörterung von Witzen zurück.

Das Problem ist nicht nur die Heterogenität der Position, die die komische Rationalität einnimmt, sondern auch die Heterogenität der Gegenstände des Humors – auch wenn sie eng verwandt sind. Aristoteles spricht in seiner „Poetik" über Komödien als Werke, deren komische Figuren und Handlungen unter uns stehen. In solchen Fällen ist der Menschenverstand der beste Anhaltspunkt, um Lächerliches vom nicht Lächerlichen zu unterscheiden. Doch zumindest in der „Poetik" beachtet Aristoteles nicht die Möglichkeit, dass Figuren und Ideen auch aus dem gegenteiligen Grund lächerlich und komisch sein können, nämlich weil sie weit jenseits und über der Alltagsrationalität stehen. Wenn Aristoteles in seiner Ethik die sokratische Ironie behandelt – er nennt sie Spott –, stößt er entfernt auf dieses Problem, aber er verfolgt es nicht weiter. Doch dieses Problem kann man nicht umgehen. Denn nach den beiden kurz erwähnten Quellen der Heterogenität des Komischen (der Heterogenität der komischen Gattungen und der Heterogenität der komischen Ansichten) begegnen wir noch einer dritten. Während Gestalten oder Phänomene nur dann tragisch sein können, wenn sie über uns stehen, können sie sowohl komisch werden, wenn sie über uns als auch, wenn sie unter uns stehen.

Eine Person, eine Figur, ein Urteil, eine Art zu Denken oder zu Sprechen kann für uns wirklich komisch sein, wenn wir ihr nicht mit rationalen Mitteln oder Werkzeugen des alltäglichen Menschenverstandes begegnen können. Das kann ein edler Träumer sein, dessen Handlungen unverständlich und absurd sind, nicht weil es ihr oder ihm an Intelligenz fehlt, sondern weil bestimmte Arten intellektuellen Überschwangs sowohl als Mangel wie als Reichtum angesehen und deshalb als lächerlich empfunden werden können. Solche Menschen können jenseits des alltäglichen Menschenverstandes stehen, aber sie werden nicht allein deshalb schon als komisch empfunden, sie könnten ja auch Ehrfurcht hervorrufen. Um wirklich komisch zu sein, müssen sie in jeder pragmatischen Hinsicht fremdartig oder machtlos sein. Ein Ausländer oder Fremder ist oft Gegenstand des Humors, der jene trifft, die unter uns stehen, vor allem, wenn sie sich besonders darum bemühen, sich so zu benehmen, als seien sie nicht fremdartig.

Es gibt noch eine andere Fremdartigkeit, die fremd ist in einer Welt, zu der sie doch zutiefst und wesentlich gehört. In Platons „Apologie" bezeichnet sich Sokrates als Fremder. Er ist in seiner eigenen Stadt fremd, denn er sagt und glaubt Dinge, die die anderen völlig unsinnig finden und bewegt doch andere dazu, etwas zu glauben und zu sagen, das ihre eigenen Sitten und Gewohnheiten drollig und unsinnig aussehen lässt. Und dies ist in einem doppelten Sinne komisch. Die „machtlose" Person ist auch ein typisches Ziel des Gelächters und wird ebenfalls meist als unter den Lachenden stehend angesehen. Wenn allerdings ein völlig unpraktischer Mann sich leidenschaftlich für etwas einsetzt, das er für viel wichtiger hält als das pragmatische Leben, kann er in einem anderen Sinne lächerlich sein: weil er zu weit über dem alltäglichen Menschenverstand steht, um verständlich zu sein. Eine derart leidenschaftliche Figur ist nicht notwendigerweise auch lächerlich; sie wird nur dann lächerlich, wenn sie im Alltagsleben gefangen ist und dort scheitert, wo alle anderen normal handeln, oder wenn sie nur in Träumen lebt, obwohl sie ausschließlich auf der Erde handelt oder versagt, wie Don Quijote. Sogar ein Heiliger kann lächerlich sein. Prinz Myschkin aus dem Roman „Der Idiot" von Fjodor Dostojewski ist auch ein wenig lächerlich, wenn nicht geradezu urkomisch. Er ist absolut gut. Wie wird absolute Güte peinlich bis zu dem Grad, an dem sie komisch ist? Ist die unbedingte Güte selbst Gegenstand von Lachen und Heiterkeit? Oder finden wir Myschkin lächerlich wegen der Impotenz seiner Güte, weil er in all seiner Güte unfähig ist, nach den bekannten Regeln menschlicher Wesen zu lieben, nicht nur sexuell? Was ist daran so komisch? Ist ein absolut guter Mensch komisch nach den Standards des gesunden Menschenverstandes oder den Standards einer höheren Vernunft, oder sind nur jene komisch, die die Standards des gesunden Menschenverstandes repräsentieren? Die Antworten fallen je nach emotionaler und intellektueller Neigung einer Person unterschiedlich aus. Dies ist einer der interessantesten Aspekte von Komödien über edle Träumer und Heilige: Ob sie komisch sind oder nicht und wie sehr, hängt stark von ihren Adressaten oder Interpreten ab. Manchmal nehmen Moralisten die humorige Darstellung edler Seelen übel. Rousseau missbilligte die komische Behandlung des selbstgerechten Alceste in Molières „Der Menschenfeind" sehr. Allein diese Feststellung zeigt, dass die „hohe" Komödie zu bestimmten Kulturen gehört und im Gegensatz zur „niederen" Komödie im Sinne von Aristoteles erfahrungsgemäß nicht universell ist.

Mit etwas poetischer Übertreibung können wir sagen, dass die Philosophie mit einem Witz über Philosophen beginnt: Thales fällt in einen Brunnen, weil er nicht darauf achtet, wo er hintritt, sondern den Sternenhimmel beobachtet. Die thrakische Magd neben ihm lacht ihn aus. Diese Geschichte – wie die, in der sich Sokrates als Fremder bezeichnet – wird über den Philosophen und damit auch über Philosophie erzählt. Ein Philosoph ist ein Fremder, denn er lebt in einer anderen Welt als „normale" Menschen, vor allem aber, weil er den gesunden Menschenverstand geringschätzt, die Rationalität, die die Welt seiner Zeitgenossen bestimmt. Er glaubt an eine andere Art von Vernunft. Man könnte auch das Hegel'sche Bonmot vom Philosophen zitieren, der auf dem Kopf geht. Er verachtet alles, was „normale" Menschen schätzen, die Ehe, die Geschäfte, die Politik. Doch er ist ehrgeizig genug, wie jeder andere auf der Erde gehen zu wollen. Kein Wunder, dass er in Gräben und Brunnen fällt.

In seinem Buch „Das Lachen der Thrakerin. Eine Urgeschichte der Theorie" analysiert Hans Blumenberg hervorragend die Doppeldeutigkeit der Thales-Geschichte. Wer ist in dieser Geschichte wirklich lächerlich? Der Philosoph? Zweifellos, ja. Auch die thrakische Frau? Könnte es nicht sein, dass sie genauso lächerlich dasteht, da sie nur das sieht, was sie direkt vor sich hat? Sind nicht beide zusammen komisch? Der gesunde Menschenverstand verspottet Handlungen und Ideen, die er nicht versteht, aber während er sich darüber lustig macht, kann er sich auch über sich selbst amüsieren. Die Vernunft verspottet den gesunden Menschenverstand als engstirnig, doch sie mokiert sich dadurch auch über sich selbst. Alle Kombinationen sind möglich und wir können für jede von ihnen leicht einen eigenen Namen prägen. Doch das Phänomen des „Komischen" wird dadurch nicht erfasst. Es bleibt unbestimmbar.

✳✳✳✳✳

Die Heterogenität des Phänomens des Komischen wird auch durch einen Blick auf die Wirkungen und Nachwirkungen komischer Ereignisse oder Phänomene bestätigt. Um auf die „Poetik" von Aristoteles zurückzukommen: Er meint dort, die Tragödie habe eine katharische Wirkung. Sie rufe starke Emotionen von Angst und Mitleid (Empathie) hervor, die unsere Seelen von individuellen Ängsten um uns selbst und Selbstmitleid reinige. Die Tragödie hat also therapeutische Wirkung. Wenn der Zuschauer vom tragischen Drama wirklich erfasst wird, wird er erschüttert, und diese Erfahrung kann erholsam sein, wenn auch nicht notwendigerweise auf Dauer. Es ist zweifelhaft, ob das zu einer echten geistigen Wiederherstellung führt.

Auf der anderen Seite können wir nicht sagen, dass irgendein Zuschauer, Leser oder Hörer durch die Begegnung mit einem komischen Phänomen erschüttert wird, ob er oder sie nun Witze hört, sich mit einem komischen Roman unterhält oder die Possen eines Clowns beobachtet. Der Hörer/Leser/Zuschauer wird vielleicht lachen oder schmunzeln, aber er oder sie wird nicht immer lachen oder notwendigerweise schmunzeln, er oder sie kann auch mit einem unmerklichen inneren Lächeln reagieren. Mit einem Lachen, Schmunzeln oder inneren Lächeln kann man auf eine allgemeine Pointe reagieren, auf bestimmte Figuren oder Situationen, eine lustige Bemerkung, ein Wortspiel oder eine Grimasse, auf eine erkannte Ähnlichkeit und vieles mehr, in jeder erdenklichen zufälligen Kombination. Doch was immer die Heiterkeit hervorruft, das Vergnügen ruft keine Empfindungen, Affekte oder Emotionen wach. Komische Phänomene sprechen weder Empfindungen noch Leidenschaften an und reinigen unsere Seelen daher auch nicht kathartisch. Absichtsloses Lachen ist mit Emotionen tatsächlich unvereinbar. Nietzsche hat einmal gesagt, dass wir durch Lachen einen Nagel in den Sarg unsere Gefühle treiben. Dass eine komische Darstellung durch Emotionen und Empfindungen angeregt sein kann und meist auch ist, steht auf einem anderen Blatt. Eine Satire kann mit durch Hass motiviert sein, Humor durch sympathisierendes Nachdenken, die Reaktion des Lachens ist trotzdem frei von Gefühlen. Wenn wir lachen, drücken wir weder Hass noch Sympathie aus. Trotzdem ist auch das Lachen therapeutisch. Es kann uns von

manchen Affekten und Emotionen befreien, ohne sie hervorzurufen. Doch die
therapeutische Wirkung des Komischen ist nicht direkt: Sie wird durch Reflexion und Verständnis vermittelt, durch die Arbeit des Verstandes.

Man könnte einwenden, Lachen sei nicht einfach Lachen, sondern eine Erscheinungsform der Heiterkeit. Und Heiterkeit ist ein Gefühl, und zwar eine ange-
nehmes Gefühl. Ich bezweifle allerdings, dass Heiterkeit eine spontane Reaktion
auf das Komische ist. Es ist eine Reaktion auf die Situation, in der das Komische
auftritt. Wenn ich für meine weinende Enkelin Grimassen schneide, dann wird
sie durch eine vertraute Person aufgeheitert. Wenn ein Fremder dasselbe macht,
wird sie weiter weinen und in einer anderen Stimmung sein. Man darf nicht vergessen, dass auch bei der spontansten Reaktion ein Urteil damit verbunden ist,
wenn man etwas komisch findet. Auch das Urteil ist meist spontan. Außerdem
ist das Lachen zwar oft eine Reaktion auf eine komische Erfahrung – doch das
ist nicht immer der Fall. Schließlich muss man Heiterkeit als Emotion unterscheiden vom einfachen reaktiven Affekt „glücklich" – im Gegensatz zu „traurig". Einfache Affekte finden sich auch in Kinderzeichnungen von glücklichen
oder traurigen Gesichtern. Diese Art von „glücklichem" Affekt ist noch keine
Empfindung, nicht einmal eine Emotion, sondern nur eine spontane Reaktion
auf eine Situation. Sie wird direkt nach der Erfahrung in eine Emotion oder in
die Empfindung des „Glücklichseins" oder „Fröhlichseins" transformiert, doch
sie kann auch in eine ambivalente oder traurige Empfindung münden.

Beide verzögerten und indirekten emotionellen Reaktionen können lange
andauern, eben weil sie vom Verstand erfasst oder herbeigeführt werden. Als
Wissarion Belinski den „Revisor" von Nikolai Gogol zum ersten Mal sah, lachte
er die ganze Aufführung durch, doch als das Stück vorbei war, überlegte er:
„Wie wirklich traurig ist unser Russland." Joachim Ritter schreibt dazu in seinem
Buch „Subjektivität" [Frankfurt 1974]:

Man hat gesagt, daß das Nachdenken über das Lachen melancholisch macht.
Indem das, was im Lachen erscheint, das Lächerliche, als solches bedacht wird,
verstummt das Lachen, und es treten diejenigen Elemente des Lebens hervor,
in denen es seine Brechungen, seine Zacken und Kanten, seine innerliche
Zweideutigkeit hat.

Diese Beobachtung ändert jedoch überhaupt nichts am rationalen Charakter des
Komischen, sie bestätigt ihn eher. Wir lachen viel, und dann, wenn wir über
das, worüber wir gelacht haben, nachdenken, kann es sein, dass wir Traurigkeit
oder sogar Verzweiflung empfinden, abhängig vom Gegenstand der Komik. Wir
können auch entzückt und fröhlich sein, durch Nachdenken befreit von vorhe-
rigen Unmut, nachdem wir uns Gedanken über die Sache gemacht haben, die
uns zum Lachen gebracht hat.

Es ist völlig zweitrangig, ob die reflexive, verzögerte Nachwirkung der komischen Erfahrung und des spontanen Gelächters dauerhafte Traurigkeit oder gute Laune ist. Hat das Komische nur eine direkte und keine indirekte Wirkung, wie das bei den einfachsten komischen Aktionen der Fall ist, dann werden keine gegenteiligen Gefühle auftreten, weil es keine Reflexion gibt. Ich kann meine weinende Enkelin durch Grimassen trösten, sie wird aufhören zu weinen und mich anlächeln. Das ist nicht nur in Fällen so, bei denen wir vereinfachend von einer Stimulus-Response-Folge sprechen können. Wenn ich zufällig in der Gesellschaft von Freunden einen harmlosen Witz höre (der Ausdruck stammt von Freud), werde ich ohne Hintergedanken lachen, und mein Gelächter wird zur gehobenen Heiterkeit der ganzen Gesellschaft beitragen. Doch wenn ich ein komisches Stück sehe wie „Tartuffe" und während der Aufführung in fröhliche Stimmung komme, kann ich etwas später doch nicht anders als über die Botschaft des Autors nachzudenken und Verachtung oder Abscheu oder Trauer oder alles zugleich zu empfinden. Die oft geäußerte Meinung vom moralistischen Charakter des komischen Dramas geht auch auf diese verzögerte und mittelbare Reaktion zurück. Es ist die Amoralität bestimmter komischer Figuren, die das Gefühl von Abscheu und Verachtung heraufbeschwört. Ich komme darauf später noch zurück.

Die Heterogenität des Komischen zeigt sich also sowohl in der Wirkung wie in der Nachwirkung. Verallgemeinerungen sind vergeblich. Nicht nur, weil die Nachwirkungen mancher komischen Genres (meist der sogenannten „hohen" Genres) ganz verschieden sein können – manchmal traurig, manchmal fröhlich, manchmal erhebend, dann wieder deprimierend –, sondern auch, weil nicht alle komischen Wirkungen solche Nachwirkungen haben. Das Problem geht sogar noch tiefer, denn – wie ich schon im Fall von Rousseau gesagt habe – die reflektierende intellektuelle, moralische und emotionale Einstimmung der Zuhörer oder Zuschauer bestimmt nicht nur den Grad, in dem das Komische gewürdigt wird, sondern ob es überhaupt als komisch angesehen wird. Das gilt für unsere alltäglichen Reaktionen und Wahrnehmungen des Komischen, das gilt noch viel mehr für unsere Reaktion auf komische Genres, wo noch Zustimmung oder Ablehnung ins Spiel kommen. Meistens stimmt man komischen Darstellungen zu, aber man kann sich auch dagegen wehren. Die Lage wird noch komplizierter dadurch, dass man sich schadenfroh an einem Streich beteiligt oder über eine bestimmte Art von Witz lacht, später aber ein schlechtes Gewissen bekommt.

✳✳✳✳✳

Bisher sind alle meine Versuche gescheitert, zu bestimmen, was das „Komische" ist. Es ist mir nicht gelungen, ein gemeinsames Element unter den Mitgliedern derselben komischen Familie zu finden. Ich nenne sie zwar Mitglieder derselben

Familie, aber ich kann noch nicht begründen oder Rechenschaft ablegen, warum sie das sind. Zuerst wollte ich kurz über alle komischen Phänomene sprechen, doch das stellte sich als unmöglich heraus. Also habe ich versucht, meine Untersuchung vor allem – wenn auch nicht ausschließlich – auf gemeinsame Eigenschaften der sogenannten „hohen" komischen Genres zu beschränken, also auf komische Phänomene, die bereits die erste Homogenisierung durchlaufen haben (Homogenisierung durch die konkrete Gattung). Doch auch diese grobe Beschränkung hat es mir nicht erlaubt, das Phänomen des Komischen abzugrenzen. Ich muss also anders vorgehen.

Jede komische Erfahrung ist eine Erfahrung absoluter Präsenz. In alltäglichen komischen Phänomenen ist das offensichtlich. Man reagiert mit Gelächter auf Dinge. Man sieht, hört, manchmal lacht man sogar über etwas, was man riecht. Der Zirkusclown macht seine Kunststücke vor unseren Augen, der Narr flüstert seine Wahrheiten ins Ohr des Königs, die thrakische Magd beobachtet Thales, wie er fällt. Man erzählt Witze in Gesellschaft von Bekannten. Geschriebene Witze verhalten sich zu erzählten wie Noten zu gespielter Musik. Nach Jorge Luis Borges sind die komischen Genres mündliche Genres. Man kann über die Vergangenheit weinen, tatsächlich ist Trauer eng mit Vergangenheit verbunden, so wie Hoffnung sich auf die Zukunft richtet. Man kann sich natürlich an vergangene komische Erfahrungen erinnern, doch ist das keine Erfahrung des Komischen, sondern eine angenehme oder unangenehme Erinnerung. Wie wir wissen, ist Trauer ein zentraler Bestandteil der Tragödie. Es gibt keine ähnlich zentrale und rückwärtsgewandte Emotion, die man als konstitutiv für komische Erfahrungen ansehen könnte. Man kann nicht auf zukünftige komische Erfahrungen hoffen, denn komische Erfahrungen kann man sich nicht vorstellen. Natürlich nutzen Autoren komischer Werke ihre Vorstellungskraft genauso wie Autoren anderer Werke. Aber ihre Werke sind nicht selbst komische Erfahrungen, sondern freie Gestaltungen von Situationen und Figuren, die komische Erfahrungen auslösen werden oder können: in der ewigen Gegenwart ihrer Zuhörer, Zuschauer oder Leser.

Zweifellos wird auch die Tragödie wie das Drama im Allgemeinen als absolute Präsenz auf der Bühne empfunden. Jedes Drama entfaltet sich vor unseren Augen. Doch führt uns die Tragödie Dinge vor Augen, die wir nicht selbst gesehen oder erfahren haben können. Sowohl in der griechischen wie in der römischen Tragödie geht es um tragische Geschichten mythologischer oder halb mythologischer Gestalten der Vergangenheit. Was in der Vergangenheit geschehen ist und jetzt auf der Bühne spielt, kann nicht jetzt passieren. Und hätte nicht zur Zeit von Sophokles, Euripides oder Seneca passieren können. Nicht allein Shakespeares historische Stücke präsentieren Situationen und Gestalten einer heroischen und schrecklichen Vergangenheit – auch alle seine Tragödien.

Das gilt auch für Pierre Corneille und Jean Racine. Einige Moderne haben versucht, Tragödien über ihre Gegenwart zu schreiben, aber sie haben auch darauf hingewiesen, dass die meisten ihrer Dramen als Tragikomödien aufgeführt werden sollen, zum Beispiel Henrik Ibsen und Anton Tschechow. Außerdem muss die Illusion im nicht komischen Drama und besonders in Tragödien vorbehaltlos sein. Wir sehen die „anderen", aber wir nehmen nicht teil, wir können die Ereignisse nicht beeinflussen oder eingreifen. Der Autor oder Schauspieler kann nicht aus dem Drama heraustreten. Es gibt keine *tragedia dell'arte*, nur eine *commedia dell'arte*, Improvisation auf der Bühne ist das Vorrecht komischer Schauspieler. Man kann dem Publikum nicht sagen, dass alles, was sie sehen, nur Vorspiegelung ist. Die *Parabase* – ein Einschub in Gestalt eines satirisch-politischen Kommentars, das besondere Werkzeug des komischen Dramas – besprechen wir später.

Ebenso gibt es keine „historische Komödie". Eine Komödie kann im Märchenambiente spielen, aber sie kann nicht in der Vergangenheit angesiedelt werden. Paraphrasen, Satiren, Parodien und Palimpseste [„Überschreibungen"] verspotten Genres, Werke, Gestalten und Ideen der Vergangenheit, aber sie spielen in der Gegenwart. Verulkungen der „Mona Lisa" sind keine Parodien der Dame, die für Leonardo da Vinci gesessen hat, sie sind nicht einmal Parodien des Gemäldes von Leonardo. Es sind Parodien der Vergötterung bestimmter Repräsentationen im Publikum jener Zeit, in der die Verulkungen entstanden. Sie unterscheiden sich von der normalen Praxis, sich über einen Lehrer oder Präsidenten oder Premierminister durch übertriebene Nachahmung lustig zu machen, denn das ist nur komisch für jene, die den Lehrer, Premierminister oder Präsidenten kennen. Die Verulkung des Gemäldes von Leonardo hingegen ist komisch für jene, die es kennen und darüber hinaus die ironische Verachtung für ein heldenverehrendes bürgerliches Publikum teilen.

Deshalb sagt man auch, das komische Drama, der komische Roman und manchmal auch das komische Bild habe moralistische oder politische Absichten: Es möchte das zeitgenössische Publikum zu etwas überreden oder dazu bringen, sich vor etwas zu hüten oder auf etwas anderes zu vertrauen. Man kann Ähnliches über die Tragödien sagen: Vergangene Fehltritte mit tragischem Ausgang sind zu vermeiden. Es heißt, Shakespeare wollte mit „Richard II." Königin Elisabeth warnen. Doch kann man kaum behaupten, das tragische Drama „lehre" uns irgendetwas. Ich denke, auch das komische Drama ist nicht dazu geschrieben, eine Moral zu verbreiten. Doch die Idee der Komödie als moralistisches Unternehmen konnte entstehen und hielt sich für lange Zeit eben deshalb, weil alle komischen Genres eines gemeinsam haben: Sie sprechen zur Gegenwart von der Gegenwart. Das Komische spielt immer in der absoluten Gegenwart, und das gilt für alle komischen Genres, nicht nur für komische Alltagsphänomene. Im vierten Kapitel werden wir sehen, dass dies auch für den komischen Roman gilt. Man sagt, der Roman stelle immer die Vergangenheit dar, weil der allwissende Erzähler die Geschichte vom Standpunkt ihres Ausgangs her erzählt. Doch wir werden sehen, dass das beim komischen Roman nicht der Fall ist. Es scheint, wir hätten endlich jene Sache gefunden, die der ganzen Familie des Komischen „gemein" ist.

Das einzige, doch entscheidende Problem mit dieser Theorie ist folgendes: Auch wenn es wahr ist (wie ich glaube), dass komische Phänomene in der Gegenwart komisch sind und diese ansprechen, muss man doch zugeben, dass sie nicht die einzigen sind, die dies tun. Genau an dieser Stelle stehen auch die Eckpunkte religiöser Praxis. Religiöse Eckpunkte (etwa die Befreiung aus der Sklaverei in Ägypten oder die Geburt Christi) sind nicht bloß Begebenheiten einer fernen Vergangenheit, „es war einmal" wie Märchen oder säkulare Geschichten. Wir wissen, dass sie damals und dort geschehen sind, doch sie werden jedes einzelne Jahr von Neuem vergegenwärtigt und wiederholt und haben so teil an der absoluten Gegenwart. Jeden Karfreitag wird Christus gekreuzigt, hier und jetzt.

Es gibt auch prosaischere Beispiele. Nehmen wir zum Beispiel den Detektivroman. Er gehört nicht zur Familie des Komischen, doch er hat eine wichtige Eigenschaft mit dem komischen Roman gemeinsam: Er ist eine Art Schelmenroman. Und noch eines hat er mit dem Komischen im Allgemeinen gemeinsam, er ist nämlich ein intellektuelles Genre. Die besten Detektivromane und Krimis erfordern eher intellektuelle denn emotionale Anteilnahme. Und außerdem gibt es noch den Aspekt des Problemlösens. Problemlösende Witze sind eine sehr verbreitete Art von Witzen. Auch das Lachen löst Spannungen. Indem er Witze formuliert, erzeugt der Witzbold jene Spannung, von der der Zuhörer befreit wird. Etwas sehr Ähnliches geschieht in den Detektivromanen. Es ist interessant, hier Immanuel Kant als Zeugen zu rufen. Er sagt, dass die selbsterzeugte Spannung in Witzen, die Erwartung eines Ausgangs, schließlich in nichts aufgelöst wird. Im Detektivroman gibt es auch selbsterzeugte Spannung und die Erwartung wird meist enttäuscht, doch die Spannung wird nicht in nichts aufgelöst, sondern in etwas, nämlich in die Lösung des Rätsels. Das ist vielleicht einer der Gründe, warum wir nicht lachen.

So bin ich mit meinem Wunsch, eine gemeinsame Eigenschaft für die Familie des Komischen zu finden, wieder in Schwierigkeiten geraten. Zwar spielt das Komische immer in der absoluten Gegenwart, aber das kann nicht die *differentia specifica* [das Besondere] des Komischen sein, denn diese Eigenschaft teilen auch andere Phänomene, die nicht zur Familie des Komischen gehören. Das Ziel, eine gewisse Ordnung in die Unordnung zu bringen, eine Leitlinie vorzuschlagen, die den Weg zur Erkundung des Komischen weist, Dinge allgemein begreifen zu helfen, die untereinander völlig heterogen sind, geht genauso aus wie ein

Witz: Unsere Erwartung wird in nichts aufgelöst. Das Phänomen des Komischen kann nicht definiert oder bestimmt werden. Es ist unnahbar. Es entschlüpft und entkommt allen Netzen. Hat es dennoch eine gewisse grundlegende Rolle im menschlichen Leben selbst? Denn wenn das der Fall ist, dann muss es *per definitionem* unnahbar, undefinierbar und unbestimmbar sein. Gibt es ein *telos* im Bezug auf eine angenommene Grundlage oder nicht? Kann man sich dem Komischen philosophisch nähern, ohne sich von vornherein geschlagen zu geben? Ich habe das Gefühl, dass die Antwort auf die letzte Frage positiv ausfallen wird. Es lohnt sich immer, das Unmögliche zu versuchen. Doch für das Folgende verspreche ich weder einen guten Witz noch eine gute Detektivgeschichte.

2. Über das Lachen

Es wäre schön, wenn man über das Lachen sprechen könnte, ohne zu erwähnen, worüber wir lachen. Doch ein solcher Versuch ist zum Scheitern verurteilt. Über eine rein physiologische Beschreibung des Phänomens Lachen hinaus kann man das Lachen nur mit Bezug auf das Lächerliche erörtern. Wenn wir das Lachen zum Beispiel nur als physiologische Reaktion auf das Kitzeln besprechen, bleibt das Wesen des Lachens aus den Überlegungen ausgespart. Um das Problem mithilfe von Negationen einzugrenzen: Lachen als physiologische Reaktion hat nichts mit mit dem Lächerlichen zu tun, mit Rationalität oder Irrationalität. Es ist weder therapeutisch noch befreiend noch bietet es eine Antwort auf die Erfahrung der Nichtigkeit. Kurz, rein physiologisches Lachen hat nichts mit menschlichem Leben im Allgemeinen oder individuellem Leben im Besonderen zu tun. Wenn wir die Frage des Lachens also vom Lächerlichen trennen, bleibt uns nichts von Bedeutung über das Lachen zu sagen.

Was also ist das „Lächerliche"? Wenn wir unsere Erörterung des Lachens mit dem Versuch beginnen, diese Frage zu beantworten, finden wir uns wieder in einer Art Dschungel, oder schlimmer noch, in einem Labyrinth. Es gibt zu viele Dinge, die uns zum Lachen bringen können. Wir lachen nicht nur über Dinge, die man „lächerlich" nennen kann: Es gibt auch ein bitteres Lachen. Wir können verzweifelt lachen, in der plötzlichen Erkenntnis unserer Ohnmacht. Kinder lachen oft, wenn sie von jemandes Tod oder von einer Katastrophe hören. Auch wenn wir in solchen und ähnlichen Fällen nicht über etwas Lächerliches lachen, ist das bittere Lachen doch eine angemessene Antwort auf eine wesentliche Eigenschaft des Phänomens des Komischen. Die Sache, über die oder in deren Zusammenhang wir lachen, ist unverständlich. Sie ist undeutlich, irrational oder absurd. Ein Kind lacht nicht über den Tod, weil es ihn lächerlich findet, sondern weil er ihm unvorstellbar und absurd erscheint. Auch das Lachen eines Erwachsenen ist oft eine angemessene Antwort auf eine irrationale, unverständliche, absurde Erfahrung, mit der er nicht anders umgehen kann.

Ich würde sagen, dass alle Theorien über das Lachen mit einem unlösbaren Dilemma ringen. Wollen sie etwas Bedeutendes oder Wichtiges über das Phänomen des Lachens sagen, müssen sie sehr selektiv vorgehen und bestimmte Arten des Lachens ausklammern. Würden sie versuchen, alles zu berücksichtigen, über das wir lachen, alle Gelegenheiten einzuschließen, bei denen wir lachen, stünden sie einer praktisch unendlichen Zahl konkreter Fälle gegenüber. Würden sie stattdessen mit Typologien experimentieren, würden sie die Leser mit zahlreichen winzigen Unterscheidungen langweilen. Und wenn sie sich nur auf die Aufzählung einiger bekannter Aspekte des Lächerlichen beschränken, riskieren sie, die schwierigeren Probleme des Phänomens des Komischen zu vernachlässigen, wie jene, die mit der existenzialen Komödie verbunden sind.

Philosophen nehmen daher nur sehr selten auf das Lachen Bezug, und dann als Beispiel für ihre philosophischen (oder politischen oder psychologischen) Theorien. Für Thomas Hobbes (im „Leviathan") ist das Lachen die Antwort auf eine Siegeserfahrung, das plötzliche Gewahrwerden, dass man die volle Macht besitzt. Die archetypische Erfahrung des Lachens ist der Augenblick, in dem man nach einem Kampf oder einer Schlacht auf die Schultern eines besiegten Feindes steigt. Auch die Verlegenheit einer anderen Person kann Quelle des Lachens sein. In diesem Fall kann nur die überlegene Person (besonders der Souverän) beim Anblick seines verlegenen Untertans in Lachen ausbrechen, denn jemand in übergeordneter Position ist selbst nie verlegen. Natürlich ist die Hobbes'sche Version der Theorie komplexer, aber sie bleibt skizzenhaft. Eine verlegene Person kann auch über ihre eigene Verlegenheit lachen. Es gibt bei Hobbes wenige wichtige Anlässe für das Lachen. Die interessantesten Theorien zum Thema sind nicht solche über das Lachen, sondern über Witze. Kant, Freud und einige zeitgenössische Autoren interessieren sich für das Lachen nur insofern, als es auf Witze reagiert. Ein Witz, auf den man nicht mit Lachen antwortet, bleibt unbelohnt. Das ist sicherlich richtig, aber es ist auch eine begrenzte Sichtweise. Wir lachen nicht nur über Witze, denn das Terrain für das Phänomen des Lachens ist viel weiter als jene Art des Lachens, die durch Witze ausgelöst wird. Ich werde diese Theorien (etwa die Theorie der Inkongruenz, die Theorie der Befreiung und verschiedene linguistische Theorien) im sechsten Kapitel erörtern, das sich mit Witzen beschäftigt. Zum Beispiel hat Bachtin bei der Behandlung des Grotesken die Inkongruenz als eine der Techniken erwähnt, die eingesetzt werden, um einen grotesken Eindruck zu erzeugen, etwa bei der Darstellung einer sehr alten schwangeren Frau.

Die erste allgemeine Theorie über das Lachen stammt von Henri Bergson. Er belegt seine Theorie mit ganz verschiedenen Beispielen des Lächerlichen. Sie reichen von Alltagserfahrungen bis zu komischen Dramen und Witzen. Doch auch er erörtert das Phänomen des Komischen nicht um seiner selbst willen, sondern um seine Lebensphilosophie zu veranschaulichen. Nach Bergson ist das Lachen eine Reaktion auf das Mechanische, auf eine Automation, die uns mit ihrer Fremdheit irritiert, so dass wir beim Organischen bleiben, besonders im Verhalten und bei Bewegungen. Das Lachen selbst ist also eine Art Bestrafung – und das scheint wahr zu sein, zumindest in manchen Fällen. Die mechanische

Nachahmung der Sätze anderer in Molières Komödien oder Chaplins Art zu gehen sind solche Fälle. Doch wenn wir über Chaplin lachen, ist das kaum eine Bestrafung, während wenn wir über Argan (den „eingebildeten Kranken" von Molière) lachen, könnte es eine sein. Was auf einige Arten von Lachen zutrifft, gilt nicht für alle. Helmuth Plessner hat Bergsons Theorie mit dem Hinweis zurückgewiesen, dass es auch Beispiele für das Gegenteil gibt. Das ist kein ausreichender Grund, denn Gegenbeispiele gibt es immer, in Plessners Buch („Lachen und Weinen", 1941) ebenso wie in Bergsons („Le Rire", 1900, dt. „Das Lachen", 1914). Ich für meinen Teil werde weder Plessner noch Bergson kritisieren, noch Freud oder Hobbes oder Kant, denn ich glaube, dass jede ihrer Theorien etwas für sich hat. Damit meine ich, dass das Phänomen des Komischen von jedem von ihnen beleuchtet wird, wenn auch von jedem nur aus der einen oder anderen Perspektive.

Ich beginne trotzdem mit Plessners Buch, denn ich glaube, dass ich über das Phänomen des Lachens – wenn auch nur bedingt und provisorisch – sprechen kann, ohne dabei über irgendwelche Anlässe für das Lachen zu sprechen, nämlich indem ich das Lachen zusammen mit dem Weinen als eine Art psychologische Konstante betrachte. Trotzdem gilt auch für Plessners Theorie, was ich über die anderen gesagt habe. Seine Ansicht, dass das Lächerliche auf einer falschen Gleichsetzung von Leib und Körper beruht (als wenn der organische Körper ein Körper wäre wie alle anderen), ist in manchen Fällen erhellend, in anderen nicht.

*****

Plessner schreibt: „Lachen und Weinen sind weder Gesten noch Gebärden und haben doch Ausdruckscharakter. Ihre Undurchsichtigkeit und gewissermaßen Sinnlosigkeit, d. h. ihre Ungeprägtheit und Unartikuliertheit ist gerade ihrem Ausdruckssinn wesentlich." [Seite 89] Dies könnte als Ausgangspunkt dienen. Lachen und Weinen haben also gemeinsam, dass sie expressiv sind, unartikuliert, nicht rational und im strengen Sinn sinnlos, und dass alle diese und weitere Qualifikationen zum Wesen ihrer expressiven Qualität gehören.

Sowohl Weinen wie Lachen sind Reaktionen, oder genauer, Antworten auf eine Art von Provokation. Für den Moment möchte ich das Problem beiseite lassen, was das für eine Provokation sein könnte. Die Reaktion, die Antwort selbst, ergreift die ganze Person. Wenn man in Lachen oder Weinen ausbricht, wird der ganze Körper geschüttelt, man verzerrt das Gesicht und macht unartikulierte Geräusche. Solange man lacht oder weint, kann man nicht auf artikulierte Weise sprechen. Außerdem kann man zugleich keine manipulative oder spirituelle Aufgabe ausführen. Zum Beispiel kann man nicht lesen, Tennis spielen oder auch nur trinken, denn Lachen und Weinen erfordern all unsere Aufmerksamkeit. Lachen und Weinen beschäftigen Körper, Seele und Geist. In Lachen oder Weinen auszubrechen – und das sind nur die reinsten Formen derartiger Expression –, ist ein Zwang. Ein solcher Ausbruch kann nicht lange zurückgehalten und auch nicht durch den Willen gesteuert werden. Sowohl Lachen wie Weinen sind normalerweise von körperlicher Sekretion begleitet. Wenn wir Tränen vergießen, können wir das nicht verhindern. Sind Lachen und Weinen nicht von elementarer Art, dann weinen wir still oder lächeln einfach, und das sind keine rein expressiven Reaktionen mehr, denn eine Wahrnehmung, die die vorliegende Situation (die auch kognitiven Charakter hat) einbezieht, ist in das System selbst eingebaut. In etlichen Kulturen erwerben Männer und Frauen die Fähigkeit, ihre unmittelbaren Expressionen in Emotionen zu verwandeln. Die Ritualisierung von Lachen und Weinen, die Erzeugung von Situationen und kulturellen Objekten, die Erwachsenen den „Ausbruch" von Lachen und Weinen ermöglichen und damit die Aufhebung der Willenskraft, ist ein wichtiger Teil des sozialen Lebens.

Um Missverständnisse zu vermeiden: Nicht jede Art zu lächeln kann als kontrollierte Form des Lachens gesehen werden, auch wenn alle Arten des Lächelns zur selben Familie gehören, einer weiten Familie von Zusammengehörigkeit und Bestätigung. Dazu gehört zum Beispiel das „Kontakt anbahnende" Lächeln. Die Mutter lächelt ihr Kind an, und das Kind lächelt zurück. Wir treffen Freunde auf der Straße und lächeln uns an. Der soziale Aspekt des Lachens und das Kontakt anbahnende Lächeln haben viel gemeinsam. Sie sind Antworten auf etwas oder jemanden und sie sind auch expressiv. Doch das Lächeln des Kindes ist präkognitiv, ebenso wie das reine Lachen, das Lächeln des Erwachsenen im Allgemeinen nicht.

Lachen und Weinen sind reine Expressionen und verwandt mit anderen expressiven Reaktionen. Sie sind keine Gesten, denn diese sind normalerweise absichtlich. Ich nenne unbeabsichtigte Expressionen, die alle gesunden Menschen gemeinsam haben, „Affekte". Doch der Name der Gruppe ist nur wichtig, um sie vom Konzept her zu identifizieren. Das griechische Wort *pathos* wird manchmal als Affekt übersetzt, manchmal als „Emotion", manchmal als „Gefühl". Ich übersetze es mit dem lateinischen Wort für Affekt *(affectus)*. Die wichtigsten Affekte sind Angst, Wut, Scham und Ekel. Nur die Scham ist wohl einzig dem Menschen vorbehalten.

Wenn also Lachen und Weinen Expressionen sind, dann müssen sie zur Familie der Affekte gehören. Affekte sind angeboren, doch alle ihre Manifestationen sind Reaktionen, Antworten auf externe Stimuli oder Provokationen. Wir schämen uns immer über *irgendetwas*, haben Angst vor etwas, ekeln uns vor etwas, ärgern uns über oder wegen etwas. Die Provokationen von außen können sehr unterschiedlich sein, sie können auch je nach Kultur, Zeit oder Alter verschieden sein, und sie bleiben uns verborgen. Die elementaren Expressionen der Affekte sind allerdings immer gleich, unveränderlich und offensichtlich, zumindest, was die reinen Manifestationen der Affekte betrifft. Bei elementaren Manifestationen von Expressionen kann man Geist, Seele und Körper nicht auseinanderhalten: Im Falle reiner Scham zum Beispiel zeigen sich die Affekte durch Erröten; bei Wut zittern wir und unser Gesicht wechselt die Farbe, wird bleich oder rot, und wir sagen, dass wir am ganzen Körper beben oder zittern. Im Falle von Ekel wird uns übel, als wenn wir uns übergeben müssten, und bei Angst zittern wir auch, schaudern, und werden blass oder bleich. Mit der Zeit werden die elementaren Affekte gewöhnlich durch Kognition ergänzt, und Emotionen nehmen den Platz reiner Affekte ein, besser gesagt, die Affekte verwandeln sich in verschiedene Emotionen. Derselbe Affekt kann sich in viele verschiedene Emotionen verwandeln. Emotionen sind daher (anders als Affekte) nicht angeboren, sondern typisch für jedes gesunde Individuum unserer Spezies. Sie erinnern an die nicht elementaren Expressionen von Weinen oder Lachen. Wir können daher schließen, dass Lachen und Weinen zur Familie der Affekte gehören, auch wenn sie als solche keine Affekte sind.

Affekte sind zunächst keineswegs unbegreiflich oder rätselhaft. Auch wenn wir interessante anthropologische und philosophische Studien beiseite lassen wie jene von Arnold Gehlen, der Affekte als Reste von Instinkten versteht, triebhaftes Verhalten, entstanden aus der Auflösung der Instinkte bei höheren Tieren und Menschen, ist es immer noch offensichtlich, dass Affekte als funktionell rationale Antworten zu sehen sind. Der Affekt der Angst ist eine funktionell rationale Antwort auf Gefährliches und Bedrohliches, auch dann, wenn die Angstreaktion sich in der konkreten Bedrohungssituation nicht als angemessen erweist. Wir laufen schnell weg in Situationen, wo es besser wäre, starr stehenzubleiben, und umgekehrt. Es ist bekannt, dass die Kraft eines Menschen sich vervielfacht, wenn er wütend ist; dass der Affekt der Scham eine ethische Reaktion ist auf äußere Autorität; und dass Ekel uns sowohl physisch wie moralisch vor dem Tode bewahren kann. All diese Affekte sind auch Mittel zur Sozialisation. Es ist die soziale Welt, die die Menschen lehrt, wovor sie Angst haben sollten, wann sie wütend werden dürfen, was sie ekelhaft und beschämend finden sollen und was nicht.

Weder Weinen noch Lachen haben im Gegensatz dazu eine besondere rationale Funktion, auch wenn beide Reproduktionen des biologischen und sozialen Lebens sind. Keins von beiden wird im Prozess der Sozialisierung regelmäßig eingesetzt. Obwohl wir lachen können, wenn wir sehen, wie jemand beschämt wird: Es ist die Beschämung, nicht das Lachen, das der Sozialisation dient, das Lachen ist nur ein Nebeneffekt. Ähnlich kann es passieren, dass eine beschämte Person zu weinen beginnt: Auch dann dient die Beschämung der Sozialisierung, nicht das Weinen. Die Reaktion ist auch nicht funktionsspezifisch: Die beschämte Person kann auch lachen, und die beobachtende Person kann auch weinen. Es wäre völlig zwecklos, Lachen oder Weinen als Reste triebhaften Verhaltens zu erklären, als Reaktionen auf die Auflösung der Instinkte, den keins der beiden ersetzt triebhaftes Verhalten oder irgendeinen anderen tierischer Instinkte, die im Prozess der menschlichen Selbst-Domestizierung entstanden sein könnten. Ich glaube deshalb, dass Plessner einen wichtigen und richtigen Vorschlag gemacht hat, als er betonte, dass das Vokabular und die Werkzeuge philosophischer Anthropologie die Phänomene des Lachens und Weinens nicht erfassen können und dass dies ein Grund ist, warum sie durch eine „Daseinsanalyse" ersetzt werden müssen.

Ich möchte hier am Rande erwähnen, dass manche Autoren an dieser Stelle auf einen Unterschied zwischen Lachen und Weinen hingewiesen haben. Es gibt eine Debatte darüber, ob höhere Säugetiere weinen können oder ob nur Menschen die Äußerungen und Geräusche, die bei Schmerzen oder Not entstehen, als Weinen interpretieren. Schließlich stöhnen und wimmern Menschen auch, wenn sie Schmerz empfinden oder Not leiden, ohne dass wir das dem Weinen gleichsetzen würden. Doch das wird wie die Affekte als funktionale, rationale Äußerung empfunden, denn es zeigt anderen an, dass etwas nicht in Ordnung ist, und macht manchmal auch sehr deutlich, was nicht stimmt. Gewöhnlich gehen wir davon aus, dass nur Menschen die Fähigkeit zum Lachen haben, die Grimassen eines Gorillas fassen wir nicht als Lachen auf. Aus meiner Sicht gibt es kein funktionales, rationales Lachen. Doch all diese Fragen sind sehr umstritten. Die Daseinsanalyse hat allerdings damit nichts zu tun. Sie analysiert die Bedingungen menschlichen Lebens und interessiert sich nicht für ihre Entstehung im Sinne von Herkunft, sondern nur im Sinne der *arche* (des Prinzips).

Beginnen wir also mit der *arche* und vergessen wir die Frage der Herkunft. Meine erste Annäherung an die vielen Rätsel des Lachens und Weinens wird deshalb eine phänomenologische sein, eine bloße Beschreibung der Conditio humana.

∗∗∗∗∗

Menschen werden zufällig in die Welt geworfen. Wir können ebensogut sein wie nicht sein. „Geworfensein" ist natürlich eine Metapher, und eine fruchtbare. Jeder Mensch ist mit einem völlig einzigartigen genetischen Code geboren worden, programmiert als genetisch meist eindeutig Mann oder Frau. Der genetische Code geht allen Erfahrungen voran, und in diesem Sinne können wir von einem genetischen Apriori sprechen. Um philosophische Sprache zu benutzen: Das genetische Apriori ist die Einheit des Singulären und des Universellen. Ein Neugeborenes ist ein Exemplar der menschlichen Rasse und zugleich eine unwiederholbare Singularität. Das Besondere fehlt. Die Wahrheit dieses Satzes kennen wir alle aus empirischen Beobachtungen des Alltags. Wenn wir in einem Zug sitzen oder einer U-Bahn und ein fremdes Kind anlächeln, wird es entweder zurücklächeln oder nicht, die Reaktion des drei bis fünf Monate alten Kindes wird aber unabhängig davon sein, ob es weiß, braun oder schwarz ist, chinesisch oder indisch, amerikanisch oder deutsch, und es wird zugleich eine sehr individuelle Reaktion sein. In einem so jungen Kind findet sich noch keine Spur seiner Kultur, das kommt erst später. In einem einjährigen Kind kann man die Zeichen seiner besonderen Kultur schon leicht entziffern. Diese besondere Manifestation der Kultur, die Vermittlung zwischen dem Universellen und dem Partikularen, werde ich das „soziale Apriori" nennen.

Der soziale Raum, die Kultur, in die ein Neugeborenes geworfen wird, ist ganz beliebig insofern, als er nichts mit dem genetischen Apriori zu tun hat. Zur Zeit der Geburt ist dieses völlig äußerlich und geht allen Erfahrungen voran. Deshalb kann man es ein soziales Apriori nennen. Die Kultur, die zwischen dem Einzelnen und dem Universellen vermitteln wird, ist ganz zufällig, sowohl im Bezug auf Universalität wie Singularität. Wir werden sehen, dass dieser Umstand bei Komödien eine wichtige Rolle spielt, vor allem beim Auflösen der Knoten der komischen Handlung, etwa bei Lessings „Nathan der Weise", wo sich herausstellt, dass das jüdische Mädchen von christlichen Eltern stammt und der christliche Junge von muslimischen Eltern, das Mädchen aber Jüdin wurde und der Kreuzfahrer ein gläubiger Christ. Der Zufall des Geworfenseins wird also mein Ausgangspunkt sein.

Manche werden einwenden, dass es Gott ist, der wirft, andere, dass unser vorangegangenes Leben uns bestimmt hat, so und hier geboren zu werden und nicht anders und anderswo. Doch das würde an den nächsten Gliedern der Gedankenkette nichts ändern, nämlich dass die kulturelle Vermittlung zwischen dem genetischen Apriori und dem sozialen Apriori in der Erfahrung geschieht. Das Neugeborene ist mit der Aufgabe beschäftigt, das genetische Apriori mit dem sozialen Apriori abzustimmen, in das es hineingeboren wurde. Die Umwelt, also Familie, Gemeinschaft und natürliches Habitat, hat die Aufgabe, das Neugeborene in das kulturelle oder soziale Apriori einzuführen. Zwischen den beiden Apriori gibt es einen Abgrund, Gehlen nannte ihn „Hiatus". Die ständig wiederholte und wiederholbare Aufgabe ist die Vermittlung der beiden Apriori, um den Abgrund zu einem Spalt zu verengen. Man nehme das erste Beispiel traditioneller Logik, den Barbara-Kettenschluss – dem gemäß alle Menschen sterblich sind, Sokates ist ein Mensch, also ist Sokrates sterblich –, der uns eben diese Geschichte erzählt. Sokrates, der wie alle Menschen sterblich ist, war ein einzigartiger und unwiederholbarer Mensch, in Athen zu einer bestimmten Zeit von bestimmten Eltern in einem bestimmten sozialen Milieu geboren, und nur da und dort wurde er zu Sokrates. Der neugeborene Sokrates war sterblich, aber er war nicht der „Sokrates", den wir kennen, und das Athen zur Zeit seiner Geburt war ein Athen ohne Sokrates. Seine Aufgabe, die Aufgabe seiner Eltern und seiner Stadt war die Aufgabe aller Sterblichen: Sein genetisches Apriori mit dem kulturellen Apriori zu verbinden und umgekehrt, um den Hiatus zu überbrücken.

Jetzt kommt meine Hypothese. Die Vermittlung zwischen dem sozialen/kulturellen und dem genetischen Apriori ist niemals gänzlich abgeschlossen. Meistens gelingt sie bis zu einem gewissen Grad. Schließlich ist ein Neugeborenes auch ohne weitere Befähigung für ein soziales Leben codiert, denn wenn die Vermittlung zur Gänze scheitert, kann das Neugeborene nicht aufwachsen und eigenständig überleben in der sozialen Welt, in die es hineingeworfen wurde. Endet andererseits die Vermittlung als voller Erfolg, dann würde höchstens noch eine Naturkatastrophe die Welt (egal welche) verändern. Es gäbe keine Ethik, Geschichte oder Kultur im weiteren Sinn. Alles, was das Dasein ausmacht, wird im Spalt zwischen den beiden Apriori erzeugt, in der immer vorhandenen Spannung zwischen ihnen.

Aus meiner Sicht sind sowohl Lachen wie Weinen elementare Antworten auf das Dasein, denn sie werden durch die Erfahrung des Hiatus ausgelöst, des Spalts oder Abgrunds. Im elementaren Ausbruch von Lachen und Weinen drückt sich die Unmöglichkeit der Aufgabe aus, den Abgrund zu überbrücken. Diese Hypothese bewährt sich gegenüber allem, was Philosophen einschließlich meiner selbst bisher über Weinen und Lachen gesagt haben.

Wir haben gelernt, dass elementares Lachen oder Weinen den Affekten ähnelt. Sie sind Ausdruck, nicht Geste, sondern spontane Reaktion, und sie reagieren auf etwas von „außerhalb". Wir haben auch gelernt, dass die Expression selbst nicht kulturspezifisch ist, so wie viele Emotionen, aber spezifisch für die Spezies, angeboren und universell menschlich, genauso wie Affekte. Doch alle Affekte haben eine bestimmte rationale Funktion und können als Reste von Instinkten verstanden werden, und Letzteres macht im Fall von Lachen und Weinen keinen Sinn. Nehmen wir meine Hypothese an, fügt sich das Puzzle zusammen. Wenn wir davon ausgehen, dass Lachen und Weinen Antworten auf den Spalt sind, den Abgrund zwischen den beiden Apriori, einen Hiatus, der nicht zur Gänze überbrückbar ist, dann ist klar, dass sie expressiv und spontan sind, Körper, Geist und Seele gleichermaßen einbeziehen, und auch, dass die Bereitschaft zu Lachen und Weinen angeboren ist. Klar wird darüber hinaus, dass sie nicht als Reste von Instinkten verstanden werden können, denn die Vermittlung zwischen den beiden Apriori ist eine höchst menschliche Aufgabe, allein Aufgabe des Daseins. Ebenso kann die Reaktion auf die Unmöglichkeit der Aufgabe nicht als Überbleibsel triebhaften Verhaltens gesehen werden. Daher wird auch klar, dass Lachen und Weinen keine besondere rationale Funktion haben, denn

Antworten auf das menschliche Leben sind nicht funktional, sondern überfunktional: Sie sind allumfassend.

Warum aber löst der Hiatus zwei verschiedene Reaktionen aus und nicht nur eine? Warum Lachen *und* Weinen, warum nicht Lachen *oder* Weinen? Es gibt vieles, was man nicht erklären kann, trotzdem möchte ich versuchen, eine zweite Hypothese als mögliche Antwort auf diese Frage zu formulieren.

Ich beginne wieder mit elementaren, empirischen Alltagsbeobachtungen. Es gibt zwei extrem schwierige und kritische Abschnitte der Kindheit (zumindest in unseren aktuellen westlichen Kulturen), zwei Punkte im Vermittlungsprozess zwischen den beiden Apriori, in denen sich der Hiatus aggressiv bemerkbar macht. Der erste beginnt mit der Geburt und endet mit der Beherrschung der Sprache, und der zweite reicht vom Ende der Kindheit bis zum frühen Erwachsenen (heute die Welt der „Teenager"). Wie jeder weiß, ist der erste Abschnitt durch Weinen charakterisiert, der zweite durch Lachen. Ich kann hier nicht über die Differenzierung des Weinens in der Kindheit sprechen, ich möchte nur anmerken, dass, während elementares Weinen gleich zu Anfang (Geburt) beginnt, elementares Lachen relativ spät kommt. Es ist eine allgemeine Erfahrung, dass Teenager bei jeder möglichen und unmöglichen Gelegenheit zu lachen beginnen, dass sie ununterbrochen kichern und schallend lachen, während sie normalerweise viel weniger weinen.

Schauen wir noch ein wenig auf die allgemeinen Beobachtungen, was die Erwachsenen betrifft. Elementares, spontanes Lachen ist ein kollektives, soziales Phänomen, elementares Weinen hingegen ist einsam. Weinen bleibt auch in der Gegenwart von anderen einsam. Die Person, die in elementares Weinen ausbricht, ist in sich eingeschlossen. Sie nimmt andere nicht wahr, nicht einmal beispielsweise auf dem Friedhof. Wenn eine Frau einem Mann, der sie liebt, mitteilt, dass sie ihn nicht mehr liebt, bricht er vielleicht in elementares Weinen aus, doch das Weinen wird einsam sein. Er wird sich nicht helfen können und er wird vielleicht nicht einmal die Reaktion auf den Gesichtern der anderen wahrnehmen oder sich nicht darum kümmern. Wenn jemand weint, um andere zu beeindrucken und zu beeinflussen, dann geschieht das nicht spontan oder elementar, denn Bewusstsein und Wahrnehmung der Situation sind bereits eingebaut. Wenn wir jemanden auf der Straße treffen und sehen, dass er weint, wissen wir, dass er allein ist und uns überhaupt nicht wahrnimmt. Das ist natürlich; wir verstehen.

Das Lachen hingegen ist sozusagen kollektiv. Wir lachen in der Gesellschaft anderer, wir lachen gemeinsam. Wir lachen im Theater und unter Freunden. Lachen ist nicht einsam und es ist ansteckend. Wenn eine Person zu lachen beginnt, lacht eine andere oft bei ihrem Anblick und dann andere, bis alle Anwesenden in Lachen ausbrechen und keiner aufhören kann, auch wenn er es versucht. Eine Person, die andere gut zum Lachen bringen kann, ist wie jemand, der ein brennendes Streichholz in einen Heuhaufen wirft. Bald wird der ganze Haufen brennen. Wenn wir jedoch jemanden auf der Straße sehen, der einfach für sich selbst und allein lacht, finden wir das seltsam. Vielleicht hat er sich selbst einen Witz erzählt oder von anderen gehört. Sonst glauben wir, bei ihm sei eine Schraube locker.

Warum also diese Unterschiede, wenn sowohl Weinen wie Lachen Reaktionen auf die Unmöglichkeit sind, die beiden Apriori zu überbrücken? Diese Frage wird von keiner empirischen Beobachtung berührt, ganz zu schweigen von einer möglichen Antwort. Deshalb möchte ich einen anderen Ansatz probieren.

Weinen wird oft mit Empfindungen verbunden. Wie spontanes Weinen wird elementares Weinen durch eine Empfindung oder Situation ausgelöst, die im Allgemeinen bestimmte Empfindungen auslöst. Ich möchte mit folgender Hypothese experimentieren: Die weinende Person ist zwar in sich verschlossen, steht aber in Beziehung zu einer Empfindung. Stellen wir uns vor, dass diese Empfindung Empathie ist. Man könnte sagen, dass Weinen im weiteren Sinn ein Ausdruck von Empathie mit uns selbst oder anderen ist. Ich meine elementare Empathie. Ich könnte elementares Weinen als Empathie beschreiben, die ich für mich selbst empfinde, für die Unmöglichkeit, über den Spalt zu springen, der mich von anderen hoffnungslos trennt. Man kann auch aus Mitgefühl für andere in elementares Weinen ausbrechen, die selbst an der Unmöglichkeit verzweifeln, sich mit anderen ganz zu identifizieren. Elementares Weinen ist also das Verzweifeln am Hiatus, das Betrauern des Abgrunds, den man nicht verstehen kann, weil man dafür keine Sprache und kein Konzept hat. Man fühlt ihn nur. Elementares Weinen verzweifelt an der Absurdität des menschlichen Lebens.

Elementares Weinen ist auch therapeutisch. Haben wir uns „ausgeweint", sind wir wieder bereit, mit anderen Kontakt aufzunehmen. Nach der Erkenntnis, dass der Hiatus nicht weggewischt und noch weniger weggewünscht werden kann, kann man einen relativen Kompromiss mit dem menschlichen Leben eingehen. Und das tut man auch meistens.

Beim Lachen sind wir bekanntlich weit davon entfernt, allein zu sein. Wir sind nicht einsam, sondern in der Gesellschaft von Gleichgesinnten. Wir lachen gemeinsam und wir lachen auch über etwas oder jemanden. Wir machen uns lustig über jene, die die Anforderungen des sozialen Apriori offensichtlich nicht erfüllen. Zweitens lachen wir über jene, die glauben, sie seien über den Abgrund gesprungen, obwohl das offensichtlich nicht der Fall ist. Drittens machen wir uns über jene lustig, die den Abgrund gar nicht bemerken. Und viertens lachen wir über die, die ihn nicht annehmen. Im ersten Fall lachen wir über den Fremden, über eine Person, die bei einem Bankett das falsche Besteck benützt. Im zweiten Fall lachen wir über den selbstgerechten Fanatiker, über Personen mit übermäßigem Selbstbewusstsein usw. Im dritten Fall lachen wir über den kopflosen Konformisten, der ständig und gedankenlos Banalitäten wiederholt und sich starr an die Regeln hält. Und im vierten Fall lachen wir über den Misanthropen, eine Person in dauerndem Zorn oder voll von unbegründeten Hoffnungen und Ideen, und lachen auch über eifersüchtige Menschen sowie all die Jäger des Unbedingten. Im zweiten und dritten Fall lachen wir nur über jemand anderen oder andere, im ersten und letzten Fall lachen wir oft auch über uns selbst.

Lachen ist also rational. Aber was bedeutet es? Im ersten Ansatz bedeutet es, dass wir durch Lachen Distanz wahren. Wir distanzieren uns selbst von anderen und können uns auch von uns selbst distanzieren. Lachen ist urteilen, wir verkünden dadurch ein Urteil. In diesem Sinn ist es das Gegenteil von Weinen. Beim Lachen gibt es kein Mitgefühl. Bei einem bestimmten Typ des Lachens, dem bitteren Lachen, ist dieser Gegensatz symmetrisch. So wie elementares Weinen Verzweiflung darüber zum Ausdruck bringt, dass das menschliche Leben von anderen getrennt bleibt, über die Unmöglichkeit, den anderen wirklich zu kennen oder mit ihm eins zu sein – so drückt das bittere, elementare Lachen eine gewisse Verzweiflung über unsere Unfähigkeit aus, uns von der Welt oder vom anderen *ausreichend* zu distanzieren. Beide sind Ausdruck von Ohnmacht. Doch ist das Lachen natürlich nicht immer bitter, sogar meistens nicht. Normalerweise verbinden wir Weinen mit Trauer und Lachen mit Fröhlichkeit und guter Laune. In solchen „normalen" Fällen ist der Gegensatz zwischen Weinen und Lachen nicht symmetrisch. Doch immer bedeutet Lachen, dass man Distanz bewahrt, zurücktritt, sich eher entfremdet als identifiziert und sogar vom Bedürfnis selbst, sich zu identifizieren, Abstand nimmt. Doch wie schon angedeutet kann diese Distanzierung von unserem Bedürfnis ziemlich lächerlich sein. Und über diese Lächerlichkeit lachen wir – doch das Lächerliche ist nicht das, was lacht, außer im Falle von Selbstironie, auf die ich später zurückkomme.

Distanz bewahren ist der erste Bestandteil von Rationalität im Lachen. Es gibt kein sentimentales Lachen. Wie gesagt ist Lachen nach Nietzsche der Nagel, der in den Sarg der Gefühle getrieben wird. Dies ist jedoch nur die negative Beschreibung einer Art Rationalität. Im Lachen identifizieren wir uns nicht mit unserer einsamen Seele oder mit der einsamen Seele anderer. Womit identifizieren wir uns dann, wenn überhaupt? Tatsächlich identifizieren wir uns entweder mit dem sozialen Apriori, das durch die Gemeinschaft der Lachenden repräsentiert ist, oder mit dem Spalt, den ich beschrieben habe und der sich zwischen Natürlichem und Sozialem öffnet. Wir identifizieren uns also irgendwie, mit einem Auge, einem Blick, einer Ansicht, die wir als gegenwärtig ansehen. Doch was für eine Art von Rationalität könnte diese Identifikation haben?

Um darauf eine positive Antwort zu formulieren, benütze ich eine Kategorie, die von Max Weber geprägt wurde: Wertrationalität. Lachen ist, wie wir gesehen haben, auch ein Urteil. Wenn wir über etwas oder jemanden Lachen, entwerten wir es oder ihn. Wenn eine Person etwas Dummes sagt oder Sprache unabsichtlich falsch gebraucht, lachen wir und entwerten die Person dadurch nicht als ganze Person, doch zumindest als Sprachanwender. Oft entschuldigen wir uns mit einer entsprechenden Unterscheidung: „Ich habe nicht über dich gelacht, sondern über das, was du gesagt hast. Du bist nicht lächerlich, nur was du gesagt hast und wie." Wir können aber auch die Person und die Handlung gleichzeitig abwerten, zum Beispiel, wenn jemand einem bereits überholten Brauch gehorcht. Lachen kann eine Handlung auch neu oder sogar sehr hoch bewerten. Wenn wir mit einer Person lachen, die Sinn für Humor hat, wertschätzen wir sie. Wir lachen also aus einer Werthaltung, auch wenn wir es nicht merken. Und wir können auch für oder gegen einen anderen Wert lachen, denn Lachen ist ein Urteil. Zugegeben, in einer großen lachenden Gesellschaft ist nur die Anbahnung des Lachens ein klares Urteil angesichts der Tatsache, dass Lachen ansteckend ist und jene, die mitlachen, manchmal nicht nur nicht wissen, was das Lachen ursprünglich ausgelöst hat, sondern es vielleicht nie erfahren werden und gar nicht wissen wollen. Doch dieser komische Umstand – dass lachen urteilen ist, dass wir normalerweise aus einer Werthaltung heraus lachen und dass wir oft gar nicht wissen, was der Anlass des gemeinsamen Lachens war – widerspricht in keiner Weise der These, dass Lachen wertrational ist. Denn wenn wir an einer fröhlichen Runde teilnehmen, wird das Lachen selbst zu einem Wert: Es wird zu einem identitätsschaffenden kulturellen und sozialen Wert. In dieser Eigenschaft ist Lachen ein Wert an sich oder kann es sein – Lachen kann Selbstzweck sein.

Auch wenn ich nicht sprechen kann, während ich lache, kann ich nachher immer erklären, warum ich gelacht habe. Vielleicht führe ich ein lächerliches Objekt oder eine Handlung an, oder einfach das herzliche Lachen der Umstehenden. Ich kann natürlich auch lügen. Ich kann ebenso lügen, wenn ich Gründe für mein Weinen aufzähle. Doch beim Weinen weiß ich nicht immer, warum es mich überkommt, mehr noch, ich kann nur sehr selten zur Gänze die Gründe für meine Tränen erklären. Auch Lachen kann begründet oder unbegründet sein. Deswegen kann man es auch kritisieren, was beim Weinen kaum geht (mit Ausnahme von Weinen, das jemanden unter Druck setzen oder Schuldgefühle erzeugen soll). Weinen hat meistens nichts mit Wahrheit oder Irrtum zu tun, Güte oder Schlechtigkeit, Macht oder Freiheit. Lachen hingegen ist mit alldem verbunden. Weinen ist weder moralisch noch politisch. Lachen ist beides. Weil es wertrational und urteilend ist, kann ich mit Lachen überwältigen. Lachen vernichtet und demütigt, doch es erkennt auch an, stimmt zu, protestiert und negiert. Kurz, Lachen hat immer eine Bedeutung: Es ist immer etwas gemeint. Weinen kann man aus Angst, ohne Ursache, aber man kann nicht über nichts lachen. Lachen ist ein unabsichtlicher, unvermittelter und totaler Ausdruck, der

Körper, Seele und Geist umfasst. Es ist die einzige derartige Expression, die funktional nicht rational ist (so wie Ekel oder Wut), sondern wertrational.

Die Feststellung, dass ursprüngliches, spontanes Lachen nicht funktional rational ist (wie die Affekte), bedeutet nicht, dass es keine rationale Funktion hat, sondern nur, dass das Lachen selbst keine bloße Funktion ist. Philosophische wie psychologische Theorien des Lachens gehen meist auf die Funktionen des Lachens ein, die – wie zu erwarten – nicht allzu spezifisch sind. Lachen kann überwältigen, aber es kann auch verschiedene therapeutische Wirkungen haben. Zum Beispiel kann Lachen jemandem Mut machen (wenn wir mit ihm lachen); es kann Trauer und Kummer lindern; es kann Menschen auf ihre eigene Torheit aufmerksam machen und sie einladen, sich dem Lachen anzuschließen; es kann Spannungen lösen; es kann als Sanktion fungieren, indem es jemandes inneren Zensor beseitigt (auf dieses Problem komme ich im Kapitel über Witze zurück); und es kann uns das Gefühl geben, frei zu sein im Denken, auch wenn wir in Wirklichkeit nicht frei sind.

Als ich das Lachen (unter anderem) mit Macht und Beherrschung in Verbindung brachte, beschritt ich einen ausgetretenen Pfad, nämlich wie erwähnt den der Theorie von Hobbes. Bei Hobbes lacht der kluge Mensch über die Dummheit eines Dummen aus Überlegenheit, und er stärkt seine Position der Überlegenheit durch sein Lachen. Auch ein Dummkopf kann über einen Dummkopf lachen, denn das Lachen gibt ihm eine relativ bessere Position. Man lacht auch aus einer Position moralischer Macht: Wenn man über eine Person lacht, die viel politische und militärische Macht besitzt, kann man moralische Macht gewinnen oder ausüben. Der Verurteilte kann seinem Richter ins Gesicht lachen, der zum Tode Verurteilte ins Gesicht seines Henkers. Eine Frau hat mir einmal erzählt, dass ihr ein SS-Soldat im Konzentrationslager befahl, niederzuknien, weil er sie erschießen wollte. Als sie, statt um ihr Leben zu betteln, ihm ins Gesicht lachte, wurde er so verlegen, dass er sich plötzlich davonmachte. Die Erlaubnis zu lachen war einst ein Privileg. Ein Sklave konnte nicht über seinen Herrn lachen, ohne schwere soziale Sanktionen zu gewärtigen, auch wenn er eine Bestrafung manchmal vermeiden konnte. Die Gleichheit der Bürger hebt unter anderem das Privileg des Lachens (bzw. Lachen als soziales Privileg) auf – was allerdings private Fälle von Autorisierung und Restriktion nicht verhindert.

Um den rationalen Charakter des Lachens zu untermauern, habe ich es mit Wahrheit und Falschheit, Gerechtigkeit und Ungerechtigkeit in Verbindung gebracht. Wenn jemand mit einer unsinnigen wissenschaftlichen Theorie kommt, vor allem wenn sie von Institutionen unterstützt wird, lachen wir über den Wissenschaftler als Wissenschaftler, über seine Theorie und über die Institutionen, die unvernünftig genug sind, ihn zu unterstützen. Wenn wir umgekehrt sehen, dass die Öffentlichkeit oder die wissenschaftliche Community eine vielversprechende neue Theorie mit Verachtung und grundlosem Unglauben betrachtet, lachen wir über ihre wissenschaftlichen Vorurteile. Es gibt konformistisches Lachen und auch Protestlachen, beide sind urteilend und beide erheben Anspruch auf Wahrheit und Richtigkeit.

Spontanes, nicht rationales, reines, originales Lachen erinnert (im eben beschriebenen Kontext) an unerwartete rationale Kommunikation oder Argumentation. Wir wissen, dass eine Behauptung mit rationalen Argumenten sowohl verteidigt wie auch abgelehnt werden kann. Argumente und Gegenargumente können ebenso gut wie auch schlecht sein, sie können richtig sein oder falsch, im selben Maße gültig wie ungültig. Konformistisches Lachen kann Nonkonformisten marginalisieren und lächerlich machen, nonkonformistisches Lachen kann ebenso Konformisten marginalisieren und lächerlich machen. Lachen ist kein sogenanntes „objektives" Werturteil, doch seine Angemessenheit kann sich als richtig herausstellen, sein Urteil kann sich als wahr erweisen. Es kann dementsprechend aber auch ein unwahres, falsches oder ungerechtes Urteil sein.

Lachen ist daher wertrational, und in diesem Sinn ist es einerseits urteilend und mit Macht verbunden, andererseits wahr oder unwahr, richtig oder falsch, gerecht oder ungerecht. Auch wenn das Lachen selbst nicht funktional rational ist, werden seinen Wirkungen normalerweise verschiedene Funktionen zugeschrieben. Trotzdem kann das Lachen nicht als Mittel zum Zweck beschrieben werden, zumindest spontanes Lachen kann man nicht so verstehen. Wir treffen über das Lachen keine Entscheidungen, wir wählen nicht bewusst zwischen Lachen und Nichtlachen, wir erwägen das Lachen nicht. Das heißt, wir können nicht entscheiden, ob wir lachen werden oder nicht, und daher kann die Kategorie der instrumentellen oder zweckbestimmten Rationalität dem Lachen kaum zugeschrieben werden. Doch was ist mit den verschiedenen Institutionen und Genres, die uns zum Lachen bringen, vom Narren oder Spaßvogel des Königs bis zur dramatischen Komödie oder einem Witz? All diese Institutionen und Genres haben offensichtlich das Ziel, die Menschen zum Lachen zu bringen. Und man sagt, diese Genres würden das Lachen in absichtsvoller, rationaler Weise einsetzen. Sie bringen uns zum Lachen, um unsere Moral zu verbessern, uns den Gebrauch des gesunden Menschenverstandes zu lehren, uns vor Gefahren zu warnen usw. Ich glaube nicht, dass dies tatsächlich die Absicht der komischen Genres ist, aber selbst, wenn es so wäre, würden wir dennoch nicht von der Absicht des Lachens als solcher sprechen. Wir können schwerlich sagen, das Lachen sei ein Mittel zu einem bestimmten Zweck, lediglich, dass der Auslöser des Lachens (das komische Stück oder der Witz) dem Lachen eine Richtung gibt, die diesem oder jenem edlen oder weniger edlen Zweck dienen soll.

Lachen ist sozial, kulturell und kollektiv und zugleich urteilend, daher überrascht es uns nicht, dass man dafür eventuell eine Erlaubnis benötigt. Ich habe schon erwähnt, dass Lachen ohne Erlaubnis soziale Sanktionen nach sich ziehen kann. Das bedeutet, dass auch das spontane, ursprüngliche, unbeabsichtigte Lachen Grenzen hat. Das „Wie?", das „Mit wem?" oder „Über wen?" grenzen die Situation des Lachens ein. Hier wird ein wichtiger Unterschied zwischen Lachen und Weinen sichtbar. Weinen ist entweder erlaubt oder nicht, manche dürfen, andere nicht. Zum Beispiel wurde Perikles der Überlieferung nach hoch geschätzt, weil er bei der Nachricht vom Tod seiner Söhne nicht weinte. In manchen Kulturen sind Männer nur dann Männer, wenn sie nicht weinen, während Frauen ausgiebig weinen dürfen. Doch die Gelegenheit zum Weinen ist so gleichgültig wie sein Auslöser. Im Falle des Lachens ist die Sache wegen seines sozialen Charakters ganz anders. Männer und Frauen lernen die entsprechenden „Situationen" während ihrer Akkulturation kennen. In dieser Situation sollte man nicht lachen, in jener darf man lachen, doch nur unterdrückt, und in einer anderen wieder darf man frei und laut lachen. Es gibt auch Situationen, in denen das Lachen zu guten Manieren oder zum guten Ton gehört. Wird man von Menschen oder Genres angesprochen, die darauf spezialisiert sind, einen zum Lachen zu bringen (ein Komiker oder selbsternannter Witzbold oder eine Komödie), zeugt es von gutem Geschmack, die Rede mit Lachen zu beantworten. Sogar nach dem ethischen Ideal des Aristoteles darf der *megalopsychos* (die große Seele) im Allgemeinen nicht lachen, doch im Theater hat er die Erlaubnis dazu, denn hier kann das Lachen seiner moralischen Größe nicht schaden.

Normalerweise darf man beim Gottesdienst nicht lachen. Es wird heute auch als barbarisch oder ungehörig angesehen, wenn man beim Anblick eines Menschen mit körperlichen Einschränkungen, eines kleinwüchsigen Menschen, eines Juden im Kaftan oder über einen Ausländer lacht, der unpassende Ausdrücke oder falsche Grammatik benützt. Es wird erwartet, dass man so tut, als nehme man gewisse Deformierungen, die früher einmal Gegenstand von Gelächter waren, gar nicht mehr wahr. Solche Behinderungen waren Zielscheibe von Gelächter in einer Zeit, in denen man nicht einmal über die eigenen Eltern lachen durfte.

Henri Bergson hat recht, wenn er bemerkt, dass weder Pflanzen noch Tiere per se lächerlich sein können. Das heißt, sie bringen uns nicht zum Lachen, außer wir erkennen in ihnen menschliche Züge, unsere eigenen Deformierungen. In diesem Bereich gab es nie eine Zensur und kann es nicht geben. Über Affen durften wir immer lachen, auch wenn sie heilige Tiere waren (und immer noch sind). Aber ich glaube, dass Tiere, wenn man sie als Tiere sieht, nicht lächerlich sein können, denn nicht nur das Lachen, sondern auch das, über das man lacht, muss in irgendeiner Weise mit unserem eigenen menschlichen Leben korrespondieren. Beide müssen mit dem Abgrund fertig werden. Kant erwähnt einen sogenannten „Instinkt der Vernunft". Hier greife ich dem Ergebnis meiner ganzen Untersuchung vor: Der Instinkt der Vernunft ist das Lachen.

*****

Lachen und Weinen als empirische, universelle Expressionen des menschlichen Lebens, kommen in allen möglichen kulturellen Schöpfungen vor. Es gibt natürlich einen Unterschied zwischen theoretischer und narrativer Wahrnehmung wie auch einen zwischen Wahrnehmen und Auslösen. Ich habe bereits erwähnt, dass sich die philosophische Tradition nur sporadisch mit dem Phänomen des Komischen auseinandersetzt und (bis ins 20. Jahrhundert) noch viel seltener mit dem Lachen. Ich habe auch berichtet, dass es bereits an der Geburtsstätte der Philosophie einen narrativen Bezug zum Lachen gab: in der Geschichte von Thales und der thrakischen Magd. Diese Geschichte zielt wie gesagt auf die „hohe" Komik, im Gegensatz zur „niederen" Komik, auf die erheiternde Position der Philosophie und des Philosophen, schwebend zwischen Himmel und Erde, so wie auch Aristophanes den Sokrates in „Die Wolken" darstellt. Diese Geschichte hat eine tiefere Bedeutung. Sie sagt uns, dass uns die Philosophie zum Lachen bringen kann, auch wenn es keineswegs ihre Aufgabe ist, Lachen auszulösen. Sie kann uns zum Lachen bringen so wie Thales die Magd zum Lachen brachte. In diesem Fall lachen wir spontan, und das spontane Lachen ist hier das Gelächter des gesunden Menschenverstandes, der sich nicht um den Abgrund kümmert oder um Unwissenheit, er nimmt sie nicht einmal zur Kenntnis. Doch die Philosophie kann auch eine andere Art von Lachen auslösen: das verständnisvolle Lachen, wenn man das Paradox begreift. Die Philosophie kann uns zum Lachen bringen über das menschliche Leben selbst. Das heißt, sie kann das Lachen ersetzen, denn sie kann uns etwas mitteilen, dass sonst durch Lachen zum Ausdruck kommt. Philosophie kann uns mit Worten sagen, was das Lachen ohne Worte ausdrücken kann: das Unaussprechliche.

Das Lachen als Antwort sowohl auf „niedere" wie „hohe" Komik steht am Beginn unserer Kultur, das heißt, in unseren Masternarrativen. Damit meine ich natürlich Homer und die Bibel. Der Begriff „homerisches Lachen" meint das Lachen der Götter, die sowohl in der „Ilias" wie in der „Odyssee" übereinander herzlich lachend dargestellt werden. In beiden Werken lachen sie über Hephaistos, den hässlichen, hinkenden, Metall bearbeitenden Gott. In der „Ilias" lachen sie nur über sein Hinken. In der „Odyssee" ist die Szene, die das Lachen auslöst, viel komplizierter. Hephaistos, den seine schöne Frau Aphrodite betrügt, die Göttin der Liebe, lädt andere Götter ein, das Unrecht zu bezeugen, das ihm durch seine Frau und ihren Liebhaber, den Kriegsgott Ares, zugefügt wird. Die Götter kommen und beobachten den Liebesakt der Aphrodite, mit Ares gefangen in einem geheimen Netz, das Hephaistos ausgelegt hat. Sie brechen in

Lachen aus. Über wen lachen sie? Natürlich über Hephaistos. Diesmal nicht nur über seine Hässlichkeit und sein Hinken wie in der „Ilias", sondern auch wegen seiner Eifersucht, seiner Unfähigkeit, seine Frau im Zaum zu halten und zu befriedigen, und seiner Dummheit, auch noch Zeugen seiner Schande zu rufen. (Apollo und Hermes sind sich schnell einig, dass sie das Netz gerne in Kauf nähmen, um das Bett mit Aphrodite zu teilen. Sie lachen nicht über Aphrodite und Ares, noch verurteilen sie diese durch Gelächter.) Doch zusätzlich lachen die Götter auch über den Liebesakt (und seine Unterbrechung), der auf unbeteiligte Zuschauer im Allgemeinen lächerlich wirkt. In genau dieser Szene erfassen wir einige strukturelle Themen, die für komische Genres typisch sein werden, insbesondere in Komödien. Wir begegnen demselben Thema, derselben Struktur zum Beispiel bei Molière. In Homers Dichtungen lachen nicht nur die Götter, sondern manchmal auch die Helden, und dann ist ihr Lachen sehr „Hobbesmäßig", denn sie lachen meist dann, wenn es ihnen gelungen ist, ihre Feinde zu schikanieren oder zu demütigen.

In der jüdischen Bibel taucht das Lachen zuerst beim Gedanken an die Geburt Isaaks auf. Die Geschichte beginnt damit, dass Gott Abraham verspricht, seine Frau Sara werde einen Sohn zur Welt bringen. Als er das hört, wirft sich Abraham nieder und lacht. Das Gelächter geht weiter, als sich drei Engel dem Zelt Abrahams nähern und einer von ihnen verspricht, dass Sara im kommenden Jahr ein Kind haben wird. Diesmal ist es Sara, die lacht und fragt wie sie, alt und verwelkt wie sie und ihr Mann sind, trotzdem ein Kind zeugen können. Der Herr fragt Abraham, warum Sara lacht und ob das Paar glaubt, es gebe Dinge, die Gott nicht möglich seien. Und Sara leugnet, dass sie gelacht hat. Trotzdem soll der Name des Sohnes Isaak sein, der „Lacher". In dieser Geschichte lachen die Menschen (der Mann und die Frau) und sie lachen nicht über die Götter. Sie scheinen über Gott zu lachen, oder, genauer, nicht über Gott, sondern die Absurdität seines Versprechens. Hier zeigt sich die Beziehung zwischen Lachen und Absurdität, Unmöglichkeit und Unbegreiflichkeit.

Die beiden Arten von Gelächter, das homerische Lachen und das biblische Lachen, sind zwei Extreme (Gegensätze) in der Breite des Lachens. Homerisches Lachen demütigt den Untergeordneten, biblisches Lachen bringt einen Mangel an Glauben in das Versprechen des Übergeordneten zum Ausdruck. Ersteres ist ein fröhliches Lachen, Letzteres eines von Zweifel und Verzweiflung. Aber sie haben eine unverkennbare Gemeinsamkeit: ihre Rationalität.

Im Fall der „Odyssee" ist es die irrationale Einladung des Hephaistos, die lächerlich ist. Aber indem sie darüber lachen, dass dem Hephaistos offen Hörner aufgesetzt werden, und über den Liebesakt der Aphrodite, lachen die Götter auch über sich selbst, denn sie sind auch geschlechtliche, sexuelle Geschöpfe, sie wollen auch Liebe machen, sie werden auch eifersüchtig. Abraham und Sara lachen über das Versprechen Gottes, das nach menschlichem Maßstab völlig irrational ist, doch sie lachen auch über sich selbst, ihren eigenen Mangel an Glauben und ihre mangelnde Zeugungskraft. Das Absurde ist *per definitionem* irrational, doch wenn das Irrationale ein absoluter Glaube ist, dann ist das nicht absurd. Denn lächerlich ist der Wunsch einer Person, die Gründe und Möglichkeiten für das Absurde und Unmögliche zu erfahren, nicht ihre gläubige Hinnahme der Unbegreiflichkeit.

Doch das Lachen wahrzunehmen, darüber nachzudenken und Geschichten darüber zu erzählen, ist eine Sache. Eine andere ist es, die Menschen absichtlich zum Lachen zu bringen. Zweifellos können Phänomene und Werke, die gar nicht dazu gedacht waren, die Menschen zum Lachen zu bringen, Lachen auslösen, wenn der Zuschauer oder Leser sie als lächerlich wahrnimmt (weil sie dumm sind, hochtrabend usw.). In solchen Fällen besteht kein Unterschied, ob wir über die sowjetische philosophische Enzyklopädie lachen (wie meine Freunde und ich in unserer Jugend) oder eine geschmacklose Kleidung oder Möblierung. Was einmal völlig ernst genommen wurde, kann in einer anderen Generation zur Lachnummer werden.

Die Philosophie kann ironisch sein oder mit Humor experimentieren, aber ihr Ziel ist nicht, uns zum Lachen oder Weinen zu bringen. Das trifft sogar auf die postmetaphysische Philosophie zu, etwa die Philosophie von Nietzsche. Zarathustra selbst lacht ständig, und es gibt in Nietzsches Werken zahlreiche Parodien, zuerst und vor allem in „Also sprach Zarathustra". Darüber hinaus ist das aphoristische Genre besonders geeignet, Gelächter auszulösen, trotzdem lachen wir nicht über Nietzsches Text, noch weinen wir. Der substituierende Charakter der Philosophie wird hier nicht nur bewahrt, er kommt hier zum Ausdruck. Die Absurdität, eben die Unmöglichhkeit, über den Abgrund zwischen den beiden Apriori zu springen, wird in Gedanken gefasst – in das Denken der Philosophie.

Die christliche Religion hat eine noch negativere Einstellung zum Lachen entwickelt. Im Mittelalter diskutierten die Gelehrten über die Frage, ob Christus in seinem Leben auf Erden überhaupt je gelacht hat. Die Mehrheit schloss sich der Position an, dass er niemals gelacht hat. In der christlichen Tradition ist es der Teufel, der lacht. Er lacht über uns menschliche Kreaturen. Es ist der Feind, der lacht und auch uns zum Lachen bringt. Das Lachen war jedoch nicht gänzlich aus der religiösen Praxis verbannt. Ich beziehe mich hier wieder auf Bachtins Erörterung des Narrenfestes, des Karnevals, auf die Parodien des letzten Abendmahls und die groteske Behandlung der Heiligengeschichten – alles übliche Ergänzungen der täglichen religiösen Praxis.

Alle Arten von Aktivitäten und Objekten, die wir unter dem Begriff „Kunst" zusammenfassen, haben eine völlig andere Beziehung zu Lachen und Weinen. Die beiden Expressionen nehmen ganz verschiedene Plätze in den künstlerischen Gattungen ein. Alle Genres der Kunst haben eine humorvolle Variante oder ein Sprachspiel, das zum Lachen bringen soll, doch gilt das nicht für das Weinen. Die sogenannten „hohen" Künste, also jene Künste, die für praktisch unendliche Interpretationen offen sind, haben alle komische Varianten und lösen Gelächter aus. Keine von ihnen will zum Weinen animieren. Wenn man bei solch einem Kunstwerk weint, ist dies ein zufälliger Nebeneffekt, ebenso unbeabsichtigt, wie es Gelächter wäre als Reaktion auf ein philosophisches Werk oder eine Tragödie.

Weinen ist jedoch auch keine angemessene oder beabsichtigte Antwort auf ein tragisches Drama. Elementares Weinen ist einsam, wie wir wissen. Es gibt keine Distanz als solche darin, eher eine Gefühlsintensität, die ich als Empathie beschrieben habe. Wer weint, fühlt mit sich selbst oder jemand anderem, wobei er oder sie sich bis zu einem gewissen Grad identifiziert. Aristoteles bietet die Hypothese, dass die Tragödie den Zuschauer von Angst und Mitleid läutert. Durch das Mitgefühl mit einem tragischen Helden (weit entfernt von einem Akt der Identifizierung) distanziert sich der Zuschauer von seinem früheren Selbst, und auf diese Weise werden die Affekte in rationale Emotionen umgewandelt. Genau dies kann beim elementaren Weinen nicht geschehen. Man muss Aristoteles' Hypothese nicht annehmen. Ich möchte nur zeigen, dass eine Katharsis nicht bedeutet, dass man weint. Wenn man beim Zuschauen oder Lesen einer Tragödie zu lachen beginnt, dann fasst man das Werk als eine Art Kitsch auf. Weint man hingegen im Gedanken an sich selbst beim Sehen oder Hören einer Tragödie, ist dieses Weinen nur ein Nebeneffekt. Ich erwähne dieses Problem im Zusammenhang mit dem Beispiel der Tragödie, weil wir hier die Theorie der Läuterung von Aristoteles geerbt haben. Doch was auf die Tragödie als Drama zutrifft, trifft auch auf Dichtung, Musik, Film, Malerei und vieles andere zu. Das Pferd des Achilles weint, aber wir brauchen nicht über das Weinen von Achilles' Pferd zu weinen. Ein Schauspieler brach angesichts des Schicksals von Hekabe – der letzten Königin von Troja – in Weinen aus, aber nicht Hamlet, er begann stattdessen, über das Weinen des Schauspielers nachzudenken. Wir weinen nicht, wenn wir die Geschichte von Rotkäppchen hören, das tun nicht einmal Kinder. Ein Musikexperte würde nervös, wenn sein Freund beim Hören von Musik weinen würde. Es ist auch wirklich eine unangemessene und zweifellos unbeabsichtigte Reaktion auf Kunst. Trotzdem gibt es keinen Grund, sich über regressives Zuhören aufzuregen oder darüber herzuziehen, auch wenn diese Art des Zuhörens tatsächlich regressiv ist. Man kann bei der Rezeption von Kunstwerken Nebeneffekte nicht ausschließen.

Es gibt allerdings Genres, die darauf spezialisiert sind, die Menschen zum Weinen zu bringen. Aber sentimentale Filme, Bücher und Stücke sind ein „niederes" Genre und gehören eher zur Gruppe der Unterhaltungswerke denn zur

Kunst. Genre ist vielleicht nicht einmal eine geeignete Kategorie für diese sentimentalen Werke. Sentimental kann eine Melodie sein, ein Drama, eine Fernsehserie, ein Stück, ein Film oder ein Roman. Sentimentale Werke sind nicht einfach Unterhaltung, doch sie sind auch nicht einfach nur Kitsch. Es gibt Kitsch in der Malerei und sogar in der Architektur, aber keine Weinerlichkeit.

Anders als Weinen, löst eine große Vielfalt von Genres „hoher" Kunst Lachen aus. Hohe Kunst kann darüber hinaus Lachen auf vielen Ebenen des Lächerlichen hervorrufen, vom Niedrigen bis zum höchsten Erhabenen. Manchmal präsentiert derselbe Künstler sowohl den niedrigsten als auch den erhabensten Inhalt – Text, Geschichte, Handlung, Sprachspiel oder Wortspiel – als Gelegenheit zum Lachen. Man denke zum Beispiel an Beckett.

Und warum? Warum gibt es keine „hohe" Kunst, die sich darauf spezialisiert, Weinen auszulösen, warum nur Lachen? Ich kann diese Frage offen lassen, doch meine Hypothese ist naheliegend: Hohe Kunst schließt die totale Identifizierung mit uns selbst, mit der Welt oder mit jemandem, der uns nahesteht, aus. Sie schließt die völlige Überwindung der Distanz aus: Tatsächlich setzt eine Rezeption hoher Kunst Distanz voraus. Weil Gelächter eine solche Distanz voraussetzt, kann hohe Kunst mit ihrem spezifischen Charakter und Wert Lachen bewirken, aber nicht Weinen, wenn das Lachen dem Genre entspricht. Da der Gegenstand dieses Buches das Komische ist, belasse ich es dabei.

Eine letzte Bemerkung: Kunstwerke können weder lachen noch weinen. Manchmal sagen die Leute, dass die Musik weint. Aber selbst, wenn sie das täte (was ich bezweifle), hat das nichts mit elementarem Weinen zu tun, nur mit der „Mimesis" des Weinens. Die Tatsache, dass die bildende Kunst weder weint noch lacht, ist offensichtlich. Weniger offensichtlich ist, dass die Darstellung von reinem Lachen und Weinen in Malerei, Skulptur und Architektur unmöglich ist. Unter den visuellen Medien kann dies nur der Film. Nur die Sprache kann sowohl Lachen wie Weinen hervorrufen, doch die Sprache selbst lacht oder weint nicht, wie wir wissen, allein schon deshalb, weil wir nicht sprechen können, während wir lachen oder weinen. In seinem Essay über das Paradox des Schauspielers hat Diderot Ähnliches gesagt. Doch der Sprache gelingt es, Lachen und Weinen zu transformieren und umzuwandeln. Die Universalität des Mediums Sprache erlaubt ihm, etwas zu tun, das kein Tun ist: Es sagt, dass es weint, aber es weint nicht, sondern bietet nur die Illusion des Weinens. Die Sprache kann sagen, hier ist Lachen, aber es ist nicht Lachen, sondern nur die Illusion oder Darstellung des Lachens. „Oh! Au! Ah!" zu rufen ist nicht Weinen, und „Haha!" zu rufen ist nicht Lachen.

Hohe Kunstgattungen können uns zum Lachen bringen. Sie bieten nicht nur die Erlaubnis zum Lachen, obwohl sie zu bestimmten Zeiten und unter bestimmten Umständen auch das tun. Sie sprechen ihr Publikum nicht mit den

Worten „jetzt dürft ihr lachen" an, sondern mehr mit einer unausgesprochenen Aufforderung: „Lacht!" Lacht nicht im Allgemeinen, sondern über dies und jenes; lacht über diese Unzulänglichkeiten und jene Laster, Dummheiten und Paradoxe. Komische Genres streben nicht nach moralischer Besserung, aber sie können ebenso eine moralische wie eine politische Botschaft enthalten.

Die größten Kräfte und Stärken der komischen Genres können (wie jede Stärke) missbraucht werden. Man kann die Komödie für rein politische Zwecke benützten, für edle, weniger edle oder unedle. Auf den österreichischen und deutschen Bühnen des 19. Jahrhunderts wurde der Jude gewöhnlich als komische Figur dargestellt, der Neger war die typische komische Figur dieser Zeit in Amerika. Man könnte sagen, dass dies eher in „niederer" denn in „hoher" Kunst geschieht und dass diese Werke schnell vergessen werden, und das trifft im Allgemeinen auch zu, allerdings keineswegs in jedem Fall.

Die politische Zweideutigkeit des komischen Kunstwerks kann auch politisch zweideutig sein. In einer Komödie wird die böse Figur verlieren und die gute siegen. Die böse Puppe wird geschlagen und „Aua!" schreien. Doch wer ist wirklich gut und wer böse in einer solchen Show? Die Zweideutigkeit hat hier nichts mit den komischen Kunstwerken zu tun, sondern mit dem Zustand der Moral selbst. Doch diese Frage geht über das Anliegen dieses Buches hinaus.

Es ist eine Institution, die Menschen zum Lachen bringt, oder vielmehr setzt dies eine ganze Familie von Institutionen voraus, vom Hofnarren über den Zirkusclown bis zum Autor von Komödien, dem komischen Romancier, Standup-Comedian usw. Wer andere zum Lachen bringt, lacht vielleicht selbst nicht oder vielleicht doch, vielleicht ist die Beziehung gegenseitig (wie beim Erzählen von Witzen), aber das muss nicht sein. Jedenfalls bringen wir immer, wenn wir lachen, Fröhlichkeit oder Verzweiflung zum Ausdruck, glücklich oder ironisch – der Hiatus zwischen dem genetischen und dem sozialen und kulturellen Apriori kann nicht beseitigt werden. Fröhliches Lachen bejaht, bitteres Lachen beweint. Das eine sagt ja, das andere nein, doch sie sprechen über dieselbe Erfahrung, ohne zu sprechen. Wittgenstein hat es so ausgedrückt: Die Welt des Glücklichen ist eine ganz andere als die des Unglücklichen. Das gilt auch für ihr Lachen.

3. Das komische Drama

Zu Beginn der Erörterung verschiedener komischer Genres möchte ich auf das komische Drama eingehen, weil dieses zumindest in unserer westlichen Kultur die längste Geschichte hat. Ich würde nicht sagen, dass diese Geschichte ganz kontinuierlich ist, denn es gibt lange historische Epochen ohne Komödie, aber es ist eine in ihren Mustern fortlaufende Geschichte, denn einige grundlegende Strukturen des komischen Dramas haben sich in etwa 2000 Jahren nicht geändert.

Ich möchte in drei Schritten über das komische Drama sprechen. Zunächst möchte ich die Besonderheiten der Komödie in der größeren Familie der komischen Genres erkunden. Zweitens werde ich untersuchen, ob es eine historische oder vielleicht sogar ontologische Verbindung zwischen Komödie und Tragödie gibt. Schließlich werde ich die gemeinsamen inhaltlichen und formalen Eigenschaften von Komödien beschreiben, unabhängig von ihrer Entstehungszeit. Bevor ich ins tiefe Wasser springe, eine kurze Übersicht darüber, was wir bereits über das Lachen und das Andere-zum-Lachen-Bringen gesagt haben:

- Wir können über jemanden oder etwas lachen, ohne dass uns jemand zum Lachen bringt. Das war bei der thrakischen Magd der Fall. Für diese Art des Lachens benötigt man keinen Sinn für Humor.
- Wenn uns jemand zum Lachen bringt, lachen wir über die Figur, die dies tut, zum Beispiel einen Clown. In diesem Fall lachen wir über ihn, aber auch mit ihm.
- Jemand kann uns über jemanden oder etwas anderes zum Lachen bringen. Dabei ist die Person, die uns zum Lachen bringt, nicht der Anlass; etwa, wenn jemand einen guten Witz erzählt. Wir lachen über die Pointe, nicht über den Erzähler. Wir lachen auch mit ihm, als eine Art Anerkennung seiner Erzählung.
- Die Person, die uns zum Lachen bringt, ist witzig, hat Sinn für Humor, unterhält uns mit Wortspielen und Bemerkungen und erzeugt eine fröhliche Stimmung. In so einem Fall lachen wir gemeinsam mit der Person, die uns zum Lachen bringt, und dieses Lachen hat im Allgemeinen kein konkretes Ziel.

In seiner Art, Menschen zum Lachen zu bringen, verbindet das komische Drama alle vier Wege. Zur Würdigung einer Darstellung des Lächerlichen selbst braucht man eine Art Sinn für Humor. Und wer bringt uns im komischen Drama zum Lachen? Nehmen wir an, es ist der Autor der Komödie. Eine vernünftige Annahme, schon wegen der wichtigen Funktion der Parabase in Komödien seit Aristophanes. Ein Schauspieler tritt im Namen des Autors und aller Schauspieler aus der Handlung, wendet sich direkt ans Publikum und bittet um dessen Applaus. Mit dieser Geste beansprucht der Autor oder Schauspieler (es kann dieselbe Person sein) die Rolle eines erfolgreichen Humoristen oder Clowns für sich, der die Handlung erfunden, abgewandelt oder verändert hat. Die Würdigung seines Verdienstes liegt darin, dass man sich gut unterhält.

Doch es ist in Wirklichkeit nicht der Autor, der uns zum Lachen bringt, denn wir lachen nicht gemeinsam mit ihm und er ist bestimmt nicht Anlass oder Ziel unseres Lachens. Im Allgemeinen lachen wir gemeinsam mit bestimmten Figuren des Stücks und über bestimmte andere Figuren. Der Autor der Komödie spielt eine ganz andere Rolle als ein Witzeerzähler. Er ist nicht der Erzähler (außer in der Parabase und vielleicht im Prolog und Epilog). Es sind seine Figuren, die Schauspieler, die das Sprechen übernehmen. Normalerweise gibt es nicht nur eine einzige Figur, die uns zum Lachen bringt, sondern mehrere. Außerdem sind die Rollen zwischen der Figur, die uns zum Lachen bringt, und dem Anlass unseres Lachens nicht strikt getrennt. Dieselbe Figur, die uns zum Lachen bringt, kann in einer anderen Situation auch Zielscheibe des Lachens sein.

In der Komödie gibt es auch eine Pointe: den glücklichen Ausgang. Ein glückliches Ende ist keine Punch Line im engeren Sinn. Eher ist es so, dass uns die Pointe am Schluss befriedigt, uns in glückliche Stimmung versetzt, denn um als reine Komödie erfolgreich zu sein, muss sie von Anfang bis Ende komisch sein. Eine Art Pointe oder mehrere Pointen sind in jedem Dialog oder verbalen Gegenschlag innerhalb des größeren Ganzen erforderlich. In einem komischen Drama gibt es immer witzige Männer oder Frauen, die in Wortgefechten und Wortspielen gut sind und dem Publikum viele Gelegenheiten bieten, mit Gelächter oder zumindest einem zustimmenden Schmunzeln zu reagieren. Bei Shakespeare ist das sogar dann der Fall, wenn die zentrale Handlung im fraglichen Moment noch zwischen Tragödie und Komödie schwankt.

Es gibt auch Clowns im komischen Drama. Manche spielen den Narren und unterhalten uns mit Clownerien. Doch die lächerlichsten Clowns des komischen Dramas sind jene, die sich selbst völlig falsch verstehen und sich ganz ernst nehmen. Jedes ihrer Worte ist für ihre Zuhörer oder Empfänger komisch. Der Empfänger ist nicht immer mit dem Publikum identisch, denn seit der Renaissance können komische Schauspieler auch die Position eines Quasi-Publikums einnehmen. Das Lachen findet dann nicht nur im Zuschauerraum statt, sondern auch auf der Bühne selbst. Schauspieler können sich für uns und sich selbst übereinander lustig machen.

Durch die Verbindung alle Arten des Lachens eignet sich die Komödie zur Entwicklung einer „hohen" Kunstgattung. Zweifellos sind nicht alle komischen Stücke von dieser „hohen" Art. Um sich wirklich zu einem hohen komischen Genre zu entwickeln, muss eine Komödie vor allem Träger einer Art moralischen Geschmacks sein. Wenn ich den moralischen Geschmack betone, möchte ich keineswegs das vielfach diskutierte Problem aufgreifen, ob eine Komödie (absichtlich oder unabsichtlich) in einem moralischen und politischen Sinn lehrreich ist oder sein sollte – indem sie entweder das „Richtige" zeigt oder das „Falsche" entlarvt. Das Lachen einer vulgären Person ist vulgär. Aber das Lachen über Vulgarität ist nicht vulgär. Eine vulgäre Person wird losprusten, wenn eine Figur von einer anderen verhauen wird. In fast allen „lateinischen" Komödien (ich meine hier italienische und spanische Komödien) wird jemand verhauen. Das Publikum lacht. Doch vulgäres Lachen verwandelt sich in bestimmten Situationen, die einen Kontext dazu herstellen, wer verhauen wird und warum, in ästhetisches Lachen. Man kann über die Bestrafung eines Schurken lachen, man kann aber auch mit (oder zugunsten) der Person lachen, die verhauen wird. Dies geschieht beispielsweise, wenn Scapin verhauen wird (in „Scapins Streiche" von Molière). Wir sympathisieren mit ihm, wir lachen, aber wir wünschen ihm auch alles Gute, weil er jene Art eines gewitzten Burschen ist, der jungen Liebenden hilft. Um bei Molière zu bleiben, der stotternde Doktor (in „Die Liebe als Arzt") ist nicht lächerlich, weil er stottert, sondern weil er ein von sich selbst eingenommener Hornochse ist; sein Stottern unterstreicht nur die Absurdität dessen, was er sagt. Man könnte einwenden, dass diese Art ethischer Geschmack bei Aristophanes noch nicht erkennbar ist. In aristophanischen Komödien gibt es eine Fülle vulgärer, grotesker Szenen. Doch sie dienen unweigerlich der sich entwickelnden politischen Rhetorik, außerdem werden solche Szenen durch raffinierte lyrische Poesie eingefasst, die vom Chor gesungen wird.

✳✳✳✳✳

Am Ende von Platons „Symposion" meint Sokrates zu Aristophanes und Agathon, also dem komischen Dichter und dem tragischen Dichter, dass dieselbe Person sowohl Tragödien wie Komödien schreiben könnte. Für die heutige Zeit können wir diese Bemerkung wörtlich nehmen und hinzufügen, dass Platon fast zweitausend Jahre warten musste, um seinen Wunsch erfüllt zu sehen. Manche mögen einwenden, dass man einige Dramen von Plautus auch als Tragödien verstehen kann. Es steht außer Zweifel, dass Tragödiendichter seit der Renaissance (vielleicht seit Shakespeare) nicht selten auch bedeutende Werke der Gattung Komödie geschaffen haben. Und dies bleibt auch so, mit Lope de Vega, Pedro Calderón, Denis Diderot, Gotthold Ephraim Lessing, Heinrich von Kleist oder George Bernard Shaw. Sogar Molière hat zumindest eine Tragödie geschrieben.

Doch dies ist vielleicht nur das Symptom einer interessanteren Verbindung. Es ist bekannt (oder doch weitgehend anerkannt), dass große Tragödien selten sind. Nach den drei großen griechischen tragischen Dichtern (die Werke anderer antiker Griechen sind verloren) mussten wir bis zur Renaissance warten, damit das tragische Drama wieder aufgenommen würde. Nach der Renaissance wurde die Kette jedoch bis ins 20. Jahrhundert nie mehr ganz unterbrochen – bis Henrik Ibsen. Für uns sieht es so aus, als könnte man dasselbe über die Komödien sagen, ob nun dieselbe Person beides schreibt oder nicht. Aristophanes, der bekannteste Erfinder des komischen Theaters, lebte fast zur selben Zeit wie Euripides, den er hasste. Nur nebenbei möchte ich erwähnen, dass die Position des Aristophanes als Nachkömmling einige Philosophen, von Hegel bis Marx und Lukács, glauben ließ, dass die Komödie in der historischen Abfolge nach der Tragödie gekommen sein musste. Doch das trifft in der Moderne auf keinen Fall zu und auch nicht in der römischen dramatischen Kunst. Sowohl Plautus wie Terenz lebten im letzten Jahrhundert der römischen Republik und wurden von Seneca gefolgt, dem größten römischen tragischen Dichter (auch wenn man ihn nicht mit griechischen Maßstäben messen kann). Spätere Zeiten des Kaiserreiches brachten keine Komödien hervor, ebensowenig das Mittelalter. Die Erneuerung der komischen Kunst geschah zugleich mit der Erneuerung der tragischen Kunst. Es war eine dieser Wellen simultaner Erneuerung, in der ein neues Genre geboren wurde: die Oper. Es sollte nicht überraschen, dass die Geschichte der Opera *seria* und der Opera *buffa* etwa zur gleichen Zeit begann und dass – wie im dramatischen Genre – derselbe Komponist oft sowohl komische wie ernste Opern schrieb.

Was ist also der Grund für das gemeinsame Schicksal von Komödie und Tragödie? Man könnte diese Frage einfach mit dem Hinweis beantworten, dass beide, Komödie und Tragödie, dramatische Genres sind. Komödie und Tragödie traten gleichzeitig auf in Zeiten, die für das Drama im Allgemeinen günstig waren. Ich würde diese Erklärung nicht zurückweisen. Aber ich würde noch einmal über die Frage nachdenken, warum das Komische im Mittelalter so auffällig oft präsentiert wurde, während das Tragische zur selben Zeit völlig fehlte. Obwohl im mittelalterlichen Europa keine neuen komischen Dramen geschaffen wurden, spielte die Darstellung des Komischen eine bedeutende soziale und kulturelle Rolle. Ich möchte hier wieder auf Bachtin zurückkommen. Zweifellos war nicht nur das tragische Drama, sondern das Tragische als Phänomen des Lebens im christlichen Universum kein Thema, weil die Vorstellung vom Schicksal allseits durch das Konzept der göttlichen Vorsehung ersetzt wurde. Der absolute Glaube an die Erlösung schließt tragische Lebenserfahrungen aus. Der Heilige kann kein tragischer Held sein. Walter Benjamin hat über den nicht tragischen Charakter des barocken Trauerspiels Ähnliches gesagt. Die Ermordung von Königen und Prinzen macht aus einem Drama noch kein tragisches Stück. Das Konzept des Dramas ist breiter als Tragödie und Komödie zusammen. Dementsprechend gab es nach dem Niedergang von Tragödie und Komödie immer noch Dramen im traditionellen Sinn.

Man kann daher einfach als schlichte Tatsache annehmen oder als Wahrheit ohne irgendeine Erklärung, dass Zeiten, die gut sind sowohl für Komödien als auch Tragödien und in denen Tragödien und Komödien zugleich vorkommen, selten sind. Doch gehen wir noch einen Schritt weiter und stellen wir die Frage, ob Zeiten, in denen Tragödien und Komödien gleichzeitig blühen, etwas gemeinsam haben. Und als Folgefrage, warum im antiken Griechenland nicht dieselben Dichter Tragödien und Komödien schrieben, warum diese Möglichkeit zuerst von Platon zur Sprache gebracht werden musste, und schließlich, warum dies seit der Renaissance anders ist.

Ich möchte eine Hypothese vorschlagen. Sowohl die Tragödie als auch die Komödie werden in Zeiten geboren, wenn die hierarchische Ordnung der Werte erschüttert oder ernsthaft infrage gestellt ist. Beide Kunstformen treten in turbulenten Zeiten auf, in denen bis dahin bestehender Glaube und geltende Ideen unsicher, instabil und labil werden. Doch während in Tragödien zumindest zwei Wertesysteme (oder die Präsentation eines Wertesystems und die Leugnung aller anderen Werte) von bedeutenden Individuen dargestellt werden, die in ihren Konflikten bis zum Äußersten und dabei meist zugrunde gehen – stoßen in Komödien edle und unedle Lebenskonzepte durchschnittlicher Männer und Frauen aufeinander. Und derselbe Konflikt wird friedlich gelöst, auch wenn die Träger der edleren Ideen Genugtuung erhalten. In genau diesem Sinne hätte Aristoteles zwischen Tragödie und Komödie beinahe, aber eben nicht ganz unterschieden. Aus der Sicht des modernen Dramas sind allerdings ein paar Korrekturen gerechtfertigt und werden zu gegebener Zeit angebracht. Jetzt müssen wir zu unserem Vergleich zurückkehren.

Die Tragödie konfrontiert uns mit dem Tod, sie zeigt das Leben zum Tode – während die Komödie uns mit dem Leben konfrontiert, sie zeigt das Leben zum Leben. Es ist auf den ersten Blick offensichtlich, dass es den Tod in den meisten Komödien nicht einmal gibt. Komödien werden gegen den Tod geschrieben. Der erste große komische Autor, Aristophanes, war ein Friedenspropagandist. In einer Komödie ist der Krieg nicht heroisch und der Krieger kein Held. Es gibt keine heldenhaften Eroberer. Der einzige glorreiche Krieg der Komödie ist der Krieg der Geschlechter, der in Vergnügungen münden kann. Keine der Schlüsselfiguren einer Komödie stirbt. Und wenn doch, dann gibt es ein komisches oder gutes Ende im Stück selbst – wenn etwa die Hauptfiguren einer Komödie, die Liebenden, einen großen Geldbetrag erben (etwa in Shaws „Helden"). Sterben oder Tod vorzutäuschen, „wunderbar" zum Leben wiedererweckt zu werden, das sind gängige, beliebte Motive von Komödien. Unter den komischen Figuren wird auch niemand krank, wenn sie auch häufig Krankheit vortäuschen oder Hypochonder sind („Der eingebildete Kranke", „Zu wahr, um schön zu sein"). Helden von Komödien leiden entweder unter der Liebe, die später erwidert wird, oder unter elterlicher oder ehelicher Tyrannei, die in der Folge beschämt oder korrigiert wird, oder sie sind einem Missverständnis ausgesetzt, das aufgeklärt wird, sodass alle bekommen, was sie verdienen. In Tragödien werden große und edle Anliegen im Allgemeinen besiegt, in Komödien tragen kleine, sehr menschliche Dinge den Tagessieg davon. Auf diese Weise „kompensieren" Komödien die tragische Weltsicht. Tragödie und Komödie sind zwei Sichtweisen, zwei Positionen, die uns einen guten Blick auf die Welt ermöglichen. Um Hegel zu paraphrasieren: Genau so, wie wir auf die Welt blicken, wird sie auf uns zurückblicken.

Die Komödie zeigt das Sein zum Leben, Sein gegen den Tod. Heidegger-Fans würden uns sofort sagen, dass die Hauptfiguren in Komödien deshalb nicht authentisch sind. Bei manchen ist das so, bei anderen nicht. Komödien spielen in der Welt der Endlichkeit, nicht der Unendlichkeit, in einer Welt der Grenzen, nicht einer des Unbegrenzten. In Komödien gibt es Kompromisse, nichts Absolutes, Bedingtheiten und nicht ein Unbedingtes. Die Helden und Heldinnen von Komödien interessieren sich nicht besonders für Macht, sie begehren Glück und etwas Geld – als eine, aber nicht die wichtigste Vorbedingung für Glück. Man könnte sogar meinen, Komödien seien ein trauriges Genre, denn das Zufriedensein mit Kompromissen und dem Bedingten kann im Vergleich zur Herausforderung des Absoluten und Unbedingten traurig aussehen. Es ist wahr, das ist schon traurig, aber es ist auch fröhlich und komisch in jeder Hinsicht. In einer solchen Komödie lachen wir über uns selbst, über unsere gelegentliche Kleinlichkeit, unsere Liebschaften und Eifersüchteleien, unsere Vergnügungen und Schmerzen. Während wir uns bei einer Tragödie am Erhabenen erfreuen, zeichnen wir in einer Komödie die Erfahrung menschlicher Schwäche. Wenn die Hauptfigur in „Der Selbstquäler" von Terenz, der energische Epikureer Chremes, zu seinem Bruder bemerkt: „homo sum: humani nil me alienum puto" („Ich bin ein Mensch: Nichts Menschliches, glaube ich, ist mir fremd"), dann liefert er uns den ersten Schlüssel zur Schatzkammer der Komödie. Und den zweiten Schlüssel bietet uns Shakespeares „Was ihr wollt", wenn die fröhliche Exilgesellschaft im Wald mit der Stimme von Amiens singt: „Heigh-ho, sing heigh-ho, unto the green holly. Most friendship is feigning, most loving mere folly. Then heigh-ho, the holly. This life is most jolly." [„Heisa! singt heisa! den grünenden Bäumen! Die Freundschaft ist falsch, und die Liebe nur Träumen. Drum heisa, den Bäumen! Den lustigen Räumen!"]

Die Komödie kennt keinen Widerspruch zwischen Vernunft (gesundem Menschenverstand) und Sinnlichkeit. Wenn sie Figuren darstellt, die einen solchen

Konflikt erleben, geschieht dies kritisch. Eigentlich ist nichts falsch an sinnlicher Freude oder Verlangen, an Liebemachen oder Trinken. Es sind alles sehr menschliche Vergnügungen, die zum Gegenstand für Gelächter werden können, wie auch ihre Gegensätze, nämlich Bedürfnislosigkeit und Askese. Doch das meiste Gelächter ziehen sicherlich jene Figuren auf sich, die auf ihre Verachtung irdischer Genüsse stolz sind, besonders, wenn sie Heuchler sind, aber auch, wenn nicht.

Obwohl Komödien uns Menschen mit unseren Tugenden und kleinen Lastern verspotten: Die Behauptung des Aristoteles, Komödien stellten Männer und Frauen dar, die unter uns stehen, wird den römischen und den modernen Komödien nicht gerecht. Von Terenz bis G. B. Shaw begegnen wir in Komödien oft großartigen Männern und Frauen, auch wenn ihre Größe in täglichen Konflikten spürbar wird und nicht auf der Weltbühne. Moralisch können sie unschuldiger sein als die meisten tragischen Gestalten. Man kann das komische Drama in verschiedene Kategorien einteilen und der Charakter von Helden und Heldinnen kann eines der Kriterien für die Unterteilung sein. Diderot hat einst drei Arten von Komödien unterschieden. In Lessings Übersetzung sind dies: Possenspiel, lustige Komödie und traurige Komödie. Beim ersten Typ (Diderot erwähnt Aristophanes) gibt es keine edlen Figuren, in den anderen beiden schon. Diderots Lieblings-Komödienautor war Terenz. Seine Werke gehören zur zweiten und dritten Gruppe. (Der Leser kann dies ausführlicher nachlesen bei Lessings „Das Theater des Herrn Diderot").

In einer Hinsicht neige ich dazu, Diderots Einteilung anzunehmen. Es gibt bestimmte Komödien, in denen schon der Auftritt bestimmter Figuren hysterisch ist. Wenn Männer mit gigantischem aufgerichtetem (künstlichem) Phallus oder mit gewaltigem Hintern die Szene betreten, brechen wir sofort in Lachen aus. Wenn jemand mit Narrenkappe auftritt, wird erwartet, dass wir lachen, weil er die Rolle des Narren spielt. Wir lachen, bevor noch ein Wort gesprochen wurde. Die Komödien von Aristophanes sind von diesem Typ, trotz ihrer Komplexität und ihrer lyrischen Poesie. In der Komödie der Renaissance und des Barock ist der Auftritt des „Narren" nicht durch Konvention geregelt: Die Schauspieler entscheiden selbst, ob sie um des Lachens willen bei ihrem allerersten Erscheinen die Karten auf den Tisch legen wollen. Der erste Auftritt Falstaffs in „Die lustigen Weiber von Windsor" kann der eines Clowns sein, muss aber nicht. Heutzutage bringen die Gesten und die Modulation der Stimme eines Schauspielers den ersten komischen Effekt, außer der Text selbst weist auf einen bestimmten komischen Auftritt hin.

Diderot bietet noch eine weitere bemerkenswerte Unterteilung, nämlich die des Dramas in drei Untergattungen: historisches Drama, Tragödie und Komödie. Während das historische Drama geschichtliche Tatsachen berücksichtigen muss, kann der Dichter einer Tragödie Dinge einbringen, die sehr wesentlich sind und doch aus seiner Fantasie stammen – in einer Komödie, schreibt Diderot, ist alles erfunden. Was das historische Drama betrifft, können wir mit Diderot vielleicht übereinstimmen, wenn auch nur bis zu einem gewissen Grad (so hätte Shakespeare keine fiktiven Adligen als Protagonisten des Rosenkriegs erfinden können). Aber können wir auch Diderots Unterscheidung zwischen Tragödie und Komödie zustimmen? Shakespeare benutzte Geschichten, die schon im Umlauf waren, als Rohmaterial sowohl für seine Komödien wie für seine Tragödien. Trotzdem, glaube ich, hat Diderot auf einen wichtigen Punkt hingewiesen. Die Komödie wurde als Ganze geboren. Aristophanes erfand seine Geschichten zur Gänze. Im antiken Athen war es nur Aristophanes, der seine eigenen Geschichten erfand. Die Tragödiendichter hörten für lange Zeit, auch noch während der römischen Antike und danach, nicht auf, mit Mythen zu arbeiten, während die meisten Komödiendichter entweder ihre eigenen Geschichten erfanden (wie etwa Molière) oder Geschichten anderer Komödiendichter benützten (wie Plautus oder Terenz oder Menander), aber sie arbeiteten weder mit historischen Stoffen noch mit Mythen.

Shakespeare erfand das grundlegende Rohmaterial seiner tragischen Handlungen nicht, doch zumindest sein komisches Drama „Verlorene Liebesmüh" hat er sich von Grund auf selbst ausgedacht. Wie schon oft festgestellt wurde, ist das Ende dieser Komödie anders als bei allen anderen Komödien Shakespeares. Wir können hinzufügen, dass das Gegenteil von Diderots Auffassung zutrifft. Unter den Tragödien der verschiedenen Epochen kann man kaum strukturelle Ähnlichkeiten entdecken. Kritiker haben lange versucht, der Tragödie eine sogenannte „dreifache Einheit" überzustülpen (die Einheit von Zeit, Ort und Handlung), aber am Ende ließ sogar der eifrigste Vertreter der Kontinuität der Tragödie davon ab. Doch in Komödien finden sich identische strukturelle Elemente. Komische Autoren übernahmen von früheren komischen Dramen ausgiebig charakteristische Motive, Handlungsfragmente und sogar Figuren, auch wenn sie die Handlung selbst erfanden. Was ein Fehler war bei der Analyse der Tragödien, erwies sich bei der Komödie als richtig. Denn dort kann man wirklich strukturelle Kontinuität erkennen.

Nach allem, was wir über die Alltäglichkeit und menschliche Schwäche komischer Figuren gesagt haben, mag es überraschen, wenn ich jetzt behaupte, die Komödie sei ein aristokratisches Genre. Während das *Phänomen* des Komischen sich (anders als das Phänomen des Tragischen) als universell oder omnipräsent in allen menschlichen Kulturen erweist, in denen Menschen lachen, ist das komische *Drama* oder die Komödie als „hohes" Genre eigentlich nicht mehr oder weniger aristokratisch als die Tragödie. Man kann über andere und sich selbst nur von hoch oben lachen, von der Spitze. Wenn ich „aristokratisch" sage, meine ich weniger eine soziale, denn eine poetische Position. Damit man die menschliche Komödie als lächerlich auffassen kann und sie doch mit Verständnis, ja Liebe behandelt, muss man eine Position über ihrer Welt einnehmen. Nicht in dem Sinn, dass der, der so eine Position einnimmt, besser oder edler ist als irgendeine der Figuren in den Komödien, aber weil wir sowohl beim Lachen als auch beim Verstehen die Position des *raisonneur* einnehmen. *Raisonneurs* oder vernünftig Denkende tauchen in mehreren Komödien auf der Bühne auf, doch nehmen sie nicht an der Handlung teil. Bei anderen Gelegenheiten bleiben sie abseits der Bühne, doch sie dirigieren das Stück. Die Haltung des Komödienautors (des *raisonneur*) ist nicht zynisch, aber sie ist immer skeptisch. Diese Haltung gehört zum glücklichen Ausgang, zum Sieg einer Gerechtigkeit, an die wir keine besonders hohen Ansprüche stellen sollten. Die Gerechtigkeit hat gewonnen, wenn sich die Liebenden umarmen; wenn Eifersüchtige, Eitle oder Neidische durch einen angemessenen Streich bestraft sind; wenn Jugend über das Alter siegt (schließlich spricht die Komödie über das Leben); wenn Dummheiten vergeben sind; wenn ein Schabernack keinen Zorn hervorruft; wenn die Figuren und das Publikum bereit sind, das Leben freudig zu umarmen. Die therapeutische Wirkung einer Komödie gelingt ganz anders als jene der Tragödie. Der komische Effekt ist keine Läuterung von Angst oder Mitleid, keine indirekte Katharsis, er arbeitet direkt. Die Komödie heitert Menschen auf, sie vertreibt Depression und Melancholie. Wie der Diener zu Beginn von Shakespeares „Der Widerspenstigen Zähmung" meint: „Your Honor's players, hearing your amendment, Are come to play a pleasant comedy, For so your doctors hold it very meet, Seeing too much sadness hath congealed your blood, And melancholy is the nurse of frenzy. Therefore they thought it good you hear a play And frame your mind to mirth and merriment, Which bars a thousand harms and lengthens life." [„Eu'r Herrlichkeit Schauspieler sind bereit, Weil Ihr gesund, ein lustig Stück zu spielen, Denn also halten's Eure Ärzte dienlich, Weil zu viel Trübsinn Euer Blut verdickt, Und Traurigkeit des Wahnsinns Amme ist. Deshalb schien's ihnen gut, Ihr säht dies Spiel, Und lenket Euren Sinn auf muntern Scherz; Dadurch wird Leid verbannt, verlängt das Leben."] Der Diener, also der Dichter und der Schauspieler, sagt es kurz und bündig: Die Komödie bereitet den Geist für Frohsinn und Belustigung auch insofern, als sie uns geistig darauf vorbereitet, Unvollkommenheiten in Kauf zu nehmen, einschließlich unserer eigenen.

Zum Schreiben von Komödien braucht man Freiheit, und zwar eine Art großer Freiheit, wie sie ständig in Gefahr ist und auf dem Spiel steht. Die Komödie braucht Freiheit, denn ohne sie gibt es keine Distanz, und ohne Distanz kann das Durchschnittliche und Gewöhnliche nicht verspottet werden. Es ist eine gefährliche Freiheit, mit der die Komödienautoren es wagen, sich über gewöhnliche Laster und ungewöhnliche Dummheiten lustig zu machen. Deshalb verliert die Komödie, wie wir sie von Plautus bis Shaw kennen, in Zeiten, in denen es Bürgern möglich ist, je nach persönlichem Geschmack alles zu bejahen oder zu verneinen, ihren Biss und dadurch auch ihre soziale Bedeutung und ihre therapeutische Wirkung. Denn eine solche Komödie braucht sowohl Freiheit wie auch Gefahr. Die Banalisierung der Komödie begann im 19. Jahrhundert und ist noch immer voll im Gange. Es ist aber nicht meine Absicht, auch nur eine kurze Geschichte des Genres zu erzählen. Was hier analysiert werden soll, ist die Art, in der der komische Humor in „hohen" Komödien bestimmte qualitative Veränderungen erfuhr. So gewann die Ironie zum Beispiel nach dem Ende der Romantik erheblich an Schwung. Ich komme darauf später zurück.

Der Wandel in der Einstellung zum Komischen verändert jedoch nicht notwendigerweise die traditionelle Struktur der Komödie. Doch im 20. Jahrhundert machte die Struktur der Komödie drastische Veränderungen durch, insbesondere in der sogenannten „Komödie der Existenz". Vieles, was fast alle Komödien vor dem 20. Jahrhundert kennzeichnete, verschwindet oder wird in der existenzialen Komödie radikal verändert. Ich habe oben zum Beispiel gesagt, es gebe weder Tod noch Krankheit in der komischen Tradition. Doch in der Komödie der Existenz kommen sowohl Tod wie auch Kranksein vor, ja sogar Mord. Darüber hinaus begann sich die gefährliche Freiheit, die Lebensader der Komödie, in der sozialen und moralischen Konkretheit der modernen existenzialen Komödie offen zu manifestieren, ob bewusst oder unbewusst. Sozio-politische Koordinaten fehlen in der existenzialen Komödie oft völlig, die Stücke spielen im „Niemandsland" oder in einem abstrakten Raum und sind nicht selten zeitlos oder konstituieren ihre eigene Zeit. Natürlich gibt es auch dort beißende Ironie, aber in einer neuen komischen Struktur. Im fünften Kapitel werde ich einige Konsequenzen dieses Wandels erörtern.

Die Geburt der existenzialen Komödie und die Banalisierung der überlieferten komischen Struktur und ihrer Themen geschahen gleichzeitig. Die aktuelle Lage ist zweifellos nicht das „Endstadium", denn in den komischen Genres wie in der Kunst ganz allgemein gibt es keine endgültigen Stadien. Doch man muss in der Gegenwart aufhören oder vielmehr mit der Genealogie der Gegenwart, denn Prophezeiungen sind nicht nur den komischen Genres fremd, sondern ebenso der Philosophie der Komödie. Jeder, der solche Voraussagen versuchen würde, würde sich selbst lächerlich machen.

✳✳✳✳✳

Hier zunächst eine kurze Auflistung der festen Struktureigenschaften des komischen Dramas. Die meisten davon finden sich bereits in den Werken von Aristophanes. In den Werken von Plautus und Terenz sind sie selbstverständlich. Seit der Römerzeit hat kein Komödienautor weitere feste Struktureigenschaften hinzugefügt, vielleicht nicht einmal seit der griechischen „neuen Komödie", doch von dieser früheren Zeit sind nur Fragmente überliefert, sodass ein abschließendes Urteil über ihre charakteristischen Eigenschaften nicht möglich ist.

Zumindest in einem der wichtigsten Merkmale seines Werkes ist Aristophanes dennoch eine Ausnahme. Er ist nämlich der einzige bedeutende Komödienautor (und nicht nur Satiriker), der etliche politische Figuren seiner Zeit auf die Bühne bringt und sich über sie lustig macht. Die Figuren – etwa Kleon oder Sokrates – traten in Masken und Gewandungen auf, die sofort erkennbar waren. Diese Art der direkten politischen Intervention ist der Kunst der Komödie seither fremd. Nicht einmal in Stücken voller direkter politischer Anspielungen wie Shaws „Cäsar und Cleopatra", in dem eine Kritik der englischen Kolonisation im Kleid eines quasi-historischen Stücks verpackt wird. Shaws Andeutungen sind daher indirekt. In einigen Arten des komischen Genres wie im Kabarett, im Zeitungsfeuilleton, in Karikaturen oder politischen Witzen spielen Formen von Politik und direkter politischer Anspielung weiterhin eine wichtige Rolle. Doch wo dieselbe Art einer direkten Referenz im Genre der „hohen" Komödie versucht wird, verwandelt sich diese selbst in ein witziges Kabarettstück. Das gilt zum Beispiel für Tom Stoppards Farce „Schmutzige Wäsche – Neu-Fund-Land".

Es gibt eine Art Beziehung zwischen Aristophanes und der Komödie einerseits und Aristophanes und dem Kabarett andererseits. Im ersten Fall sind Struktur und Entwicklung der Handlung gleich, im zweiten ist der „Inhalt" – man kann von Inhalt nur in Anführungszeichen sprechen – entscheidend. Aristophanes verwendet zwei Motive, um Lachen auszulösen: politische Satire und schmutzige Anspielungen, Wörter oder Geschichten. Alle anderen seiner Gestaltungen bringen uns kaum zum Lachen, sie erheben uns eher in eine poetische und besinnliche Stimmung. Aristophanes' berühmte Parabase habe ich schon erwähnt, und ich komme bald darauf zurück.

Die besondere Position, die Aristophanes einnimmt, kann man am besten mit der zentralen Rolle erklären, den die Parodie in seinen Stücken spielt. Um über eine Parodie zu lachen, muss man das „Original" kennen, das wirkliche Ziel der Parodie. Man muss nicht über „Genres" reden, um sich der Verbindung bewusst zu sein. Wir lachen herzlich, wenn jemand einen Politiker gut imitiert – und alle Imitationen sind einfache Parodien –, wenn wir den Politiker kennen, ihn gesehen und sprechen gehört haben. Dasselbe gilt für die Nachahmung eines Lehrers. Doch Aristophanes' Parodien gehen weit über einfache Imitationen von manchen Manierismen hinaus. Sein Ziel ist die Philosophie des Sokrates, die Politik von Kleon, die dramatische Kunst von Euripides. In einem seiner Stücke („Die Acharner") parodiert Aristophanes direkt ein tragisches Drama von Euripides.

Die direkte Parodie realer Menschen ist für die Komödie nach Plautus kaum noch charakteristisch. Die athenische Demokratie bot offenbar einzigartige Bedingungen für diese Art von Parodie, die nie mehr wiederkehrten. Doch etwas anderes ersetzte die direkte Parodie, ich würde es *parodistische Darstellung* nennen. Dabei geht es nicht um die Parodie von bekannten historischen Figuren oder erkennbaren künstlerischen oder philosophischen Werken, sondern eher um eine Parodie von Typen, von etwas Typischem. Zum Beispiel ist Molière reich an parodistischen Darstellungen beruflicher Typen wie dem Arzt oder dem Anwalt, Shaw an ebensolchen Darstellungen der englischen Oberklasse. Diese Autoren zwinkern dem Publikum mit ihren Darstellungen bestimmter Typen zu, und das Publikum versteht und lacht. Wir können über die parodistische Darstellung eines Typus lachen, auch wenn er uns nie persönlich begegnet ist, zum Beispiel einem überheblichen dummen Musiklehrer.

Ich möchte jetzt die gemeinsamen Strukturelemente des komischen Dramas aufzählen, später werde ich sie im Einzelnen genauer erörtern. Es sind:
- Witze,
- Wortspiele,
- Harlekinade (zwischen zwei oder mehr typischen Figuren),
- Intrigen (entweder mit einer typischen Figur des Intriganten oder ohne),
- Täuschung,
- Umschwung oder Umkehrung,
- Begehen von Fehlern,
- etwas oder jemanden zu verlieren und wiederzufinden,
- Konflikte durch Missverständnisse zwischen entgegengesetzten Paaren oder Duos wie alt und jung, Eltern und Kind oder Herr und Diener und schließlich
- der Kampf der Geschlechter mit seinen Liebesgeschichten, Hindernissen und glücklichen Abschlüssen.

Die zehn Hauptlaster, die lächerlichen Laster des komischen Dramas, sind folgende: Dummheit, Eitelkeit, Feigheit, Tyrannei, Eifersucht, Heuchelei, Neid, Gier oder Habsucht, Dünkel und Pedanterie. Eines oder mehrere davon findet man in jeder Komödie. Zwei der wichtigsten christlichen Laster, Begierde und Völlerei, fehlen offensichtlich. Natürlich lachen wir über die gierige Person, wenn es ein alter Mann ist, der junges Fleisch begehrt und es zu erkaufen versucht, oder über den Vielfraß, zum Beispiel den Diener, der seinen schon fetten Bauch befriedigt, indem er alle Speisen seines Dienstherren vorkostet. Doch wir lachen noch herzlicher über Männer und Frauen, die die leiblichen Vergnügungen verschmähen und von sich weisen. Armande in Molières „Die gelehrten Frauen" ist nicht deshalb lächerlich, weil sie als Frau die Gelehrsamkeit liebt, sondern weil sie diese Liebe vortäuscht und weil sie aus falscher Überlegenheit Verachtung äußert für die anderen Wonnen der Liebe. Selbstverständlich siegt in der Komödie die Liebe, *omnia vincit amor*. Jene, die sich über Eros lustig machen, werden ebenso scheitern wie jene, die ihn zwingen wollen.

Es gehört zwar nicht zu den wichtigsten strukturellen Elementen des komischen Dramas, doch die Überidentifikation mit einer sozialen Rolle kann ebenfalls Lachen auslösen. Eine solche Überidentifikation ist der Grund, dass Ärzte, Anwälte, Höflinge oder Philosophen parodiert werden können. Typisch für eine parodistische Darstellung sind auch sogenannte „sprechende Namen", die sich auf die Beschäftigung, den sozialen Raum oder den Charakter einer Person beziehen, so wie zum Beispiel die Shakespeare-Figuren Puk, Titania, Zettel („Ein Sommernachtstraum"), Holzapfel („Viel Lärm um nichts") und Malvolio („Was ihr wollt"). In einer sogenannten „Gesellschaftskomödie", wie man sie zum Beispiel bei Augustin Scribe, Victorien Sardou, Oscar Wilde oder G. B. Shaw findet, sind es die Manierismen von „Obergeschoss" und „Untergeschoss", die sich in einer Steifheit von Sprache und Verhalten zeigen und dadurch das Lachen auslösen.

✳✳✳✳✳

Eine der ältesten Maximen der Philosophie der Kunst ist, dass in einem Drama jedes Wort und jeder einzelne Satz die Handlung des ganzen Werkes voranbringen muss. Dieser ästhetische Gemeinplatz übersieht allerdings, dass einige Szenen im komischen Drama nur einen Zweck haben: das Publikum zu unterhalten. Ein Dialog als witziger Schlagabtausch kann nur diese Funktion haben. In der Komödie gibt es noch Singen und Tanzen. Man kann auch eine Parodie von Ritualen auf die Bühne bringen, wie auf einem Marktplatz. In einem Stück von Aristophanes verlässt der Chor die Bühne tanzend. Die Komödien von Shakespeare und Molière und die des Barock im Allgemeinen sind unerschöpflich in der Darstellung von Hirtenspielen, ländlicher Idylle, mit dem Rezitieren von Gedichten, mit Singen und Tanzen. Die *ceremonie burlesque* der Initiation eines Arztes in Molières „Der eingebildete Kranke" kann die Handlung nicht voranbringen, weil sie ihr folgt, und die Höllenszene in Shaws „Mensch und Übermensch" bringt die Handlung auch nicht weiter, obwohl sie in der Mitte des Stücks platziert ist, wie es sich für einen Traum gehört. Diese und ähnliche Einlagen beschwören stattdessen den Geist des Karneval.

Um auf ein früheres Thema zurückzukommen: Die Parabase bringt die Handlung eines Werkes ebenfalls nicht weiter. Ein Schauspieler, der im eigenen Namen oder dem des Autors spricht, spricht in der Parabase „außerhalb" seiner Rolle. Er wendet sich direkt ans Publikum und erzählt Dinge über das Stück oder die Aufführung. Er bittet um Applaus und lobt zugleich das Stück. Romantische Philosophen und Autoren (wie Friedrich Schlegel oder Ludwig Tieck) sahen in der Parabase etwas Modernes, weil sie eine Art De-Illusionierung sei; mit ihr werde die Distanz zwischen Bühne und Publikum relativiert, und diese beiden Rollen können sogar vertauscht werden. Sie kommt bei Aristophanes und Plautus, in allen Komödien von Terenz und gelegentlich auch bei Shakespeare und Molière vor. Dicanopolis zum Beispiel bittet das Athener Publikum, ihm zu vergeben, dass er als Bettler es wagt, sich über Athener Bürger lustig zu machen. In verschiedenen Stücken von Molière wird der Autor genannt oder auf ihn Bezug genommen, und in Calderóns Stück „Der wundertätige Magus" merkt ein Diener an: „Dies ist kein Theaterschwank", was uns an René Magrittes visuellen Scherz „Dies ist keine Pfeife" erinnert.

In Tragödien gibt es keine Parabase und es kann sie nicht geben. Mit viel Humor stellt Shakespeare im „Sommernachtstraum" die Verwandlung der Tragödie „Pyramus und Thisbe" in eine Komödie dar, als die Athener Handwerker bereits in der ersten Probe beschließen, eine Parabase einzuführen. Damit die Damen nicht erschrecken, wird der Junge, der den Löwen spielt, sich direkt an sie wenden und ihnen versichern, dass er nur ein Schauspieler sei und kein echter Löwe.

Solche und ähnliche Einschübe im komischen Drama sind keine „Zeitverschwendung", noch bringen sie die Handlung weiter. Man muss hinzufügen, dass die Handlung einer Komödie einen anderen Charakter hat als in einer Tragödie oder einer Romanze (einem nicht tragischen Drama). Ich möchte hier eine Hypothese vorschlagen: Jede Komödie ist eine Komödie der Irrungen, auch wenn diese Irrungen ganz verschieden und von ganz unterschiedlichem Gewicht sein können. Das ist auch der Grund, warum ein verbaler Wettstreit seinen Zweck in sich selbst haben kann oder einfach nur das Publikum zum Lachen bringen will. Und dies ist auch der Grund, warum er die Entwicklung der Handlung verlangsamen kann statt sie zu beschleunigen. Nebenbei bemerkt gibt es mit Shakespeares „Heinrich IV." ein historisches Stück, das in dieser Hinsicht an Komödien erinnert. Witzige Wortwechsel und semantische, humorige Bemerkungen aller Art treiben die Handlung nicht voran und sind im obigen Sinn Selbstzweck, auch wenn sie dazu dienen, die zentrale Figur des Dramas zu charakterisieren, Prinz Heinrich. Allein aus diesem Grund würde ich zögern, „Heinrich IV." als reine Tragödie zu bezeichnen.

In der Komödie manifestiert sich ein Wettstreit meist als verbales Duell. Es gehört zum Wesen der Komödie, dass dieses Duell amüsiert und unterhält. Der Humor des Austausches entsteht, weil die Argumente komisch sind, weil Sprache oder Aussprache komisch sind oder alles zusammen. In bestimmten Fällen wird ein solches verbales Duell nur deshalb ausgetragen, um dem Publikum zu gefallen, und die Unterhalter sind Clowns. Aber es gibt auch verbale Duelle, in denen die Duellanten jedes Wort ernst meinen und sich gerade dadurch äußerst lächerlich machen. In römischen Komödien, bei Shakespeare und Molière kommen beide Arten von Duellen häufig vor, aber von Beaumarchais bis Shaw überwiegt die letztere Form. Anders ist es, wenn die Komödie zum Opernlibretto wird wie bei Mozarts „Figaro" oder Verdis „Falstaff", dort werden die unterhaltsamen Sprachduelle und Zeremonien am ehesten weggelassen. Der Einfachheit halber möchte ich nun von den einfachsten zu den anspruchsvollsten Varianten unserer komischen Strukturelemente übergehen.

In den „Fröschen" von Aristophanes spricht ein Edelmann das Wort „Artemisia" als „Hartomixes" aus – das falsch ausgesprochene Wort bedeutet etwas anderes. Eine schlechte Aussprache ist immer höchst amüsant, wenn das Wort in der falschen Aussprache eine vulgäre Bedeutung hat oder zumindest leicht als sexuelle Andeutung verstanden werden kann. Wenn eine Dame statt „Ich bin durstig" sagt, sie sei schmutzig, oder wenn Beatrice in „Viel Lärm um nichts" den Namen des Herrn, mit dem sie das Sprachduell von Liebenden austrägt, als „Bene-dick" ausspricht – „dick" kann im Englischen auch „Schwanz" bedeuten –, dann lachen wir, wenn wir uns trauen. Der Text kann die sexuelle Bedeutung direkt verdeutlichen oder es dem Schauspieler überlassen, ihn so zu interpretieren. Dies ist die Methode, die Oscar Wilde und G. B. Shaw bevorzugen. Fast die gesamte Handlung von Shaws „Pygmalion" dreht sich um gute oder schlechte Formulierungen. Hier begegnen wir auch der grandiosesten Variante des Spiels mit falschen Aussprachen, denn die „klassenbezogene" Komödie der Aussprache schneidet in beide Richtungen. Nicht nur die ungehobelte Aussprache ist lächerlich, sondern auch der Snobismus der Oberklasse, deren Würde allein auf einer ganz bestimmten Diktion zu beruhen scheint.

Der Humor wird komplizierter, wenn der falsche Gebrauch von Wörtern eine karnevalistische Funktion hat, indem er den Sinn eines Satzes verdreht. Die Gespräche der Handwerker bei Shakespeare sind immer dann urkomisch, wenn sie über Themen reden, über die sie normalerweise nicht sprechen, und wenn sie Ausdrücke verwenden, an die sie nicht gewöhnt sind und deren Bedeutung sie nicht verstehen – weshalb sie sie im falschen Zusammenhang benutzen. Doch Unsinn reden können auch die städtischen Dandys, wenn sie dumm genug sind, die Worte, die sie verwenden, nicht zu verstehen. Shakespeare und Molière sind praktisch unermüdlich darin, solche unsinnigen Gespräche zu erfinden, wofür man große Begabung braucht, denn es ist erstaunlich schwierig, völlig sinnlose Sätze zu erfinden, die trotzdem ins Schwarze treffen.

Trissotin („Dreifachdümmling", in Molières „Die gelehrten Frauen") schreibt Gedichte aus Wörtern, die es nicht gibt. Das wäre an sich noch nicht komisch. Was die ganze Sache komisch macht, ist des Reimeschmieds fester Glaube, dass allein Alliterationen und Reime seine Verse poetisch machen, ohne den aufgeblasenen Inhalt seiner Verse. Hier sehen wir eine sprachliche Parodie, die zugleich eine parodistische Darstellung ist. Möglicherweise hatte Molière ein Vorbild, das er nicht mochte und verspottete.

Dichter und Philosoph und in sich falsche Logik gehören zu den ältesten Zielscheiben von Komödien. Aristophanes' Parodie einer Euripides-Tragödie habe ich schon erwähnt, und er hat auch den Wettstreit der Logiken erfunden, ein Kräftemessen von Rechter Logik mit Falscher Logik. Bei Aristophanes ist die Parodie immer das dominierende Thema, wie in „Die Wolken", wo er den großen Lehrer Sokrates zum einfältigen Strepsiades sagen lässt: „Was immer du lernst, vergisst du gleich wieder." Das ist kein Wortwitz, sondern ein beißender und sarkastischer Kommentar über die Folgen von Sokrates' Lehrmethoden.

Der Wettkampf zwischen den beiden Logiken dient bei Aristophanes auch einem moralischen und politischen Zweck, doch in modernen europäischen Komödien seit der Renaissance sind verbale Duelle wie Sport oder Spiel, auch wenn sie jemanden oder etwas verspotten, der oder das dem Publikum wohlbekannt ist. Sie bringen uns zum Lachen, aber sie belehren uns nicht, zumindest nicht direkt.

Witze tauchen in Komödien als Zutaten launiger Rede auf. Die Figuren einer Komödie erzählen Witze, komische Geschichten und Anekdoten, manchmal, um eine fröhliche Stimmung zu erzeugen, Lachen auszulösen, in das die anderen Figuren einstimmen können. Diese Art des Witzeerzählens ist eine Variante des Geschichtenerzählens und hat nichts damit zu tun, dass man sich über andere lustig macht, schon gar nicht die Anwesenden. Streiche gehören zur Kategorie der Intrige, Witze erzählen nicht. „Die Frösche" von Aristophanes beginnt mit einer Frage von Xanthias an Dionysos: „Herr, fang' ich wohl mit Spaßen, von der Sorte der ordinären, stetsbelachten, an?", und dann stellt sich heraus, dass Dionysos bereits von zu viel Gelächter die Hosen voll hat. In „Miles Gloriosus" von Plautus macht Periplectomenus einen Witz, dessen Struktur und Botschaft über die Jahrhunderte nahezu unverändert geblieben sind. Er hat als Witz der Schadchen (der jüdischen Heiratsvermittler) überlebt und wurde mehrfach von Freud zitiert. Er geht ungefähr so: Warum ist es gut, dass ich kein Kind habe? Weil wenn ich eins hätte, wäre ich immer besorgt. Hätte es Fieber, hätte ich Angst, es könnte sterben. Wäre es dem Alkohol zugeneigt oder dem Reiten, wäre ich ständig in Panik, es könnte sich das Bein oder das Genick brechen. Wenn ich kein Kind habe, erspare ich mir also alle diese Sorgen. Ähnliche Aphorismen, Wortspiele und Paradoxe gibt es sowohl von Wilde wie von Shaw als witzige Dialoge.

Der komische Wettstreit kann auch zur reinen geistreichen Konkurrenz werden. Worum es geht, ist klar: Der Sieger ist die schnellere Person, besser im Kontern, schägt härter und besser zu. Auch Diener – bei Terenz Sklaven – können einen Wettkampf im „schlauen Reden" machen, der meist als Clownerie dargestellt wird. Geist kann aber auch ohne einen Wettbewerb treffend sein, etwa wenn eine Person von gesundem Menschenverstand sich über Scheinargumente lustig macht, wie die gerechten und witzigen Toinette oder Dorine in zwei Komödien von Molière. Diese Art der geistreichen Schlagfertigkeit erreicht ihren Höhepunkt im Krieg der Geschlechter und ist eine Erfindung moderner Komödien. Der Krieg der Geschlechter ist nicht neu, er spielt auch in antiken Komödien eine bedeutende Rolle, aber seine Darstellung durch einen verbalen Wettkampf, im witzigen Wettstreit zwischen den Liebenden, einer Balgerei mit Worten ist eine eher moderne Erfindung. Mädchen kamen auf der römischen Bühne nicht vor, höchstens Matronen oder Freudenmädchen – sie wurden im Haus versteckt. Wenn Jungen zu ihnen sprachen, mussten sie dem Publikum den Rücken zuwenden und in die Richtung des Hauses des Mädchens sprechen. Sie erhielten von dort keine Antwort, nur manchmal enthielt das Stück das Jammern einer Gebärenden. In der modernen Komödie seit Shakespeare gibt es kaum fesselndere Szenen als die, in denen ein Junge und ein Mädchen oder ein Mann und eine Frau sich in ein verbales Gefecht verwickeln. Ein solches Gefecht ist auch nicht auf die Komödie beschränkt. Wir begegnen solchen Szenen schon in griechischen Tragödien, vor allem bei Euripides (zum Beispiel „Medea"). Diese Tradition setzt sich bei Shakespeare und in der *tragédie classique* fort. Doch hier geht es nicht um eine geistreiche Auseinandersetzung, eher um gegenseitige Schuldzuweisungen, um Hass und Trauer, um Schwüre und Abschiede. In der Tragödie kreist ein solcher Wettstreit um Leben und Tod, in Komödien geht es ausschließlich um Leben, Liebe, Sex und oft auch um Geld. Shakespeare ist reich an solchen Liebesgefechten und die gesamte spanische Komödie dreht sich um verbale Duelle, häufig etwa in den Versen von Lope de Vega oder Tirso de Molina. Muss man noch auf ihre spätere Fortsetzung in den Komödien von Beaumarchais und Shaw hinweisen?

*****

Quod erat demonstrandum: In der Komödie müssen nicht alle Szenen dem Fortgang der Handlung dienen. Aber es gibt Action, oft sehr abenteuerlich, und eine dichte Handlung. Ohne abenteuerliche Handlung kann es kein „Happy End" geben, denn die Dinge können nur gut ausgehen, wenn die Hürden überwunden sind. Natürlich endet auch eine Romanze oder ein nicht tragisches Drama in zufriedener Stimmung. Dieses Genre hat einige Strukturelemente, die es in die Nähe der Tragödie bringen, andere, die es eher zur Komödie stellen. Ich kann Shakespeares „Der Sturm" oder Lessings „Nathan der Weise" nicht als komische Stücke sehen, auch wenn sie in mancher Hinsicht Komödien ähnlich sind. Doch spielen einige märchenhafte Features eine viel größere Rolle in Romanzen als in Komödien. Die Romanzen spielen oft zu anderen Zeiten und an anderen Orten, Komödien folgen eher dem Schema der dreifachen Einheit.

Jede Komödie ist eine Komödie der Irrungen. Doch der Startpunkt, die Ausgangsposition ist kein Irrtum, es ist, denke ich, etwas „Gesellschaftliches". Wie immer gibt es auch dabei Ausnahmen: Die ersten Komödien basierten auf Mythen, zum Beispiel verschiedenen Variationen von Amphitryon, und zumindest zum Teil auf direkten politischen Parodien. Auch Komödien, deren Handlung durch einen Unfall ausgelöst wird, gehorchen nicht zur Gänze diesem Schema. Doch auch in diesem Fall gibt es „gesellschaftliche" Motive, wenn nicht gleich zu Beginn, dann in der weiteren Entwicklung der Handlung. Was also ist die soziale Ausgangsposition?

„Gegeben" ist in solchen Komödien ein Tyrann oder mehrere: ein Vater oder Stiefvater, vielleicht ein geldgieriger oder ein Mitgiftjäger, seltener eine Mutter, ein Sohn, ein eifersüchtiger Ehemann, ein alter Mann, der einen jungen Körper begehrt oder ein Mann, der eine Frau belästigt, die von ihm nichts wissen will. Es gibt ein Paar junger Liebender, manchmal auch zwei Paare, oder zwei junge Männer und zwei junge Frauen. Der Tyrann möchte das Glück der jungen Liebenden verhindern, weil er oder sie andere Pläne hat, möglicherweise mit der Aussicht auf Geld. In einer solchen Lage kann sich auch eine sonst gütige Person (wie die Mutter von Anne Page in „Die lustigen Weiber von Windsor") wie ein Tyrann aufführen. An diesem Punkt beginnt die Intrige, gleich am Anfang des Stücks oder in der Mitte.

Die Ausgangslage ist wichtig für das Verständnis des gesamten komischen Dramas. Wie schon gesagt, fallen die goldenen Zeiten von Komödie und Tragödie in etwa zusammen. Die Komödie erscheint auf der Bühne genauso wie die Tragödie: Wenn die „Zeit aus den Fugen" ist, wenn Dinge, die natürlich waren, nicht mehr natürlich erscheinen. Und umgekehrt. Es ist vielleicht nicht mehr natürlich, dass ein Vater über das Schicksal seines Sohnes bestimmt; dass man dem Oberhaupt eines Staates unbedingten Gehorsam und Respekt schuldet; dass ein Diener dem Herrn schweigend dienen soll und niemals zurückredet; dass Frauen sich den Wünschen und Launen der Männer unterwerfen sollen, seien es ihre Väter oder Ehemänner. Ist der Glaube an solche Absolutheiten erschüttert, konfrontiert uns der Komödienautor (ebenso wie der Tragödiendichter) mit diesem Gewinn oder Verlust. Dabei ist es unwichtig, ob der Komödienautor es für einen Gewinn oder Verlust hält, wenn der Sohn den Vater schlägt und nicht umgekehrt („Die Wolken"), oder dass Sklave, Diener oder Dienerin ihre Herrschaften beschämen. Aristophanes mag als konservativer Aristokrat die Entwicklung verabscheuen. Terenz als befreiter Sklave mag an der Veränderung zumindest teilweise Gefallen finden – doch beide beschreiben sie. Man muss nur hinzufügen, dass die Komödie eine intimere Beziehung zu dieser „Zeit aus den

Fugen" hat, weil sie ihre Schlösser auf den Umwälzungen des Wandels baut. In Bachtins Analysen zum Karneval kommandieren Frauen Männer herum, Sklaven ihre Herren, die Untertanen regieren den König und Laien beherrschen die Priester. Zugegeben, nur für einen Tag.

Die Handlung der Komödie erinnert an ein Schachspiel. Sie beginnt damit, dass die Schachfiguren an ihren Ausgangspositionen stehen. Die Handlung muss sich zu einem guten Ende entwickeln, damit Liebende zueinanderfinden, Tyrannen und andere Schurken scheitern und alle anderen ernten, was sie gesät haben. Jeder Komödiendichter löst diese Aufgabe und führt das Publikum von der Ausgangsposition zum fröhlichen, befriedigenden Abschluss. Die Qualität eines komischen Dramas hängt unter anderem von der Art ab, in der dem Autor diese Aufgabe gelingt, ob er es beispielsweise schafft, ein Modell der Handlungsentwicklung für kommende Komödiendichter zu entwerfen. „Amphitruo" von Plautus und „Phormio" von Terenz wurden solche Vorlagen. Dies ist ein Charakteristikum großer Komödie. Ein anderes ist das poetische Geschick, mit dem die Wortgefechte gestaltet sind, um einen interessanten Abtausch zu erhalten und den Witz so lebendig zu halten, dass das Publikum lacht. Die dritte und vielleicht wichtigste Eigenschaft großer Komödien ist die Gestaltung komischer Figuren, die nicht nur Träger einer Rolle oder Funktion sind, sondern sehr lebendig, sowohl unerschöpflich wie auch gut gebaut. Aus diesem Grund wird Terenz in der Moderne mehr geschätzt als Plautus. Er hat nicht nur konkrete und authentische Figuren geschaffen, sondern auch solche mit einer philosophischen Botschaft. Figuren, die trotzdem nicht nur Sprachrohr von Ideen wie Toleranz oder Intoleranz sind. Ein Autor muss schon ziemlich genial sein, dass er es darüber hinaus noch schafft, eine komische Figur zu kreieren, die eine symbolische Position einnehmen kann. Der Name dieser Figur wird dann für die symbolische Position stehen. Solche symbolischen Figuren sind unter anderen Falstaff, Tartuffe und Figaro. Schließlich hängt nicht unbedingt das Lachen, aber die Qualität der von einer Komödie erzeugten fröhlichen Stimmung von der poetischen Dimension des Stücks ab. Gefällige Verse, Andeutung einer schönen Umgebung (Garten, Wald) unterstützen die therapeutische Wirkung von Komödien. Römische Komödien interessieren sich nicht wirklich für Schönheit, auch nicht Molière oder Shaw. Doch bei einigen Komödien von Shakespeare und zweifellos auch im barocken spanischen komischen Drama, vor allem in der komischen Oper auf dem Höhepunkt ihrer Entwicklung, das heißt bei Mozart, verschmelzen Lustbarkeit und Schönheit.

Kommen wir nach diesem Exkurs kurz auf die komische Handlung zurück. Das Motiv des Irrtums ist für die grundlegende Struktur der komischen Handlung notwendig. Er kann auf einem Zufall beruhen oder herbeigeführt sein. Eine Person oder mehrere können andere täuschen oder in die Irre führen, im zweiten Fall bewusst oder unbewusst. Den durch diesen Irrtum entstandenen Knoten kann das Glück lösen, weil er so geknüpft ist, dass er leicht zu entwirren ist. Die verschiedenen Fäden, der Faden der berechneten Täuschung einerseits und der Faden von Glück oder Versehen andererseits verwickeln sich meist auf mehrere Arten. Analysiert man diese Kombination, finden sich drei Komponenten: die Intrige, die falsche oder verwechselte Identität und eine Erzählung über Verlust/Findung. Um nicht weiter allgemein aufzuzählen, möchte ich hier nur kurz Shakespeares „Was ihr wollt" unter diesem schmalen, aber wichtigen Aspekt untersuchen.

Anfang wie Ende dieser Komödie bauen auf dem Motiv des Schiffbruchs auf. Auch Plautus und Terenz haben den Schiffbruch mehrfach in der Rolle des zufälligen Ereignisses eingesetzt. Die Anordnung ist folgende: Zwei Brüder oder Schwestern oder ein Bruder und eine Schwester, jedenfalls Zwillinge, verlieren einander während eines Sturmes auf See, beide glauben, der andere sei tot, und am Ende finden und erkennen sie sich. Die Konstruktion von Verlust/Findung und das Zwillingsthema (beide kommen auch getrennt vor) sind hier verbunden. Viola (der weibliche Zwilling in „Was ihr wollt") übernimmt die Rolle eines Jungen – das Täuschungsthema, das hier auch mit dem Thema der Metamorphose der Identität verbunden ist: Die täuschende und verwandelte Identität setzt die Handlung in Bewegung. Die Metamorphose der Identität als Element der „Intrige ohne Intrige" findet sich auch in „Amphitruo" von Plautus. Die zweite Verwicklung oder Parallelhandlung bei Shakespeare beginnt mit dem Auftritt des Zwillingsbruders, eine Parallelhandlung, die auch in Terenz' Geschichte über „Das Mädchen von Andros" vorkommt. Mit Beginn des zweiten Handlungsstrangs haben wir es bei Shakespeare bereits mit zwei Liebespaaren zu tun, die von dieser Verbindung allerdings nichts ahnen, während wir, das Publikum, davon wissen und hoffen, dass beide Paare ihr Glück finden. Zusammen mit dem Faden der zweiten Liebesgeschichte webt Shakespeare eine zweite Intrige in die Textur des Stücks, diesmal eine geplante. Sie folgt dem bekannten Schema von „Wer Wind sät, wird Sturm ernten" und bietet reichlich Gelegenheit für witzige Späße und ausgelassene Szenen, in denen die Schauspieler lachen und sich gegenseitig zum Lachen bringen. Um es auf den Punkt zu bringen: In dieser Komödie verbindet Shakespeare alle traditionellen Elemente und Situationen der Komödie. Dabei habe ich noch gar nicht erwähnt, dass Olivias Witzemacher auch die typische Rolle des Hofnarren spielt. Darüber hinaus gibt es Wortwechsel und Dialoge, in denen die Teilnehmer übereinstimmen oder zumindest glauben, sich in allem einig zu sein – wobei später klar wird, dass sie einander die ganze Zeit missverstanden haben: Sprach einer von einem Mädchen, meinte ein anderer Geld. Ein Dialog der Missverständnisse bei scheinbarem gegenseitigem Einverständnis ist auch typisch für die Komödien von Plautus bis Molière.

Es gibt gut gemeinte und bösartige Intrigen. Böse Intrigen tauchen oft auch in Tragödien und Romanzen auf, zum Beispiel die Intrige von Jago gegen Othello. Bösartige Intrigen sind in Komödien selten, sie kommen vor allem in Stücken vor, in denen die Hauptfigur ein komischer Dämon ist. Tartuffe, der komische Bösewicht, plant, Orgon seines Besitzes zu berauben. Diese Art der bösen Intrige hat in Komödien nie Erfolg. Der böse Intrigant verliert am Ende immer sein Spiel. Gut gemeinte Intrigen und ungezielte Verschwörungen haben normalerweise Erfolg. In einigen Komödien (auch in einigen Tragödien) erfindet der Intrigant selbst die Intrige und bereitet die Bühne für ihre Entwicklung. Phormio bei Terenz und Scapin bei Molière spielen diese Art von „professionellen", wohlmeinenden Intriganten. Sie sind komische Autoren, Koautoren, die ihre eigenen Komödien in den Text einer Komödie einflechten, die jemand anders geschrieben hat. Sie genießen das Komödienschreiben, sie lieben die Kunst des Komplotts und freuen sich am Erfolg einer Verschwörung. Aber sie sorgen auch dafür, dass der komplizierte Knoten der Handlung mit ihrer Hilfe aufgelöst werden kann, sodass am Ende Gerechtigkeit geübt wird und die Liebenden im glücklichen Ausgang einander finden. In „Die lustigen Weiber von Windsor" entschließt sich Mrs. Quickly, eine Berufsintrigantin, dazu, Liebenden mit ihrer Kunst eher zu helfen als ihnen zu schaden. Der Liebenswerteste aller professionellen Intriganten ist vielleicht Puk aus „Ein Sommernachtstraum", er gehört auch zur Familie der wohlmeinenden Intriganten, die sich einfach an den Auswirkungen ihrer Pläne erfreuen. Sicherlich schenkt Puk niemand Glauben, wenn er behauptet, er habe einen der Athener Jugendlichen für einen anderen gehalten, weil sie ähnlich gekleidet sind! Das geschah mit Absicht und Genuss. Gar nicht zu reden von dem heiteren Moment, als er den Kopf eines Esels auf den Körper des armen Zettel zaubert. Puk liebt Turbulenzen, er genießt das Durcheinander und freut sich am glücklichen Ausgang.

Die Erfinder der meisten gut gemeinten Intrigen in Komödien sind keine Berufsintriganten, sondern „nebenberuflich" tätig, so wie Dienerinnen und Diener, die ihren schwächelnden jungen Herrinnen und Herren helfen, wenn diese sich in einer misslichen Lage befinden, wie bei Terenz, Molière, Goldoni und im spanischen Barocktheater. Doch kann jeder eine Intrige erfinden, wenn es eine Situation erfordert, sogar der Priester (in Zusammenarbeit mit Beatrice und Benedikt) in „Viel Lärm um nichts".

Da jede Komödie eine der Irrungen ist, gibt es keine Komödie ohne Täuschung. Täuschung muss kein Betrug sein, aber sie muss eine gewisse Dauer haben, zumindest einige Szenen lang. Es gibt auch Täuschungen, die keine Kette bilden und doch entscheidend werden, wie zum Beispiel, wenn Jupiter und Merkur in die Figuren Amphitryon bzw. Sosias schlüpfen, oder wenn Raina in „Helden" (von Shaw) vor ihrer Familie geheimhält, dass sie einen Offizier der feindlichen Armee in ihrem Schlafzimmer versteckt. In diesen und ähnlichen Teilzeitintrigen trägt auch die sexuelle Anspielung zu unserem Vergnügen bei. Ein typisches Element der Intrige von Plautus bis Molière ist, den Herrn aus seinem eigenen Haus auszusperren, und von Aristophanes bis Shaw, ihn einzuschließen. In diesem Fall liebt die Komödie den Anblick eines Herrn, der an einem Seil in sein Haus oder heraus klettert. Oft spielt ein Teilzeitintrigant auch mit der Gutgläubigkeit einer Zielperson, erzeugt „Wunder" oder lässt Phantome durchs Haus laufen. Es gibt auch eine Art der Intrige, die sich selbst überlistet, wie in „Aulularia" von Plautus, in der Euclius solche Angst davor hat, seines Goldes beraubt zu werden, dass er es immer an verschiedenen Orten versteckt und Lügen über seinen Verbleib verbreitet – bis der Sklave seines Sohnes sieht, wie er es eingräbt und es an sich nimmt, nicht um es für sich selbst zu stehlen, sondern um das Glück seines jungen Herrn zu sichern. Es ist bekannt, dass Molière in „Der Geizige" fast die gesamte Struktur von Plautus übernimmt, mit einem wesentlichen Unterschied: Euclius ist keine dämonische Figur, Harpagon sehr wohl. Dies ändert nicht nur die Botschaft der Geschichte, sondern auch ihren Ausgang. Während Euclius mit uns und über sich selbst lacht, bleibt Harpagon ein Sklave seiner dämonischen Habgier.

Die Intrigen können in einem komischen Drama ganz verschiedene Funktionen erfüllen. Es gibt die Entlarvungsintrige, die „Zeit-Gewinnen"-Intrige, die komplizierende Intrige, die lösende Intrige usw. In einem einzigen Drama können verschiedene Intrigen verschiedene Rollen spielen. Im „Miles Gloriosus" arbeitet Plautus mit zwei verschiedenen Intrigen. Die erste ist die Zwillingsschwestern-Intrige, die zweite die Pseudo-Ehefrau. Die erste zielt darauf, Zeit zu gewinnen, die zweite soll die Handlung komplizierter machen. Sowohl in „Der eingebildete Kranke" als auch in „Tartuffe" spielt die Entlarvung eine entscheidende Rolle. Orgon versteckt sich unter dem Tisch, um die Heuchelei von Tartuffe zu entlarven, Argan stellt sich tot, um seine zweite Frau als Heuchlerin zu demaskieren. Während die Intrige von „Der eingebildete Kranke" auch die Handlung auflöst, ist das bei „Tartuffe" anders, wo eine böse Gegenintrige des Schurken Tartuffe der Entlarvung folgt – und dieser finale Knoten kann nicht gelöst, nur von einem *deus ex machina* durchschnitten werden.

✳✳✳✳✳

Wie in Tragödien auch kann die Identität von Hauptfiguren einer Komödie erschüttert oder instabil werden. Die erste tragische Identitätskrise der Welt des Dramas ist zweifellos jene in Sophokles' „Ödipus Rex", gefolgt von einigen ähnlichen Krisen in den Werken des Euripides, zum Beispiel in „Medea", „Elektra", „Die Bakchen" und andern. Wer bin ich? Bin ich, wer ich einst glaubte zu sein? Und was glauben die anderen, wer ich bin? Die Figur sucht sich selbst in der Krise, und sie kann sich dabei auch verändern. Sie mag außer sich geraten, aber sie kann sich auch zurückgewinnen. In der Tragödie verliert sich eine Figur, formuliert oder entwirft sich neu, aktualisiert sich, geht aus sich heraus und kann auch wieder zu sich zurückkehren, zumindest im Tod, wie Othello.

Die Fehldeutung oder Fehlidentifizierung des Selbst scheint ein tragisches Thema, und die Idee, sich zu verändern, um man selbst zu bleiben, scheint tatsächlich kein Stoff für beschwingte Geschichten. Doch die Komödie kann Fehldeutung und Fehlidentifizierung des Selbst und seine Metamorphosen in einem entschieden komischen Licht zeigen – durch einen einfachen magischen Trick. Fehldeutung und Fehlidentifikation des Selbst stellen sich als Irrtum heraus, während Metamorphosen und der Verlust oder Tausch der eigenen traditionellen Rolle als Ergebnis einer Intrige dargestellt werden.

Die älteste grundlegende Situation eines verblüffenden Selbstverlustes in einer Komödie folgt, wenn zwei Fragen gestellt werden: „Bin ich, was ich bin?" und „Warum glauben sie nicht, dass ich bin, was ich bin?" Das einfachste Szenario dieser Art ist das von Amphitryon. Doch das ist einfach nur in den Augen der Zuschauer, nicht der Schauspieler. Man bedenke: Alkmene geht mit einem Mann ins Bett, von dem sie glaubt, es sei ihr Ehemann, weil er diesem exakt gleicht, obwohl er es nicht ist. Der Gott Jupiter nimmt damit eine Frau, die er begehrt, aber nur haben kann, während er sich als ihr Ehemann tarnt. Das letztere Motiv wird bei Molière noch stärker ausgespielt als bei Plautus. Bei Molière zielt Jupiter auf das Unmögliche: dass Alkmene, die er als ihr Ehemann umarmt, ihn als ihren Liebhaber annimmt. Ein Gott – Merkur – spielt den Sklaven in Gestalt des Sosias, und der tatsächliche Sklave Sosias begegnet sich selbst auf der Straße. „Er" ist „ich" und trägt sogar meinen Namen. Eines der beiden Paare (Jupiter und Merkur) amüsiert sich bestens in der Tarnung, während Amphitryon und Sosias völlig durcheinander sind, sie verlieren die Orientierung. Die Welt, wie sie sie kannten, wird unheimlich, ihr gesunder Menschenverstand wird um jede Möglichkeit zu verstehen gebracht. Man kann die Geschichte natürlich auch umgekehrt lesen. Der täuschende und betrügende Gott täuscht und betrügt sich selbst und nicht Amphitryon, denn das Gottsein nützt ihm nichts, Alkmene liebt Amphitryon und nicht ihn. Merkur gerät in eine komischere Situation als Sosias: Ein Gott, der als Sklave auftritt und dem Sklaven versichert, er sei einer, ist lächerlicher als ein völlig verwirrter Sklave, der weiß, dass er einer ist.

Dieses grundlegende Schema wiederholt sich in den Zwillingsgeschichten, wenn auch mit einigen Modifikationen, wie in Plautus' „Die beiden Zwillinge", in Shakespeares „Die Komödie der Irrungen" oder Goldonis „Die venezianischen Zwillinge". Es gibt bei Plautus nur ein Zwillingspaar (die beiden Jungen tragen denselben Namen), bei Shakespeare und Goldoni sind es zwei Zwillingspaare. Die Verdoppelung der Zwillinge in zwei Zwillingsherren und zwei Zwillingsdiener ermöglicht es den modernen Autoren, das Szenario von Amphitryon zu übernehmen. In der Wiederholung entsteht allerdings ein anderes, possenhafteres Stück, denn während der Betrug in „Amphitryon" geplant ist, kommen alle Irrungen in den Stücken von Shakespeare und Goldoni aus Unwissenheit.

Kehren wir zum Originalmodell zurück: Merkur beschuldigt Sosias zu lügen, wenn er sagt, er sei Sosias, und behauptet, er, Merkur, sei Sosias. Als Sosias an seiner Identität festhält, wird er verprügelt. Geschlagen, schreit er: „Du wirst mich nie zu einem anderen machen als mir selbst!" Worauf Merkur antwortet: „Du bist verrückt." Er beginnt, mit Sosias zu argumentieren. An einem bestimmten Punkt meint Sosias: „Er gewinnt den Streit, und ich muss mir einen anderen Namen suchen ... Wenn ich also nicht Sosias bin, wer bin ich dann?" Am Ende dieser Szene wendet sich Sosias den Göttern zu und betet: „Ihr unsterblichen Götter, helft mir! Wo habe ich mich verloren? Wo wurde ich verändert?" (In der Version Molières fragt sich Sosias: „Ist es möglich, dass ich nicht ich bin?") Das ist nicht komisch! Es ist auch nicht komisch, wenn Hermia nachts aufwacht und sieht, wie ihr Geliebter Lysander Helena nachstellt, und sich von ihr, seiner wahren Geliebten, abwendet. Das ist nicht komisch, und trotzdem lachen wir. Wir erkennen den Scherz, weil wir in die Handlung eingeweiht sind, wir wissen, dass die Opfer nur scheinbar Opfer einer wohlwollenden Intrige sind und dass alles gut ausgehen wird. Sosias wird sich selbst und seinen Namen zurückgewinnen, Amphitryon wird erfahren, dass er Amphitryon geblieben ist und Jupiter in seiner Gestalt ein Kind gezeugt hat, Hermia wird wieder aufwachen und sehen, dass Lysander sie immer noch liebt, und Titania wird glauben, dass es nur ein Traum war, einen Esel zu lieben. Eine Komödie entführt die Figuren des Stücks in das Labyrinth von Identitätsverlust, Fehldeutung und Fehlidentifizierung. Das macht auch die Tragödie, doch der Komödiendichter bietet seinem Publikum und einigen Schauspielern des Stücks den Ariadnefaden, weshalb wir immer wissen, dass es einen Weg aus dem Labyrinth gibt. Die Grenzsituation kann lustig sein, wenn man sicher weiß, dass jene, die sie erleiden, sich irren und dass ihre Welt bald wieder im Gleichgewicht sein wird. Männer und Frauen werden wieder werden, was sie sind.

Bisher habe ich schwerwiegende Fragen wie „Wer bin ich?" in einem Zug behandelt. Doch diese eine Frage enthält viele Fragen. Tatsächlich ist die Frage nach der zerrütteten Identität zumindest potenziell die dramatischste, wenn die persönliche Identität tatsächlich auf dem Spiel steht, wie sie vom individuellen Gedächtnis getragen wird. Doch in Komödien ist die Unsicherheit sozialer Identität auch eine Quelle von Irrtümern und Spaß. In einem typischen Szenario wechselt die soziale Identität eines jungen Mannes oder einer Frau, wenn sich herausstellt, dass sie die Kinder anderer Eltern sind, als sie dachten. Meist sind es arme Jungen und Mädchen, die herausfinden, dass ihre verlorenen wahren

Eltern in Wirklichkeit reich und adelig sind. Es kann sich auch wie im Figaro erweisen, dass die Frau, die er heiraten soll, in Wirklichkeit seine Mutter ist, oder wie bei Shaw, dass der tugendhafte Junge, der seinen Stiefvater hasst, weil dieser ein Wucherer ist und mit dem Besitz heruntergekommener Häuser für die Armen ein Vermögen macht, herausfindet, dass er selbst immer von einem Einkommen gelebt hat, das diese selben Armen erwirtschaftet haben.

Der Verdacht, dass man das Kind anderer, unbekannter Eltern ist, ist in einem bestimmten Alter schnell bei der Hand. Er kann Quelle unkontrollierbarer Angst, aber auch Hoffnung sein. Die Tragödie kann diese Angst zum Ausdruck bringen, wie in der Geschichte von Ödipus Rex, die Komödie jedoch klammert alle Ängste aus und setzt alles auf die Hoffnung. Das Thema, „endlich" die lang verlorenen Eltern zu finden, sogar unbekannte Eltern, ist ein Motiv der Wunscherfüllung, ein starker psychologischer Antrieb. Wenn ein Kind am Ende einer Komödie endlich seine wahren Eltern findet und Eltern Kinder wiedersehen, die sie verloren geglaubt hatten, ist das ein typisches Happy End. Wie erwähnt, sind die „wahren" Eltern meist reich und adelig. Eine ähnliche Wendung geschieht, wenn sich herausstellt, dass die wahre Liebe einer Figur eben jene Person ist, die die „wahren" Eltern für ihr Kind als Ehepartner ausgesucht haben. Die „unechten" Eltern sind Tyrannen, die „wahren" liebevoll – eben eine Wunscherfüllung. In einer Komödie *ist* alles gut, das gut endet.

Aus der langen Geschichte des komischen Dramas kennen wir eine Reihe von Variationen des Wunscherfüllungsschemas. Erst im 19. und 20. Jahrhundert werden wir dieser Befriedigung manchmal beraubt. Vivie Warren (in Shaws „Frau Warrens Gewerbe") weiß nie sicher, wer ihr Vater ist, obwohl das Umfeld ihrer Mutter sie glauben machen möchte, dass er auch der Vater ihres Liebhabers ist.

Plautus und Terenz variieren verschiedene Prototypen. Von ihnen haben wir die erste Geschichte des entführten Mädchens. In römischen Komödien wird ein entführtes Mädchen oft an Sklavenhändler verkauft, die sie entweder behalten oder für gutes Geld weiterverkaufen. In „Rudens" von Plautus versprechen die Sklavenhändler, das Mädchen an einem verabredeten Ort für Geld zu übergeben, doch sie haben nicht die Absicht, ihr Versprechen einzuhalten. Wegen Sturm, Schiffbruch usw. stranden sie allerdings auf derselben Insel, auf der sie sich hätten einfinden sollen. (In diesem Stück gibt es viele Gemeinsamkeiten mit Shakespeares „Der Sturm".) In „Der Selbstquäler" von Terenz setzt eine Mutter ihr Kind nach der Geburt aus, weil sie glaubt, dass ihr Mann kein Mädchen möchte. Später bereut sie ihre Tat. Als die junge Dame am Ende durch Zufall auftaucht, ist der Vater der glücklichste aller Männer. Das Mädchen entstammt einer heimlichen Ehe, sie verschwindet in einem Sturm und taucht später wieder auf. (Diese römischen Komödien spielen in Griechenland, und deshalb ist es ein Gewinn, dass der Findling ein Kind Athener Bürger ist – ein großer Vorteil, aber trotzdem wird Geld benötigt.) In der Version von Molière stellt sich heraus, dass die kleine Agnes ebenfalls das Kind einer heimlichen Ehe ist. Ihr Vater kehrt genau zu einem Zeitpunkt heim, um sie anzuerkennen, als sie in großen Schwierigkeiten steckt. Mehr noch, der Vater hat einen Ehemann für sie ausgesucht, und wie es die Komödie will, ist dieser Kavalier eben jener junge Mann, in den sich das Mädchen bereits verliebt hat. In Molières „Der Geizige" sind die Wiedererkennungsmotive vervielfacht. Die Sturmgeschichte wird wiederholt, wobei der reiche Anselm seine Frau und zwei Kinder auf See verloren hat. Er trauert fortwährend um sie, und am Ende sind sie wieder vereint: Vater, Mutter, Sohn und Tochter.

Die Komödie stellt auch noch die Erfüllung eines anderen Wunschtraums dar. Der Gedanke an eine verlorene Schwester oder einen Bruder spielt in der Fantasiewelt von Kindern eine bedeutende Rolle. Wenn der Komödienautor die Geschichte von Zwillingsschwestern oder -brüdern erzählt, die verloren und wiedergefunden werden (ein anderes Selbst), lässt sich leicht Wunscherfüllung diagnostizieren. Diese Wunscherfüllung wird verbunden mit dem Motiv des Irrtums, insbesondere mit der Verwechslung von Identität. Die schließlich folgende Szene des gegenseitigen Erkennens ist von größter poetischer Bedeutung. Aristoteles hat eben diese Szene der Wiedererkennung als ausschlaggebend bezeichnet, um den besseren vom schlechteren Künstler zu unterscheiden. Sein Beispiel ist ein Vergleich der Wiedererkennungsszenen zwischen Elektra und Orest sowie zwischen Orest und Iphigenie in verschiedenen Tragödien.

Doch in Komödien spielt diese Unterscheidung keine Rolle. Der Komödienautor investiert keine außerordentlichen Bemühungen, um eine raffinierte Wiedererkennungsszene zu erfinden. In Komödien hängt nichts von der Wiedererkennungsszene ab, zumindest nichts, was die Perfektion oder künstlerische Qualität eines Stückes anzeigen würde. Die genialsten Komödien können sich genau derselben Wiedererkennungsszene bedienen wie die schlechtesten. „Was ihr wollt", „Der Geizige" oder „Figaros Hochzeit" gehören zu den herrlichsten Komödien, die je geschrieben wurden. Wir begegnen trotzdem nicht mehr als drei Varianten der Szene. Erstens gibt es noch einen lebenden Zeugen, der die Geschichte erzählen kann, dessen Figur Vertrauen erweckt und der außerdem verschiedene Male auf dem Körper des verlorenen Kindes identifizieren kann. Zweitens wird die Babyausstattung des Kindes erkannt, die als Erinnerung und Beweis der Identität aufgehoben wurde. Und darüber hinaus gibt es besondere Beweise, die das Kind aufbewahrt hat, oft ist es ein Ring mit einer Inschrift. Der Ring ist natürlich ein weiteres Symbol: Er steht für den Ort von Geburt und Herkunft, aber auch für Reichtum, ein Versprechen, eine Bindung, und schließlich Glück. Von diesen dreien genügt ein Beweis für eine Wiedererkennungsszene, doch die Autoren verbinden oft zwei oder alle drei Möglichkeiten. Bei verlorenen und wiedergefundenen identischen (oder halb identischen) Zwillingen ist natürlich keiner dieser Beweise erforderlich. Bei der Wiedererkennung sehen sie (und wir) mit eigenen Augen. Um ihre Identität zu klären, müssen die Zwillinge nur zur selben Zeit am selben Ort sein. Die Kunst des Autors besteht darin, dieses Zusammentreffen hinauszuzögern oder es ganz am Ende des Dramas zu platzieren.

Die beschriebenen Modelle mögen sehr einfach wirken, ja sogar simpel. Trotzdem sprechen sie die Sprache unbewusster Wünsche: nach wirklichen, liebenden Eltern, nach Brüdern und Schwestern, die auf See verloren gingen (und wer hat nicht Brüder und Schwestern auf See verloren?). Sie sprechen die Sprache der Erfüllung, von gehaltenen Versprechen. Es ist die Sprache einer Erlösung auf niedriger Stufe, aber trotzdem eine Sprache der Erlösung. Verlorene Brüder und Schwestern finden ihr Zuhause, sie kehren zurück. Für sie erfüllt sich das Versprechen vom Paradies, vom Glück. Nachdem sie Tyrannei, Grausamkeit, Verschwörung, Hass, Eifersucht und Missgunst erfahren haben, kehren sie zu einer vernünftigen Wirklichkeit zurück, werden zu einer rationalen Weltordnung zurückgebracht. Die Welt aus den Fugen wird zurechtgerückt. In einer vernünftigen Welt ziehen Eltern ihre Kinder groß und tyrannisieren sie nicht. Geld ist wichtig, aber nicht wichtiger als Liebe und Mitgefühl. Und die Freiheit erlaubt den Menschen, ihre Selbstkontrolle und ihre Langmut zu üben. In dieser Welt ist Vertrauen stärker als Argwohn, Treue stärker als Untreue, und Verständnisbereitschaft übertrumpft die Weigerung, zu verstehen. In einer vernünftigen Weltordnung gibt es keine großen Helden, aber auch keine große Tragödien. In diese Welt kehren die verlorenen Kinder zum Abschluss des komischen Dramas zurück. Deshalb glaube ich, dass die Konstellation von Verlust und Wiederfinden nicht bloß ein Schema unter vielen ist, sondern dass sie durchaus etwas Wichtiges zeigt über die ontologische, existenziale Botschaft des komischen Dramas. In der Komödie suchen wir Befreiung und Beruhigung, indem wir die Zufriedenheit mit uns und unserer Welt wiederentdecken.

Nahezu alle Analysten des komischen Dramas glauben, Inkongruenz sei eine der Hauptquellen komischer Effekte – beginnend bei den einfachsten Fällen, wenn etwa jemand seine Unterwäsche auf den Kopf setzt, bis zu komplexen Fällen, etwa ein Witz, dessen Pointe nicht zur Geschichte passt, die zu ihm hinführt. Der allgemeinste Fall von Inkongruenz gehört zur grundlegenden Struktur von Komödien: die Verwechslung von Identität. Mit der vertauschten Identität beginnt eine Figur, eine Rolle zu spielen, die nicht die ihre ist, sondern die einer anderen. Damit ändert sie sich auch selbst. Die Übernahme der Erscheinung einer bestimmten Persönlichkeit ist eng verwandt mit der Identitätskrise oder einer Problematisierung der Identität. Doch ist es in diesem Fall nicht die Figur, die in Bezug auf ihre Identität in der Krise ist, sondern ihr Gesprächspartner, sei es, weil er die Inkongruenz nicht bemerkt (weil er getäuscht wird), oder weil er sie nicht versteht, auch wenn er sieht, dass etwas nicht stimmt, was ihn ängstigt und verwirrt.

Im Repertoire fast jedes komischen Dichters begegnet man ein oder mehreren Fällen von „Tausch" der Persönlichkeit. Ein Mädchen zieht sich wie ein Junge an, um die Rolle eines Jungen zu spielen, der Herr die des Dieners, die Herrin die der Magd, eine Intrige wird eine Figur dazu bringen, sich wie ein Arzt oder Priester anzuziehen, um sein Vorhaben auszuführen oder um einen „Feind" auszuspionieren. Gelingt es, solche und ähnliche Fälle von Inkongruenz kunstvoll in ein Stück einzuflechten, ist eine komische Wirkung nahezu garantiert. Wir, das Publikum, kennen die Ursache und beginnen zu lachen, während der Schauspieler, der weiß, dass wir wissen und warum, seine Szene auskostet und uns noch mehr zum Lachen bringt. Das komische Drama arbeitet als Genre (wie einige andere auch) mit moralischer Sublimierung. Wenn Viola („Was ihr wollt") und Rosalinde („Wie es euch gefällt") für eine Minute vergessen, dass sie als Jungen verkleidet sind, und sich wie Mädchen zu benehmen beginnen, sind wir amüsiert, aber unser Lachen ist ohne Animosität. Wenn sich jedoch der alte und eingebildete Schürzenjäger Falstaff in „Die lustigen Weiber von Windsor" in Frauenkleider hüllt und ihm dabei das Fell über die Ohren gezogen wird, lachen wir ihn aus, denn das ist eine Form der Gerechtigkeit. Und wenn Eliza in „Pygmalion" für einen Augenblick ihre angenommene Rolle vergisst und ins Cockney zurückfällt, lachen wir sowohl über sie wie über die Hochnäsigkeit der Oberklasse.

Die erste komische Geschichte von Cross-Dressing findet sich in „Die Thesmophoriazusen" von Aristophanes. Euripides bittet dort den Mnesilochus, in Frauenkleidern zur Versammlung der Frauen zu gehen, um die über ihn (Euripides) zirkulierenden bösen Gerüchte zu erfahren. Die Frauen bemerken die flache Brust von Mnesilochus und erkennen die List. In der Komödie „Der Verschnittene" (von Terenz) verkleidet sich ein frauensüchtiger Teenager als Eunuch, um in das Schlafzimmer eines Mädchens zu gelangen und sie in durchaus wenig eunuchischer Weise zu schwängern. Dieser Charea war das Vorbild für den Cherubin von Beaumarchais und Mozart. Sexuelle Erregung und Handlungen waren zur Zeit des Terenz viel natürlicher als sogar im 18. Jahrhundert, doch das bewahrte sie nicht vor Lächerlichkeit. Geschichten von Mädchen, die sich als Jungen verkleideten, und den Tausch von Kostümen und Identitäten zwischen Herrinnen und Dienerinnen kennt die antike Komödie allerdings nicht. Wie gesagt konnte ein achtbares Mädchen auf einer römischen Bühne nicht einmal erscheinen – noch konnte ein Junge ein Mädchen spielen. Nur wenn es von der Handlung her unbedingt erforderlich war, konnte ein Höfling in die Kleider einer Frau schlüpfen.

Auf den Bühnen der Zeit Shakespeares wurden alle Frauenrollen von Männern gespielt. Wenn also ein Mädchen als Junge verkleidet wird, ist der Schauspieler in Wirklichkeit „richtig" angezogen. Er ändert seine sexuelle Identität als Mädchen und kehrt so zu seiner sexuellen Identität als Junge zurück – wird aber wieder weiblich werden. Sexuelle Identität wird so doppelt labil und fragwürdig. Mädchen verlieben sich in andere Mädchen, weil sie glauben, es wären Jungen. Ein Mädchen wird zwar getäuscht, aber die Täuschung ist unabsichtlich, sie ist die Folge der Inkongruenz. Die Vermischung der sexuellen Rollen stellt die Festigkeit der Rollen selbst in Frage. Ist eine sexuelle Rolle am Ende nur vorgetäuscht – oder angenommen, wie andere soziale Rollen? Welchen Anteil hat die Einbildung am Gemisch der sexuellen Identität?

Bei der Entwicklung der Krise nach dem Cross-Dressing begegnet man derselben allgemeinen Befragung der Identität wie in „Amphitryon". In „Was ihr wollt" (III. 1) zum Beispiel wendet sich Viola an Olivia mit den Worten: „Ich denke, ihr denkt ihr seid nicht was ihr seid" und „ich bin nicht was ich bin". Und Sebastian (IV. 3) drückt sich ähnlich aus: „... daß ich toll sei oder daß es diese junge Dame sei".

In Tirso de Molinas „Don Gil von den grünen Hosen" erscheint Doña Juana von Anfang an als Junge verkleidet. Ihre Metamorphose hat einen ganz anderen Grund als der von Viola oder Rosalinde. Ihr Motiv ist weder, zu entkommen, noch ein Versteckspiel. Sie zieht sich aus einem sehr weiblichen Grund als Junge an: um ihrem untreuen Liebhaber nachzustellen, so wie Mozarts Elvira. Während die Charaktere von Rosalinde und Viola etwas „jungenhaft" sind, zeigt Doña Juana bei ihrem verzweifelten Abenteuer nur verletzte Weiblichkeit. Doch mit dem Fortgang des Stückes beginnt sie, ihre Rolle zu genießen. Es gefällt ihr, Doña Ines den Kopf zu verdrehen, und sie steigert ihr Vergnügen, indem sie den Namen einer realen Person annimmt, der auch im Drama auftritt: Don Gil. Es gibt einige karnevaleske Momente, wenn schließlich drei Don Gils auf der Bühne stehen. Tirso de Molina verbindet hier drei komische Motive: erstens die Identität der Namen, zweitens die Identität der Gesichter wie in jeder Zwillingsgeschichte, wobei in diesem Fall der ursprüngliche Don Gil und die mutmaßliche Elvira ein und dieselbe Person sind. Das dritte komische Motiv ist der Tausch sexueller Erscheinung und Rollen – das Ergebnis ist eine Inkongruenz sexueller Anziehung. Doña Juana nützt ihr eigenes Cross-Dressing, um andere zu verunsichern und über ihre eigene sexuelle und soziale Identität zu verwirren. Eigentlich möchte sie nur die Liebe Don Martins zurückgewinnen, ihre Absicht von Anfang an. In anderen Stücken glaubt man, die Zwillinge seien ein und dieselbe Person, hier hält man eine einzige Person für ein männlich-weibliches Zwillingspaar. Am Schluss steht schließlich eine dreifache Hochzeit, wie es sich für eine Komödie gehört, sogar ihr eigener Diener weiß bis zur letzten Minute nicht, wer Doña Juana wirklich ist.

Die feste hierarchische Beziehung zwischen Herr und Sklave (Diener, Kammerdiener) wurde bereits in antiken Komödien auf den Kopf gestellt. Der Meister kleidet sich allerdings niemals wie ein Sklave (oder Herrin als Sklavin) oder umgekehrt. In Shakespeares Tragödien kommt es häufig vor, dass ein Adeliger oder König sich Lumpen anzieht, um sein Leben oder das seines Lords zu retten, aber diese Figuren tauschen niemals Kleider und Identitäten mit jemand anderem. Der Kleidertausch ist soziales Cross-Dressing und unterscheidet sich erheblich von der Umkehrung des Vorrangs im verbalen Schlagabtausch. In einem Wortwechsel kann sich zeigen, dass der Sklave klüger ist als sein Herr, doch niemand hält deshalb den Sklaven für den Herrn oder den Herrn für einen Sklaven. Im Gegensatz dazu zielt soziales Cross-Dressing auf Fehlidentifizierung von Menschen, wobei die strikte Identifikation sozialer Rollen untergraben wird. Komödienschreiber müssen den Eindruck erzeugen, dass ein Mann allein durch das Tragen eines Frauenkleides in den Augen der anderen zu einer Frau wird. Das ist eines der grundlegenden Schemas moderner Komödien. In Calderóns „Die Dame und das Dienstmädchen" [„La señora y la criada"] zieht Lisardo Bauernkleidung an, und sofort verliebt sich eine Frau, Gileta, in ihn. Dieselbe Gileta wird dann von Daina, der Hauptfigur, als Gräfin gekleidet. In dieser Verkleidung verrät nicht einmal der Knoblauchgeruch ihrer Hände dem Dandy, dass sie keine hochgeborene Dame ist.

Beaumarchais nützt denselben Effekt in seinen beiden Figaro-Komödien. In „Die Hochzeit des Figaro" spielt Susanna die Rolle der Gräfin und die Gräfin die Rolle von Susanna. Metamorphose durch „Cross-Dressing" ist auch für die Komödien des späten 19. Jahrhunderts noch charakteristisch, zum Beispiel bei Hofmannsthal und zwei Opern von Richard Strauss mit seinen Libretti. Doch es gibt einen Unterschied. Die sexuelle, pikante Botschaft von sozialem Cross-Dressing bleibt erhalten, aber der Trick verliert seine Funktion als Treiber der Handlung oder als Mittel zur Versöhnung. Bei Shaw wird es nur noch als Zeichen dienen: Der Rollentausch wird psychologisch entwickelt, eher innerlich als äußerlich, auf einer unsichtbaren Ebene, über die Verwandlung des Charakters und eine stärkere Selbsterfahrung. Die Umkehrung, Problematisierung oder Verwandlung der Identität in einer Komödie wird sich dann nicht mehr wesentlich von der einer Tragödie unterscheiden. Wir werden Zeuge der Geburt der Tragikomödie. Zum Beispiel Shaws „Der Teufelsschüler", das der Autor ein „Melodram" nennt, oder die Stücke von Tschechow.

*****

Sowohl in Tragödien wie Komödien ist die Familie das Epizentrum des Konflikts. In Tragödien ist sie meist königlich oder von hohem Adel. Konflikte in solchen Familien können den Lauf der Zeit verändern oder die Zeit aus den

Fugen bringen. In Komödien kann die Familie adelig oder bürgerlich sein, der Konflikt bleibt in der Familie, auch wenn er von einem Märchen oder Mythos in Form von Vorspiel oder Nachspiel umrahmt wird. Es gibt kein stehendes Modell für Art und Ausgang von Familienkonflikten in Tragödien, auch wenn oft ein Bruder den anderen bekämpft (das Muster Kain und Abel, Romulus und Remus). In Komödien gibt es hingegen ein paar prototypische Schemas: einen tyrannischen Vater, der die Heirat seines Sohnes/seiner Tochter verhindern will, meist, weil er eine reiche Person bevorzugt; eine junge Person oder junge Leute, die ihrem Herzen folgen oder darum kämpfen; und schließlich einen Diener, Sklaven oder eine Magd, die den Jungen zum Glück verhilft. Eltern sind alt, Liebende sind jung. Der Konflikt zwischen einem tyrannischen Vater und seinem Sohn oder seiner Tochter wird zum Kampf zwischen alten und neuen Wegen – ein Generationskonflikt. Der Vater hat die Macht, seine Kinder hängen von ihm ab, daher ist die Auseinandersetzung auch ein Machtkampf oder ein Ringen zwischen der Macht des Geldes und der Macht der Liebe. Doch hinter der scheinbar sozialen Auseinandersetzung steckt auch ein Erznarrativ: die Geschichte des patriarchalischen Abraham, der bereit ist, seinen Sohn zu opfern, wobei Gottes Engel (oder Gott) dazwischengeht. Am Ende von Komödien erscheint oft ein göttlicher Bote – in Form eines Zufalls oder, wie es richtig genannt wird, eines *deus ex machina*. Dieser *deus ex machina* ersetzt und übt die göttliche Gerechtigkeit. An dieser Stelle zeigt die Komödie wieder eine Art Wunscherfüllung: Sie kehrt das Ödipus-Thema um. Statt dass der Sohn den Vater tötet, ist der Vater bereit, seinen Sohn oder seine Tochter zu töten – nämlich ihre Seelen, ihr Glücksversprechen und ihre Zukunft. Wie gesagt, das Motiv ist meistens Habgier oder Geiz, doch oft spielen sexuelle Kräfte die erste Geige. Hört man auf Freud, ist auch Gier am Ende ein libidinöses Motiv. Der Vater möchte die Liebe seines Sohnes „nehmen". Auch wenn dieses sexuelle Motiv nicht ausgesprochen wird (meist wird es das nicht) und die Handlung nicht verkompliziert, bleibt es allgegenwärtig. Es ist nicht der „Penisneid" der Frauen, sondern der Neid des alten Mannes auf die Potenz der Jugend, der die Komödie würzt. Wir lachen über den alten Deppen, der auf seine eigenen Kinder eifersüchtig wird und der von diesen Dummheiten geheilt werden muss, weil er sonst zu Recht scheitern wird. In Komödien lachen wir immer über die gierigen, eifersüchtigen alten Männer, die Potenz durch Dominanz ersetzen und für alle stehen, die das tun.

Soweit ich weiß, wurde das Modell des tyrannischen Elternteils vor dem spanischen Barockdrama nicht auf die Mutter angewandt. Ich kenne auch keine Schwiegermutter-Witze bei den antiken Komödienautoren. Doch in Lope de Vegas „Die heimliche Verliebte" [„La discreta enamorada"] übernimmt die Mutter die traditionelle Rolle des Vaters. Die Witwe tyrannisiert ihre Tochter wie in anderen Komödien Väter das tun. Auch hier gibt es sexuellen Neid – er ist

82

sogar das Hauptmotiv. Die Mutter möchte den jungen Liebhaber ihrer Tochter verführen und möchte deshalb, dass diese dessen bejahrten Vater heiratet. Dessen Beziehung zu seinem Sohn ist geprägt vom traditionellen Potenzneid. Die beiden Älteren sprechen ihre sexuellen Absichten offen aus. Der Kapitän überlegt: „Ich sehe alt aus, aber sie wird bald herausfinden, dass ich immer noch ein junger, harter Knabe bin … Geben Sie mir Ihre Tochter zur Frau. Wenn sie glaubt, ich sei zu alt, und mich nicht mag, wird sie schnell herausfinden, wie jugendlich mein Körper ist." Die Tochter Fenisa spinnt ihre eigenen Intrigen, verspricht dem Alten ihre Hand und schläft unterdessen mit dem Jungen und schafft so Fakten. Schließlich heiratet die Mutter den Vater, denn: „Für so einen alten Klepper tut es jeder Sattel."

Vor dem Barocktheater gibt es zwar die tyrannische, sex-neidische alte Frau noch nicht, aber es gibt verschiedene typische komische Frauenrollen in antiken Komödien. In einer Bacchanalien-Parodie von Aristophanes versucht eine alte Frau, junge Knaben zu verführen. Der klassische weibliche Typ ist die immer mürrische und keifende Ehefrau, berühmt spätestens seit Xanthippe, der legendären Frau von Sokrates. Später, als die Liebesheirat zum erklärten Ziel von Liebenden wird, scherzen die Komödien ohne Ende über die Institution der Ehe. Für Frauen ist die Ehe eine Katastrophe, für Männer eine Komödie. Eine Heirat ist nur so lange erstrebenswert, wie sie noch nicht stattgefunden hat, erst nach ihrer Verwirklichung wird sie zur Last. Ehe, die keifende Ehefrau und die meckernde Schwiegermutter sind bis heute emblematische Zielscheiben für Witze.

Während Gier bei Generationenkonflikten ebenso wichtig ist wie Potenzneid, spielt in komischen Konflikten zwischen Eheleuten immer Eifersucht die führende Rolle. Der eifersüchtige Ehemann ist immer argwöhnisch, leichtgläubig und dumm, der eifersüchtige Vater ist das nicht unbedingt. Den Ehemann quält die ununterbrochene Sorge, hintergangen zu werden, der eifersüchtige Vater hingegen verlässt sich auf sein Geld, fühlt sich sicher durch Macht und Tradition. Eines haben sie gemeinsam: Sie führen sich beide wie Tyrannen auf. Sie sind beide überzeugt, dass Frau bzw. Kind ihr Eigentum sind und sie deshalb mit diesen Frauen machen und ihnen verbieten können, was immer sie wollen.

Die Auflösung bringt dann nicht nur die Liebenden zusammen, sie beschämt nicht nur eifersüchtige Tyrannen und wirkt befreiend, indem sie sich über Tyrannei, Gewalt und Zwang im Allgemeinen lustig macht. Zuerst und vor allem präsentiert und vertritt die Komödie den Sieg von Vernunft und gesundem Menschenverstand. Tyrannei, Eifersucht und die Behandlung von Frauen und Kindern wie persönliches Eigentum: All das ist nicht nur schlecht und schädlich, sondern auch sinnlos. Es verfehlt sein Ziel und besiegt sich selbst. Die Rationalität des Lachens oder die komische Logik kommt im Ausgang von Komödien glänzend zur Geltung. Das Böse zeigt sich lächerlich und dumm, aber auch irrational, eine Art Verrücktheit. Die Komödie ist also ein außerordentlich optimistisches, sogar utopisches Genre. Wo *omnia vincit amor* nahe am Märchen ist, liegt *omnia vincit bon sense* näher an der Utopie. Doch sie klingt nicht utopisch, weil die Handlung kunstvoll verwoben ist, die Figuren auf absurde Weise blind sind und Intrigen und Unfälle das Ganze verkomplizieren. Man denke an „Hecyra" von Terenz. Dort stellt sich heraus, dass ein Mann eifersüchtig auf sich selbst ist, weil er seine Frau vergewaltigt hat, als sie noch Jungfrau war. Ohne dieses völlig absurde Szenario gäbe es kein glaubwürdiges Happy End. Die Komplikation einer solchen Handlung macht die Utopie in der Auflösung glaubwürdig. (Man muss hier erwähnen, dass die Vergewaltigung eines Mädchens im antiken Rom nicht dieselben negativen Konnotationen oder Konsequenzen hatte wie heute. War das vergewaltigte Mädchen die Tochter freier Bürger, musste der Täter sie heiraten. Nur die Vergewaltigung einer freien verheirateten Frau wurde als schwere Verfehlung angesehen, und zwar gegen ihren Ehemann und ihre Familie.)

Jedenfalls sind wir am Ende einer Komödie zufrieden und guter Stimmung. Wir freuen uns, dass die Liebenden vereint sind und Tyrannen und gemeine Intriganten gescheitert, dass Normalität und gesunder Menschenverstand die Oberhand behalten haben. Doch wäre es ein Fehler zu glauben, dass wir – unser Gelächter und unser Sinn für Vernunft und Freiheit – in dem jungen Paar dargestellt oder repräsentiert sind, die ihr Glück gesucht und gefunden haben. Wir identifizieren uns nicht mit ihnen und lachen auch nicht gemeinsam mit ihnen, auch wenn wir für sie lachen. Wir lachen und identifizieren uns eher mit eben jenen Leuten, die das Glück anderer selbstlos fördern. Neben Dienern, Sklaven und Mägden gibt es fast immer auch einen Freund der Familie, der die Hauptfiguren unterstützt. Er oder sie ist großzügig, tolerant und vernünftig. Und er oder sie steht für eine Philosophie, oft eine Art stoische, aber manchmal auch eine epikureische Philosophie. Diese Figur habe ich oben den *raisonneur* genannt. Er ist insofern am Stück beteiligt, als er die Irrationalität der Familientyrannen laufend entlarvt, doch er spinnt keine Intrigen oder beteiligt sich daran. Er denkt über die Figuren nach, über ihre Entscheidungen und ihre Torheit, und er gibt Ratschläge und kritisiert. Seine Philosophie ist nicht spekulativ, sondern praktisch, er verkörpert Rationalität in Form von Verständnis und Toleranz. Seine Gegner sind Fanatismus und Grausamkeit. In seiner Person vereinen sich die beiden Aspekte von Happy Ends. Von Anfang an repräsentiert er Freiheit und Glück. In seinen Augen ist Tyrannei Torheit und Eifersucht Wahnsinn. Seine Figur hat eine geläufige Weisheit: Je mehr jemand andere schikaniert, desto weniger wird er jene Dinge und Menschen festhalten können, die er liebt. Der *raisonneur* einer Komödie enthüllt uns das Wesen seiner Weisheit: Toleranz ist vernünftiger als

Intoleranz. Und Toleranz bringt uns darüber hinaus unseren Zielen wesentlich näher. In der Komödie „Die Brüder" von Terenz streiten die beiden Brüder dauernd über die Prinzipien der Erziehung. Demea ist ein Anhänger strenger Disziplin, der seinen Sohn misshandelt. Micio behandelt seinen Stiefsohn liebend und verständnisvoll, auch wenn er im Irrtum ist. Micio formuliert sein Prinzip gleich zu Beginn des Stücks: „Es ist jenseits aller Vernunft und ganz falsch ..., dass eine mit Gewalt durchgesetzte Autorität mehr Gewicht und Dauer hat als eine, die auf Zuneigung beruht. ... Es ist die Pflicht eines Vaters, seinen Sohn so zu erziehen, dass er den rechten Weg aus freien Stücken wählt, nicht aus Angst vor jemandem. Das ist der Unterschied zwischen einem Vater und einem Haustyrann." Später meint er: „Lieber Demea, du musst erkennen, dass wir in jeder anderen Beziehung mit den Jahren klüger werden, aber der hartnäckigste Fehler des Alters ist einfach der: Wir alle nehmen das Geld zu wichtig." Micio behandelt Potenz, Neid und Gier ausgleichend mit Humor und Selbstironie.

Komödien bevorzugen das Toleranzmodell auch in der Ehe. Einem Ehemann, der seiner Frau vertraut, geht es besser als dem, der sie unter Kontrolle halten will. Eine beargwöhnte und kontrollierte Frau wird lügen und ihren misstrauischen Ehemann immer überlisten. Molière folgt in seiner Komödie „Die Schule der Ehemänner" der Logik der Argumentation von Terenz' „Die Brüder". Skeptische Rationalität manifestiert sich in der Toleranz menschlicher Schwächen. Gesunder Menschenverstand und guter Sinn für Moral werden in Molières Stücken gleich hoch gehalten. Und da wir in der Welt des komischen Dramas sind, zahlen sie auch Dividenden, wie in „Die Schule der Frauen", „Tartuffe" oder „Der Menschenfeind". Das Szenario von „Der Menschenfeind" ist sehr komplex, aber auch hier stehen wir auf der Seite von gesundem Menschenverstand und Sinn für Moral gegen wohlmeinende, selbstgerechte Intoleranz, auch wenn unser Urteil, wie bei einigen Stücken von Terenz, manchmal schwanken mag.

Zusätzlich zu den üblichen „Paaren" von Vater und Sohn, Vater und Tochter, Mann und Frau ist ein „Duett" von Herr und Sklave oder Herr und Diener bei allen Komödien fast schon obligatorisch, die Verbindung von Herrin und Magd kommt in einigen modernen Komödien hinzu. Diese „Paare" sind wichtige Treiber der Handlung und eignen sich wunderbar, verbale Duelle auszufechten. Auch wenn das Verhältnis zwischen Herr und Diener im Prinzip asymmetrischer ist als die Beziehung zwischen Mann und Frau oder Vater und Sohn, in der Welt der Komödie ist das nicht der Fall. Üblicherweise wird am Schluss nicht der Sklave befreit (obwohl das in der römischen Komödie durchaus vorkommen kann), sondern der Sklave, Diener oder die Magd ist dazu da, anderen bei der Befreiung von Tyrannei und Unterdrückung zu helfen. Diener verhelfen öfter ihren jungen Herren oder Herrinnen dazu. Es kommt vor, dass der Diener oder die Dienerin ohne Grund geschlagen wird, verbal oder physisch, doch sie oder er kann die Schläge nehmen, ohne sich allzu gedemütigt zu fühlen, und das Vorhaben weiterführen. In den römischen Komödien und manchmal auch bei Shakespeare unterhalten die witzigen Figuren uns und die anderen Figuren des Stücks mit ihren vielleicht groben, aber immer komischen Scherzen. In einigen der Diener und Bürgerlichen hat sich ein tieferer Sinn für Gerechtigkeit und Edelmut erhalten als in ihren Herren. Und für das strukturelle Wachstum vieler Stücke sind sie unbedingt erforderlich, denn die jungen Herren und Damen müssen sich jemandem anvertrauen, und das ist meist der zuverlässige Diener oder Knecht. Diener sind auch Vermittler, sie bewahren Geheimnisse und überbringen Botschaften, spielen die Rolle des Hermes. Und sie sind „Übersetzer" – eine reiche Quelle für Humor und Komplikationen, wenn sie ihre Botschaften falsch übersetzen.

Natürlich sind vertrauliche Gespräche nicht auf Herr und Diener, Herrin und Magd beschränkt. In allen Stücken, die zwei parallele Handlungsstränge entwickeln, gibt es normalerweise zwei Liebespaare oder zwei junge Männer und zwei junge Frauen. Vertrauliche Händel sind leicht gemacht, wenn die beiden jungen Männer Freunde sind und/oder die beiden jungen Frauen Schwestern (Letzteres zum Beispiel in Mozarts komischer Oper „Cosi fan tutte", Ersteres in einer seiner früheren Opern, „Die Entführung aus dem Serail"). Bei Shakespeare sind die genannten Mädchen Schwestern, Kusinen oder Freundinnen, und das Stück endet mit einer Doppelhochzeit. Doch auch die doppelte Handlung mit einem Duett Mädchen–Mädchen oder Junge–Junge macht die Beziehung Herrin–Magd oder Herr–Diener nicht überflüssig. Zwischen Gleichen kann Eifersucht zu Meinungsverschiedenheiten, Misstrauen, sogar Feindschaft führen, zwischen Herrin und Magd kann dies (so scheint es) nicht passieren und auch kaum je in der Beziehung zwischen Herr und Diener. Freunde können einander betrügen, aber niemand kann die Loyalität und Treue einer Magd in Zweifel ziehen.

Nachdem es sich die moderne Welt im bürgerlichen Leben bequem gemacht hatte, machten Figur und Rolle der Diener mehrere Verwandlungen durch. Es begann mit Beaumarchais' „Figaro". Zu Beginn gestaltet er seine Intrigen im Interesse seines Herrn, obwohl er kein richtiger Diener mehr ist und sowohl klüger als auch versierter als sein sogenannter Herr. Bei Shaw sind die neuen Dienstboten als Chauffeur in „Mensch und Übermensch" oder als Kellner in „Man kann nie wissen" in anderer Hinsicht komischer als ihre traditionellen Vorfahren. Die neuen Dienstboten sind komisch, weil sie sich – obwohl sie eigentlich keine Dienstboten, sondern Gleichgestellte sind – in ihrer Rolle als Gleichberechtigte nicht wohlfühlen. Der Sohn des Kellners ist ein Rechtsanwalt, der in Geld schwimmt. Doch der Sohn schämt sich nicht für seinen Kellnervater, eher schämt sich der Vater für seinen Anwaltssohn. Das ist natürlich das alte komische Motiv in neuer Orchestrierung, es gibt Rollenvertauschungen und problematische Identitäten, Muster, die das Genre der Komödie seit ihrer Geburt geprägt haben.

*****

Der Kampf der Geschlechter hat auch komische Varianten. Manches, was in tragischen Stücken verboten ist, ist in einem komischen Stück erlaubt, insbesondere vulgäre, sogar schmutzige Sprache. In „Lysistrata" von Aristophanes verabreden sich die Frauen, nicht mir ihren Männern, Liebhabern oder Kunden ins Bett zu gehen, bis die Männer von Sparta und Athen Frieden schließen. Die Männer treten auf mit riesigen umgehängten Phallussen, und das ist erst der Anfang der derben Scherze. Die Shakespeare-Übersetzer des 19. Jahrhunderts unternahmen große Anstrengungen, die Ausdrücke für Körperteile und -funktionen durch Euphemismen zu übersetzen, die in der viktorianischen Gesellschaft gerade noch akzeptabel waren. Zu jener Zeit wechselten die sogenannten „unanständigen" Szenen und die schmutzige Sprache an einen anderen Ort, eine andere Institution: das Kabarett – so wie die clownesken Szenen in der jungen Institution des Zirkus' eine neue Heimat fanden.

Doch auch wenn das komische Genre im Medium der Sprache mehr Platz bot für die Darstellung des Kampfes der Geschlechter und überhaupt sexueller Begierden, setzten die besonderen Prinzipien des komischen Dramas der Darstellung auch Grenzen. Eine Komödie *muss* einen glücklichen Ausgang nehmen. Geht es um den Kampf der Geschlechter zwischen Unverheirateten, ist dieser Ausgang praktisch als Heirat definiert. Geht es um verheiratete Paare, ist es ihre Versöhnung. Der Schürzenjäger-Ehemann wird zu seiner Frau zurückkehren, der eifersüchtige junge Mann wird die junge Frau, die er liebt, um Verzeihung bitten, der Untreue wird entdecken, dass Liebe wichtiger ist als Geld, und der Intrigant wird entlarvt. Trotz dieser Grenzen bleibt ein großes Spielfeld für Charakterdarstellung und Komplikationen der Handlung, auch für einen Komödienautor allein. Alle Varianten haben jedenfalls die verbale Auseinandersetzung der Figuren gemeinsam. Wortgefechte müssen geistreich, komisch und real sein, es muss Treffer und Gegentreffer geben, gewonnene und verlorene Punkte. Wir lachen über jeden Treffer, genießen ihn, freuen uns daran und sympathisieren mit der zugehörigen Position. Je witziger, desto fröhlicher. Um nur einige bekanntere Beispiele zu erwähnen: „Viel Lärm um nichts", „Der Widerspenstigen Zähmung" (Shakespeare), „Der Hund des Gärtners" (Lope de Vega), „Der Menschenfeind" (Molière), „Mensch und Übermensch" (Shaw). Eine verbale Auseinandersetzung bestimmt den Kampf der Geschlechter auch, wenn das Happy End eine ungewöhnliche Wendung hat wie in „George Dandin" von Molière, wo Angela ihren dummen, gefühllosen und eifersüchtigen Ehemann zum Narren hält und mit einem attraktiven jungen Mann ins Bett geht. Sie meint, man habe sie nicht um Zustimmung zu ihrer Hochzeit gebeten, sie sei eigentlich weniger mit ihrem Ehemann als mit seinen Eltern verheiratet und sie wolle die Freiheit kosten, die ihr in ihrem Alter zustehe.

Unter den fünf genannten Komödien erkennt man sofort vier, in denen der Kampf der Geschlechter die sexuelle Spannung steigert. Kates Zähmung kann man auf viele Arten deuten, auch sexuell. Und das ist zweifellos auch bei der Zähmung von Tanner so (in „Mensch und Übermensch"), wo eine Umkehrung der Shakespeare'schen Geschichte dargestellt wird: Hier protestiert der Mann gegen Liebe und Ehe, und Ann zähmt ihn, sodass er sie heiratet, doch mitten im Wortgefecht tritt eine erotische Kindheitserfahrung zutage. Der Geschlechterkampf zwischen Benedikt und Beatrice sowie zwischen Teodoro und Diana (in „Der Hund des Gärtners") stellen die beiden Extremfälle verbalen erotischen Spiels dar.

Zu Beginn des Stücks necken und verspotten Benedikt und Beatrice einander bekanntlich nur, bis ihre Umgebung sich entschließt, sie glauben zu machen, dass jeder angeblich den anderen heimlich liebt. Das Ergebnis ist, dass sie sich tatsächlich verlieben oder sich zumindest ihrer Liebe bewusst werden. Durch den Trick – allerdings nicht wegen des Tricks – wird ihre Liebe manifest, denn die beiden sind füreinander bestimmt, ohne es zu wissen. Im Endeffekt folgt die Handlung dem Schema: Wenn wir uns geliebt fühlen, neigen wir dazu, uns zu verlieben; wenn wir sicher sind, dass uns ein anderer liebt, finden wir den Mut, unsere Liebe zu erklären.

Doch Teodoro und Diana spielen ein anderes typisches Liebesspiel, das Karussell. Sobald Teodoro Diana seine Liebe gesteht, fühlt sie sich von ihm entfremdet; als dann aber Teodoro sich von Diana entfremdet, beginnt sie, sich zu interessieren und zu verlieben. Das Karussell dreht sich immer weiter. Es wird immer aggressiver und eindeutig sexuell, denn Teodoro ist ein Diener und Diana eine Herrin, eine Art frühe Lady Chatterley. In der Hitze des sexuellen Gefechts schlägt Diana Teodoro ins Gesicht. Der Schlag hat nichts mit dem bekannten komischen Klaps zu tun, es ist eher eine erotische Geste, ein Fall erotischer Gewalt. Nachdem wir die übliche Handlung von Verlust und Wiedergewinnung hinter uns gebracht haben, folgt am Ende natürlich die Hochzeit.

*****

Unter den oben aufgezählten zehn Hauptlastern der Komödie finden sich auch tragische Sünden. Denken wir nur an den eifersüchtigen Othello, den neidischen Edmund, den Tyrann Kreon oder den Heuchler Richard III. Für Tragödien typische Sünden wie leidenschaftlicher Hass, Rachsucht, Machthunger, Ruhmsucht, Betrug und Treulosigkeit finden sich auch in vielen Komödien. Doch kann ein tragischer Held nicht dumm sein, höchstens naiv; er kann kein Feigling sein, höchstens vorsichtig; er kann kein Wichtigtuer sein, nur hungrig nach Anerkennung und Ehre; und er kann nicht eitel sein, höchstens vermessen. In einer Tragödie verkörpert man auch die eigene soziale Stellung. Einfaches Repräsentieren kann nicht komisch sein, komisch ist es, wenn man sich mit einer Position oder Profession identifiziert, während man versucht, sie zu verkörpern. Komisch ist, wenn man eine Rolle übertreibt, wenn man sich aufführt, als würde man eine Stellung einnehmen, die man in Wirklichkeit erst erreichen möchte. Ein König, der jeder Zoll ein König ist, kann nicht komisch sein, doch ein Arzt, Anwalt oder Höfling, der in jeder Situation (Party, Schlafzimmer) die Rolle eines Arztes, Anwalts oder Höflings spielt, kann durchaus komisches Profil haben.

Der Philosoph ist oft eine komische Figur (vor allem zum Beispiel bei Molière, der ein sehr beschlagener Philosoph war), denn er ist für die praktischen Angelegenheiten des Lebens verloren. Er scheint die Art von Menschenverstand, die ihm abgeht, sogar zu verachten. Während, was wir hassen, kaum komisch ist, amüsiert uns oft, was wir verunglimpfen, worauf wir mit Verachtung oder Geringschätzung herabblicken. Dies folgt (wie das Wort „herabblicken" zum Ausdruck bringt) direkt aus der „räumlichen" Anordnung des Blicks. Der komische Autor und sein Publikum sehen auf die Komödie des Lebens von einer erhöhten Position aus herab. Sie sind erhaben und klarsichtig genug, um sich ein Urteil zu erlauben. Figuren, die bloß kleine Laster verkörpern, kann man mit Geringschätzung behandeln, wenn sie nicht gefährlich sind, und mit massivem Hohn, wenn sie es sind. In beiden Fällen lachen wir über sie, nicht mit ihnen.

Genau an diesem Punkt scheint mir meine vorläufige Beschreibung des Lachens als Instinkt der Vernunft besonders gerechtfertigt. „Hohe Kunst" ist die Art von Kunst, die offen ist für praktisch unendliche Interpretationen. Das komische Drama gehört nicht aufgrund seiner Handlungsstruktur in diese Kategorie: Oft gibt es in den komischen Handlungen allein gar nicht viel zu interpretieren. Trotzdem ist die Komödie ein hohes Genre, weil das komische Drama selbst ein Akt der Interpretation ist. Die Komödie interpretiert das Wesen des Lachens, während es ausgelöst wird, indem es den Instinkt der Vernunft in eine Darstellung übersetzt. Das bedeutet, die Komödie stellt das Alltagsleben vom Standpunkt der Vernunft her dar. Die Elemente dieser Darstellung habe ich schon genannt. Ausgangspunkt der Handlung ist eine irrationale oder unvernünftige Entscheidung, und deren Ursache ist eine Figur, oder es sind mehrere Figuren, die selbst irrational oder unvernünftig sind – und zwar, weil sie von etwas besessen sind. Zwangsvorstellungen sind der Leitfaden der Komödie, sie zeichnen einen Weg, der den Instinkt der Vernunft andeutet, indem er ihm negativ gegenübersteht. Obsession ist etwas Formales. Eine Person ist von etwas besessen, die andere von etwas anderem, beide sind dem Objekt ihrer Manie fanatisch ergeben. Doch in ihrer Fixierung widerspricht die Obsession sowohl dem gesunden Menschenverstand als auch der aufgeklärten Vernunft. Manche Zwangsvorstellungen sind tragisch, sie weisen über die Möglichkeiten eines begrenzten Lebens hinaus und sind daher nicht lächerlich. Doch die Obsession hinsichtlich einer geringen, unbedeutenden Sache weist nicht über die Normalität und die Grenzen des Alltagslebens hinaus wie vielleicht eine tragische Obsession. Eine kleinliche Obsession ist ein Defizit, eine Minderung des Lebens. Alle Zwangsvorstellungen sind fanatisch, doch die kleinliche Obsession ist schäbig und jämmerlich.

Besessene komische Figuren „leiden" gewöhnlich unter einem der genannten komischen Laster. Ich sage „leiden", denn manchmal gelingt es vernünftigen Personen, die Irrationalität aus dem Geist einer besessenen Person zu vertreiben, die dann geheilt ist und zu einem rationalen, nicht fanatischen Verhalten zurückkehrt. In Plautus' „Aulularia" [„Der Goldtopf"] wird Euklio am Ende von seinem Geiz geheilt. Bei Molière jedoch erweist sich Harpagon als unheilbar und komisch auf dämonische Art. Und der eitle alte Priplectomeneus (des „Miles Gloriosus") fasst seine eigene Geschichte so zusammen: „Was für ein vermaledeiter Trottel ich bin! – Nun, ich glaube, ich habe es verdient. … Spenden Sie uns Ihren Applaus."

Es gibt ein komisches Laster, von dem man nicht geheilt werden kann. Es ist die Dummheit. Diese Narren sind meist keine Hauptfiguren, manchmal sind allerdings mehrere Nebenrollen einer Komödie mit Dummköpfen besetzt. Dummheit allein macht noch keine gute komische Figur. Der komische Autor sorgt dafür, dass der Narr zumindest Träger eines weiteren Lasters ist. Der Dummkopf ist in einer Komödie also nicht nur einfältig, sondern auch unnachgiebig und sich seiner Dummheit nicht bewusst – wie zum Beispiel die urkomischen Ärzte und Anwälte in Molières „Der Herr aus der Provinz". Im letzten Zitat hören wir, wie Periplectomeus am Ende des Stücks die Position des Instinkts der Vernunft einnimmt und seine Obsession als Torheit bezeichnet.

Terenz, Shakespeare, Molière, Shaw – um nur meine komischen Lieblingsautoren zu nennen – schaffen Figuren, die besessen sind, allerdings nicht allein mit Bezug auf eine bestimmte Obsession beschrieben werden können. Sie sind viel komplexer als das. Die meisten dieser Figuren erscheinen in jeder neuen Szene in einem anderen Licht. Unsere Sympathie mag schwanken, vor allem, wenn die Obsession alles andere als unbedeutend ist. Dies ist zum Beispiel bei „Der Verschnittene" von Terenz der Fall, wo die Irrtümer (und jede Komödie ist eine Komödie der Irrungen) nur Irrtümer sind und nichts sonst, denn sie entstammen keiner bösartigen oder schändlichen Obsession irgendeiner Figur. Das trifft vor allem auch auf die kontroverse Komödie „Der Menschenfeind" zu, wo der komische Held eine würdevolle Person ist und in vieler Hinsicht recht hat.

Nicht jeder wird am Ende einer Komödie von seiner närrischen Zwanghaftigkeit „geheilt", doch zumindest eine gewisse Austreibung der Obsession ist beim glücklichen Ausgang nicht ausgeschlossen. Für die besessenen Figuren ist die Heilung schmerzhaft. Sie lachen nicht, sie sind verletzt und am Boden zerstört. Doch was ist dann die Heilung? Wann ist eine Obsession ausgetrieben? Das komische Drama gibt uns einen guten Rat: Zwanghaftigkeit ist ausgetrieben, wenn eine Person, die besessen war, über ihre eigene Obsession lachen kann. Es gehört zur Rationalität, dass wir uns von uns selbst distanzieren können. Die Identitätskrise, für fast alle Komödien von zentraler Bedeutung, sollte überwunden sein, doch auch die totale Identifikation mit uns selbst, eine Überidentifizierung, die die Torheit aller komischen Figuren ist, muss man hinter sich lassen.

*****

Die dämonische komische Figur ist jedoch jenseits der Erlösung. Sie ist nicht nur ein Tyrann, nicht nur ein Heuchler oder Geizkragen, auch wenn sie all das sein kann. Die dämonische Figur ist die Verkörperung des radikalen Bösen im komischen Drama.

Die Zugehörigkeit des radikalen Bösen zum Komischen ist lange erörtert worden. Doch seine Rolle im komischen Drama blieb unbemerkt. Die Menschen haben die Verschmelzung von Komischem und Bösem immer auf dem Jahrmarkt erfahren: Sowohl Tod wie Teufel, zwei absolut Böse in der Vorstellung der Menschen, wurden vor Jahrhunderten im Karneval verspottet. Die dämonischste Figur Shakespeares, Richard III., ist sowohl Heuchler als auch Clown. Doch er ist die Hauptfigur einer Tragödie, keiner Komödie. Ähnliche Verkörperungen des radikal Bösen begegnen uns in Romanen, zum Beispiel in Thomas Manns Joseph-Tetralogie, in Dûdu, dem tückischen Zwerg. Chaplins Rolle des „Großen Diktators" stellt das Dämonische im Film als komisch dar. Es klingt paradox, aber es ist äußerst schwierig, das Komisch-Dämonische im komischen Drama genau zu porträtieren. Denn das komische Drama muss *per definitionem* gut ausgehen, sonst wäre es keine Komödie, doch die komische Hauptfigur muss, wenn sie dämonisch ist, in ihrer bösartigen Verstocktheit verharren, sonst wäre sie nicht dämonisch. Und wenn sie nicht dämonisch bleibt, war sie es nie. Das dämonische Böse hat manchmal einen Gastauftritt in Shakespeares Komödien, etwa Don Juan, der Halbbruder in „Viel Lärm um nichts", eine Art Jago. Doch der komische Dämon spielt nur in zwei Komödien von Molière eine wichtige Rolle – ich meine natürlich „Tartuffe" und „Der Geizige".

Die beherrschende Eigenschaft der dämonischen Figuren Tartuffe und Harpagon ist die völlige Geschlossenheit ihrer Welten. In „Der Begriff der Angst" schreibt Kierkegaard, dass ein dämonischer Mensch unfähig sei, zu kommunizieren. Er kann zwar endlos reden, aber er wird nie eine Beziehung oder auch nur einen Kontakt zwischen sich und anderen herstellen. Für dämonische Figuren existieren nur Gedanken und Überzeugungen, die bequem in ihr geschlossenes Universum passen, alles andere ist entweder kriminell oder unsinnig. In modernen Begriffen ist der dämonische Mensch in einem sehr privaten Sinn „ideologisch" und „fundamentalistisch". Niemand kann seine Welt oder irgendetwas, das dazugehört, in Zweifel ziehen, er hört niemals jenen zu, die ihm widersprechen oder etwas anders interpretieren als er selbst. Der Dämon ist besessen, und zwar absolut. Diese Art der Verschlossenheit ist, wie gesagt, dämonisch, aber sie ist nicht unbedingt böse oder niederträchtig. Der böse Dämon bleibt nicht nur in seiner geschlossenen Welt, lehnt Kommunikation ab und verunglimpft alles, was von außen kommt, er hasst auch jene, die er ablehnt, und er möchte sie zerstören. Tatsächlich plant er ihre Vernichtung. Dämonen, die nicht aus einem geschlossenen Universum hinausreichen, sind irrational; Dämonen, die ihr Äußerstes tun, um jene zu vernichten, die sie ausschließen, sind sowohl irrational wie niederträchtig. Einfach ausgedrückt ist das dämonische Böse „totalitär" und behandelt andere wie jeder totalitäre Despot. Die dauernde Wiederholung desselben Satzes wie Harpagons „Ohne Mitgift" könnte ein Zeichen für eine geistige Störung sein. Doch im Falle von Harpagon ist es keine gewöhnliche Geisteskrankheit, auch wenn manche sagen würden, die völlige Verschlossenheit ist eine Art von Verrücktheit. Selbst wenn das stimmt, ist es keine medizinische, sondern eine moralische Situation. Für Harpagon ist die obsessive Wiederholung desselben Satzes Ausdruck absoluter Selbstidentifizierung und Selbstbestätigung.

Die beiden dämonisch-bösen Figuren von Molière, Harpagon und Tartuffe, repräsentieren die beiden fundamentalen Arten dämonischer Niedertracht. Kein Einwand erreicht das „Innere" von Harpagon, sie prallen alle automatisch ab. Er schließt sich ein, aber er fasziniert andere nicht – im Gegenteil, er stößt sie ab. Er ist unbeweglich, aber ohne Charisma. Tartuffe ist auch unbeweglich, aber auf andere Art. Er ist nicht stur in der Bestätigung der Sicherheit seines Glaubenssystems wie Harpagon, aber er ist unbeirrbar in seinen Machenschaften und in der Sicherheit ihres Erfolges. Tartuffe ist charismatisch, und deshalb wirkt seine Obsession wie eine ansteckende Krankheit. Sowohl Orgon wie auch Frau Pernelle infizieren sich damit. Wie die Anhänger Hitlers und Stalins Jahrhunderte später, hören sie auf, ihren eigenen Augen und Ohren zu trauen, sie glauben nur noch Tartuffe. Sie werden wie er, und ihre Welt wird dämonisch, verschlossen. Trotzdem haben sie sich noch nicht in niederträchtige Dämonen verwandelt. Tartuffe ist erschreckender als Harpagon, denn wo dieser absoluten Gehorsam verlangt, verlangt Tartuffe nicht nur Gehorsam, sondern auch Glauben. Orgon und Frau Pernelle glauben an Tartuffe und lieben ihn auch. Die Niedertracht beherrscht die Liebe: Das macht „Tartuffe" zu einer beängstigenden Komödie. In der atemberaubenden Szene, in der Orgon nach Hause kommt und sich nach den Geschehnissen während seiner Abwesenheit erkundigt, sich aber nicht für die Krankheit seiner Frau oder seine Kinder interessiert, sondern nur für das Wohlergehen von Tartuffe; als er, nachdem er die Neuigkeiten von seiner Familie gehört hat, ungeduldig immer dieselbe Frage wiederholt: „Und Tartuffe?", und wenn er schließlich die Antwort erhält, dass es Tartuffe gut gehe, jedesmal ausruft: „Der Arme!" – ist er sowohl beängstigend wie lächerlich. Nicht nur die Wiederholung ist lächerlich, wie im Fall von Harpagons „Ohne Mitgift", sondern auch die irrationale Gutgläubigkeit. Die Gutgläubigkeit Orgons grenzt an Dummheit, und Frau Pernelle ist tatsächlich dumm. Wir sind gewöhnt, in einer Komödie über Torheit zu lachen, aber Tartuffe schockiert uns auch. Trotzdem lachen wir über die törichten Jünger einer dämonischen Figur, die seiner Niedertracht erlegen sind. Wir, das Publikum, lassen uns nicht täuschen. Wir sind in einer überlegenen Position, denn wir lachen gemeinsam mit Dorine, der Dienerin, über Orgon. Am Ende werden die Toren, die vom Dämon besessen waren, geheilt sein, doch klüger sind sie nicht.

Es ist leicht zu verstehen, warum Orgon und Frau Pernelle komische Figuren sind. Doch warum finden wir auch Tartuffe komisch, einen teuflischen, bösen Charakter und gefährlichen Dämon? Und warum lachen wir über Harpagon? Schließlich hätte er um ein Haar das Leben der jungen Liebenden und der ganzen Familie zerstört? Als Harpagon entdeckt, dass sein Geld gestohlen wurde, verlangt er vom Polizisten, die ganze Stadt samt der Vororte zu verhaften. Natürlich lachen wir über dieses absurde Ansinnen, aber wir sind auch schon am Ende der Geschichte und wissen, dass Harpagon scheitern wird. Doch als Tartuffe dem Polizisten nahelegt, Orgon zu verhaften, sind auch wir, das Publikum, ahnungslos. Wir wissen ja nicht, dass sich das Blatt in der folgenden Minute wenden wird. Mit jenen Interpreten, die glauben, es sei allein ein *deus ex machina*, der diese potenzielle Tragödie in eine Komödie verwandle, bin ich allerdings nicht einverstanden. Natürlich hat Molière, wie viele andere Bühnenautoren, manchmal einen *deus ex machina* eingesetzt, um ein Stück zu beenden. Doch in einer Komödie spielt das keine Rolle. Sowohl in „Tartuffe" als auch in „Der Geizige" bereitet Molière das Happy End viel früher vor. Wo also, und wann?

Wir begegnen zwei niederträchtigen Dämonen. Ihre Welt ist völlig verschlossen, sie hören nicht auf andere, sie hassen und zerstören. Doch es gibt etwas, eine Schwäche, die nicht in ihre geschlossene Welt passt: fleischliche Begierden. Harpagon gelüstet es nach der Heirat mit der jugendlichen Jungfrau, der Liebe seines eigenen Sohnes. Tartuffe begehrt die Frau von Orgon, seinem engsten Gefolgsmann und ergebenen Anhänger. Ihre Obsessionen setzen der Lust keine Grenzen. Harpagon und Tartuffe leben in geschlossenen Welten, aber ihre Körper ersehnen die Berührung eines anderen Körpers. Der Dämon ist unerreichbar, weder Mitleid noch Liebe können ihn bewegen, und er ist taub gegenüber den

Anforderungen der Gerechtigkeit. Aber der Körper geht seine eigenen Wege, folgt begierig einer anderen Obsession. Die beiden misstrauischsten Monster werden leichtgläubig, wenn sie die Lust erfasst. Harpagon und Tartuffe sind komische Figuren, weil ihr Autor eine entscheidende Inkongruenz in ihren Charakter eingebaut hat. Deshalb können wir über sie lachen, und deshalb scheitern sie. Man denke als Gegenbeispiel an Richard III., den selbst gemachten Clown eines tragischen Dramas. Über andere lachen wir, über ihn nicht. Er verführt, aber ohne Lust zu verspüren. Er beherrscht seinen Körper völlig, so schlecht es ihm auch geht, und er benutzt ihn oft, um andere zu manipulieren.

Komische Dämonen leben in einer Zeit der langsamen Metamorphose traditioneller Komödien in existenziale Komödien. Es genügt, hier an Friedrich Dürrenmatts Stück „Der Besuch der alten Dame" zu erinnern. Damit sagen wir den traditionellen Komödien allmählich Lebewohl, einem repräsentativen hohen Genre zur Darstellung des Phänomens des Komischen. Solche Stücke werden nicht mehr geschrieben. Es gibt keine komisch tyrannischen Väter mehr, die der Hochzeit ihrer Kinder nur als Opfer rechtschaffener Intrigen zustimmen. Es gibt keine witzigen Diener mehr, weltklüger als ihre Herren. Magd und Herrin tauschen keine Kleider mehr. Kinder gehen nicht mehr während eines Sturms verloren, um dann von glücklichen Eltern wiedergefunden zu werden. Zwillinge geben keinen Anlass für Gelächter mehr. Es ist auch nicht mehr komisch, wenn jemand verprügelt wird. Irrungen sind nicht mehr lächerlich, bon sense gewinnt nicht mehr gegen dumme Vorurteile. Doch wir genießen nach wie vor die Aufführungen alter Dramen und Opern, wir lachen und fühlen mit. Und wir setzen die Arbeit der Interpretation weiter fort – sie ist und bleibt unerschöpflich. Das erlösende Lachen bleibt.

4. Der komische Roman

Das nächste „hohe" komische Genre, der komische Roman, gehört zu einer allgemeineren Gruppe, nämlich komischer Prosa. Selbst wenn ich in meiner ursprünglichen Absicht, das Phänomen des Komischen durch Erörterung und analytische Unterscheidung der wichtigsten komischen Genres zu bestimmen oder zu erklären, recht nachlässig wäre, stünde ich hier größeren Schwierigkeiten gegenüber als im Fall des komischen Dramas. Bei der Behandlung des komischen Dramas genügt es, die sogenannten „leichten Genres" zu vernachlässigen und die Perioden in der Geschichte dieses Dramas streng zu trennen. Solche „Abstraktionen" müssen auch für eine Erörterung der epischen Prosa ausgearbeitet werden. Das komische Drama ist durch seine theatralische Ausführung geregelt, es wurde für die Bühne geschrieben und unterliegt sehr speziellen zeitlichen und räumlichen Grenzen. In der epischen Prosa gibt es diese Grenzen nicht. Nur aufgrund ihrer Länge – also nur durch ein rein formales oder scheinbar formales Kriterium – unterscheidet man gewöhnlich drei epische Genres: den Roman, die Kurzgeschichte oder Novelle und den Witz. In Wirklichkeit ist diese Unterscheidung aber nicht rein formal. So, wie Größe und Beschaffenheit einer Leinwand oder Fläche nicht ohne Einfluss auf Proportionen und Botschaft eines Gemäldes oder Freskos bleiben, so oder noch mehr beeinflusst der Umfang die epische Prosa. In einem komischen Roman ist der Charakter des Komischen und seine Wirkung anders, manchmal wesentlich anders als in einer Novelle oder einem Witz.

Da es hier nicht darum geht, die Geschichte irgendeiner Gattung zu schreiben, werde ich die beabsichtigte Argumentationslinie nicht umgehen, indem ich mich jetzt der griechischen oder römischen epischen Prosa zuwende – so reich sie auch sind. Das ist nicht nur eine pragmatische Entscheidung, sondern soll den Leser auf eine Strategie dieses Buches aufmerksam machen: Meine Untersuchung folgt einer bestimmten Auffassung, oder genauer, einer hermeneutischen Aufarbeitung des Phänomens des Komischen. Zwischen den Komödien des Aristophanes, Plautus und Terenz einerseits und den Komödien moderner Autoren seit dem 16. Jahrhundert andererseits besteht eine unaufhörlich aktive Lebenslinie: Die Modernen treten in die Fußstapfen der Römer, nehmen ihre Themen auf, eignen sich frühere komische Strukturen an und modifizieren sie. Im Gegensatz dazu geht der neue komische Romancier meist nicht weiter als auf Rabelais zurück. Wir könnten Homer und Virgil als Gründungsväter des epischen Genres bezeichnen, aber es wäre falsch, das komische Genre auf sie zurückzuführen.

Ich werde meine Geschichte nicht dort beginnen, und ich möchte sie bis zu einer sehr besonderen Grenze ausdehnen, die man paradigmatisch in den Werken von Samuel Beckett findet. Von dort aus, glaube ich, kann man das komische epische Genre am besten überdenken. Tatsächlich liegen die Werke Becketts außerhalb der Grenzlinie, die ich ziehen werde, sowohl was Stücke wie auch Romane betrifft. Und natürlich können diese Grenzen selbst, wie die der neuen Europäischen Union, ohne Pass überquert werden, ohne um Erlaubnis zu fragen und manchmal sogar, ohne dass wir sie überhaupt bemerken. Aber ich möchte jedenfalls eine bestimmte Grenzlinie aufzeigen und werde argumentieren, dass wir, ist sie einmal überquert, die Welt der Komödie der Existenz betreten. Diese Welt wird Gegenstand des nächsten Kapitels sein. An dieser Stelle möchte ich nur ein Kriterium vorstellen, das nötig ist, um die existenziale Komödie abzugrenzen und unsere Erörterung des Romans fortzusezten: In der existenzialen Komödie hat sich die Funktion der Rationalität völlig verändert. In einem traditionellen komischen Werk – sowohl in der epischen Prosa wie im Drama – ist das Lächerliche auch irrational. Wie wir gesehen haben, ist das Maß oder der Maßstab der „Vernunft" immer präsent, gleichgültig, ob das Irrationale als niedrig oder edel, kleinkariert oder großartig geschildert wird oder – wie meistens – alles zusammen. In der Welt der existenzialen Komödie gibt es jedoch für den Erzähler oder die Hauptfigur keinen „Grund", irgendein festes Maß anzubieten. Das Ergebnis ist, dass das menschliche Leben, die Existenz selbst in komischen Licht erscheint. Das Lächerliche und Komische weist nicht einfach auf etwas Ernsthaftes, dem es zum Durchbruch verhilft, sondern es wird unmöglich, zwischen dem Komischen und dem Ernsthaften zu unterscheiden.

In der komischen Literatur gibt es auch Ironie und Humor. Ich möchte von jetzt ab in einer ausgeborgten, wenn auch ungebetenen kantianischen Weise zwischen *regulativer* Ironie, regulativem Humor und *konstitutiver* Ironie und konstitutivem Humor unterscheiden. Was ich konstitutive Ironie nenne, wurde zuerst von der deutschen Romantik entdeckt oder vielleicht sogar erfunden, vor allem von Friedrich Schlegel. Kierkegaard hat Schlegels Begriff der Ironie später ausgearbeitet. Bei der konstitutiven Ironie gibt es keine Distanz zwischen dem Ironiker oder Humoristen und der Welt, die mit Humor oder Ironie dargestellt wird. Oder – und das läuft auf dasselbe hinaus – die Distanz zwischen Autor und Gegenstand wird in die Welt/das Werk selbst eingebaut: Das Werk selbst wird ironisch und humorvoll in eben jener Art, wie die von ihm beschriebene Welt angeblich ist.

Regulative Ironie, regulativer Humor (wie ich sie verstehe) kennzeichnen eine Haltung oder Perspektive, aus der eine andere Person, eine Äußerung oder

Idee in komischem Licht erscheinen, sodass die Distanz zwischen dem Ironiker oder Humoristen und dem Gegenstand seines Humors offenbar wird. Shaw hat einmal gesagt, jeder Engländer sei ein Witz. Das ist regulative Ironie: Sie vermittelt die Botschaft eines komischen Dramas über die Distanz zum Gegenstand in die Perspektive ihrer Zeugen. In einer existenzialen Komödie, in der Ironie und Humor konstitutiv sind, ist jedermann ein Witz, und das ist kein Witz. Ich finde es nicht hilfreich, wenn man die existenziale Komödie einfach als „grotesk" oder „absurd" kennzeichnet, denn nicht nur die traditionelle Komödie kann grotesk und absurd sein, ohne dass sie existenzial wäre, sondern auch ein komischer Roman, eine Novelle oder ein Witz, ebenso wie verschiedene Arten bildlicher Darstellung. Eine solche Charakterisierung wäre mit einer Präzisierung klarer: In einem existenzialen komischen Werk bleibt nichts vom Grotesken und Absurden unberührt, und das schließt immer sowohl den Erzähler als auch den Leser ein.

✳✳✳✳✳

Milan Kundera unterscheidet drei Perioden des Romans. Das repräsentative Hauptwerk der ersten Periode ist „Leben und Ansichten von Tristram Shandy". Die zweite Periode kennzeichnen die klassischen Werke von Balzac, Dickens und Tolstoi. In der dritten Periode kehren Stilelemente der ersten zurück, wie man sie in Salman Rushdies „Mitternachtskindern" oder in Garcia Marquez' „Die Liebe in den Zeiten der Cholera" findet. Ich würde das Abenteuer des Romans etwas anders erzählen. Ich bestehe nicht darauf, dass meine Version „wahrer" ist – nur dass sie dem komischen Genre gerechter wird.

Denn im Fall des komischen Romans können wir kaum drei Perioden voneinander trennen. Die Geschichte des komischen Romans ist vielmehr erstaunlich fortlaufend. Sie entwickelt sich ohne Unterbrechung von Rabelais oder Cervantes über Fielding, Diderot, Gogol bis zu „Die Pickwickier" und direkt zu Schwejk, zu „Ulysses", „Die Blechtrommel", „Bekenntnisse des Hochstaplers Felix Krull" und „Die Liebe in den Zeiten der Cholera". Man kann leicht erraten, warum ich meine Liste mit Autorennamen begonnen und mit Namen von „Helden" und Titeln fortgesetzt habe: Je weiter wir in der Geschichte des komischen Romans voranschreiten, desto öfter treffen wir auf Autoren, die nicht nur komische Romane schreiben, sondern viele verschiedene Arten – Autoren, die selten oder gar nur einmal eine Komödie verfasst haben. Ein komischer Roman kann das einzige Meisterwerk eines Autors sein wie im Fall von Cervantes, es kann das bekannteste Werk sein wie bei Swift oder nur ein Roman unter vielen, der bekannter ist als andere, wie bei Dickens und Mann. Der Name Jaroslav Hašek ist außerhalb der tschechischen Grenzen nicht allzu bekannt, der Name des braven Soldaten Schwejk ist viel weiter verbreitet.

Komische Romane werden seit der Renaissance bis in die Gegenwart regelmäßig geschrieben und gelesen. Sie haben bestimmte Eigenschaften gemeinsam, die sie von anderen Romanen unterscheiden. Alle „anderen" Romane können wir der Einfachheit halber „sozio-historisch", „realistisch" oder „bürgerlich" nennen. Auch in solchen Romanen kommen komische Figuren vor, sie können reich sein an komischen Situationen und auch ironisch. Von komischen Romanen unterscheiden sie sich nicht durch ihren Mangel an Humor, sondern durch ihre Struktur, ihre Art der Darstellung und ihre narrative Strategie. Man kann sagen, der komische Roman und der sozio-historische Roman seien zugleich entstanden, zumindest in England, mit „Tristram Shandy" einerseits und Samuel Richardsons „Clarissa" auf der anderen Seite. Beide waren bei den Lesern ihrer Zeit sehr beliebt, darunter auch Immanuel Kant.

Im Gegensatz zu den komischen Romanen, deren Hauptfiguren oder komische „Helden" durchwegs Männer waren, sind die ersten Hauptfiguren des sozio-historischen oder bürgerlichen Romans Heldinnen, unabhängig vom Geschlecht ihrer Autoren. Und seit Jane Austen stehen Frauen an erster Stelle bei der Entwicklung und Ausbildung von Charakter und Struktur dieser neuen Romanform, und Frauen waren ihre ersten begeisterten Leserinnen. Diese interessante Besonderheit folgt nicht aus dem Phänomen des Komischen im Allgemeinen – im komischen Roman sind nicht selten Frauen die Hauptfiguren –, sondern aus der eigenen narrativen Strategie und Struktur des komischen Romans.

Kehren wir für einen Moment zur Theorie der „drei Perioden" der Entwicklung des Romans zurück. Ich bin der Ansicht, dass diese Unterteilung auf den komischen Roman nicht anwendbar ist. Die Geschichte des bürgerlichen Romans seit Richardson und die Geschichte des komischen Romans laufen parallel zueinander. Oder, genauer gesagt, der bürgerliche Roman hat eine Geschichte, während der komische Roman, der zur gleichen Zeit entstand, keine hat. Eben weil der bürgerliche Roman realistisch ist, ist er weithin den Veränderungen der Zeiten ausgesetzt. Wenn eine Galerie von Bildern oder Porträts unzeitgemäß wird, entwirft der Romancier neue, zeitgemäßere Szenen, die er besser – wenn auch nicht unproblematischer – betreten kann. Dickens und Balzac haben das ebenso getan wie Flaubert, Dostojewski und Proust.

Doch die Geschichte des komischen Romans ist eine Quasigeschichte, und unser komischer Romancier kann dieselben Szenen betreten wie seine Vorgänger. Manche mögen denken, dieser Unterschied ergebe sich aus der Beziehung der Komödie zu ihrem „Referenten", der sozio-politischen „Realität". Doch die Lage ist komplexer. Eine herausragende Eigenschaft des komischen Romans ist, dass er sich beständig auf zeitgenössische soziale und politische Ereignisse und Personen bezieht, er macht laufend Anspielungen sogar auf konkrete politische Vorfälle und alltägliche Missstände – während ihr bürgerliches Gegenstück vom

Geist der Zeit durchdrungen ist und zeitgenössische Anspielungen eher indirekt als direkt vorkommen. Nicht der Bezug auf laufende Affären macht den Unterschied zwischen komischen und bürgerlichen Romanen aus, sondern die Art der dargestellten Abenteuer. In einem realistischen Roman ist das Abenteuer größtenteils innerlich, auch wenn sich innere Abenteuer auf Erfahrungen mit der Welt beziehen können. Die herausragende Bedeutung innerer Abenteuer (ein Trend, der seinen Höhepunkt in Prousts Werken erreicht) macht den bürgerlichen Roman extrem feinfühlig für die Wendepunkte sozialer Erfahrung und historischen Bewusstseins. Immer, wenn das historische Bewusstsein oder die grundlegende Wahrnehmung der Welt eine deutliche Veränderung durchlaufen, wird sich auch das Verhältnis zwischen den dargestellten inneren und äußeren Ereignissen und das Verhältnis der Figuren zu ihrer Welt verändern – und ebenso Stil und Aufbau der Romane, die sie wiedergeben. Nicht nur die Romane, auch die von ihnen porträtierten Figuren sind zeitbezogen, vor allem im 19. Jahrhundert. Kraft ihrer inneren Erfahrungen ändern sich die Figuren im Laufe des Romans, ob sie gewinnen oder verlieren, ob ihre Bestrebungen erfolgreich sind oder sie enttäuscht werden. Im Gegensatz dazu ändern sich die Figuren im Verlauf eines komischen Romans nicht. Ihr Charakter bleibt während der ganzen Reihe von Abenteuern gleich – sogar während sich ihre Welt oder ihre Situation darin wandelt. Das gilt für Don Quijote, Gulliver, Huck Finn, Schwejk und Felix Krull, um nur einige komische Figuren aus verschiedenen Jahrhunderten und historischen Zeitaltern zu nennen.

Auch die spontane Reaktion der Leser auf die beiden Arten des Romans ist unterschiedlich. Beim „realistischen" Roman gibt es nur geringe Unterschiede zwischen der Rezeption eines gebildeten oder weniger gebildeten Lesers. Wir alle lassen uns von der Geschichte fesseln, identifizieren uns alle sehr rasch mit der Hauptfigur und entwickeln eine Abneigung gegen seine oder ihre Gegner. Wir hoffen alle auf den Erfolg unserer Figur, wir sind glücklich, wenn es ihm oder ihr gutgeht, und traurig, wenn es Probleme gibt, und wir alle folgen aufgeregt der Entwicklung der Handlung. Die meisten können der Versuchung, einen flüchtigen Blick auf das Ende des Romans zu werfen, kaum widerstehen, denn wir sind neugierig und möchten das Ende wissen, wie es ausgeht. Ich habe jedoch noch nie einen Leser getroffen, der mit der Versuchung kämpfte, in das letzte Kapitel eines komischen Romans zu schauen, um seine Neugier zu befriedigen. Wen kümmert es wirklich, wie Gullivers Reisen enden? Oft „endet" ein komischer Roman überhaupt nicht. Hašeks Roman über den braven Soldaten Schwejk und Manns Roman über die Abenteuer von Felix Krull bleiben ohne Abschluss – was solls?

Kein oder nur ein künstliches Ende zu haben, kennzeichnet den komischen Roman durch und durch. Diderot „beendet" sein Buch „Jacques der Fatalist", angeblich die Erinnerungen von Jacques selbst, mit drei Kapiteln, die er (wieder angeblich) in den Erinnerungen nicht „gefunden" hat und von denen er „glaubt", sie seien nicht authentisch. Cervantes lässt den Don im zweiten Teil von „Don Quijote" plötzlich sterben, um Nachahmer davon abzuhalten, einen gefälschten dritten Teil zu verfassen. Das Ende war zwar nicht künstlich, aber Cervantes hätte es hinauszögern können, wenn er gewollt hätte. Die meisten komischen Romane könnten *ad infinitum* fortgesetzt werden, würde der Autor die Geschichte nicht willkürlich beenden. Es gibt wie immer Ausnahmen. Wenn ein komischer Roman zum Beispiel eine klare Parodie ist, muss der Autor dem Text folgen, den er parodiert, wie im Fall von Thomas Manns „Der Erwählte". Ähnlich verhält es sich bei Verbindungen zwischen komischen und realistischen Genres wie in Henry Fieldings „Tom Jones". Natürlich hätte Fielding mit weiteren Abenteuern Toms in einem neuen Band fortsetzen können, doch am Ende mussten sich Tom und Sophia treffen und ein Paar werden – im Geiste des damals neuen bürgerlichen Romans. Dasselbe kann man über „Liebe in Zeiten der Cholera" sagen, wo Garcia Marquez die sentimentale lateinamerikanische Belletristik humor- und liebevoll parodiert.

Wenden wir uns kurz uns selbst zu, den Lesern. Die Rezipienten des bürgerlichen Romans, gebildet und ungebildet, unterscheiden sich in einer Beziehung: in der Tiefe der Rezeption. Ein wesentlicher Aspekt ist bei allen gleich: Sie alle sind von den Figuren und der Handlung gefangen. Alle lachen und weinen, teilen Sorgen, Ängste und Hoffnungen mit den Helden. Beim komischen Roman (wie auch beim komischen Film) unterscheiden sich naive und gebildete Rezeption wesentlich, auch wenn beide Arten von Lesern sich am Werk freuen. Der naive Leser verfolgt die Abenteuer und amüsiert sich über komische Situationen, während sich dem gebildeten Leser ihre metaphysische Aussage erschließt. Ein komischer Roman kann für ungebildete und gebildete Leser völlig verschiedene Botschaften haben. Alle werden unterhalten, doch für manche ist er vielschichtig, anspruchsvoll und dicht. Zur Interpretation eines komischen Romans muss man Zeichen entschlüsseln, er ist selbst ein intellektuelles Abenteuer, eine philosophische Übung.

Bisher haben wir den komischen Roman aus der Romanperspektive betrachtet, jetzt möchte ich ihn aus der Sicht des Phänomens des Komischen untersuchen. Wie ist der komische Roman möglich?

Um ein komisches Drama zu sehen oder zu lesen, braucht man etwa zwei oder drei Stunden. In dieser begrenzten Zeit entfalten sich zwei oder drei verflochtene Handlungen vor unseren Augen. Die meisten Figuren, oder zumindest einige, sind selbst komisch (zum Beispiel können sie komische Laster verkörpern) und fallen leicht Streichen oder Irrtümern zum Opfer. Die Intrigen um sie herum erzeugen laufend komische Situationen und der Ausgang ihrer

Geschichte wird beruhigend oder „glücklich" sein. In diesen wenigen Stunden werden wir selbst laufend unterhalten. Wir beginnen schon zu lachen, während wir noch auf den nächsten Gag, das nächste Wortspiel oder die nächste komische Begegnung warten. Wir sind bereit für Unterhaltung und Gelächter, und wenn die Komödie etwas taugt, werden wir belohnt.

In der komischen epischen Prosa entstehen durch die Kürze der Gattung keine zusätzlichen Schwierigkeiten. Man denke an einen Witz oder eine komische Anekdote. (Die komische Anekdote unterscheidet sich vom Witz dadurch, dass ihre Figuren nicht nur vertraute Personen sind, sondern auch dadurch, dass die dargestellten Situationen tatsächlich passiert sind oder zumindest passiert sein könnten. Der Zuhörer muss seinen Sinn für Realität nicht aufheben, um die Anekdote zu würdigen.) Der Witz endet – genau wie die komische Novelle oder Anekdote – mit einer Pointe. Dieses Ende macht ihn schließlich komisch und schließt den Witz ab. Der Rezipient (der Zuhörer) achtet gespannt auf jeden Satz, denn er erwartet die Pointe oder das „Ende". Eine solche Erwartungshaltung kann man nur für relativ kurze Zeit aufrechterhalten. Die Spannung muss reduziert, durch erlösendes Lachen aufgehoben werden. (Ich muss hinzufügen, dass das Lachen auch aus anderen Quellen gespeist wird, meist durch erotische Situationen wie bei Boccaccio, aber ich kann hier nicht alle Besonderheiten von Sub-Genres anführen.)

Komische Romane sind jedoch lang, manchmal sehr lang. Es kann einige Tage oder Wochen oder gar Monate dauern, bis man sie ausgelesen hat, abhängig davon, was sonst noch zu tun ist. Ein paar komische Romane wurden auf Raten geschrieben, andere über einen langen Zeitraum hinweg. Manchmal wurde der Autor unterbrochen und konnte erst viel später weiterschreiben (das passierte Dickens, Joyce und Cervantes). Wie kann man die komische Wirkung über so lange Zeit aufrechterhalten? Weder Autor noch Leser können monate- oder jahrelang in Gelächter ausbrechen oder sich auch nur dafür wappnen, unaufhörlich unterhalten zu werden. Außerdem gibt es, wie gesagt, im komischen Roman keine Pointe.

Die Besonderheiten der Struktur komischer Romane haben aller Wahrscheinlichkeit nach mit der Bewältigung dieser enormen Schwierigkeit zu tun. Möglicherweise sind deshalb auch alle komischen Romane strukturell ähnlich (einschließlich der existenzialen Komödie), im Gegensatz zu den großen Unterschieden zwischen den „realistischen" Romanen. Um es kurz zu sagen, jeder komische Roman ist ein Abenteuerroman, eine Art Schelmenroman. Das ist der Grund, warum seine Helden, anders als bei bürgerlichen Romanen, immer Männer sind. Frauen könnten die erzählten Abenteuer gar nicht haben, außer sie wären als Männer verkleidet. Äußere Abenteuer sind (anders als innere) das Vorrecht der Männer. Natürlich sind nicht alle Abenteuerromane komische

Romane (zum Beispiel „Robinson Crusoe"), doch sind, wie gesagt, alle komischen Romane Schelmenromane. Die entfernten Vorfahren komischer Romane sind nicht nur frühere Komödien, sondern auch epische Abenteuergedichte. Autoren komischer Romane beziehen sich häufig auf die „Odyssee" von Homer oder auf „Orlando Furioso" [„Der rasende Roland"], die manchmal auf parodistische Art paraphrasiert werden. Der Held des Abenteuerromans ist immer „unterwegs". Hašek spricht über Schwejks Anabasis [„Aufstieg"]. Reisen folgen in Wellen aufeinander wie bei Gulliver oder in Don Quijotes drei Reisen, Pickwicks drei Reisen oder die beiden Reisen in Gogols „Die toten Seelen". In all dieser Romanen bricht die Hauptfigur zu einem Abenteuer auf, kehrt zurück, bricht wieder auf und kehrt wieder nach Hause zurück. Es gibt kleine Reisen wie die von Huck Finn auf dem Mississippi und große wie die von Candide und seinen Begleitern zwischen Europa und Amerika. Es gibt Abenteuer von „hohen" Persönlichkeiten (Don Quijote, Pickwick) und Durchschnittspersonen (Candide, Krull). Manche Reisen können als Parodien auf „ernsthafte" und modische Reiseberichte gelesen werden (Gullivers). Es gibt auch Bücher, die den irrationalen „Abenteuern" einer entsetzlichen Realität folgen, die ihre Figuren in eine absurd komische Dimension führt, wie Oskar in „Die Blechtrommel". Die Struktur der Romane bleibt annähernd gleich.

Weil komische Romane immer schelmisch sind, könnte man denken, die Entwicklung der Handlung spiele eine größere Rolle als in sozio-politischen Romanen. Doch nichts könnte von der Wahrheit weiter entfernt sein. In einem komischen Roman gibt es keine einheitliche Handlung, höchstens sehr lose, wie in „Die Pickwickier". Man könnte der lose geschnürten Handlung immer ein paar Abenteuer hinzufügen, genauso gut könnte man einige weglassen – es würde keinen wesentlichen Unterschied machen. Der Autor kann eine Geschichte für hundert Seiten ruhen lassen und erst zu ihr zurückkehren, wenn sie beinahe ganz vergessen ist („Tristram Shandy"). Das macht das feine Aroma des komischen Romans aus. Man denke an Diderots „Jacques der Fatalist": Fast gleich am Anfang beginnt Jacques seinem Herrn die große Liebesgeschichte seines Lebens zu erzählen, bis er unterbrochen wird. Später fängt er wieder an, dann wieder und wieder, ohne sie je zu beenden. Erst am Ende erzählt uns der angebliche Herausgeber des Buches die ganze Geschichte, um den Roman abzuschließen. Der komische Romancier erfüllt die grundlegenden Erfordernisse eines guten realistischen Romans nicht. Er führt uns nicht durchgehend vom Anfang bis zum Ende. Er führt uns überhaupt nicht und schon gar nicht in die eine oder andere Richtung. Wollen wir irgendwo anfangen und irgendwohin gelangen, müssen wir uns selbst führen. Diese Selbstführung orientiert uns nicht innerhalb der Handlung, sondern eher in unserer Interpretation. Der komische Autor hält uns in einem Zustand des Aufgeschoben-Seins, statt seine Leser zu führen. Er hält uns nicht nur davon ab, an einem Punkt anzukommen, denn es gibt keinen, sondern auch von einer abschließenden Interpretation. Durch seine Taktik – der Verzögerung, der Wiederholung, des Versteckspielens – wird der komische Roman zu dem, was er ist: eine Enzyklopädie aller komischen Phänomene.

*****

Um meine These zu stützen, dass der komische Roman in und durch Anwendung seiner kreativen Strategie eine Enzyklopädie komischer Phänomene ist, muss ich einige besondere Elemente dieser Strategie ansprechen.

Der komische Roman ist philosophisch. Die Autoren mehrerer komischer Romane waren Philosophen, andere Publizisten oder Verfasser von Streitschriften, andere wieder Kunst- oder Literaturkritiker. Keiner von ihnen war „naiv" oder einfach ein spontanes, instinktives Genie. Sie waren Denker, gewöhnt an Reflexion. Das Ziel ihrer Parodien und Witze war oft Metaphysik, Logik, Ethik, Religion und die Narren, die sie verfechten. Für eine solche Parodie muss man kein Philosoph sein. Doch die Parodie einer Philosophie in einem komischen Roman ist auch philosophisch, die Parodie der Ethik ist ethisch, die Parodie der Logik ist logisch und die Parodie der Religion ist auch religionsphilosophisch. Eine philosophische Parodie zielt auf die Philosophie selbst. Unter den typischen Formen dieses Spiels ist das Infrage-Stellen aller Identitäten (des Prinzips der Identität), das wir in so vielen Komödien erlebt haben, die wichtigste. Vor allem wird die Identität des „Autors" in beinahe allen komischen Romanen auf die Probe und infrage gestellt. Zum ersten Mal taucht „der Tod des Autors" auf. Der Autor tritt neben die Handlung (das geschieht auch im komischen Drama, in der besprochenen Parabase), doch hier stellt er seine eigene Autorenschaft und Wahrhaftigkeit infrage.

Die „Autorenschaft" im Sinne Kierkegaards, also das Auftreten des Autors in Verkleidung oder inkognito, ist ein ziemlich traditioneller Trick in komischen Darstellungen. Wissen wir, wer der Autor wirklich ist? Woher wissen wir, was wir wissen? Wer hat wen autorisiert, diese Dinge zu beschreiben, als ob sie wirklich passiert wären? Jacques besteht zum Beispiel darauf, dass alles „bereits geschrieben" wurde. Als Don Quijote im zweiten Teil – geschrieben von einem „Schwindler" – liest, dass er im Zuge seiner Abenteuer nach Toledo gekommen sei, nimmt er an, dass der Roman lügt, denn er wird nicht nach Toledo reisen.

Der onto-teleologische Antagonismus zwischen einem freien Willen und der Vorsehung folgt wie auch das metaphysische Dilemma zwischen Zufall und Notwendigkeit dem komischen Roman von Cervantes über Joyce und Grass bis hin zu Garcia Marquez. Wer kann irgendein gesichertes Wissen haben über Gott/den Meister? Oder über den Menschen? Oder das Universum? Wir, die

Autoren? Autoren wovon? Doch nicht des Romans oder der Hauptfigur eines Romans? Aber ist der Autor überhaupt jemand oder niemand?

Ein Jemand, der möglicherweise schreibt, teilt uns in „Jacques der Fatalist" mit, es sei offensichtlich, dass er diesen Roman nicht schreibe, denn er mache nicht, was alle Romanciers machten. Trotzdem seien jene, die behaupten, dass das, was er schreibe, wahr sei, vielleicht weniger im Irrtum als jene, die alles, was er schreibe, als Märchen verstünden. Solche Angaben haben die Leser Diderots, die sich in Philosophie auskannten, zweifellos amüsiert, weil sie den Anspruch von Philosophen und anderen Autoren auf Allwissenheit nachäffen. Nicht nur die Identität des Autors ist problematisch, sondern auch die seiner Hauptfiguren. Die Helden des komischen Romans sind nebensächlich, die meisten leiden unter Identitätsverwirrung, sie wissen nicht, wer sie sind, verwechseln ihre Identität oder behaupten einfach, jemand anderer zu sein. Die Vermutung liegt nahe, dass die ersten spanischen Schelmenromane aus den Marrano-Erfahrungen entstanden sind, dem Milieu der zwangsgetauften iberischen Juden. Immerhin betont Sancho Panza immer wieder, er sei ein Altchrist, und es ist bekannt, dass getaufte Muslime und Juden als Neuchristen bezeichnet wurden. Der angebliche Autor von Cervantes' Buch wird auch verdächtigt, ein Neuchrist zu sein. Die Wurzel der Identitätsverwirrung und die Umstände der Nebensächlichkeit der Hauptfiguren mögen in jedem einzelnen komischen Roman einzigartig sein, doch die Verwirrung selbst ist allgegenwärtig. Die Helden von Rabelais sind Riesen, Gulliver ist mal ein Riese, mal ein Zwerg. Oskar (in „Die Blechtrommel") ist ein Zwerg, der bucklig wird, als er ein wenig zu wachsen beginnt. Pangloss (in „Candide") ist ein weltfremder Metaphysiker. Jacques' Herr ist ein Niemand und ein Jemand – vielleicht Gott selbst. Tom Jones glaubt, er sei ein Findelkind, Bloom (in „Ulysses") ist ein getaufter Jude. Die Mitglieder des Pickwick-Clubs sind Exzentriker. Huckelberry Finn ist ein Vagabund, Gregorius (in „Der Erwählte" von Thomas Mann) steht aufgrund seiner ordnungswidrigen Zeugung, wie er selbst sagt, außerhalb des Menschengeschlechts.

Auf die eine oder andere Art lebt eine der Hauptfiguren eines komischen Romans immer in einer anderen Welt. Er weilt nicht in einer pragmatischen Welt, sondern in einem Traum, einer Illusion, in seinem eigenen Phantasma, seiner Phantasmagorie. Einer der wichtigsten Aspekte der Darstellung in einem komischen Roman – das Element des Absurden – ist eng und tief mit seiner Struktur verbunden. Die Schilderung der Identitätsverwirrung im komischen Roman ist immer ein wichtiger gemeinsamer Nenner aller komischen Phänomene. Im komischen Drama wird das Identitätsproblem bekanntlich im glücklichen Ausgang „gelöst". Nicht so im komischen Roman, der, wie schon gesagt, eine (gewissermaßen) unendliche Geschichte ist.

Die schwebende Realität, der Wahrheitsanspruch über die Autorenschaft einerseits und die ungewisse Identität der Helden komischer Romane andererseits sind strukturell verflochten. Das ist das Charakteristikum des komischen Romans. Weil die Autorenschaft unsicher ist, wissen wir im Allgemeinen nicht, wer spricht und wer nur als Sprachrohr dient. Der Übergang zwischen dem Möglichen und dem Unmöglichen ist fließend, wie auch viele andere Aspekte. Es gibt keinen allwissenden Autor, daher gibt es auch keine Realität und auch keine über alle Zweifel erhabene Wahrheit. Im komischen Roman kann es keine endgültige Lösung geben. Paradoxe, Spiele, Puzzles und Mysterien füllen seine Seiten und müssen nicht zur Gänze aufgeklärt werden.

Ich möchte dies an einem Beispiel veranschaulichen: an „Don Quijote". Borges bevorzugte den zweiten Teil, weil der Don darin das über ihn geschriebene Buch liest und kommentiert und den Gesprächen seiner Nachbarn im Gasthaus lauscht, die über seine Abenteuer aus der nicht autorisierten Version seiner Lebensgeschichte reden. In der Einleitung zum ersten Teil tritt der Autor aus eigenem Recht vor uns, auch wenn er über sich selbst, seine Leser (und auch über Aristoteles) mit viel Ironie spricht. „Müßiger Leser! Ohne Eidschwur kannst du mir glauben, daß ich wünschte, dieses Buch, als der Sohn meines Geistes, wäre das schönste, stattlichste und geistreichste, das sich erdenken ließe. Allein ich konnte nicht wider das Gesetz der Natur aufkommen, in der ein jedes Ding seinesgleichen erzeugt." [Übersetzt von Ludwig Braunfels.] Im ersten Kapitel verspricht er (der Autor) gleich, dass in der „Erzählung nicht um einen Punkt von der Wahrheit abgewichen wird". Doch wie wir am Ende des 8. Kapitels lesen: „Es ist jammerschade, daß gerade bei dieser Stelle und Sachlage der Verfasser unserer Geschichte den Kampf in der Schwebe läßt, indem er sich damit entschuldigt, er habe von den Heldentaten Don Quijotes nicht mehr geschrieben gefunden … ." Dieser Bemerkung nach ist es nicht das „Ich", das die Geschichte geschrieben hat, sondern jemand anders, und auch dieser andere hat sie nicht erfunden, sondern stützt sich auf die Aufzeichnungen wieder eines anderen, die er nicht durch Erfindungen ergänzen kann. Im 9. Kapitel des ersten Teils begegnen wir dem Autor des Romans oder vielmehr dem, der die Geschichte aufgezeichnet hat: Sidi Hamét Benengelí. Später erfahren wir, dass er ein katholischer Araber ist, also ein Neuchrist, der mit seinem Identitätsproblem kämpft. Wir hören auch, dass der Autor des Buches in Wirklichkeit nicht der Autor ist, sondern nur der Übersetzer, der die Erzählung vom Arabischen ins Spanische übertragen und schreckliche Schwierigkeiten hat, die richtigen Worte zu finden. Sidi Hamét Benengelí *wird* auch als genauer und umsichtiger Erzähler beschrieben (von wem? vielleicht Cervantes?), und im 22. Kapitel des ersten Teils macht ein Autor (aber wer?) die folgende Bemerkung: „Es erzählt Sidi Hamét Benengelí, der arabische Autor aus der Mancha, in dieser sehr bedeutsamen, hochtönenden und höchst bescheidenen, lieblichen und wundersamen Geschichte … ." Aber wie, fragen wir mit einiger Berechtigung, kann ein arabischer Autor aus der kastilischen Landschaft von La Mancha berichten? Und dann beginnt das 28. Kapitel so: „Beseligt und hochbeglückt waren die Zeiten, wo der kühnste aller Ritter, Don Quijote von der Mancha, auf die Erde gesendet ward. Denn weil er den so ehrenhaften Entschluß hegte, den bereits verlorengegangenen und schier erstorbenen Orden der fahrenden Ritterschaft neu zum Leben zu erwecken und der Welt wiederzugeben, so genießen wir jetzt in unserm Zeitalter, das ergötzlicher Unterhaltung so sehr ermangelt, nicht nur die Lieblichkeit seiner wahrhaften Geschichte, sondern zugleich auch die in diese eingestreuten Erzählungen und Nebengeschichten, die zum Teil nicht minder anmutig und wahrhaftig sind wie die Geschichte selbst." Wer hat wen und was erfunden? Was ist wahr und was Fiktion? Wer hat was geschrieben? Alles steht infrage. Und das ist der Spaß an dem Werk. Denn das Spiel, der Witz und das Puzzle sind Quellen der Heiterkeit und ebenso philosophischer Grübelei.

Im 5. Kapitel des zweiten Teils erfahren wir vom „Übersetzer" des Buches, das er das Kapitel nicht für authentisch hält. Aber was macht ein Kapitel denn authentisch? Dass die Dinge, die erzählt werden, tatsächlich passiert sind? Oder liegt die Authentizität dort, wo eine „ursprüngliche" Fälschung oder Fiktion erzählt wird? Das 24. Kapitel des zweiten Teils wird von jemandem (wem?) mit folgenden Bemerkungen eingeleitet: „Der Schriftsteller, der diese große Geschichte aus dem Urtext ihres Verfassers Sidi Hamét Benengelí übersetzt hat, sagt, als er an das Kapitel vom Abenteuer in der Höhle des Montesinos gekommen sei, hätten sich an dessen Rande, von Haméts eigner Hand geschrieben, diese Worte gefunden … ." Die Geschichte, die wir lesen, ist also auch nicht die Version unseres Übersetzers, denn er zitiert einen früheren Übersetzer, der Randbemerkungen des Autors gelesen habe. Im 59. Kapitel hört Don Quijote ein Gespräch aus dem Nebenzimmer: „Ich bitte Euch um alles, Señor Don Gerónimo, bis man uns das Essen bringt, wollen wir noch ein Kapitel im zweiten Teil des Don Quijote von der Mancha lesen." Wir wissen also, dieser zweite Teil des mutmaßlichen Romans, der eine Rolle im zweiten Teil des Romans spielt, ist nicht der wirkliche zweite Teil, sondern der gefälschte zweite Teil. Im 61. Kapitel des zweiten Teils lesen wir: „Don Quijote und Sancho stiegen wieder auf, und unter denselben Jubelrufen und Klängen der Musik gelangten sie zum Hause ihres Führers, dem man an seiner Größe und Schönheit ansah, daß es einem reichen Edelmann gehörte. Hier wollen wir ihn für jetzt lassen, da Sidi Hamét es so will." Sollten wir also Don Quijote danken für die Geschichte, oder Sidi Hamét Benengelí, oder, falls Benengelí nicht mit dem Übersetzer identisch ist, wem dann? Wem verdankt Don Quijote sein großartiges Leben? Sich selbst, dem Übersetzer, dem Chronisten, dem Autor, wenn es überhaupt einen Autor gibt? In fast allen komischen Romanen begegnet man ähnlich verwirrenden, wenn nicht ebenso ausgeklügelten Spielen. In „Die Blechtrommel" heißt es zum Beispiel im Kapitel „Er liegt auf Saspe": „Ich möchte jedoch bei der Wahrheit bleiben, Oskars Feder in den Rücken fallen und hier berichtigen ..." [München 2011] Oskar und der Autor sind höchstwahrscheinlich identisch. Doch wer kann da sicher sein? In „Die Pickwickier" schreibt Dickens, er habe die Taktik seines Versteckspiels direkt von Cervantes übernommen.

Ganz am Ende seines Romans legt Cervantes, der Autor, Mittelsmann und Übersetzer schließlich seine Karten auf den Tisch. Er tritt vor uns und sagt: „Für mich allein ist Don Quijote geboren und ich für ihn; er wußte Taten zu vollbringen und ich sie zu schreiben; wir beide allein sind bestimmt, zusammen ein Ganzes zu bilden ..." Stolze Worte und bescheiden, wie es einem Schöpfer geziemt. Wir hören darin, dass es immer der Künstler und Demiurg ist, der schreibt.

In seinem Palimpsest „Vida de Don Quijote y Sancho" [„Das Leben von Don Quijote und Sancho"] behauptet Miguel de Unamuno unter anderem, es sei wirklich jemand anders gewesen, der „Don Quijote" mit der Hand von Cervantes geschrieben habe. Denn mit Ausnahme dieses absoluten Meisterwerks seien alle anderen Bücher von Cervantes nur mittelmäßig, wie nicht von derselben Person geschrieben. Man kann natürlich von göttlicher Eingebung sprechen oder von Engeln, die diesen Text diktiert hätten, und in diesem Sinn enthüllt Cervantes' Spiel mit Sidi Hamét Benengelí die Wahrheit. Doch das ist zu einfach und zu prosaisch. Schlimmer noch, Unamuno würde dem Roman seine überragende Größe nehmen: die glänzende Ironie, den Humor, der Schönheit, Erhabenheit, Komik und alle die Spiele vereint. Cervantes hat gesagt, er habe Don Quijote erfunden und Don Quijote ihn, und das ist wahr. Gemeinsam hoben sie den komischen Roman auf die Ebene hoher, edler Kunst. Dieser Roman ist nicht bloß eine Schelmengeschichte unter vielen. Er ist Schicksal und Bestimmung, endgültig und unwiederholbar, unnachahmlich und doch ein Modell für viele, die nach ihm kamen. In diesem Sinn ist er ein modernes Werk.

✳✳✳✳✳

Nach diesem langen Umweg wird es Zeit, zu unserer unbeantworteten Frage zurückzukehren: Wie kann ein Romancier Humor, Spaß, Unterhaltung, Heiterkeit und Frohsinn in einem langen oder sehr langen Buch aufrechterhalten? Das ironische oder selbstironische Spiel von Maskierung und Demaskierung ist nur ein Trick unter vielen, allerdings philosophisch wichtig.

Eine der weiter oben gestellten Fragen weist auf ein anderes strukturelles Element des komischen Romans hin. Der Autor oder Übersetzer flicht, wie mehrere unserer Zitate zeigen, einige kleinere Nebengeschichten in den Haupttext ein. Kleinere Geschichten, Witze oder Anekdoten sind tatsächlich in jeden komischen Roman eingebunden, in einigen gibt es viele, in anderen nur wenige.

Der brave Soldat Schwejk führt seine zahlreichen komischen Anekdoten mit einer Vorbemerkung ein wie „In X kannte ich einmal eine Person namens Y" – und schließt eine extrem komische Geschichte an. Obwohl Hašeks Buch aus einer Reihe von Schwejks Abenteuern im Ersten Weltkrieg besteht, wäre das Buch ohne diese eingeschobenen Geschichten nicht, was es ist. Doch die eingebauten komischen Novellen, Kurzgeschichten, Anekdoten, Komödien und Witze verwandeln einen komischen Roman nicht in eine Sammlung komischer Novellen oder Anekdoten. Manchmal wird auch das Gegenteil behauptet. Kundera meint, das „Decamerone" sollte eher als Roman gelesen werden, der aus Novellen besteht. Ich bin nicht dieser Ansicht, aus strukturellen wie inhaltlichen Gründen. Ohne Hauptfiguren, deren äußere Abenteuer im Zentrum des Romans stehen, gibt es keinen komischen Roman, auch wenn komische Geschichten, Witze und Kurzgeschichten den Fluss der Abenteuer häufig unterbrechen. Die philosophische und manchmal metaphysische Botschaft komischer Romane ist nicht in den eingefügten Novellen konzentriert, sondern in den Abenteuern der Hauptfiguren.

Trotzdem gibt es keinen komischen Roman ohne eingefügte komische Geschichten. Einige willkürliche Beispiele: Man denke an die Geschichte des Ziegenhirten in „Don Quijote" (12. Kapitel), die Shakespeare für „Wie es euch gefällt" genützt hat, oder die Geschichte des Lumpenritters (24. Kapitel) oder von Prinzessin Míkomikona (36. und 37. Kapitel) oder vor allem die Geschichte des närrischen, seltsamen Mannes nach der Feder von Boccacio, auf die der Autor im zweiten Teil des Romans zurückgreift. Oder man denke an die komische und absurde Geschichte des Meereshelden in Joyces „Ulysses" oder die Geschichte des alten Mannes in „Candide" oder die Geschichte der Narben („Herbert Truczinskis Rücken") in „Die Blechtrommel". Wir lachen fröhlich oder bitter über die eingefügten Geschichten, und auch das ist ein Weg, wie ein Autor eine helle oder dunkle, aber immer komische Stimmungslage aufrechterhalten kann.

Nicht nur komische Geschichten oder Novellen können in komische Romane eingebaut werden, sondern auch komische dramatische Szenen und Witze. Anders als eingefügte komische Geschichten, die oft keinen Bezug zu den Hauptabenteuern haben, kommentieren Witze direkt Ereignisse oder Figuren der Handlung. Oft begegnen wir auch lyrischen Einschüben, und sie sind ebenfalls meist Parodien oder haben zumindest parodistischen Charakter. In einem komischen Roman treffen uns also verschiedene komische Effekte in Wellen und wir werden laufend unterhalten. Doch die Hauptquellen des Vergnügens bleiben die Abenteuer der Hauptfiguren, ob nun diese Abenteuer durch den Geist unterstützender Erzählungen ergänzt werden oder nicht.

✳✳✳✳✳

Komische Romane spielen mit allen Arten des Komischen, auch in ihren „Hauptgeschichten", wie immer auch die ergänzenden Elemente aufgebaut sind. In der zentralen Handlung eines komischen Romans findet man Satire sowohl ironischer als auch hämischer Art, freundlichen wie sarkastischen Humor, Spott, Scherze, das Absurde, das Burleske, Parodien, Karikaturen, Wortspiele und so weiter. Es gibt auch komische Laster, meist dieselben wie im komischen Drama. Sowohl Intrigen als auch zufällige Begegnungen spielen eine Rolle. Zum Beispiel ist die Wechselhaftigkeit bei „Tom Jones" fast zur Gänze das Ergebnis von Intrigen und zufälligen Begegnungen. Nur begrenzt hier anders als beim komischen Drama kein zeitliches Element die Zahl der sich ergebenden Abenteuer.

Gérard Genette trennt in seinem Buch „Palimpseste" (1982) die Parodie von der Travestie und unterscheidet auch verschiedene Arten von Parodien, wie etwa die minimale Parodie oder die satirische Parodie, von der Persiflage. Was die komische Einstellung betrifft, ist die wohl wichtigste seiner Empfehlungen zu einer Theorie des Humors der Gegensatz zwischen der spielerischen und der polemischen Einstellung und ihre weitere Aufteilung in ironische und satirische, humoristische und ernste Einstellungen. Alle diese Typen, Einstellungen und komischen Ausformungen finden sich in allen komischen Romanen, auch das „ernste" Element. Doch die grundlegende Einstellung oder emotionale Färbung des komischen Romans kann sehr unterschiedlich sein.

Komische Hauptfiguren können auf sehr verschiedene Art komisch sein. Doch immer sind sie stilisiert – nicht nur im Vergleich zu realistischen Helden des sozio-historischen Romans, sondern auch im Vergleich zu den besten komischen Dramen. Die Stilisierung der Figuren hat keine Simplifizierung zur Folge, sie hängt mit einer bereits erwähnten Tatsache zusammen, nämlich dass sie sich innerhalb des Romans nicht ändern. Aus diesem Grund eignen sie sich so gut zur Veranschaulichung. Wenn wir Namen wie Sancho Panza, Pangloss, Pickwick oder Schwejk hören, sehen wir sie schon vor uns. An einer Stelle beginnt Fielding, Miss Bridget zu beschreiben, doch er bricht ab und bezieht sich lieber auf eine Dame, die William Hogarth in einem seiner Drucke porträtiert hat. Wer sich Hogarths „Winter Travel" anschaut, wird Miss Bridget sofort erkennen, schreibt Fielding.

Komische Figuren sind also stilisiert, aber nicht simplifiziert. Wenn sie komplex sind, dann ergibt sich ihre Komplexität aus ihrer Philosophie oder ihrer philosophischen Bedeutung. Es ist ihre Philosophie, ihre Logik, die Logik ihrer Träume (einschließlich Phantasmagorien und Illusionen), die ihnen Komplexität verleiht. Aus den besten komischen Romanen kann man deshalb auch keine „Lehre" oder „Moral" ziehen. Enthalten sie dennoch eine Lehre oder Moral – wie etwa „Candide" –, handelt es sich um eine Verbindung von komischem Roman und Märchen: Der Roman hat ein Happy End, wie eine Komödie sie haben muss, und dieses Ende verdeutlicht die Moral der Geschichte, wie Märchen sie haben müssen.

Wie im komischen Drama kann auch ein komischer Roman „hohe" und „niedrige" komische Figuren haben. Das Gute und Edle kann auch eine komische Figur abgeben. Don Quijote ist der bedeutendste Fall von „hoher Komik", nicht weil er ein Hidalgo – ein Angehöriger des niedrigen Adels – ist, sondern weil seine Träume, Visionen und Phantasmagorien galant, würdevoll und aristokratisch sind. Auf dieselbe Art sind auch die Figuren von „Tom Jones" und „Pickwick" edel: weil ihre Träume edel sind. Huckleberry Finn und auf geringere Weise auch Tom Sawyer leben in einer Traumwelt. Durch die Magie ihrer Einbildungskraft verwandeln sie die prosaische Welt in eine Traumwelt. (Solche Romane sind weniger radikal, weil die Helden Kinder sind und Kinder öfter in einer magischen Märchenwelt leben.) Ein anderer berühmter Roman, in dem die Heldin in eine Traumwelt gerät, ist natürlich „Alice im Wunderland". Unnötig zu sagen, dass es dort nicht weniger politische Anspielungen gibt als in irgendeinem anderen typischen komischen Roman. Das Buch wurde ausdrücklich für ein kleines Mädchen geschrieben und wurde zum Liebling der Erwachsenen, die es aus einer philosophischeren Perspektive würdigen konnten. Doch die edlen, guten oder charmanten Leute im Zentrum dieser Romane werden nicht einfach dadurch komisch, dass sie zufällig in komische Situationen geraten, sondern dass sie komische Charaktereigenschaften haben, die sie dafür prädestinieren, in komische Situationen hineinzustolpern und sich dann so zu verhalten, wie sie es tun.

Die „Paarung" komischer Figuren ist in komischen Romanen eine verbreitete Praxis, ähnlich wie im komischen Drama. Die Verbindung Herr–Diener kommt auch hier oft vor, wobei ebenfalls oft der Diener eine ebenso wichtige komische Rolle spielt wie der Herr, oder sogar noch komischer – auch wenn Diener und Herr auf verschiedene Weise komisch sind. Eine solche Rolle spielt Patrick neben Tom Jones oder Sam Weller neben Pickwick. Es überrascht vielleicht nicht, dass diese Art des Verdoppelns von Figuren auch in frühen Detektivgeschichten üblich ist, manchmal auch in späteren, denn auch das sind Abenteuergeschichten, die immer in der Gegenwart spielen. In manchen Varianten des komischen Romans gibt es auch unabhängige komische Figuren, die auf irgendeine Weise verbunden sind (siehe Candide und Pangloss), in anderen spielt der „Diener" der Paarung die Hauptrolle (Schwejk und Lukas).

Die komische Darstellung einer adligen Person ist selbst eine komplizierte und schwierige Aufgabe. Man kann nicht sagen, dass Don Quijote recht hat oder nicht, dass er weise sei oder ein Dummkopf, dass er ein Visionär sei oder blind. Don Quijote ist all das zugleich. Ähnliches kann man von dem Diener sagen, der auf kritische Weise loyal zu seinem Herrn steht, auch wenn sein komischer Charakter anders ist als der des Don. Man findet diesen Unterschied in der Ungleichheit seiner Träume und Phantasmagorien. Sancho Panza weiß, dass der Gasthof kein Schloss ist, doch er glaubt an Geister und fürchtet sich vor ihnen. Manchmal sind die Phantasmagorien der Diener gegenläufig zu denen ihrer Herren. Sie nehmen nicht die Realität als Dichtung, sondern sie verstehen die Dichtung als Realität. Der größte Unterschied zwischen Herr und Diener ist jedoch der Unterschied der Sprache. Sprachlicher Humor spielt in komischen Romanen eine ebenso große Rolle wie in komischen Dramen. Logisch falsche Sätze und der irrtümliche Gebrauch von Wörtern sind immer eine Quelle großer Heiterkeit. Sancho Panza flicht bekanntlich ständig populäre Sprichwörter in seine Rede ein, doch immer unrichtig und unpassend. Don Quijote amüsiert das, und uns auch.

Wir sind bereit, offen über eine närrische, niederträchtige oder rachsüchtige Person zu lachen, wenn sie scheitert. Der komische Roman ist allerdings nicht so eifrig auf ausgleichende Gerechtigkeit bedacht wie das komische Drama. Manchmal scheitert eine boshafte Person, ein andermal scheidet er oder sie einfach aus dem Roman aus, und manchmal ändert sich die Figur, wie Jingle in „Die Pickwickier". Doch das hängt nie davon ab, wie sehr diese Figur komisch oder lächerlich dargestellt wird. Unser Lachen ist auch kritisch, wir sollten schließlich nicht vergessen, dass Lachen auch ein Akt des Urteilens ist. Wir lachen auf verschiedene Weise über die niederträchtige und die närrische, die rachsüchtige und die boshafte, über die egoistische und die eitle, aber nicht bösartige Person.

Doch im komischen Roman ist der Dämon oder das Dämonische anders als im komischen Drama fehl am Platz. Ich würde sagen, der komische Roman hat als Genre seine eigene „Anthropologie". Diese Anthropologie hat eine Familienähnlichkeit mit kantianischer Anthropologie. Im komischen Roman sind gute und edle Menschen selten, aber es gibt sie. Die meisten Leute sind aber egoistisch, geldgierig, machtgierig, eitel, neidisch, feige und süchtig nach Intrigen. Und doch gibt es unter ihnen niemanden, der ziellos böse ist, einfach nur wegen des Spiels. Nicht einmal Blifil („Tom Jones") wird von seinen Interessen geleitet. Die Helden der komischen Romane sind mit Männern und Frauen konfrontiert, die in allen ihren Taten und Handlungen von ihrem eigenen „liebsten Ego" geleitet und geprägt sind – Menschen, die sich nicht für andere interessieren, außer sie haben davon einen Vorteil. Der komische Roman handelt davon, dass wir es schaffen müssen, mit dieser Art von Menschen zu leben, und dass etwas von ihnen auch in unseren innersten Seelen versteckt ist. Diese „Anthropologie" bietet allerdings weder eine „Moral" noch eine „Lehre".

✳✳✳✳✳

Im Zusammenhang mit Gérard Genettes „Palimpseste" habe ich die grundlegende Atmosphäre, Stimmungslage und Färbung komischer Romane erwähnt.

Die fundamentale Stimmung eines komischen Romans hängt vor allem von der Art ab, in der sein Autor das allgemeine „Menschenbild" behandelt: ob er über verbreitete menschliche Laster lächelt oder murrt und welche Position zwischen Philanthropie und Misanthropie er einnimmt. Die Haltung des Autors bestimmt, ob die Grundstimmung spielerisch oder polemisch sein wird, ironisch polemisch oder satirisch polemisch, sarkastisch, humorvoll, verspielt humorvoll und so weiter. Nehmen wir zwei Figuren aus Molières „Der Menschenfeind": Alceste und Philinte. Man kann die Welt mit den Augen des einen oder des anderen sehen, und die Welt, die mit von solchen Augen gesehenen Menschen bevölkert ist, wird auf sehr verschiedene Art lächerlich aussehen. Zwei Blicke, zwei Wörter. Gulliver oder Don Quijote, Jonathan Wild oder Tom Jones. Nicht das „Menschenbild" macht den Unterschied, sondern das Urteil über den Menschen. Und dieser Unterschied im Urteil ist Bestandteil der Grundstimmung des Werkes. Ich beschreibe hier nur die grundlegende Färbung oder Stimmungslage eines komischen Romans. Doch ich bleibe dabei, dass der komische Roman eine Enzyklopädie aller komischen Phänomene ist, welche Grundstimmung er auch immer aufweist. Ich möchte weiterhin die Behauptung verteidigen, dass alle komischen Romane diese enzyklopädische Rolle spielen, und dass alle gut geschriebenen und strukturierten komischen Romane diese Rolle im selben Ausmaß spielen. Swift ist beißend satirisch und polemisch, doch Gulliver ist immer noch voller humoriger Szenen, Wortspiele und ironischer Darstellungen.

Die Anthropologie des komischen Romans ist nicht „existenzial", denn Egoismus, Eitelkeit und Habgier werden lächerlich in ihrer Kleinlichkeit und Irrationalität. Auch wenn nicht alle komischen Romane dasselbe Maß an Rationalität haben, kann man sie alle an einem Maßstab der Rationalität messen. Es gibt diese Messlatte für den komischen Roman tatsächlich. Figuren des komischen Romans drängen uns, sanft aber bestimmt, in eine Position, in der wir aus der Sicht einer höheren Vernunft lachen können. Die „existenziale" Komödie hat keinerlei rationale Messlatte, und das Lachen wird auf diese Weise unheimlich – denn wir verstehen nicht, worüber wir lachen oder aus welcher Perspektive. Der komische Roman bringt uns zum Lachen über Kleinlichkeit, Selbstsucht, Feigheit, Dummheit, Leichtgläubigkeit, Schmeichelei und so weiter, und er ermöglicht uns, diese Laster mit einer Art „Messlatte der Rationalität" zu messen. Doch ist der komische Roman, behaupte ich, deshalb noch nicht „existenzial", denn wir werden nicht direkt mit der Conditio humana als solcher konfrontiert. Womit werden wir dann konfrontiert? Was wird überhaupt dargestellt, wenn nicht die Conditio humana in ihrer Gesamtheit? Die Antwort ist einfach: Wir werden konfrontiert mit menschlichen Beziehungen und vor allem mit der „bürgerlichen" modernen Welt. Der komische Roman präsentiert uns eine Welt, die anstelle der „Tradition" eine Messlatte der Vernunft geschmiedet hat, die jedoch den Idealen ihres selbstgeschaffenen Maßstabes nicht gerecht wird. Das ist der gemeinsame Nenner zwischen dem komischen Drama seit der Renaissance und dem komischen Roman.

Kommen wir zurück auf den Gegensatz zwischen dem sozio-politischen (realistischen) Roman und dem komischen Roman. Ich habe schon gesagt, dass der realistische Roman seine Gestalt mehrfach verändert hat, während der komische Roman im Allgemeinen gleich geblieben ist. Im realistischen Roman fließen sich laufend verändernde historische Ereignisse in die Charaktere der Helden ein, während Autor und stilisierte Figuren des komischen Romans sich immer und direkt auf ihre „Gegenwart" beziehen. Komische Romane weisen auf konkrete Institutionen hin und machen sich über sie lustig – etwa das Parlament oder Regierungsbehörden, Wahlen, Gerichtshöfe, das Erziehungswesen, politische Parteien, Akademien der Wissenschaft oder Schulen, literarische Salons, Literatur und Philosophie, Richter, Minister, elegante Damen und Snobs, Höfe, Könige, Kaiser, Krieg und Frieden. Kurz, sie machen sich lustig über den „Zustand der modernen Welt". Manche dieser „Themen" finden sich auch im komischen Drama und in anderen mit der bürgerlichen Welt entstandenen Genres wie etwa der „Beggar's Opera".

Der komische Roman interessiert sich nicht für die Genese der modernen Welt, eines der Hauptanliegen sozio-historischer Romane. Er interessiert sich ausschließlich für die immer gegenwärtige Gegenwart. Er dient als repräsentativer Zerrspiegel der absoluten Gegenwart – mit nahezu unendlichen Möglichkeiten. Der komische Roman hat genug Zeit und Raum, um alle kritischen Leidenschaften, ironischen Neigungen und sarkastischen Instinkte florieren zu lassen, die er bereithält. Er muss nicht die echte Mafia in Szene setzen, um einen guten Eindruck von ähnlichen Machenschaften der sozialen Mafia zu vermitteln. Dies bleibt eine herausragende Eigenschaft des komischen Romans von Anfang bis Ende. Man denke zum Beispiel an die Parodie nationalistischer irischer Politik in Dublin von Joyce. Kein Wunder, dass sich komische Romane laufend aufeinander und auf echte Vorläufer beziehen. Fielding schreibt, Tom Jones habe die Flanke des Feindes in die Flucht geschlagen, so wie es Don Quijote oder jeder andere fahrende Ritter getan hätte, bevor er zu Molly zurückkehrte.

Die beiden zentralen Themen von Witzen – wie sie im sechsten Kapitel erörtert werden – sind Politik und Sex. Es mag erwähnenswert sein, dass Sex in komischen Romanen keine besondere Rolle spielt, jedenfalls nicht mehr als andere „Ausscheidungsprozesse". Selbst wenn Sex in den Blick rückt, wird der Akt selbst völlig stilisiert. Politik hingegen spielt eine bedeutende Rolle, viel größer als in realistischen Romanen. Wegen ihrer sexuellen oder gar erotischen Indifferenz waren einige komische Romane schon früh bei Kindern beliebt („Don Quijote", „Gullivers Reisen", gar nicht zu reden von „Die Abenteuer des Huckleberry Finn", die man für ein Kinderbuch hielt). Kindliche Leser haben nur zu einer Schicht eines Romans Zugang – und weniger zu den tieferen Schichten komischer Romane mit philosophischen Botschaften als zu den tieferen Schichten realistischer Romane. Im Gegensatz zum komischen Roman ist die komische Novelle oft erotisch und selten politisch. Sogar die in komische Romane eingefügten Novellen sind selten erotisch. Natürlich gibt es auch Gegenströmungen, wie etwa Diderots Roman „Die geschwätzigen Kleinode" belegt, aber für mich ist dieses Werk eher eine Sammlung von lose verbundenen Novellen als ein richtiger komischer Roman.

Kehren wir ein letztes Mal zur Grundstimmung komischer Romane zurück. Ich habe oben die Position oder die Sichtweise der Alceste gegen die von Philinte gestellt und behauptet, dass die Welt, die jede von ihnen sieht, nicht dieselbe Welt sein kann. Ich muss hier klarstellen, dass es auch dann nicht dieselbe Welt ist, wenn jede einen zerbrochenen Zerrspiegel desselben Augenblicks präsentiert. Würden wir Swifts England und Fieldings England (in „Tom Jones") in nüchterner soziologischer Sprache beschreiben, würde sich herausstellen, dass beide über dasselbe England schreiben. Ich beziehe mich hier nur auf „Tom Jones" und nicht auf Fieldings Werke im Allgemeinen. Denn Fielding hat eine Parodie geschrieben („Shamela", eine Parodie über Richardsons „Pamela"), einen satirischen Roman („Jonathan Wild") und einen komischen Roman, der unserem zeitgenössischen Genre nahekommt („Joseph Andrews") – doch sein wirkliches komisches Meisterstück ist „Tom Jones". Ich sage das nicht nur, weil dieser besondere Roman meinem Geschmack entspricht, sondern weil Fielding dort selbst den Unterschied zwischen den beiden „Sichtweisen" im komischen Roman auf theoretischer Ebene erörtert, und das nicht nur einmal. Zum Beispiel gibt er in der Einleitung zum sechsten Kapitel seiner Hoffnung Ausdruck, dass seine Leser nicht zu jener abstrusen Sekte gehören, die von Mr. Swift mit großem Respekt erwähnt wird, Menschen, die die Welt mit der Idee in Schrecken versetzt haben, dass Dinge wie Tugend und Güte in der menschlichen Natur überhaupt nicht vorkommen. Er fügt hinzu, dass wahrheitsliebende Weise ihn an Goldgräber erinnern, die an schmutzigen Orten nach Gold suchen. Diese Wahrheitssucher suchten ihr Gold am schmutzigsten aller Orte, nämlich in der verdorbenen Seele. Fielding wusste, dass Moralisten üblicherweise auch Misanthropen sind.

Wie erwähnt, ist Swifts Roman auch reich an humorvollen Szenen, besonders wenn Gulliver seine ersten Reisen nach Liliput beschreibt. Hier nimmt er Anregungen aus der schon reichen Tradition der komischen Romane auf, vor allem von Rabelais, arbeitet mit der Verzerrung körperlicher Proportionen und damit des Status'. Wir lachen, wenn Gulliver (im Land der Zwerge) ein Feuer löscht, indem er darauf uriniert, ebenso lachen wir, wenn er (im Land der Riesen) ohne

Erfolg versucht, über Pferdeäpfel zu springen, und dabei tief darin versinkt. Auch auf der Insel Laputa, wo Swift sich über Philosophen und Wissenschaftler lustig macht, können wir uns dem Lachen anschließen. Doch je weiter wir im Buch vorankommen, desto gehässiger wird die satirische Darstellung. Nach dem Humoristen Swift tritt mehr und mehr der bittere Hass des Autors von Streitschriften in den Vordergrund. Das Lachen erstirbt, sobald der Hass des Autors sich nicht länger auf Institutionen richtet, sondern auf menschliche Wesen selbst. Seine Wörter und Sätze verbreiten eine säkularisierte Version des Dogmas von der Erbsünde. Hier steht der Mensch tiefer als alle tierischen Wesen.

Als Gulliver zum letzten Mal nach Hause zurückkehrt und ihn seine Frau und seine Kinder mit großer Freude begrüßen, gibt er offen zu, dass ihn der Anblick seiner Familie mit nichts als Ekel, Hass und Verachtung erfüllt. Als ihn seine Frau küsst, wird er ohnmächtig und bleibt eine Stunde lang bewusstlos liegen, nur wegen der Berührung durch dieses abstoßende Tier. Aber ist das für den Leser wahr? Kann Gulliver/Swift uns mit seinem Ekel anstecken? Oder lachen wir nicht eher bei der Lektüre des Berichts vom armen Gulliver, dem Mann, der bei der Umarmung durch seine liebende Frau vor Ekel ohnmächtig wird? Wir erleben hier erneut, dass der komische Roman viele Geheimnisse birgt. Fielding sieht Swift, den satirischen und polemischen Schriftsteller, als angewiderten Misanthropen. Doch können wir die polemischen Sätze seines Helden und Sprachrohrs Gulliver ohne Ironie lesen? Können wir nicht. Lesen oder hören wir derart dummes und irrationales – ja, im höchsten Grade irrationales – Moralisieren, können wir das Lachen nicht zurückhalten. Über wen lachen wir aber? Swift ist nicht Gulliver. Dieser selbst schreibt die Erinnerungen an seine Reisen. Swift bearbeitet und veröffentlicht sie nur. Vielleicht hat auch Swift heimlich über den Narren gelacht, der nach einer langen und gefährlichen Reise schließlich nach Hause kommt, unfähig, etwas anderes als diesen einen Schluss aus allem zu ziehen, was er gesehen und erfahren hat: jene zu hassen, die ihn lieben. Gulliver zeigt sich angeekelt von allem, was sein Heim und seine Heimat war. Überdenken wir nochmals seinen Fall. Gulliver wird bei der Berührung seiner Frau ohnmächtig, nicht weil er aufgehört hätte, sie zu lieben, sondern weil sie zur verkommenen Rasse der Menschen gehört. Dies ist eine Übertreibung, und zwar eine hyperbolische Übertreibung – eine Karikatur. Die Szene kann als Bestätigung von Gullivers Nebensächlichkeit gelesen werden (schließlich sind und bleiben die Helden komischer Romane nebensächlich), doch Bestätigung in Form einer Karikatur. Gullivers Geständnis ist ein Zerrspiegel eines anderen Zerrspiegels, ein Zerrspiegel zweiter Ordnung, der nicht nur Gulliver karikiert, sondern auch die Struktur des Spiegelns von Spiegeln – ganz ähnlich, wie Foucault Velasquez' Gemälde „Die Hoffräulein" analysiert hat. Wenn es so ist, dann kommentiert Swift hier sowohl Gullivers Wandlung als auch seine eigene

Inszenierung davon ironisch. Liest man Gulliver auf diese Weise, kommt Swifts Roman zu keinem richtigen Ende und lässt mehr Fragen offen, als er beantwortet. Aber ist dies wirklich ein guter Grund, diese Lesart nicht zu übernehmen?

✶✶✶✶✶

Es scheint, ich habe mir ebenso viele Freiheiten genommen wie der Autor eines komischen Romans, bin in diesem Kapitel Umweg auf Umweg gegangen und habe sie nicht einmal mit Humor gewürzt – nur um wieder zur meiner These zurückzukehren, dass komische Romane alle Formen des Komischen enthalten und daher als Enzyklopädie komischer Phänomene angesehen werden können. Den letzten Umweg möchte ich machen, um diesen bescheidenen Vorschlag zu unterstützen, denn die grundlegende Färbung oder Stimmung eines komischen Romans ist auch ein Ausdruck des Phänomens des Komischen, um das es hier geht. Im Falle Gullivers ist die fundamentale Stimmung eine von polemischer, satirischer Ironie. Man begegnet polemischer, satirischer Ironie auch in Gogols „Die toten Seelen" oder in „Die Pickwickier" oder in „Ulysses", doch in keinem von ihnen ist sie die grundlegende Stimmungslage.

Satire ist zudem nicht unbedingt direkt polemisch. Zumindest im komischen Roman ist eine indirekte, ironische Darstellung oder Satire in Form einer Karikatur weiter verbreitet. Politische Parteien und ihre Anhänger sind ständige Ziele in der Welt der satirischen Karikatur. So rezitiert Gulliver den Krieg bis aufs Messer zwischen Parteien mit hohen Absätzen und weniger hohen Absätzen oder den Krieg zwischen den Liliput-Staaten über das Problem, auf welcher Seite man ein Ei aufschlagen sollte. Ähnlich erzählt Pickwick von seinen Erfahrungen mit dem unendlichen Streit zwischen Gelben und Blauen und ihren jeweiligen Zeitungen.

In „Jonathan Wild" übt Fielding hauptsächlich satirische Ironie. Nach Kierkegaards Klassifizierung in „Über den Begriff der Ironie" ist satirische Ironie die erste Art von Ironie. Nach dieser Definition spricht man ironisch, wenn man etwas sehr ernst sagt, obwohl es als Scherz gemeint ist. Die beabsichtigte Bedeutung ist das genaue Gegenteil der direkten Bedeutung. Diese Form der Ironie ist nicht immer satirisch, doch im Fall von „Jonathan Wild" schon, denn Fielding wollte einen politischen Gegner (Historiker meinen, es war Walpole) vernichten, indem er ihn lächerlich machte. Satirische Karikaturen gibt es mit politischen oder moralischen Motiven und sie werden häufig in Parodien literarischer, philosophischer und wissenschaftlicher Werke sowie von Werken eines bestimmten Geschmacks eingesetzt. Ich habe bereits gesagt, dass Karikaturen Proportionen verzerren, und deshalb eignen sie sich auch so gut für satirische ironische Darstellungen. Doch sind nicht alle Parodien Karikaturen, wie ich im Folgenden kurz ausführen möchte. Zum Beispiel sind Palimpseste keine Karikaturen. Es wäre sehr problematisch, „Don Quijote" als Parodie des Ritterromans zu bezeichnen, aber selbst wenn er eine Parodie auf solche Romane wäre, könnte man ihn immer noch nicht als ihre Karikatur lesen. „Ulysses" von Joyce ist ein Palimpsest, aber sicher keine Karikatur der Odyssee von Homer. Auch die oft in komische Romane eingestreuten Parodien können spielerisch und ironisch sein und überhaupt nicht wie Karikaturen.

Man kann sicher sagen, dass die Ironie des komischen Romans hauptsächlich zur ersten Art der satirischen Ironie gehört, allerdings in ihrer spielerischen Ausformung. Eine solche spielerische Ironie kennzeichnet fast alle Romane von Garcia Marquez. Oft kommt es vor, dass der angebliche Autor etwas über jemanden behauptet und wir diese Behauptung selbst komisch finden. Noch häufiger ist, dass eine der Figuren eine „Weisheit" äußert, die in Wirklichkeit lächerlich ist. Vervielfacht sich die zweite Art von Ironie, kann das zu einer Art komischem Blabla führen. Dieser Typ der Ironie kann eine spielerische Parodie sein und kommt auch in Komödien vor. Im „Ulysses" macht jemand ernsthaft die Bemerkung, nicht jeder Ungar sei verantwortlich dafür, Ungar zu sein. Oder wir lesen in „Candide", Plato habe schon vor langer Zeit gesagt, der beste Bauch sei jener, der das gesamte Essen wieder erbreche.

Selten trifft man in komischen Romanen auf die zweite Form der Ironie nach Kierkegaard. Sie ist das Gegenteil der ersten: Etwas wird im Scherz gesagt, ist aber ernst gemeint. Es ist die sogenannte „bittere" Ironie. Diese zweite Art kommt im 20. Jahrhundert häufiger vor, meist in komischen Romanen über das Leben durchschnittlicher Männer und Frauen in totalitären Regimen. (Nebenbei: Der gesamte Film „Das Leben ist schön" von Roberto Benigni ist um diese Art von Ironie herum gebaut.) In „Die Blechtrommel", einer grotesken Chronik der Geschichte von Nazideutschland, lässt Günter Grass seine Figuren oft mit bitterer Ironie reden. So spricht dort etwa Oskar von seinem Vater Jan Bronski, wenn er meint, dass ihm „der Glaube an Kartenhäuser als einzig menschenwürdige Behausung nicht fremd war." Hier treffen wir auf tiefere Arten bitterer Ironie, etwa wenn sich ein banaler Satz auf etwas Schreckliches bezieht, das nur der Leser „bemerkt". Maria empfiehlt zum Beispiel als letzte Lösung des „Oskar-Problems", ihn im Euthanasieprogramm der Nazis einschreiben zu lassen. Als ihr Mann vehement protestiert, entschuldigt sie sich folgendermaßen: „Nu beruhje dir doch, Alfred. … Aber wenn se sagen, das macht man heut so, denn weiß ich nich, was nu richtg ist." Die doppelte Umkehrung bitterer Ironie gilt als große Ansage. Um den Fall einer doppelten Umkehrung zu veranschaulichen, möchte ich aus einem Brief zitieren, den in Hašeks Roman ein General an seine Frau schreibt (aus dem Kapitel „Schwejk als russischer Kriegsgefangener" zu Beginn des vierten Teils [übersetzt von Grete Reiner]):

„ … oder kannst Du Dir zum Beispiel, meine Teure, nicht vorstellen, wie ich
letzthin gelacht habe, als ich vor einigen Tagen einen Lehrer wegen Spionage
verurteilte. Ich habe einen geübten Menschen zum Hängen, er hat schon
eine größere Praxis, es ist ein Feldwebel und betreibt das als Sport. Ich war in
meinem Zelt, wie dieser Feldwebel nach dem Urteil zu mir kommt und mich
fragt, wo er diesen Lehrer aufhängen soll. Ich sagte ihm, hinter dem nächsten
Baum, und jetzt stell Dir die Komik der Situation vor! Wir waren mitten in der
Steppe, wo wir weit und breit nichts anderes sahen als Gras und meilenweit
kein Bäumchen. Befehl ist Befehl, deshalb nahm der Feldwebel den Lehrer mit
einer Eskorte mit, und sie ritten fort, um einen Baum zu suchen. … Also Du
siehst, meine Teure, daß wir uns hier nicht langweilen, und sag dem kleinen
Willichen, daß der Papa ihn küssen läßt und ihm bald einen lebendigen Russen
schicken wird, auf dem Willichen reiten wird wie auf einem Pferdchen."

Kommen wir kurz auf die beiden wesentlichen Haltungen von Autoren komischer Romane zurück, die die grundlegende Färbung oder Atmosphäre oder Stimmungslage des Romans ausmachen. Sowohl die polemische als auch die spielerische Stimmung sind Träger einer Reihe von komischen Darstellungen. Die vorherrschende unter ihnen wird allerdings die generell dominierende Farbe oder Stimmung des Werkes. Ich habe die beiden dominierenden Stimmungen nach ihrer Wirkung als Alceste-Typ oder Philinte-Typ beschrieben. Die Tendenz des Ersteren ist satirisch, die Tendenz des Letzteren humorvoll. Aber sie sind nur Richtungen. Und die Lesart der dominierenden Stimmung kann sich mit der Zeit ändern. Wir lachen vielleicht nur wenig bei einer Darstellung, die zu ihrer Zeit eher bitteres Lachen hervorrief, ebenso finden wir heute vieles lächerlich, das einmal als ernst dargestellt wurde. Immer, wenn eine Interpretation sich ändert – und das muss gar nicht sehr drastisch sein –, ändert sich auch die Art der Stimmung, die uns der komische Roman vermittelt. Die Rezeption der grundlegenden Stimmungslage hängt darüber hinaus nicht nur, nicht einmal hauptsächlich von der Interpretation (und auch nicht von der philosophischen Interpretation) des Werkes ab, sondern von der Art der Rezipienten. Es gibt Alceste-ähnliche und Philinte-ähnliche Rezipienten, auch wenn die meisten Rezipienten irgendwo dazwischen stehen. Doch es gibt Grenzen der Interpretation, und diese Grenzen werden nicht vom Phänomen des Komischen im Allgemeinen gesetzt, sondern von den konkreten Sub-Genres innerhalb der komischen Genres. Das trifft ganz besonders auf den komischen Roman zu, die Enzyklopädie aller komischen Phänomene.

Es gibt in komischen Romanen Witze und auch dramatische Fragmente und Dialoge, doch anders als bei realistischen Romanen wird ihr epischer Charakter durch solche Zusätze nicht dramatischer. Ihre Dialoge sind eher theoretisch oder pseudo-theoretisch als dramatisch. Sie enthalten keine dramatischen Wendepunkte, und der Stil bleibt im Wesentlichen erzählend, wie es sich für eine Abenteuergeschichte gehört. Komische Romane sind voll von, wie man sagen könnte, burlesken Szenen, wie sie auch gut in einem Film funktionieren, auch wenn sie lange vor der Einführung des Films geschrieben wurden. Man denke zum Beispiel an die Szene, in der Mr. Pickwick seinem Hut nachjagt. Sie sind auch reich an surrealistischen, makabren oder absurden Szenen. Grotesk und absurd ist zum Beispiel die Buße Gregors auf dem Felsen, ganz und gar grotesk auch die gesamte Geschichte von Candide oder von Oskar. Ebenso Schwejks Überlegungen zum Problem eines Mannes, der von seinen eigenen Hunden zerrissen wird: Wie wird er sich für das Jüngste Gericht zusammensetzen? Der organische Humor von öffentlichem Urinieren, Spucken und allem anderen, das die Grenze annehmbaren Verhaltens überschreitet, kann hier eine Rolle spielen – ebenso, wenn auch selten, öffentlicher Sex. Doch das Spiel mit der Sprache bleibt auch in den groteskesten und anstößigsten komischen Romanen eine der Hauptquellen für Humor. Um welche Handlungen es auch immer geht, irrationale Assoziationen, der falsche Gebrauch von Wörtern und Ausdrücken und falsche Zitate sind immer interessant.

Sprachlicher und logischer Humor sind an sich keine Parodien. Er kann die beabsichtigte Wirkung eines komischen Romans unterstützen, die Leser bei Laune halten und auch die geringste Langeweile verhindern. Sprachliche und logische Komik funktioniert wie Witze. Doch sprachlicher und logischer Humor dient auch als eines der besten Mittel zur Charakterisierung. Wenn ein Autor seine Helden und Heldinnen über ihre Ausdrucksweise charakterisiert, ihre Verwendung der Wörter, ihren Stil, ihr relative sprachliche Bildung oder Unbildung, ihre typischen Versprecher, den korrekten oder unkorrekten Einsatz von Idiomen, ihre typischen Anreden, ihre sprachliche Umgehung oder ihr Fehlen, Eleganz oder Plumpheit ihrer Formulierungen, Gebrauch oder Missbrauch von Sprachfiguren, sprachlicher Witz, Auffassung von und Fähigkeit zu Wortspielen – also wenn die Sprache zur Darstellung von Einzigartigkeit dient –, kann dies der Repräsentation oder eher der Repräsentation als einer Art Parodie dienen.

Eine Parodie nährt sich aus allen Arten des Ausdrucks komischer Phänomene und kann sie umgekehrt alle befruchten. Parodien können in beiden grundlegenden komischen Stimmungen geschrieben werden: Sie können spielerisch und polemisch, satirisch und ironisch, grotesk und moralistisch sein. Eine Parodie kann in jeder einzelnen Situation auftreten, besonders wenn sie am wenigsten erwartet wird. In jedem komischen Roman gibt es Parodien, und ein paar komische Romane können zur Gänze als Parodien verstanden werden.

Im ersten Kapitel wurde zwischen einer richtigen Parodie und einer parodistischen Darstellung unterschieden. Eine echte Parodie ist konkret, wie ein

Zerrspiegel, in dem man das Unverzerrte im Verzerrten als verzerrt erkennen kann. Sind auch die Proportionen verzerrt, wird aus der Parodie auch eine Karikatur. Man erkennt parodierte Politiker oder Institutionen in ihren Parodien. Solches Erkennen ist das Vergnügen der Zeitgenossen eines Werkes, nicht aber der Nachkommen, die das Original oder den Kontext der Parodie überhaupt nicht kennen. Auf diese Weise bestimmt die Wahrnehmung der Rezipienten den Charakter des Komischen mit. Nicht nur öffentliche Figuren und Institutionen können in Zerrspiegeln dargestellt werden, auch Werke der Literatur und Philosophie oder auch nur die Stile und Manierismen bestimmter Schriftsteller, Dichter, Philosophen und Maler. Je mehr bestimmte Stile und Eigenheiten anstatt einzelner konkreter Werke zum Gegenstand der Parodie werden, desto mehr müssen wir von einer „parodistischen Darstellung" statt einer Parodie sprechen.

In Romanen ist die indirekte Parodie die häufigste Form der Parodie. Es ist meist nicht der Autor, der die Parodie in seinem eigenen Namen präsentiert, sondern eine der Figuren, die die Parodie zum Vergnügen seiner Umgebung schreibt oder auf andere Weise darstellt. Genauso, wie es gewöhnlich auch im täglichen Leben in einer Gesellschaft von Gleichgesinnten geschieht. Doch ist die indirekte Parodie immer eine Parodie von individuellen oder repräsentativen Figuren, Werken oder Stilen, also von etwas Einzigartigem und Individuellem. Man kann einen Minister indirekt parodieren, aber nicht ein Ministerium, man kann einen Richter indirekt parodieren, aber nicht den Gerichtshof. Die Parodie von Institutionen, die zu den Hauptambitionen komischer Romane überhaupt gehört, ist immer eher direkt. Die institutionelle Parodie ist komplex und stützt sich auf die Wiedergabe mehrerer Interaktionen.

Die einfachste Art von Parodie wird im täglichen Leben geübt, und nur dort. Es ist die „minimale Parodie", wie Genette sie genannt hat. In einer minimalen Parodie imitiert, oder besser wiederholt, jemand nur etwas, was eine andere Person gesagt hat, ohne etwas hinzuzufügen oder wegzulassen. Die Modulation der Stimme kann bei dieser einfachen Wiederholung einen parodierenden Effekt haben. Mehrere Sätze, die im Kontext gar nicht komisch sind, können eine komische Wirkung erzielen, wenn sie aus dem Kontext genommen und wiederholt werden. Die Wiederholung kann von Gesten und Grimassen begleitet sein, aber diese verstärken den eigentlichen Text, sie sind nur Ergänzungen. Auf diese Weise werden meist Lehrer oder religiöse Führer parodiert. Der Erfolg einer solchen Parodie hängt vom Vorwissen ab: Die Zuhörer werden mit Gelächter antworten, wenn ihnen das Ziel der Parodie persönlich bekannt ist (entweder „live" oder aus den Medien).

In einem Roman gibt es keine Modulation der Stimme, nur ihre Beschreibung, auch Gesten können nur beschrieben werden. Die Parodie eines Gedichts, eines philosophischen Werks oder einer Kurzgeschichte muss sehr gut sein, damit sie komisch ist. Parodien von Kunstwerken spielen im komischen Roman eine ebenso wichtige Rolle wie Parodien politischer Handlungsträger oder Institutionen. Eines haben beide Arten von Parodie gemeinsam: Kritik. Die Parodie ist eine der wichtigsten Arten von Kritik. Sie ist eine Art der Demaskierung. Es heißt, eine Übersetzung demaskiere unabsichtlich ihr Original, denn durch sie wird deutlich, ob das Original überhaupt Sinn macht. Genau dieser Effekt ist im komischen Roman beabsichtigt. Die Parodie zielt darauf ab, das Original als sinnlos zu entlarven und es dem Gelächter auszusetzen. Der komische Roman kritisiert wie alle komischen Genres aus der Position der Rationalität, und deshalb ist es keinesfalls sicher, dass die Kritik am Original „gerecht" oder „richtig" sein wird. Noch weniger klar ist, ob die Parodie künstlerisch „höher" steht als das Original. Dies kann der Fall sein, aber das kommt nicht sehr häufig vor. Richardsons „Pamela" ist ein viel besserer Roman als Fieldings „Shamela", auch wenn letzterer die Sentimentalität der begeisterten Leser von „Pamela" zu Recht lächerlich macht. Eine Parodie ist auch deshalb eine Parodie, weil sie gar nicht den Ehrgeiz hat, „besser" zu sein als das Original. Komische Romane parodieren allerdings hauptsächlich Kitsch, billige künstlerische Darstellungen, Fehlgriffe, flüchtige Moden, Dilettantismus, unverdient populäre Schriftsteller, die über ihre wahren und bescheidenen Dimensionen emporgehoben wurden, Schmeichler und offiziell sanktionierte Dichter. Komische Romane kritisieren auf diese Weise den Geschmack. In „Die Pickwickier" ist das weinerliche Getue um die Lehrerinnen eine Parodie drittklassiger „Frauenliteratur", das angebliche Manuskript des alten Geistlichen ist eine Parodie des Melodrams. Mrs. Hunters „Ode an einen sterbenden Frosch" ist eine Parodie dilettantischer Poeten, das gesamte 21. Kapitel ist eine Parodie von „Monte Christo" oder zumindest eines ähnlichen Romans, das 49. Kapitel ist eine Parodie von „Don Quijote" oder eines Romans mit ähnlichen Ansprüchen. Der Roman von Dickens zeigt, dass auch komische Parodien komischer Romane geschrieben werden können. Auch Joyce macht das. Was literarische Parodien betrifft, ist Joyces „Ulysses" einfach unerschöpflich. Man denke an die „Süße der Sünde", die höchst amüsante Parodie „romantischer" Romane, die von Bloom als erotische, verbotene Freuden gelesen werde, oder an Verse wie „Spring, mein Büchlein, frisch daher Und grüß die stumpfen Leser. Wardst, ich wollt's nicht, ein Gemisch Aus unschön dürrem Englisch." [Übersetzt von Hans Wollschläger.] Man könnte Ähnliches von fast jeder Seite des „Ulysses" zitieren, wo eine Parodie der anderen folgt.

Die Parodie ist nicht einfach eine komische Möglichkeit von vielen, die das komische Drama benutzt. Parodie oder parodistische Darstellung ist vielmehr das Herz des komischen Romans. Der Roman braucht nicht unbedingt Kunstwerke zu parodieren, ob nun gut oder schlecht, er stützt sich auf undurchsichtige politische Institutionen, Politiker oder bekannte Gestalten. Er hängt nicht von Meistern oder Massen ab. Ob eine Parodie polemisch ist oder spielerisch, die vorliegende Situation – was es auch sei – und ihre Wiederholung genügen, um aus einer Szene eine Parodie zu machen. Dies geschieht bei Schwejk, wo ein sadistischer Leutnant Dub seine Leute immer wieder anbrüllt: „Sie kennen mich noch nicht! Sie kennen mich vielleicht von der guten Seite, aber bis Sie mich von der schlechten kennenlernen werden: ich bin bös, Sie werden sich wundern, ich bringe jeden zum Weinen. Also kennen Sie mich, oder kennen Sie mich nicht?" Die beständige Wiederholung dieser drohenden Worte durch Schwejk ist selbst eine Minimal-Parodie. In seinem Palimpsest „Der Erwählte" fügt Thomas Mann Textfragmente oder Quasi-Fragmente aus dem Original ein, die ohne weiteren Kommentar komisch klingen. Einfaches Zitieren des „alten Stils" ohne Anführungszeichen innerhalb des neuen ist eine Art Parodie. Tatsächlich kann man in einem komischen Roman alles parodieren. Doch nicht wegen seiner Eigenschaft als Gefäß für alle Arten von Parodien und auch nicht weil er manchmal insgesamt selbst eine Parodie ist, ist die Parodie das Herz des komischen Romans.

Warum also kann man die parodistische Darstellung das Herz des komischen Romans nennen? Die Hauptfiguren oder Helden des komischen Romans sind nebensächlich. Ihre Identität ist mehr als zweifelhaft, ebenso die Identität ihrer Autoren. Die Hauptfiguren komischer Romane sind Narren, Verrückte, Zwerge, Exzentriker, Riesen, Vagabunden, Anarchisten und Bastarde. Ihr sozialer Status ist undefiniert und unsicher, sie sind immer unterwegs und nie zu Hause, sie haben weder Heim noch Familie. Sie leben in einer anderen Welt, in Fantasien, Phantasmagorien, Träumen, Ideen und ihren eigenen Idiosynkrasien. Komische Helden sind nicht, was sie zu sein scheinen, sie sind nicht, was sie sind. Und in der Parodie geht es um Verdopplung, um die Erkundung der Identität von Nicht-Identität. Die Parodie und ihr „Vorbild" sind identisch insofern, als das Original im Zerrspiegel wiedererkannt werden kann, doch sie sind auch nicht identisch, nicht nur, weil es einen Spiegel gibt oder dieser ein Zerrspiegel ist, sondern auch, weil der Spiegel etwas über das Original aussagt, das sonst verborgen bleibt: seine Nicht-Rationalität. Die Parodie ist die Darstellung der eigentlichen Erscheinung komischer Figuren und des komischen Romans. Ob er nun einen konkreten sozio-historischen Roman oder eine Institution parodiert oder nicht, der komische Roman ist immer ein Zerrspiegel, der etwas in der „Realität" widerspiegelt, was sich in der Realität nicht zeigt: das Fehlen der Rationalität im vorliegenden Phänomen. Im komischen Roman ist es der Anarchist, der Narr, der Bastard, der Exzentriker, der Zwerg oder Riese, der die Irrationalität der Normalität, der Pragmatik, der Gewohnheiten seiner Zeit entlarvt. Ob das mit Verständnis geschieht, mit leichtem Humor oder mit beißendem Sarkasmus, macht in dieser Hinsicht keinen großen Unterschied. Der Zerrspiegel sagt die Wahrheit über die Welt, die er demaskiert und verspottet. Und genauso, wie Parodien von Kunstwerken nicht notwendigerweise und nicht oft besser sind als die Originale, über die sie sich lustig machen, ist auch die Verzerrung der „Realität" nicht unbedingt wahrer oder besser als das, was sie verzerrt. Der komische Roman will nicht das „Reale" ersetzen, sondern seine doppelte Identität am Leben erhalten und florieren lassen. Im komischen Roman blühen zwei Welten, die anders nicht vereint werden können, außer in der Welt Hegels: Irrationale Realität und irreale Rationalität. Der komische Roman inszeniert die Möglichkeit, sich über Dinge lustig zu machen und über sie zu lachen, die uns sonst eher Ärger oder Kummer bereiten. Und dann, wenn wir schon fast bereit sind, uns mit dieser Realität zu versöhnen, können sie uns wieder Wut und Tränen bringen.

Kommen wir noch einmal auf die Tradition zurück, die behauptet, dass die Essenz von Komödien begriffen werden kann, wenn man zuvor die von ihnen parodierte Welt begriffen hat. Sie meint zum Beispiel, „Gullivers Reisen" sei eine Parodie von Reiseabenteuern wie „Robinson Crusoe", „Don Quijote" parodiere die Ritterromane, „Candide" sei eine Verhöhnung der Philosophie von Leibniz, Schwejk parodiere die Habsburgermonarchie und den Ersten Weltkrieg, „Ulysses" karikiere die Odyssee und „Die Blechtrommel" verspotte Nazideutschland. Ich denke, das ist eine grobe Vereinfachung. Dies „Modelle", wenn sie überhaupt Modelle sind, sind nicht mehr als Trampolins. Der komische Romancier springt mit seinen Füßen oder albert auf dem Trampolin herum und baut ein Luftschloss. Im Sprung erschafft er eine Welt, die sich von allen anderen unterscheidet, sogar vom Trampolin, ohne das er nicht springen könnte. So entsteht eine Welt, und wenn wir sie betreten, können wir für Wochen oder gar Monate darin verweilen: im Reich des Komischen.

5. Die existenziale Komödie

Gleich zu Anfang möchte ich mich für den Titel entschuldigen. Die Autoren, die ich hier erörtern möchte, würden zweifellos gegen den Ausdruck „existenzial" protestieren. Vor allem Beckett und Ionesco, in deren Zeit sich die sogenannte existenzialistische Philosophie auf dem Höhepunkt befand. Ich hätte auch „absurd" oder „schwarz" oder andere Bezeichnungen wählen können statt existenzial. Emmanuel Jacquart spricht beispielsweise abwechselnd über ein „Theater des Paradox", eine „metaphysische Farce" und ein „genre dérisoire". Ich finde keine dieser Varianten treffend oder treffender. Doch ich sollte zumindest ungefähr bestimmen, was ich mit „existenziale Komödie" meine. Ich werde über Komödien sprechen, die Figuren oder ihre Geschichten auf die Bühne bringen, die keine historisch oder sozial bekannten oder verständlichen Rollen spielen, über Komödien und komische Geschichten, in denen die Konflikte so sehr stilisiert sind, dass sie die Conditio humana, das menschliche Leben selbst darstellen oder repräsentieren. Nicht Verallgemeinerung oder Idealisierung kennzeichnen die existenzialen Komödien, sondern die Darstellung signifikanter Randständigkeit als Träger der Conditio humana. Die Kraft der Botschaft hat wenig mit „Konkretheit" oder „Abstraktheit" der Darstellung zu tun. Manches existenziale/absurde Drana hat eine sehr laute soziale Aussage. Die existenziale Komödie ist absurd, aber die Absurdität ist kein Selbstzweck und auch kein Spiel.

Natürlich stellen alle komischen Genres die Conditio humana dar. Sie tun dies aber vermittelt, indirekt, nicht mit der Direktheit der „existenzialen" absurden Komödie, die beinahe nackt ist. Die existenziale/absurde Komödie konfrontiert uns mit der Existenz, mit dem menschlichen Leben von Angesicht zu Angesicht, plötzlich, direkt, was immer auch das „Thema" sein mag (wenn es überhaupt eines gibt). Die Existenz, die Conditio humana selbst erscheint in einem komischen Licht.

Bis jetzt habe ich darauf geachtet, zwischen den komischen Genres zu unterscheiden. Doch für jene Art von komischer Vorstellung, die ich „existenzial" nennen möchte, haben solche Unterschiede für ihre komische Botschaft wenig Bedeutung, auch wenn es Genre-Unterschiede gibt. Nicht nur, weil einige Erfinder dieser komischen Form (zum Beispiel Beckett) epische Prosa, Kurzgeschichten, Romane, Dramen, Hörspiele, Fernsehspiele und Puppentheaterstücke geschrieben haben – nacheinander, aber auch gleichzeitig –, sondern weil die Fragen, die sie stellen, und die Welt, die sie zeigen, nicht Genre-spezifisch sind. Wir finden auch hier typische Schemas, hauptsächlich in Drama und Epik, unabhängig von der Länge des Werkes.

Meine Auswahl von Werken (und Autoren) für die Erörterung der Komödie der Existenz mag wesentlich beliebiger wirken als in den vorangegangenen Kapiteln. Im Falle von komischem Drama und Roman gibt es eine Art Kanon, von dem ich im Wesentlichen nur selten abgewichen bin. Jetzt jedoch werde ich meinem Instinkt und meinem Geschmack folgen und auch der Logik meiner Untersuchung: Ich werde Franz Kafka, Samuel Beckett, Eugen Ionesco und Jorge Luis Borges heranziehen.

Der Leser mag den Kopf schütteln und fragen: Warum habe ich meine Untersuchung im frühen 20. Jahrhundert begonnen und nicht später? Wie kann ich drei Kurzgeschichten von Kafka in die Erörterung von existenzialen komischen Genres einbringen, wenn ich Joyces „Ulysses" in einem früheren Kapitel unter den komischen Romanen präsentiert habe? Warum habe ich meine primäre Untersuchung zum komischen Drama überhaupt in der ersten Hälfte des 20. Jahrhunderts beendet? Warum werde ich meine Erörterung der existenzialen Komödie in den Sechzigerjahren desselben Jahrhunderts beenden? Deute ich damit den Untergang des komischen Genres an? Man könnte auch fragen: Ist Kafka überhaupt ein komischer Autor? Warum spreche ich nicht stattdessen über Pirandello? Und so weiter und so fort. Alle diese Fragen sind relevant, und ich werde um Entschuldigung bitten und auch einige weniger gewichtige Gründe für meine Auswahl anführen.

Zunächst gibt es hier eine historische Abfolge und doch auch wieder nicht. Die Art von existenzialen/absurden Werken, die im Selbstverständnis europäischer Intellektueller in der Mitte des 20. Jahrhunderts eine zentrale Rolle einnahmen, waren ebenso innovativ und überraschend wie surrealistische Malerei oder abstrakter Expressionismus. Sogar mehr, denn ihre Art der Darstellung warf ein neues Licht auf mehrere Phänomene und ganz besonders das Phänomen, das man das „Komische" nennt. Aus meiner Sicht kann man diese Innovation auf Kafka zurückführen, und nach Ionesco und nach Borges gab es zumindest nach meiner Meinung keine radikalen Innovationen mehr. Ich kann mich irren. Es bedeutet jedenfalls nicht, dass die komischen Genres austrocknen. So hat der komische Roman ein Comeback geschafft. Das war der Grund, warum ich „Die Blechtrommel", „Felix Krull" und „Liebe in Zeiten der Cholera" im Kanon der komischen Romane vorgestellt habe. Ein ähnliches Comeback komischer Stücke konnte ich nicht beobachten, nur eine Verwässerung der existenzialen Komödie (Harold Pinter, Edward Albee). Es gibt allerdings eine wichtige Ausnahme: die komische Oper. Ich habe die zeitgenössische komische Oper vernachlässigt, wie ich leider die Musik im Allgemeinen aus meiner Erörterung des

Komischen ausgeklammert habe – hauptsächlich wegen meiner professionellen Inkompetenz.

Insgesamt glaube ich nicht, dass die existenziale Komödie der *dernier cri* ist oder dass jemand, der sich einer früheren Form von Humor zuwendet, als „konservativ" oder gar als schlechter Künstler gelten darf. Ich werde die folgende Erörterung auf den großartigen Beitrag der existenzialen Komödie zu unserem Verständnis des Phänomens des Komischen begrenzen. „Verständnis" ist möglicherweise der falsche Ausdruck. Werke der existenzialen Komödie haben das Phänomen des Komischen auf Gebiete ausgedehnt, von denen es zuvor ausgeschlossen war, denn sie haben unsere Wahrnehmung für eine breitere Bedeutung des Komischen geschärft. Das ist vielleicht schon eine Antwort auf den Einwand, dass Kafka nicht als komischer Künstler betrachtet werden sollte.

Wie Beckett, Ionesco und Borges hat Kafka mit seiner fantastischen, absurden Darstellung unsere Wahrnehmung des Komischen erweitert. Absurde, fantastische Darstellungen sind die häufigsten künstlerischen Mittel im Dienste der Ausweitung des komischen Darstellungsraumes. Daraus folgt nicht, dass alle Schriften Kafkas komisch sind oder in einem komischen Licht gelesen werden können. Das hängt allerdings von den Lesern und Zuhörern ab, davon, wie weit sie bei der Ausweitung ihrer eigenen Wahrnehmung gehen wollen oder können. Das führt zu einem wichtigen Unterschied zwischen komischen Romanen einerseits und existenzialen komischen Schriften andererseits. Das Absurde oder Fantastische erweitert den vorhandenen Wahrnehmungsraum des Komischen in einem komischen Roman nicht, dieser nützt eher den vorhandenen Raum voll aus – während andererseits die Ausweitung des komischen Raumes eine der größten und charakteristischen Leistungen der existenzialen Komödie ist. Das gilt nicht nur für Kafka, sondern auch für Borges. Bei Ionesco und Beckett müssen wir uns nicht auf unsere eigene Intuition verlassen, denn sie bezeichen viele ihrer Werke selbst als Komödien oder Tragikomödien.

Ich für meinen Teil finde es unpassend, bestimmte existenziale Stücke „Tragikomödien" zu nennen. Beckett nennt zum Beispiel sein „Warten auf Godot" eine „Tragikomödie in zwei Akten". Doch Ernsthaftigkeit macht aus einem Stück noch keine Tragödie, auch nicht der Tod – und noch weniger das Bedürfnis nach Erlösung oder mystische Vorstellungen. Wie wir seit Shakespeare wissen, gibt es eine Form des Dramas, die weder komisch noch tragisch ist. Lukács nannte solche Dramen „nicht tragische Dramen" oder „Roman-Tragödien", denn zumindest im traditionellen philosophischen Verständnis des Genres sind sie nicht einfach ernste oder traurige Stücke. Solche Dramen müssen einige heroische Figuren auf die Bühne bringen, die ihr Schicksal bis zum bitteren Ende tragen. Diese oder ähnliche Figuren gibt es in der existenzialen Komödie nicht.

Wenn es überhaupt sinnvoll ist, von Tragikomödie zu sprechen, dann nur im Bezug auf einige wenige Dramen von Ibsen sowie alle von Tschechow. Diese Dramen sind tragisch oder komisch, das hängt vom Blickwinkel, vom Zugang und von der Wahrnehmung ihrer Rezipienten ab. Alle Zutaten einer Tragödie sind vorhanden, daher ist das Drama eine Tragödie, wenn, und nur wenn die Zuschauer an das Heldentum der Hauptfiguren glauben, wenn sie diese also in einem tragischen Licht betrachten. Doch wenn man sich von diesen Figuren distanziert, weil man sie bewusst oder instinktiv für unbedeutende Gestalten hält, aufgeblasen mit falschem Stolz eben durch die heroisch-tragische Rolle, die nicht zu ihnen passt, dann wird das Publikum dasselbe Drama als Komödie ansehen. In einer solchen Tragikomödie gibt es kein Paradox wie in „Warten auf Godot", nur verschiedene Perspektiven. Das scheinbare Paradox wird sich auflösen, wenn es bemerkt wird – falls es überhaupt existiert.

Es gibt Eigenschaften von existenzialen Komödien, die uns an Witze erinnern, wie etwa dauernde Wiederholung, die Logik des *non sequitur*, die traumähnliche Entwicklung der Handlung und häufig auch Minimalismus. Ebenso, wie alles Ziel eines Witzes sein kann, so kann in einer existenzialen Komödie alles komisch sein: Gott, Tod, Leben, Liebe usw. Doch auch wenn die Witze oft philosophisch sind, metaphysisch sind sie nie. Witze verspotten Metaphysik, Idealismus, jeden „ismus", auch Mystizismus, sie machen sich lustig über die Sehnsucht nach Erlösung, die Familie, das Alter, Behinderungen und jede Art von Sentimentalität. Alle diese „Themen" sind auch in jenen existenzialen Komödien auffallend zentral, die manchmal „Tragikomödien" genannt werden. Doch auch wenn der Begriff „Tragikomödie" eine Fehlbezeichnung ist, weist er doch auf eine Besonderheit existenzialer Komödien hin. Während ein Witz Paradoxe auflöst, bleiben sie im existenzialen komischen Roman und Drama ungelöst. Worüber man sich lustig macht, das wird auch beklagt. Was verloren ging, wird verspottet, aber es schmerzt trotzdem. Das absurde Drama umgibt eine mystische Aura.

Das absurde Drama ist zudem manchmal auf eine verdrehte Weise sentimental. In existenzialen Werken spielen Emotionen jeder Art eine wichtige Rolle (sowohl, wenn sie lächerlich gemacht, als auch, wenn sie beklagt werden) – nicht jedoch in Witzen. Witze können ernsthaft sein, gute Witze *sind* ernsthaft, aber sie sind nicht in der Weise tief wie existenziale Komödien. In einem existenzialen Drama gibt es keine Pointe, manchmal hat es nicht einmal ein glückliches oder unglückliches Ende wie traditionelle Dramen, von Witzen nicht zu reden. Die Tiefe existenzialer Komödien hat mit etwas anderem zu tun als dem Fehlen eines richtigen Endes. In „Warten auf Godot" eröffnet Wladimir den zweiten Akt mit einem populären alten Lied über einen Hund, der einen Knochen aus der Küche gestohlen hat und vom Koch zu Tode geprügelt wird. Die anderen

Hunde erzählen die traurige Geschichte ihren Gefährten, und so wird das Lied in dem kreisförmigen Text immer wieder bis zum Erbrechen wiederholt. Solche Kunstgriffe sind oft wichtig für die Art, wie existenziale Komödien funktionieren, wenn auch nicht bei allen.

Warum also habe ich gesagt, dass existenziale Komödien das Gebiet des Komischen erweitern, wenn alle ihre Züge auch in Witzen zu beobachten sind?

Weil das für Witze nicht ganz zutrifft, und zumindest zwei Gründe dafür habe ich bereits genannt. Da ist erstens, dass in Witzen Metaphysik, Mystik und Emotionen fehlen. Und zweitens beschränkt sich die Ausweitung des Gebiets des Komischen in existenzialen komischen Werken nicht auf die Einbeziehung von ein paar neuen Themen, sondern schließt auch eine Umwandlung der inneren Struktur komischer Darstellung ein.

Tod, Liebe, Gott, Sünde, Geständnis, Schuld, Vergebung und Barmherzigkeit sind zentrale Themen existenzialer komischer Werke, doch umfassen sie auch die bekannten traditionellen Themen, wie Allgemeinplätze der täglichen Konversation, Ehe, Lügen und andere Laster, politische Kontrolle, Autorität und so weiter. Die Frage ist nicht, *worum* es in diesen Werken geht, sondern *wie*. Wie sind diese komischen Stücke, Romane und Kurzgeschichten aufgebaut? Wie funktionieren sie? Was ist das Geheimnis der absurden *commedia humana*?

⁕⁕⁕⁕⁕

Ohne Ironie und Humor zu erwähnen, kann man kaum von einer komischen Darstellung sprechen. Auch sie haben ihre Geschichte und sind zumindest bis zu einem gewissen Grad Genre-spezifisch. Zumindest nach meiner Ansicht kann man die existenziale Komödie nicht verstehen, ohne die wesentliche Änderung von Ironie und Humor in der philosophischen Wahrnehmung seit der Romantik zu berücksichtigen. Die neuen philosophischen Vorstellungen waren ihrerseits Antworten auf historische Herausforderungen und hatten auch Einfluss auf die Darstellung des Komischen. Ich würde nicht behaupten, dass die absurden Komödien stark vom Wandel der philosophischen Auffassung „beeinflusst" wurden, doch wenn man die enge Beziehung zwischen den komischen Genres und der Philosophie im Allgemeinen bedenkt, dann war es vielleicht kein Einfluss, sicher aber ein Zusammenfluss.

Schlegel, Tieck und andere wichtige Gestalten der romantischen Bewegung verbanden Ironie mit Moderne. Es war damals bereits ein Allgemeinplatz, dass Sokrates als Ironiker galt und dass es vor der Moderne ironische Rede gegeben hatte. Auch ich habe oft von „Ironie" gesprochen, ohne über den Unterschied zwischen antiker und moderner Ironie nachzudenken. Was also ist der Unterschied zwischen der Ironie des Sokrates und der modernen Art von Ironie, die die Philosophen der Romantik entdeckt und propagiert haben?

Humor ist ein neuer Ausdruck, der von schottischen und englischen Aufklärern des 18. Jahrhunderts erfunden wurde. Von einer Person, die Witze versteht, selbst witzig ist, die mit gesellschaftlicher Anmut zu einer „Kultur der Witze" wie einer „Konversationskultur" beiträgt, sagte man, sie habe „Sinn für Humor". Später galten auch Streichespieler als Menschen mit gutem Humor, und die eher kontemplativen Witzbolde wurden Humoristen genannt. Der Begriff weitete sich aus, als man den Söhnen der führenden Nation des Zivilisationsprozesses und des rationalen Skeptizismus, also den Engländern, Humor zuschrieb, während die Franzosen eher für ihren *esprit* berühmt wurden. Doch alltägliche und philosophische Begriffsbedeutungen von Ironie und Humor stimmten keineswegs überein.

In der folgenden Erörterung stütze ich mich hauptsächlich auf Kierkegaard, der die Ironie in mehreren seiner Bücher analysiert hat, darunter „Über den Begriff der Ironie" und die „Unwissenschaftliche Nachschrift". Im letzteren Werk unternimmt er auch eine ausführliche Erörterung des spezifischen Falls des Humors. Ich will hier keine „orthodoxe" Kierkegaard-Exposition entwickeln, sondern seine reichhaltige Begrifflichkeit für meine begrenzten Zwecke nutzen.

Das „Komische" ist demnach bei Kierkegaard das *genus proximum*: Komik ist überall, denn überall gibt es Widerspruch. Komisch ist ein schmerzfreier Widerspruch, tragisch ist hingegen ein Widerspruch unter Schmerzen. Ein solches oder ähnliches Verständnis der Tragödie ist in der Philosophie unüblich und ich glaube auch nicht, dass es für das tragische Drama ergiebig ist. Doch Kierkegaard spricht nicht über die Tragödie als Drama, sondern über tragische Ereignisse im Alltagsleben. Seine Gedanken könnten von Platons „Philebos" inspiriert gewesen sein, wo Sokrates „Tragödie und Komödie des Lebens" erörtert. Ironie und Humor sind Aspekte des Komischen:

> *Überhaupt ist das Komische überall mit dabei, und man kann jede Existenz sofort bestimmen und auf ihre besondere Sphäre beziehen, wenn man weiß, wie sie sich zum Komischen verhält. ... Daher gilt ohne Ausnahme: je tüchtiger ein Mensch existiert, desto mehr wird er das Komische entdecken. [Unwissenschaftliche Nachschrift. Übersetzt von B. und S. Diderichsen, München 2005, Seite 648.]*

Es gibt eine Form des Komischen, die man *unmittelbar komisch* nennen kann. Dazu gehören die –zumindest für den Beobachter schmerzfreien – Widersprüche wie etwa das Bild eines gut angezogenen Gigolos, der, auf Zehenspitzen gehend, plötzlich über einen Stein stolpert und sich im Matsch wiederfindet. Es gibt aber auch eine Form des Komischen, die nicht unmittelbar offensichtlich ist, und zwar jene Form, die bestimmten Individuen in einer anderen Perspektive erscheint – eine postreflektive, vermittelte Art von Komik. Ironie und Humor gehören zu dieser zweiten Form. Eine Person, die beim Anblick des in den Matsch stolpernden Gigolos in Lachen ausbricht, ist weder Ironiker noch Humorist, zumindest besteht keine Verbindung zwischen seinem Gelächter und der Tatsache, dass er vielleicht auch ein Humorist oder ein Ironiker ist. Sowohl Ironiker wie auch Humoristen sind Menschen, die Wahrheiten infrage stellen, die man für selbstverständlich gehalten hat, Tatsachen, Denkweisen und das Leben überhaupt, und die die Diskrepanz zwischen Schein und Wesen (Wahrheit) in Form einer komischen Bemerkung, eines Witzes oder Scherzes reflektieren.

Ironie und Humor sind daher zwei Formen *reflexiver* komischer Haltungen. Weder Ironie noch Humor sind Genres oder Sub-Genres, aber wir finden sie in allen Sub-Genres, wie etwa Parodie oder Karikatur oder auch satirische Darstellung. Es sind Perspektiven, Haltungen, Positionen. Man kann mit Kierkegaard auch sagen, dass sie der Subjektivität verpflichtet sind in dem Sinn, dass sowohl der Ironiker wie der Humorist „einzigartige" Wesen sind. In „Über den Begriff der Ironie" meint Kierkegaard, Ironie sei eine Bestimmung der Subjektivität. Das Komische gehört zum menschlichen Leben und ist universal empirisch, von Ironie und Humor kann man das nicht sagen. Als individuelle, einzigartige und subjektive Haltungen oder Perspektiven findet man sie in hoch entwickelten Kulturen, die für Individualität und Subjektivität einen gewissen Freiraum geöffnet haben. Insgesamt kann man sagen, dass Ironie und Humor als individuelle Haltungen in Welten auftreten, in denen eine individuelle Haltung zu Normen und Regeln (vor allem ethischen) allgemein erscheint und bis zu einem gewissen Grad akzeptiert wird. Sie treten zu Zeiten auf, in denen die einzelne Person eine gewisse Urteilsfreiheit hat – nicht unbedingt politische Freiheit, aber eine bestimmte geistige Freiheit, einen Freiraum, zumindest einen kleinen, wo eine Person mit Gedanken und Ideen spielen kann und Dinge anders betrachten kann als andere.

Auch in der Bibel gibt es Ironie und Humor, aber es gibt keinen einzelnen repräsentativen Ironiker oder Humoristen. Der erste repräsentative Ironiker unserer Kultur ist und bleibt Sokrates. Er steht Modell als Ironiker für Kierkegaard wie für alle von uns.

Auf Kierkegaards philosophischer Karte (ich wage nicht, im Falle eines Autors von einem System zu sprechen, der seine eigene Autorenschaft geleugnet hat und Systeme verachtete) haben sowohl Ironie wie Humor ihren Platz. Ironie steht zwischen der ästhetischen und der ethischen Sphäre, während Humor zwischen ethischer und religiöser Sphäre liegt. Für die Ironie stimmt diese Positionierung, für den Humor wäre es besser, ihn zwischen der ästhetischen und der religiösen Sphäre zu platzieren. Dieser Unterschied ist unbedeutend, wenn man von exekutiver Ironie und Humor spricht, der ironischen und humoristischen

Haltung in persönlichen Begegnungen oder Dialogen, aber für kontemplative Ironie und Humor in der Dichtung ist er wichtig. Ich möchte den problematischen Charakter dieser Unterscheidung nicht übergehen. Sokrates beabsichtigt nicht, verstanden zu werden, aber er wünscht es sich. Das ist die Beschreibung seines Inkognito-Erscheinens. Er praktiziert exekutive Ironie, doch wir nehmen sie in einer kontemplativen Haltung wahr – über die Poesie Platons. Wir treffen Sokrates nicht „live". Ähnlich liegen die Dinge mit Kierkegaards bevorzugtem Humoristen, nämlich Lessing. In seinen Konversationen mit Friedrich Jacobi glänzte Lessing mit exekutivem Humor. Jacobi hat davon berichtet und ihn kommentiert, wodurch der exekutive Humor für uns, die wir nicht mit Lessing selbst sprechen können, in kontemplativen Humor verwandelt wird.

Wenn Kierkegaard von Ironikern und Humoristen spricht, hat er Sphären der Existenz vor Augen:

Ironie ist eine Existenz-Bestimmung, und es gibt wirklich nichts Lächerlicheres als die Meinung, es sei eine Redeform, oder wenn ein Verfasser sich glücklich preist, daß er sich ab und zu ironisch auszudrücken vermag. Wer wesentlich Ironie hat, der hat sie, so lange der Tag ist, an keine Form gebunden, weil sie die Unendlichkeit in ihm ist.

Ironie ist Bildung des Geistes und folgt daher gleich nach der Unmittelbarkeit; dann kommen der Ethiker, dann der Humorist, dann der Religiöse. [Seite 697]

Doch offensichtlich sind ironische oder humorvolle Haltungen nicht immer Ausdruck von „Existenzarten". In allen Genres, auch bei Witzen und komischen Bildern, können wir auf Ironie oder Humor stoßen, oder, zufällig, auf beide. Der existenziale Ironiker und Humorist radikalisiert Ironie und Humor in der Unendlichkeit seiner Subjektivität. Um das in alltäglichen Begriffen auszudrücken: Er kann nichts anderes als Ironiker beziehungsweise Humorist sein, weil es zum Wesen seiner Existenz gehört.

Bei gelegentlichen Scherzen ist es schwierig, generell zwischen Ironie und Humor zu unterscheiden, doch im konkreten Einzelfall ist es leicht, denn Ironie kann beißend, sogar zynisch sein, Humor ist hingegen verständnisvoller, emotionaler und auch skeptischer. Doch ich gebe zu, diese Darstellung erscheint einigermaßen willkürlich.

In „Über den Begriff der Ironie" spricht Kierkegaard auch von jenen Formen der Ironie, die nichtexistenzial sind oder sein können. Man kann etwas im Ernst sagen und es doch scherzhaft meinen, oder umgekehrt, man kann etwas im Scherz sagen und es trotzdem ernst meinen. Das ist ein Spiel, und es ist insofern individuell, als der Sprecher das Spiel erfindet. Doch in seiner Gesellschaft muss es ein paar Menschen oder zumindest einen geben, der versteht, was der Sprecher meint, jemanden, der den Ball aufnimmt, denn sonst käme der Witz oder

Scherz nicht an, man würde ihn gar nicht bemerken. Solche ironischen Techniken brechen die Regeln der Kommunikation und setzen sie neu ein.

Sokrates war der erste existenziale Ironiker. Ironie bildete den Kern seiner Existenz, sagt Kierkegaard. Er verstellte sich, schreckte ab und verführte. Er arbeitete mit beiläufigen Vorschlägen und argumentierte ohne Ergebnis. Er lebte inkognito: Sein Inkognito war allumfassend. Sokrates befand, das Leben insgesamt sei eine Absurdität. Er wollte nicht verstanden werden, deshalb das Inkognito, und doch wünschte er es sich, deshalb die indirekte Kommunikation. Trotzdem stand er auf festem Grund – auf moralischem. Das war seine Sicherheit, die Sicherheit seiner moralischen Subjektivität, die seine Überlegenheit als Ironiker, als Spaßvogel und Narr gewährleistete.

Diese kurze Zusammenfassung macht deutlich, dass Kierkegaard über romantische Ironie ebensoviel Unbehagen empfand wie Hegel. Romantische Ironie ist antisokratisch. Die Romantiker standen nicht auf festem Grund, sie sind keine Ethiker, ihre Ironie löst sich in nichts auf. Gleichzeitig ist Kierkegaards Widerstand gegen die romantische Ironie weniger überzeugend als der Hegels. Schließlich spricht Kierkegaard über die Absurdität der ganzen Welt, und das ist nicht weit weg von der romantischen Auffassung.

Und was ist das existenziale Wesen eines Humoristen?

… da ja nach dem Vorhergehenden die eigene Dialektik des Religiösen den direkten Ausdruck verbietet … . Der Humorist setzt immerzu … die Gottesvorstellung mit etwas Anderem zusammen und treibt den Widerspruch hervor …, er verwandelt sich selbst in einen scherzenden und doch tiefsinnigen Durchgangsplatz …, aber er verhält sich nicht selbst zu Gott. [Seite 698]

Kurz, der Humorist handelt alles irdische Streben als komisch ab, gemessen an etwas, das er für höher hält, zu dem oder demjenigen (Gott) er aber in keinem Verhältnis steht. Er steht in gewissem Sinn – und darum geht es mir – zwischen dem Poetischen und dem Religiösen. Kierkegaard spricht hier von sich selbst als Humorist, als religiöser Mensch und Poet.

Ich mache mir Gedanken über Platons Porträt von Sokrates.

Marsilio Ficino hat gemeint, Platon sei von poetischem Wahnsinn besessen. In diesem Geiste würde ich hinzufügen, dass Platon wie Kierkegaard zweieinhalbtausend Jahre nach ihm indirekt kommuniziert hat – durch die Figuren seiner Dialoge. Sokrates war nicht einfach sein Sprachrohr, sondern schlicht seine repräsentativste Charaktermaske. Platon selbst war und blieb im Hintergrund. In seiner Darstellung erscheint Sokrates häufig als völliger Narr, als Clown. Die Überlieferung schreibt dies sokratischer Ironie zu, einer Art Selbstironie. Ich würde eine andere Interpretation empfehlen. Ich denke, Plato war ein Humorist, wie Kierkegaard diesen Begriff aufgefasst hat. Er verweilte in der Sphäre zwischen dem Religiösen und dem Poetischen. Er war kein Metaphysiker, sondern ein Mensch mit einer Beziehung zur Transzendenz, und diese Beziehung konnte sich nicht in direkter Kommunikation ausdrücken. Er war ein Mann der Verkleidung, er setzte verschiedene Masken auf, und wir werden nie wissen, wer er wirklich war. Sein Wesen zeigte sich niemals direkt, immer indirekt.

Ich habe hier meine Sichtweise zu Platon – die ich anderswo ausführe – nur kurz und aus einem einzigen Grund vorgestellt: Ich möchte zeigen, dass existenzialer Humor so alt ist wie existenziale Ironie. Sie sind sogar lange gemeinsam aufgetreten. Beide benötigen einen relativ freien Raum für das Gedankenspiel, das durch und durch persönlich bleibt. Die Existenz selbst von Ironikern und Humoristen ist in diesem ernsten Spiel begründet, und ist im Kierkegaard'schen Sinn unendlich subjektiv.

Doch selbst wenn man mit Kierkegaard von Ironie und Humor nicht als einer Kunst des Spielens mit Worten spricht, als eminent rhetorische Mittel, sondern als existenziale Sphären, bleiben sie doch eine Haltung des Subjekts, ein Ausblick des Individuums auf die Welt, und zwar auf die immanente wie die transzendente Welt. Diese Ironie und Humor erproben täglich auch wissenschaftliche Gewissheiten und heben sie auf – sie verflüchtigen sie. Doch der Akt der Verflüchtigung wird immer von einem Individuum durchgeführt, aus der Perspektive des ironischen, humorvollen Individuums.

Die romantische Bewegung und besonders Friedrich Schlegel machen ein paar eifrige Versuche, über Ironie in anderen Begriffen zu sprechen, aber sie sind nicht konsistent. Schlegel spricht häufig über Ironie in sokratischer Art, wenn er etwa den Bruch der narrativen Illusion in einer Geschichte hervorhebt, und wenn der Autor selbst aus seinem sich entwickelnden Werk heraustritt. So versteht Schlegel die Parabase im Werk des Aristophanes (und schwärmt davon). Wie wir in den Kapiteln über das komische Drama und den komischen Roman gesehen haben, ist die Parabase in manchen komischen Genres ein typischer Kunstgriff. Wenn wir annehmen, die Parabase sei der hauptsächliche Träger von Ironie, dann wäre Ironie sogar noch weniger modern als der sokratische Geist.

In seinen „Kritischen Fragmenten" betrachtet Schlegel ironische Kommunikation sehr ähnlich wie später Kierkegaard. Doch Schlegel experimentiert auch mit der allgemeinen Idee der Nichtidentität. Nichtidentität gehört nicht zur Perspektive des maskierten Menschen, sondern die Welt selbst ist nichtident. Poetisches Denken hebt nach Schlegels Ansicht die Gesetze rationalen Denkens und rationaler Begriffe auf und versetzt uns zurück in das ursprüngliche Chaos menschlicher Natur und Welt. Dieser Gedanke mag uns obskur erscheinen – Schlegel hat schließlich auch einen ergänzenden Aufsatz über „Unverständlichkeit" geschrieben. Und er ist auch auf gewisse Weise obskur, denn Schlegel spricht von poetischer Sprache, Mythen und dem Absurden in einem Atemzug. Doch es ist (nach meiner Ansicht) eben die Zusammenführung dieser verschiedenen Aspekte, die seinen Versuch zum ersten macht, die Botschaft vom Absurden in der existenzialen Komödie zu formulieren. Poetische Sprache, sagt Schlegel, macht die Aufhebung von Rationalitäten „natürlich" und versetzt uns in eine absurde Welt. Das heißt, die Welt (in diesem Fall die Welt der Mythen) ist absurd, doch in sie einzutreten ist natürlich. Man akzeptiert das Chaotische, das Absurde als natürlich. Und die moderne Welt ist nichtidentisch – so, wie sie ist.

Die Nichtidentität des einzelnen Individuums, die seine Verstellung und seine indirekte Kommunikation ermöglicht, ist keine „Haltung", keine Position oder Perspektive, sondern der Ausdruck des modernen Lebens, der Conditio humana. Nichtidentität, das Fehlen von Logik, Chaos sind hier, in der modernen Welt, so natürlich wie in der Welt der Mythen. Die Welt selbst trägt ihre Parabase in sich. Die Welt selbst tritt beständig aus sich selbst heraus, und das kann jederzeit geschehen, ohne Vorwarnung. Wir erwarten etwas von dieser Welt, doch diese führt ihre Parabase auf, kommentiert sich selbst, tritt aus der Handlung und räuchert diese aus – während wir dastehen, einzelne Existierer, und trotz allem mit dieser Welt etwas anfangen müssen. Die Ironie ist nicht aufseiten der Ironiker, sondern aufseiten der Welt. Die Welt verkörpert Ironie, das heißt, das menschliche Leben ist ironisches Leben. Das einzelne Individuum, das in diese ironische Welt hinaustritt, muss es mit ihr aufnehmen. Und es wird sie niemals verstehen. Weder Sokrates und Plato sind jetzt inkognito, sondern die Welt selbst – sowohl die immanente als auch die transzendente. Wenn man überall und nirgends auf unsicherem Boden steht, scheint es keinen Unterschied mehr zu machen, ob man von Ironie oder Humor in Kierkegaard'schen Begriffen spricht oder nicht.

Ich möchte die Theorie der romantischen Ironie nicht als Vorspiel zur modernen absurden Komödie darstellen, sondern nur darauf hinweisen, dass einige Intuitionen der frühen Romantiker die Auffassung von Ironie und des Komischen im Allgemeinen bereits verschoben haben, und zwar genau in Richtung der existenzialen/absurden Komödie.

Die Ironie oder der Humor der existenzialen Komödie ist die Umkehrung des ironischen oder humorvollen Zugangs, ironischer oder humorvoller Haltung oder Perspektive. Mit ihr ist die Welt selbst inkognito, sie manifestiert sich als absurd, chaotisch, nichtrational und nichtidentisch. Die Quelle des Komischen ist jedoch nicht die nichtidentische, absurde Welt selbst, sondern das Verhältnis des individuellen Subjekts zur Welt. Dieses Verhältnis ist natürlich. In einer verdrehten Weise nimmt das einzelne Individuum der existenzialen Komödie die Welt als gegeben hin. Es nimmt die Absurdität als gegeben und ebenso das Chaos. Der junge Gregor Samsa in Kafkas „Die Verwandlung" ist keineswegs überrascht, als er eines Tages aufwacht und entdeckt, dass er in ein gewaltiges Insekt verwandelt wurde. Die Art, wie die Absurdität als gegeben akzeptiert wird, erinnert den Leser manchmal an Detektivgeschichten oder mystische Detektivgeschichten wie Borges' „Der Tod und der Kompass".

Ich bezeichne die Ironie und den Humor der modernen, absurden, existenzialen Komik als *konstitutive Ironie* oder *konstitutiven Humor*. Innerhalb dieser allgemeinen Begriffe möchte ich noch zwei weitere Arten unterscheiden. In einer Art des konstitutiven Humors ist die absurde Welt fantastisch. Sie wird traumhaft, mystisch, metaphorisch oder allegorisch dargestellt wie in Kafkas „Die Verwandlung" oder in den meisten Geschichten von Borges, mehreren Dramen von Beckett und Ionesco oder Dürrenmatt und in einigen von Ecos Romanen. In der zweiten Art des Absurden in konstitutiver Ironie oder konstitutivem Humor erscheint das Fantastische oder Unglaubliche in der realen Welt, so wie Auschwitz im Film „Das Leben ist schön" oder in Imre Kertész' Novelle „Mensch ohne Schicksal".

Noch eine Anmerkung: Vielleicht ist es das Auftreten genau dieser zweiten Art von konstitutiver Ironie oder konstitutivem Surrealismus, das das „goldene Zeitalter" der existenzialen Komödie beendet hat. Denn wenn die Fantasie nicht mehr den Horror des Realen erreichen kann, wird sie ihre Bemühungen aufgeben, einen persönlichen Albtraum darzustellen und damit die notwendigen Elemente für eine existenziale Komödie.

✳✳✳✳✳

Strukturell kennzeichnet die Umkehrung der ironischen oder humorvollen Haltung die existenziale/absurde Komödie. Doch warum sprechen wir von Komödie? Die Absurdität, die Nichtidentität, die Nichtrationalität, die Unverständlichkeit der immanenten wie transzendenten Welt ist an sich alles andere als komisch. Gewiss, es ist die „menschliche", die persönliche Haltung zu dieser Welt, die als komisch dargestellt wird. Aber warum? Warum ist diese Beziehung überhaupt komisch?

Vor allem ist sie nicht immer komisch. Manchmal können wir sie kaum als komisch lesen, zum Beispiel in Kafkas „Das Urteil". Es ist jedoch das Auge des Lesers oder des Zuschauer, der die Beziehung auch in ein komisches Licht bringt. Ich habe schon oben erwähnt, dass Tragikomödien zwei verschiedene Lesarten haben. Es sind vollendete Tragödien und doch auch vollendete Komödien. Ob wir sie als Tragödien oder als Komödien lesen, hängt von unserem Verständnis der Hauptfiguren ab, davon, ob wir sie als heldenhafte oder als kleine, unbedeutende Gestalten sehen, aufgeblasen über ihr eigentliches Maß hinaus. Wie gesagt, ist dies bei der Rezeption von existenzialen komischen Werken nicht der Fall.

Ob man die Dramen von Beckett und Ionesco als Komödien oder Tragödien auffasst, hängt nicht nur von der Figur Clovs oder Amédées ab. Normalerweise sieht man sie als komisch und nicht komisch zugleich (nicht tragisch, sondern entsetzlich und traurig!). Ob das Komische oder das nicht Komische eine Person stärker berühren, hängt vor allem vom Gewicht der komischen Mittel in der Geschichte oder im Stück ab – den Trägern der komischen Botschaft.

In einer existenzialen Komödie können alle Arten komischer Elemente Träger der Botschaft sein. Es gibt reichlich semantische und phonetische Scherze. Es gibt Parodien und Satiren. Es gibt Witz und Clownerie ebenso wie typischere komische Figuren. Es gibt die Komödie der Irrungen, es gibt Täuschung und Selbsttäuschung. Wir begegnen wieder den traditionellen komischen Paarungen wie Mann und Frau, Eltern und Kinder, Lehrer und Schüler, Mägde und Diener, Tyrannen und ihre Marionetten. Natürlich kommt es zum Krieg der Geschlechter, der Generationen und so weiter. Das ganze Zubehör traditioneller Komödien wird allerdings dadurch transformiert, dass sie in eine Umkehrung der „ursprünglichen Position" eingepasst werden, in die Darstellung einer absurden Welt, in der man sich „natürlich" benimmt. Es ist die einzige Welt, die es gibt, eine andere gibt es nicht, denn die „andere Welt" im Sinne Nietzsches gibt es nur als Anderes der ersten Welt, und sie ist genauso unzugänglich und unverständlich. Die komische Darstellung macht sich über jene unter uns lustig, die sich in einer absurden Welt natürlich benehmen. Ob dieser Stillstand auch für den Hauch von Sentimentalität und Nostalgie verantwortlich ist, der den Leser in einigen existenzialen komischen Arbeiten überrascht, ist eine offene Frage. Man findet sie sogar in den Geschichten des am wenigsten sentimentalen aller absurden komischen Autoren: Borges. Man denke nur an die komische Sentimentalität in der Darstellung der Erinnerung an Beatriz in „Das Aleph".

*****

Wie gesagt, möchte ich meine Erörterung der existenzialen Komödie vor allem auf die Analyse von Werken Becketts und die Komödien und Farcen von Ionesco stützen. Ich werde Luigi Pirandello nicht miteinschließen, der, obwohl er früher schrieb als Beckett, unseren zeitgenössischen komischen Autoren nähersteht als Beckett oder Ionesco. Interessenten verweise ich auf Umberto Ecos Erörterung von Pirandello. Jede Art von Kunstwerken hat ihre Klassiker, damit meine ich ihre vollkommensten und radikalsten Verkörperungen. Meiner Ansicht nach ist das „goldene Zeitalter" der absurden Komödie zumindest im Moment vorbei. Beckett und an zweiter Stelle Ionesco sind die besten und extremsten (radikalen) Verkörperungen dieser künstlerischen Vision. Weil die absurde oder existenziale Komödie – anders als das komische Drama, der komische Roman und auch das komische Bild – nur eine kurze historische Blüte erlebt hat, muss ich hier so vorgehen, wie ich es später beim komischen Film tun werde, und mich eher auf einige wenige Autoren und ihre Arbeiten konzentrieren als auf gemeinsame strukturelle Eigenschaften oder Themen des Genres.

Zuvor möchte ich aber noch kurz auf Borges und Kafka eingehen.

Wie weiter oben dargestellt, ist die Identität der Hauptfiguren im komischen Drama häufig unklar oder fraglich. Sie sind nicht die, die sie zu sein glauben. Die Hauptfiguren der komischen Romane finden sich in ähnlichen Schwierigkeiten. Oft sind sie unbedeutend. In der Geschichte der komischen Romane gibt es noch ein zusätzliches Identitätsproblem. Die Identität des Autors und die Autorenschaft selbst stehen in Frage. Die Autoren (Cervantes, Swift, Diderot, Dickens und andere) spielen ihre Versteckspiele um das Rätsel der Autorenschaft. Im Gegensatz dazu spielt die existenziale Komödie nicht nur mit der Autorenschaft, hier ist die Identität der „realen" Autoren selbst brüchig. Beckett ist ein Ire, der auf Englisch und Französisch schreibt und in Frankreich lebt. Ionesco ist ein Rumäne, der französisch schreibt. Kafka ist ein Jude, der deutsch schreibt und in Prag lebt. Man könnte sich vielleicht fragen, ob die Nichtidentität der Welt und der Conditio humana komischer wird, wenn sie von Autoren dargestellt wird, die selbst unter einer Art Nichtidentität leiden.

Witze gehören nicht zu Kafkas Vision des Komischen. Borges hingegen wendet oft jene Art von Technik an, die einige verdichtete philosophische Witze kennzeichnet, zum Beispiel in der Erzählung „Tlön, Uqbar, Orbis Tertius". Als Genre ist es eine komplexe Parodie und unter anderem eine Parodie der Philosophie. Der Erzähler zählt ein paar philosophische Positionen und Paradoxe auf, die im fiktiven Land Tlön beständig diskutiert werden. Unter anderem bedeutsam ist das Paradox des Verlusts und Wiederfindens von neun Kupfermünzen oder die eleatische Aporie von Tlön. Dieses Paradox ist (für uns) nicht einmal ein Rätsel, jedes Volksschulkind kann es lösen. Doch in Tlön bezieht sich das Problem auf etwas Absurdes. So gehen verschiedene philosophische Schulen das Problem von verschiedenen Seiten aus an. Die Anhänger der Commonsense-Schule leugnen seine Wahrhaftigkeit. Sie behaupten, es sei ein verbaler Trugschluss, der auf der unbesonnenen Anwendung zweier Neologismen beruhe, der beiden Verben „finden" und „verlieren", die, weil sie die Identität der neun ersten Münzen und der neun späteren voraussetzt, eine *petitio principii* zur Folge habe. Diese Geschichte macht sich über philosophische Logik lustig, aber sie verspottet auch die „Gegenwelt" und das „Gegenbuch", parodiert damit unter anderem unser Verständnis von Antiwelt und Antimaterie und belustigt sich über Aporien und Paradoxe der Logik. Die Geschichte verspottet die Selbstverständlichkeit und auch das Absurde. Borges spielt wie in „Der Zahir" – allerdings nicht in allen seinen Parodien oder parodistischen Darstellungen der Welt – mit Pseudoträumen, Pseudophantasmen, mystischen Erfahrungen und Detektivgeschichten.

Drei von Kafkas Kurzgeschichten möchte ich kurz erörtern. Jede der drei repräsentiert eine andere Version der existenzialen Komödie und mobilisiert verschiedene Traditionen der komischen Genres.

Der Schauplatz von „Die Verwandlung" ähnelt dem eines typischen komischen Dramas: der Familie. Wir haben einen egoistischen Vater, eine unterwürfige Mutter, den ausgebeuteten Sohn und eine lebhafte Schwester. Hinzu kommt die typische Masche des komischen Dramas: der Wechsel der Identität. Doch es ist nicht die sexuelle oder soziale Identität, die sich abrupt ändert, wie in Geschichten von Cross-Dressing, Schiffbruch usw., und es ändert sich auch nicht bloß die menschliche Köpergröße, wie dies in komischen Romanen oft vorkommt. Es ist eher so, dass aus einer Metapher eine Metamorphose wird: Ein Mensch verwandelt sich in ein Tier, genauer, einen Käfer. Diese Form der Metamorphose ist auch aus Märchen sehr bekannt: Als Folge eines Fluchs hat sich der Prinz in einen Frosch verwandelt. Dass Seele und Psyche eines Menschen identisch bleiben, nachdem er die Form eines Tieres angenommen hat, kann in Märchen auch als natürliches Mittel betrachtet werden. Das Tier ist meist hässlich, wie das Beispiel des Frosches zeigt. Was macht also „Die Verwandlung" zu einer existenzialen, komischen Kurzgeschichte und nicht zu einem Märchen? Was ist der Trick? Ich denke, es sind drei. Erstens geschieht die Verwandlung in einer Familie, die naturalistisch geschildert wird (ein typisches Setting des komischen Dramas), zweitens die Tatsache, dass das Insekt nicht nur als hässlich beschrieben wird, sondern als abstoßend und nutzlos, und drittens endet die Geschichte – auch als Folge der ersten beiden Gründe – wie so viele Werke existenzialer Komödie mit dem Tod und nicht mit der Aufhebung des „Fluchs". Denn der Trick ist, dass es keinen Fluch gibt. Das Leben selbst, Gregors Familienleben, die stille Duldung, nur als Mittel zum Zweck benützt zu werden, ist selbst absurd. In Kafkas Geschichte hat die Verwandlung eine völlig andere Funktion als in einem Märchen. Sie sprengt die Absurdität eines Lebens aus all seinem täglichen Gleichmaß heraus. Dadurch erscheint ein Alltagsschicksal in existenzialem Licht. Man wird, was man ist. Wird man als Insekt behandelt und duldet diese Behandlung, wird man zum Insekt. Das Leben selbst wird als Fluch dargestellt. Doch dieser Fluch ist auch komisch, denn Gregor Samsas Leben war komisch, und sein Tod wird es auch sein. Kafkas Beschreibung von Gregors traurigem Schicksal ist tatsächlich komisch.

Gregors Familienmitglieder sind gar nicht überrascht, dass er ein Monster geworden ist. Das Absurde als ganz natürlich hinzunehmen, ist ein in Märchen, Witzen und der existenzialen Komödie verbreitetes Element. Die Beschreibung der Veränderungen von Gregors Appetit und Kost, der Art, wie er lernt, richtig zu kriechen, und seine Technik perfektioniert, um sich in seinem neuen Leben einzurichten, das alles ist extrem komisch. Zum Beispiel:

> *„Nun kam gewiß bis zum Morgen niemand mehr zu Gregor herein; er hatte also eine lange Zeit, um ungestört zu überlegen, wie er sein Leben jetzt neu ordnen sollte. ... nicht ohne eine leichte Scham eilte er unter das Kanapee, wo*

er sich, trotzdem sein Rücken ein wenig gedrückt wurde und trotzdem er
den Kopf nicht mehr erheben konnte, gleich sehr behaglich fühlte und nur
bedauerte, daß sein Körper zu breit war, um vollständig unter dem Kanapee
untergebracht zu werden." [Sämtliche Werke, Frankfurt 2008.]

In „Josefine, die Sängerin oder Das Volk der Mäuse" ist eine Verwandlung nicht
nötig, denn wir finden uns sofort unter Mäusen in einem komischen Märchen-
milieu. Es gibt niemanden, den Josefines Gesang „nicht fortreißt, was umso
höher zu bewerten ist, als unser Geschlecht im ganzen Musik nicht liebt." Ob
Kafka sich hier auch über jüdisches Selbstverständnis und jüdische Ironie lustig
macht, lasse ich hier offen. Doch sollte man erwähnen, dass Juden in „Maus",
dem bekannten Cartoon über den Holocaust, als Mäusevolk dargestellt werden.

Soviel ich weiß, ist diese Kurzgeschichte der erste Fall in der Literatur –
und vielleicht überhaupt der erste –, in dem die Religion der Kunst komisch
dargestellt wird. Doch steht die Religion der Kunst hier auch für Religion im
Allgemeinen. Die Darstellung ist nicht satirisch, sondern humorvoll – ein wun-
derbares Beispiel konstitutiven Humors. Die Geschichte legt ihren Fall ebenso
direkt dar wie „Die Verwandlung", gleich in den ersten beiden Sätzen. „Unsere
Sängerin heißt Josefine. Wer sie nicht gehört hat, kennt nicht die Macht des
Gesanges." Nach dieser Einleitung überrascht, dass der unbekannte Autor des
Berichts ein Skeptiker ist:

Ist es denn überhaupt Gesang? Ist es nicht vielleicht doch nur ein Pfeifen? Und
Pfeifen allerdings kennen wir alle .... . Alle pfeifen wir ....
Aber steht man vor ihr, ist es doch nicht nur ein Pfeifen ... Selbst wenn es nur unser
tagtägliches Pfeifen wäre, so besteht hier doch schon zunächst die Sonderbarkeit,
daß jemand sich feierlich hinstellt, um nichts anderes als das Übliche zu tun.
... wir bewundern an ihr das, was wir an uns gar nicht bewundern .... . Jedenfalls
leugnet sie also jeden Zusammenhang zwischen ihrer Kunst und dem Pfeifen. ...
Josefine will nicht nur bewundert, sondern genau in der von ihr bestimmten Art
bewundert sein, an Bewunderung allein liegt ihr nichts. Und wenn man vor ihr
sitzt, versteht man sie; Opposition treibt man nur in der Ferne; wenn man vor
ihr sitzt, weiß man: was sie hier pfeift, ist kein Pfeifen.
[Unser Volk] wäre z. B. nicht fähig, über Josefine zu lachen. ...
... sie glaubt, sie sei es, die das Volk beschütze. Aus schlimmer politischer oder
wirtschaftlicher Lage rettet uns angeblich ihr Gesang, nichts weniger als das
bringt er zuwege, und wenn er das Unglück nicht vertreibt, so gibt er uns
wenigstens die Kraft, es zu ertragen. ... Freilich, sie rettet uns nicht und gibt
uns keine Kräfte, es ist leicht, sich als Retter dieses Volkes aufzuspielen ..., das
sich noch immer irgendwie selbst gerettet hat .... . Die Drohungen, die über uns
stehen, machen uns stiller, bescheidener, für Josefinens Befehlshaberei gefügiger ...

Eines Tages verschwindet Josefine. Ist Gott tot? Ist die Religion tot? Ist die Kunst tot? All diese Hegel'schen Fragen werden auf komische Art gestellt. Sind das komische Fragen? Gewiss, am Ende wandelt sich die komische Darstellung in pathetische Gefühlsduselei mit ironischer Skepsis – wie so oft in existenzialen Komödien.

> *Sie ist eine kleine Episode in der ewigen Geschichte unseres Volkes … . War ihr wirkliches Pfeifen nennenswert lauter und lebendiger, als die Erinnerung daran sein wird? War es denn noch bei ihren Lebzeiten mehr als eine bloße Erinnerung? … Josefine aber, erlöst von der irdischen Plage, die aber ihrer Meinung nach Auserwählten bereitet ist, wird fröhlich sich verlieren in der zahllosen Menge der Helden unseres Volkes, und bald … in gesteigerter Erlösung vergessen sein wie alle ihre Brüder.*

Die Kurzgeschichte „Ein Hungerkünstler" folgt einer dritten komischen Tradition, jener von Becketts und einiger von Ionescos Stücken. Hier gibt es keine fantastische Darstellung, keine Verwandlungen, keine märchenhaften Erinnerungen und auch keine Motive des komischen Dramas. Schauplatz ist der Zirkus. Wir sind auf dem Jahrmarkt, wo sich das Volk versammelt, um eine fabelhafte Vorführung zu erleben, einen Trick, ein Spektakel, eine Show, einen Stunt, ein Meisterstück. Wir finden uns unter den Seiltänzern von Nietzsches „Zarathustra", bei den gezähmten Bestien, Clowns und ihren Trainern. Der fragliche Stunt ist aber kein gewöhnlicher. Der Darsteller ist kein Jongleur, kein Zauberer, er ist ein Hungerkünstler. Er hungert seinen Körper aus, geht in der asketischen Übung fast bis zum Äußersten. Askese als Kunst, unter Druck den Augen der neugierigen Zuschauer ausgesetzt, denn Askese ist auch eine Art, Geld zu verdienen: Dieser Widerspruch treibt die konstitutive Ironie der Geschichte. Kafka hat Kierkegaard gelesen und geliebt. „Ein Hungerkünstler" kann auch als poetische Darstellung von Kierkegaards Begriff des Komischen gelesen werden, der Kierkegaard'schen Vision der existenzialen/absurden Komödie.

Der Widerspruch, den Kafka darstellt, ist weder schmerzhaft tragisch noch schmerzfrei komisch, wie Kierkegaard unterschied, sondern sowohl schmerzhaft als auch nicht schmerzhaft, traurig und lächerlich, genau wie in einer existenzialen Komödie. Die unheimliche und doch komische Geschichte endet wie „Die Verwandlung" mit dem Tod des Antihelden. Interessanterweise gibt es anders als in anderen komischen Kafka-Geschichten und ähnlich wie in „Vor dem Gesetz" eine Pointe. Aufgrund dieser Pointe kann „Ein Hungerkünstler" auch als Parodie auf den asketischen Priester Nietzsches gelesen werden. In Antwort auf die Frage des Aufsehers, warum sie das Fasten des Künstlers nicht bewundern sollten, flüstert der sterbende Hungerkünstler ein letztes Bekenntnis ins Ohr des Aufsehers. Man kann es nicht ganz verstehen. „Weil ich hungern muß, ich kann nicht anders. ... weil ich nicht die Speise finden konnte, die mir schmeckt. Hätte ich sie gefunden, glaube mir, ich hätte kein Aufsehen gemacht und mich vollgegessen wie du und alle." Diese parodierende Pointe wird noch durch die Tatsache hervorgehoben, dass ein junger Panther in den Käfig des Hungerkünstlers gesperrt wird. Etwas sehr Ähnliches geschieht ohne besondere Pointe in „Die Verwandlung": Aus der jungen Schwester wird eine schöne Frau. Der neurotische Kafka empfand ebenso viel Bewunderung für das Leben wie der neurotische Nietzsche. Vielleicht auch Ionesco. Aber Beckett nicht. Alle drei Arten der komischen Darstellung kamen in den Werken Becketts zur Perfektion.

*****

Schubladendenken ist ein dummes Geschäft. Trotzdem muss ich anmerken, dass Becketts erster großer Roman „Murphy" sowohl ein traditioneller komischer Roman ist und auch schon ein existenzialer komischer Roman, der dem „Ulysses" von Joyce nähersteht als Becketts eigenem „Mercier und Camier". Doch Murphy stirbt und sein Tod ist „logisch", anders als der Tod Don Quijotes. Obwohl rein zufällig, gehört Murphys Tod zu seiner Figur. Auch dass seine Asche nebenbei auf dem Boden eines Wirtshauses landet, gehört zu seiner Figur. Er ist der typische Antiheld, wie fast alle anderen späteren Helden von Beckett sein werden. Wir treffen ihn, wie er nackt in einem Schaukelstuhl sitzt, an den er sich festgebunden hat, um stillzusitzen. Als Antiheld ist er auch ein grotesker Held, denn sein Ziel, absolut nichts zu tun, ist ebenso unerreichbar wie alles zu tun. Als er bedrängt wird, sich anstellen zu lassen, muss er sterben, denn dann wird er zum existenzialen Fehlschlag. An einer Stelle meint er: „Es gibt keine Revanchepartie zwischen einem Menschen und seinen Sternen."

Der kosmische Egozentrismus Murphys ist ebenso lächerlich wie eben Egozentrismus normalerweise ist, aber durch Murphys eigenen Ehrgeiz, seinen Egozentrimus in kosmische Höhen zu heben, wird er absurd. Die Spinoza-Paraphrasen des Autors und seine Parodie „Amor intellectualis qua Murphy ipsum amat" sagen alles.

In diesem neuen Setting tauchen alle Tricks, Ironien, Parodien und Wortspiele des alten komischen Romans wieder auf (und sogar der Ausdruck *volte-face* [Kehrtwende]). Es ist ein Schelmenroman. Zwar wendet sich das Abenteuer, die „Anabasis" dieses Antihelden ins Gegenteil der Anabasis traditioneller Helden von Schelmenromanen. Er prüft sich nicht selbst, denn in seinem Fall würde eine Prüfung bereits den Verlust der „Existenz" bedeuten. Doch die anderen Figuren der Geschichte sind typische Figuren eines komischen Romans. Beckett bezieht sich direkt auf Don Quijote und Gulliver, und manche Figuren wie Neary sind direkt von „Die Pickwickier" ausgeborgt. Die Geschichte von Celia ist eine Parodie der damals populären Perdita-Romane. Der Detektiv Cooper ist eine Parodie des Helden der damals populären Detektivgeschichten. Eine groteske Szene folgt der anderen, von Kelly und seinen Drachen bis zu Miss Dew, die Tauben mit sorgfältig bereitetem Salat „füttert", den sie nie essen.

„Murphy" ist ein philosophischer Roman, er parodiert Philosophien lustvoll. Unter anderem werden die Philosophien von Spinoza, Leibniz, Berkeley und Schopenhauer verspottet. Murphy ist die fensterlose Monade und auch die Verkörperung von Berkeleys Solipsismus. Über psychophysikalischen Parallelismus lesen wir die folgende Überlegung:

> *Er dachte nicht an einen Fußtritt, weil er ihn fühlte, und er fühlte auch keinen*
> *Fußtritt, weil er daran dachte. [Übersetzt von Elmar Tophoven, Hamburg 1959.]*

Es gibt Wortneuschöpfungen wie „Eleuthermomania", was sich angeblich auf eine irische neurotische Reaktion bezieht.

„Watt" ist kein „Wendepunkt", sondern die Ausweitung der Aspekte eines existenzialen/absurden Hangs zum Komischen, der bereits in „Murphy" präsent ist. Die „sozial konkreten" Beschreibungen traditioneller komischer Genres verflüchtigen sich. Raum und Zeit des Geschehens sind unbestimmt. Wir sind im Niemandsland der Konversation zwischen nackten Seelen. Doch es sind auch komische Seelen und ihre Gespräche sind ebenso grotesk und sinnlos. Die Wortspiele heben Spaß als wesentliche Zutat hervor. Das zeigt sich schon im Titel, einem phonetischen Wortspiel: „Watt" – Was? Hier werden Ironie und Humor zum ersten Mal essenziell konstitutiv. In seinem Buch „I Can't Go On, I'll Go On" schreibt Richard W. Seaver dazu: „Watt ist ein logischer Positivist in einer unlogischen Umgebung." Die Dialoge können sinnlos werden, weil die Umwelt unlogisch ist.

Die Dialoge dieses Romans erinnern uns mehr an die von Ionescos „Die kahle Sängerin" als an die Dialoge in Becketts komischen Dramen – mit einem wichtigen Unterschied. Ionesco macht sich im Allgemeinen über Small Talk lustig, während Beckett schlechte Logik verspottet, etwa in seinen philosophischen Scherzen. Erinnern wir uns an das Beispiel der Straßenbahnhaltestelle:

> *Warum sollte er [Watt] nicht verlangt haben, daß die Straßenbahn hält, wenn*
> *er es wünschte? Es gibt keinen Grund, mein Schatz … keinen erdenklichen*
> *Grund, warum er nicht verlangt haben sollte, daß die Straßenbahn hält, was*
> *er zweifellos getan hat. Aber die Tatsache, daß er verlangte, die Straßenbahn*
> *solle halten, beweist, daß er sich nicht in der Haltestelle irrte, wie du zu*
> *bedenken gibst. Hätte er sich nämlich in dem Glauben schon am Bahnhof zu*
> *sein, in der Haltestelle geirrt, so hätte er nicht verlangt, daß die Straßenbahn*
> *hält. Denn die Straßenbahn hält immer am Bahnhof.*
> *Vielleicht ist er nicht ganz klar im Kopf … . Vielleicht wollte er den Schaffner*
> *ärgern … . Vielleicht … entschloß er sich plötzlich, die Stadt doch nicht zu*

verlassen. … Vielleicht geht er auf einem Umweg nach Hause … . Dann beweist es nichts, daß er weiter in Richtung Bahnhof ging … [Übersetzt von Elmar Tophoven, Erika Tophoven, Erich Franzen, Frankfurt 1970.]

Im selben Roman begegnen wir mehrmals der Beschreibung von alltäglichen Vorkommnissen mit verbalem Humor, zum Beispiel „… die Zunge der Dame war im Mund des Herrn. … Als die Dame dann ihre Zunge aus dem Mund des Herrn zog, steckte er seine in ihren." Becketts Humor folgt häufig solchen Mustern, nämlich wenn er einfach beschreibt, was tatsächlich passiert.

Ich möchte die Darstellung existenzialer komischer Situationen in Becketts Prosawerken mithilfe der folgenden Geschichten und Romane erläutern: „Erste Liebe", „Das Beruhigungsmittel", „Mercier und Camier" und „Der Ausgestoßene". Die Trilogie „Molloy", „Malone stirbt" und „Der Namenlose" werde ich nicht erörtern, weil das komische Element in diesen Werken verhalten ist.

Auf eine gemeinsame Eigenschaft aller Romane und Geschichten, die behandelt werden sollen, wurde oft hingewiesen, sie soll hier nicht übersehen werden. Außer „Mercier und Camier" sind alle in der ersten Person Einzahl geschrieben. Manchmal gibt es mehr als einen Erzähler („Molloy"), doch in keinem der Fälle wissen wir, wer spricht. Auch wenn „Mercier und Camier" in der dritten Person geschrieben ist, bemerkt der angebliche Autor sofort, dass er immer mit den beschriebenen Personen zusammen war. So setzt schon der erste Satz ein Fragezeichen hinter die Identität des „Autors". Hier stoßen wir wieder auf die unlösbare Frage nach der Autorenschaft, die wir von komischen Romanen her so gut kennen und die hier konstitutiv wird. Die Identität des Werkes wird trügerisch, nicht nur die Identität des Chronisten.

Es gibt eine Abstraktion von Zeit und Ort, eine Art Fluktuation. Es ist keine Bergson'sche Zeit innerer Erfahrungen, die die sogenannte objektive Zeit ersetzt, denn die subjektive Zeit (wenn es eine ist) ist ebenso schwer fassbar wie die objektive Zeit. „Das Beruhigungsmittel" beginnt mit der absurden, ganz „natürlich" formulierten Feststellung, dass der Antiheld nicht wisse, wann er gestorben sei. „Erste Liebe" beginnt auf dem Friedhof, wo der Antiheld seine Heirat mit dem Tod seines Vaters „assoziiert" – zu Recht oder zu Unrecht, wie er sagt. Das „Ich" von „Der Ausgestoßene" hat sein Alter vergessen. Wir sind immer im Niemandsland, die Figuren werden in diesem Niemandsland in verschiedene Situationen gestellt (die alle aneinander erinnern), auch wenn es bestimmte Rollen oder Dinge gibt, die Hinweise auf das „Wo" und „Wann" geben – wie ein Fahrrad, der (ja, *der*) eine zentrale Rolle in „Mercier und Camier" spielt, oder der Stall, das Bett, die Möbel (alle wichtig) oder das Taxi, ebenso der Polizist, der Detektiv oder die Prostituierte, alles immer wiederkehrende Gestalten bei Beckett. Becketts Polizisten erinnern mich manchmal an bekannte Witze über Polizisten.

Ich nenne die Helden dieser Geschichten Antihelden, denn alle „Helden" Becketts sind Tramps oder, in heutiger Sprache, „Heimatlose". Sie sind auch Clowns oder, in Seavers Terminologie, Varietégestalten wie die Marx Brothers. Sie spielen, sie bewegen sich und sie sprechen wie Clowns, sie spielen keine Rolle wie Zirkusclowns oder Hofnarren, denn sie spielen sich selbst. Sie sind unabhängige Clowns, frei in ihrem Verständnis von Unabhängigkeit. Sie sind eigensinnig und extrem egozentrisch (wie Murphy). Sie sind unfähig zu lieben. Die größte Bedrohung im Leben dieser Clowns sind nicht Polizisten oder „Amtsleute" (wenn es zum Schlimmsten kommt, nehmen sie das Fahrrad), sondern die Liebe einer Prostituierten. Und das nicht, weil es eine Prostituierte ist, sondern weil es Liebe ist. Sie alle wollen jeder Bindung entkommen. Und sie stinken, sie sind dreckig, sie waschen sich nie. Es ist eine metaphorische Darstellung, ein Symbol der Unsauberkeit, aber sie ist auch „naturalistisch", wenn man Tramps porträtiert.

Die Erzählungen in der ersten Person beginnen mit der wörtlichen Wiedergabe des metaphorischen Akts des „Geworfenseins", nachdem sie von zu Hause hinausgeworfen wurden. Die Erzähler sind einsam, doch sie leiden nicht unter Einsamkeit, zumindest nicht direkt und offen, sie genießen sie eher. Wenn man ein modernes Beispiel für den aristotelischen *autokephalos* sucht, passen diese Tramps ins Bild. Sie sind Karikaturen des *autokephalos,* dargestellt mit Humor. Denn diese Romane sind repräsentative Werke des konstitutiven Humors.

Ich muss hier eine Bemerkung im Geiste Kierkegaards anfügen. So, wie Ironie in der Mitte zwischen dem Ästhetischen und dem Ethischen liegt, so bildet Humor die Grauzone zwischen dem Ästhetischen und dem Religiösen. Beckett ist ein Autor, der uns meistens – zumindest nach dem Zweiten Weltkrieg (wenn auch noch nicht in „Murphy") – mit den wunderbarsten Werken des konstitutiven Humors beschenkt. Die Grauzone zwischen dem Religiösen und dem Ästhetischen wird durch die Romane und Geschichten selbst repräsentiert. Sie stellen Sünder dar in einer unerlösten Welt, doch gibt es eine starke Verbindung zwischen dieser unerlösten Welt und der Erlösung. Zumindest eine negative Verbindung. Ohne ein unbestimmtes Verhältnis zur Erlösung kann man keine unerlöste Welt und Schuld darstellen, ebensowenig wie man bedingungslos gute Menschen porträtieren kann. Diese Beziehung wird in Becketts Dramen sogar noch klarer, aber sie ist auch schon in seinen Geschichten und Romanen präsent. Nichts ist komisch an der Erlösung. Doch die Beziehung einer unerlösten Welt zu Erlösung (eine Art praktische negative Theologie) ist (auch) komisch, wenn sie ästhetisch über indirekte Kommunikation dargestellt wird. Und – ich glaube nicht, dass ich hier meine Interpretation überziehe – wenn die praktische Beziehung einer unerlösten Welt zur Erlösung komisch ist, dann ist die Conditio humana, das menschliche Leben selbst komisch.

In „Erste Liebe" erfahren wir gleich auf dem Friedhof, dass der junge Mann, der gerade das Grab seines Vaters besucht hat, schon ein paar Sachen geschrieben hat, aber dass er unter all seinen Gedichten seine eigene Grabinschrift am meisten liebt: „Hier ruht, der vor ihm geflohen bis zuletzt, so daß es ihn nicht früher geflohen als jetzt." Diese Inschrift ist natürlich ein Scherz.

In „Der Ausgestoßene" treffen wir auf einige kafkaeske Motive, doch die Pointe stammt aus dem Kreis der Chaplin-Filme oder von Bergson. Nachdem der Antiheld von zu Hause hinausgeworfen wurde, versucht er, „einen Fuß richtig vor den anderen zu setzen, denn ich hatte mindestens fünf oder sechs, aber es endete immer in der gleichen Weise, ich meine, mit einer Gleichgewichtsstörung und folgendem Sturz." Beckett schenkt uns hier einen der archaischsten Anlässe zum Lachen, den Fall einer Person, die sehr aufmerksam und bedächtig geht.

Wortspiele, sophistische Logik und sinnlose *bavardage* sind nur einige Quellen des Komischen bei Beckett. Die Hauptquelle jedoch ist seine Technik. Wie schon im Zusammenhang mit „Watt" vermerkt, besteht Becketts Methode darin, Entwicklungen so zu beschreiben, wie sie geschehen, dabei sorgfältig jeden Gebrauch von Wörtern zu vermeiden, die sich normalerweise auf Ereignisse beziehen, und stattdessen eine Sprache der Dinge zu gebrauchen. Diese „Methode" wird benutzt, um sexuell aufgeladene Situationen wiederzugeben, in Fällen von unflätigem Humor wie bei der Beschreibung von Durchfall, Verstopfung, Urinieren usw. – auch bei der Darstellung von Traumlogik. In „Erste Liebe" zum Beispiel überlegt das „Ich":

Aber mit fünfundzwanzig Jahren strotzt der moderne Mann noch von Spannkraft, sogar von sexueller von Zeit zu Zeit, das ist jedermanns Los, auch mir selber blieb das nicht erspart, wenn man sowas überhaupt von Spannkraft strotzen nennen kann. Sie merkte es natürlich, die Frauen wittern einen stehenden Phallus schon, wenn sie noch über zehn Kilometer von ihm entfernt sind und fragen sich dabei, Wie hat der mich überhaupt sehen können? [Übersetzt von Elmar Tophoven, Frankfurt 1995.]

Ist das sündhaft oder schuldhaft komisch?

Der Antiheld von „Erste Liebe" verlässt die Prostituierte, als sie sein Kind zur Welt bringt. Das Ende der Geschichte ist nicht komisch. Das „Ich" redet mit sich selbst:

… aber was ändert das schon, ob ein Schrei leise ist oder laut? Wichtig ist, daß er aufhört. Jahrelang glaubte ich, daß sie aufhören würden. Nun glaube ich es nicht mehr. Ich hätte anderer Lieben bedurft, vielleicht. Aber Liebe gibt es nicht auf Verlangen.

Im Bewusstsein der Sünde kehrt die formale Logik zurück.

„Mercier und Camier" und „Der Ausgestoßene" enden nicht im Bewusstsein von Sünde, sondern mit einer indirekten Mitteilung über die Beziehung zur Transzendenz. Unter allen Prosawerken ist „Der Ausgestoßene" vielleicht das traumähnlichste. Der Antiheld der Geschichte ist ebenso arm an Liebe und menschlicher Bindung wie das „Ich" in „Erste Liebe". Und er ist versucht, den Stall (die Versuchung) anzuzünden. Aber dort ist ein Pferd (eine Reminiszenz an Nietzsche?). Das Pferd wendet seinen Blick nicht vom Erzähler ab. Es bleibt am Fenster stehen.

Die Streichhölzer ließ ich liegen, sie gehörten mir nicht. ... Die Dämmerung hatte kaum begonnen. Ich wußte nicht, wo ich war. Ich ging blindlings nach Osten, um so bald wie möglich ins Helle zu kommen. ... Ich weiß nicht, warum ich diese Geschichte erzählt habe. ... Ein andermal werde ich vielleicht eine andere erzählen können. Wie sehr sie sich gleichen, das werdet ihr sehen, ihr lebenden Seelen. [Übersetzt von Elmar Tophoven, Frankfurt 1995.]

Mit den letzten Zitaten möchte ich den konstitutiven Humor in Becketts Prosawerken sichtbar machen. Unter diesen ist „Mercier und Camier" beinahe ein Drama. Vor allem in den Dialogen der beiden Clowns zeigen sich sowohl Witz wie Humor. Diese Clowngestalten verlassen den Dramatiker Beckett nie.

Im 19. Jahrhundert wurde die sogenannte *comédie larmoyante* äußerst populär. Das sind sentimentale Komödien, die einen gleichzeitig zum Lachen und zum Weinen bringen. Wie die Prosawerke von Beckett sich auf den traditionellen komischen Roman beziehen, so beziehen sich seine Stücke (oder die meisten davon) auf die comédie larmoyante. In einem Theaterstück von Beckett braucht man sein Taschentuch aus zwei Gründen. Doch die komischen Elemente haben bei Beckett nichts mit dem leichten Sozialschwank zu tun, und die sentimentale Note löst sich nach einem traurigen und emotional intensiven Missverständnis nicht in einem Happy End auf. Das einzige konstitutive Element dieser Stücke ist der Kierkegaard'sche Humor. Liebe ist und bleibt im Mittelpunkt, aber im Zentrum steht nicht die Liebe als Begehren, sondern als Güte. Im konstitutiven Humor werden auch die Gefühle (und Gefühlsduseleien) konstitutiv, das heißt, sie müssen indirekt kommuniziert werden.

Ich möchte im Folgenden einige komischen Dramen oder Stücke mit einer komischen Note erörtern: „Warten auf Godot", „Endspiel", „Glückliche Tage", „Spiel" und „Was wo". Ich werde keine nicht komischen Stücke besprechen (wie „Das letzte Band") und auch nicht alle komischen, um Wiederholungen zu vermeiden.

Man kann keine passenderen Figuren für eine indirekte Kommunikation über die Erlösung finden als Clowns. Mit „Warten auf Godot" gewann Beckett den Jackpot, doch er war mit seinem Werk unzufrieden. Für mich ist und bleibt

„Godot" das perfekteste moderne komische Drama, trotzdem verstehe ich Becketts Bedenken. Im Vergleich zu „Endspiel" (das der Autor in Ordnung fand) ist „Godot" etwas zu sentimental und manchmal sogar zu direkt. Aber vielleicht sind es genau diese Eigenschaften der *comédie larmoyante*, die den Weg für praktisch unendliche Interpretationen freimachen. Meine ist nur eine davon, und sie wird unvollständig sein, weil ich mich auf jene Eigenschaften von „Godot" konzentrieren möchte, die ihm einen Ehrenplatz in der Welt des komischen Genres sichern.

Estragon und Wladimir sind wie Mercier und Camier typische Zirkusclowns mit Namen Gogo und Didi. Aber sie sind nicht mehr jung. Früher waren sie Zirkusakrobaten: „Hand in Hand hätten wir uns vom Eiffelturm runtergestürzt, mit den ersten." [Übersetzt von Elmar Tophoven, Frankfurt 1995.] (Es ist auch eine Parodie von Ibsens „Baumeister Solness".) Sie benehmen sich wie normale Clowns. Zum Beispiel spielen sie die alte Szene, in der sie unfähig sind, ihre Stiefel auszuziehen, den Scherz, bei dem sie in den Stiefel schauen, und sie wiederholen sich ständig, zum Beispiel in ihrem Spiel mit dem Hut, oder indem sie so tun, als hätten sie sich eben getroffen oder als wollten sie gerade gehen (während sie bleiben) und so weiter. Sie erzählen auch alte und schmutzige Witze (oder versuchen es), und sie knöpfen öffentlich ihre Hose zu: „Nur keine Nachlässigkeit in den kleinen Dingen." Wir begegnen auch dem wiederkehrenden Motiv des komischen Helden, „sich aufzuhängen", so wie Papageno in „Die Zauberflöte". Hinzu kommt das Motiv, sich das Lachen zu verbieten, sowie immer wieder der Schabernack, sich eine Auswahl zum Beispiel zwischen einer weißen und einer gelben Rübe anzubieten, obwohl einer immer das Gegenteil von dem bekommt, was er gewählt hat.

Doch diese Clowns warten auf Godot, genauer, Wladimir tut es. Estragon folgt ihm nur skeptisch und widerstrebend. Die Beziehung zwischen Wladimir und Estragon ist wie jene zwischen Don Quijote und Sancho Panza, auch wenn sie an manchen Stellen ihre festen Rollen wechseln.

Das Stück bewegt sich ins Zwielicht zwischen dem Komischen und dem Mystischen, sobald die Themen von Sünde und Vergebung orchestriert werden – wenn Wladimir bemerkt, während er seinen Hut abnimmt:

So ist der Mensch nun mal: er schimpft auf seinen Schuh, und dabei hat sein Fuß schuld. ... Einer von den Schächern wurde erlöst. Das ist ein guter Prozentsatz. Gogo ...
Estragon: Was?
Wladimir: Wenn wir beiden es bereuen würden?
Estragon: Was?
Wladimir: Nun ja ... Wir brauchen ja nicht ins Detail zu gehen.
Estragon: Daß wir geboren wurden?

Da geht eine quasi-theologische Diskussion vor sich. Wladimir spricht über den Erlöser. Doch es gibt eine Unsicherheit über „wovon". Wovon können wir erlöst werden? Von der Hölle? Vom Tod? Estragons Abschlussurteil klingt so: „Die Leute sind blöd!" Das ist eine Sancho Panza-Bemerkung. Wladimir, der Don Quijote von Becketts Stück, teilt diesen Gedanken nicht. Er wird heute auf Godot warten, und wenn er heute nicht kommt, dann morgen oder am Tag danach. Ich möchte hinzufügen, dass der Junge, Godots Bote, der an einen Engel aus einem Krippenspiel erinnert, uns nicht den Eindruck einer Traumgestalt vermittelt, sondern den eines untalentierten Kinderschauspielers. Doch für Wladimir ist er trotzdem der wahre Bote von Godot.

Junge: Was soll ich Herrn Godot sagen?
Wladimir: Sag ihm … (Er zögert.) Sag ihm, daß du uns gesehen hast.

Das ist Humor im Kierkegaard'schen Sinn.

Das andere Paar der Komödie, Pozzo und Lucky, sind auch komische Figuren aus dem Zirkus. Was hier geschieht, ist die Umkehrung einer Tradition des Komischen und von Märchengeschichten, in denen Tiere menschliche Rollen spielen. Pozzo ist ein Tierbändiger und benimmt sich auch so. Lucky ist ein Tier, vielleicht ein Bär, vielleicht ein Tiger, dargestellt als Mann. Pozzo spricht mit ihm, behandelt ihn und spricht über ihn wie ein Tierbändiger mit einem Bären, einem Tiger oder einem Panther. Doch dann, um die Neugier von Didi und Gogo zu befriedigen, verwandelt sich das Tier in eine denkende Maschine und gibt Beckett die Möglichkeit, Sprache (Sätze und Wörter) niederzubrechen, sich über lautes Denken lustig zu machen. Eine der komischsten Szenen trifft uns aber wie ein Albtraum. Lucky ist weder ein Tier noch eine sprechende Maschine, sondern eine menschliche Person. Ein Seil um den Hals eines Bären ist kein angenehmer Anblick, aber nicht unheimlich. Dasselbe bei einem Menschen ist unheimlich und entsetzlich. Betrachtet man das Stück aus mystischer Sicht, könnte man diese Szene auch als Prüfung ansehen. Wladimir verteidigt Lucky nicht nur, er ist auch bereit, ihm die Tränen zu trocknen. Aber als Estragon das versucht, tritt ihn Lucky heftig. Darauf erklärt sich Wladimir bereit, Estragon zu tragen.

Wladimir ist der „gute Mensch". Die wenigen Blätter, die von einem kargen Baum während einer einzigen Nacht sprießen – zwischen dem ersten und dem zweiten Akt – können als Botschaft gelesen werden, als Zeichen der Erlösung. „Es gibt etwas Neues hier seit gestern", bemerkt Wladimir, doch auch als komische Darstellung der Idee einer Botschaft.

Der zweite Akt beginnt mit einer Anspielung auf Kierkegaard. Wladimir singt „Ein Hund kam in die Küche", ein Lied, das sich ständig wiederholt. Der zweite Akt scheint eine Wiederholung des ersten zu sein. Doch es gibt nie wirklich eine Wiederholung. Wladimir bietet Radieschen statt Karotten. Didi und Gogo spielen Mutter/Kind. Sie tauschen Hüte (Clowning), sie beschimpfen einander (wieder Clowning), Pozzo und Lucky tauchen wieder auf, diesmal in einer Parodie von Kain und Abel, doch Pozzo ist jetzt blind und das Seil kürzer. Das einzige, was Wiederholung ist und bleibt, ist die „ewige Wiederholung": das Warten auf Godot. Wladimir:

> *Aber an dieser Stelle und in diesem Augenblick sind wir die Menschheit, ob es uns paßt oder nicht. … Was machen wir hier, das muß man sich fragen. Wir haben das Glück, es zu wissen. Ja, in dieser ungeheuren Verwirrung ist eines klar: wir warten darauf, daß Godot kommt.*

Der Botenjunge fragt erneut, was er Godot sagen soll. Die Antwort ist eine Wiederholung der Antwort aus dem ersten Akt. Es wird morgen die Antwort sein und am Tag danach.

> *Estragon: Und wenn er kommt?*
> *Wladimir: Sind wir gerettet.*

Die Sehnsucht nach Erlösung könnte vielleicht auch als Parodie verstanden werden. Doch etwas hält mich davon ab, diese Interpretation anzunehmen. Ich habe oben von Becketts Sentimentalität gesprochen. Im Stück „Warten auf Godot" – wenn es überhaupt „um" etwas geht – geht es um Freundschaft. Es ist ein Stück über zwei alte Clowns, einen Glaubenden und einen Skeptiker, einen Narren der Philosophie und einen Narren des Alltags, die einander nie verlassen werden. Das Thema Freundschaft wiederholt sich auch, aber es ist eine andere Art von Wiederholung als das „Warten auf Godot". Es ist keine Parodie, weil es als Wahrheit in einer Parodie die Oberhand gewinnt.

Im Gegensatz dazu ist „Endspiel" – ein „Stück in einem Akt" – hart und bissig. Da gibt es keine Güte, und keine menschliche Beziehung steht auf dem Prüfstand. Niemand wartet auf Godot oder sonst jemanden. Clov ist dabei, zu gehen, der alte Clov will sich befreien! Wovon? Von ewiger Strafe. Interessanterweise bietet „Endspiel", Becketts unheimlichstes Stück, Figuren und Situationen traditioneller Komödien auf: Mutter, Vater, Sohn und Sklaven. Beckett stilisiert sie (ihre Sprache, ihren Charakter, die Situation) derart extrem, dass wir sie kaum wiedererkennen. Vater und Mutter sind beide in einem Mülleimer unter einem Deckel. Eine Metapher („jemanden in den Müll werfen") wird in ihrer wörtlichen Bedeutung auf der Bühne dargestellt. Einer ähnlichen Technik – Metaphern oder Gleichnissen, die als „real" wörtlich genommen werden – begegnen wir in der modernen Malerei von Picasso bis zum Surrealismus. Konstitutiver Humor erscheint in der Literatur häufig als konstitutiver Surrealismus.

Clov und Hamm sind Clowns. Ihre Erscheinung, ihre Bewegungen sind clownesk. Clovs Gang ist zum Beispiel steif. Sie führen clowneske Bewegungen und Handlungen aus, etwa im Spiel mit der Leiter. Die Kommunikation zwischen den Figuren ist oft eine Fehlkommunikation, wie wir sie so gut aus Witzen kennen. Zum Beispiel „Wieviel Uhr ist es? – Soviel wie gewöhnlich." (Von dem Witz: „Weißt du, wie spät es ist?" „Ich weiß es.") [Übersetzt von Elmar Tophoven, Frankfurt 1995.] Oder: „Warum behältst du mich? – Es gibt sonst niemand." (Aus dem Witz: Eva zu Adam: „Warum liebst du mich?" Adam zu Eva: „Es gibt sonst niemand.") Hamm ist die absurde Version von Molières Geizhals. Er ist ein fast blinder Tyrann mit einer unbestimmten Sünde in seiner Vergangenheit, die etwas mit einem Jungen zu tun hat, vielleicht seinem Sohn, vielleicht Clovs Sohn, also mit der erlösenden Zukunft. Soll er der Teufel sein?

Nagg und Nell (Hamms Eltern) sind einfach ein altes Ehepaar, sie haben voneinander genug und sind doch aneinander gebunden. Sie können sich am Rücken kratzen, sie können drohen, einander zu verlassen, sie versuchen sogar, einander zu küssen, aber es geht nicht. Sie haben schöne Erinnerungen an ihre Verlobung und sie erzählen auch Witze (schlecht), um einander zu unterhalten. Säßen sie nicht in Mülleimern, klänge ihre Unterhaltung wie Small Talk und normales Gezänk. Und es ist Small Talk und normales Gezänk, sinnlos und komisch. Vater Nagg möchte seine Praline. Sohn Hamm antwortet, dass es keine mehr gibt. Darauf Nagg: „Es ist ja normal. Ich bin schließlich dein Vater. Wäre ich es nicht, so wäre es freilich ein anderer gewesen."

Das Ende der Welt, das „Endspiel", ist also eine umgekehrte Metapher. Wir sagen, dass die Welt mit uns untergeht, und diese Metapher wird im wörtlichen Sinn ausgespielt. Drei der Antihelden des Stücks werden sterben, zuerst Nell, und auch der Hund.

In „Glückliche Tage", einem Stück in zwei Akten, setzt Beckett fort, was er in seinen Prosawerken begonnen hat. Er leert die Bühne, platziert nur zwei Figuren darauf, und sogar diese beiden sind kaum zu sehen. Die Stimme wird wichtiger als Bewegungen. Die Stimme selbst beginnt sich zu „bewegen", von einem Umgangston zu einem rhetorischen, von einem reich modulierten Ton zu einem monotonen Blabla, von lauter Demonstration zu einem Flüstern, von einem schnellen zu einem langsamen Tempo und wieder zurück. Die Komödie des Stückes wird immer mehr von der Musik der Sprache getragen. Die Performativen scheinen eine unabhängige Kraft zu besitzen.

Winnie, eine Frau von fünfzig, ist von Erde bedeckt, erst bis zur Taille, später bis zum Hals. Die Technik der Verbindung von Sentimentalität (wieder) und dramatischer Grausamkeit ist wunderschön entwickelt. Winnie spricht mit Willie, der sechzig ist und den wir nicht sehen. Sie redet und redet, ohne Antwort zu erhalten. Willie liest nur die Sportseiten. Wenn Winnie doch einmal eine Antwort bekommt, ist sie kurz und zusammenhanglos, wie „Eier", „Heller Knabe gesucht" usw. [Übersetzt von Erika und Elmar Tophoven, Frankfurt 1995.] Die verzweifelte Sehnsucht nach Kommunikation und Liebe, die hoffnungslosen Versuche, Kontakt herzustellen, der dumme Small Talk und das oft sinnlose Geplapper, um die Kommunikation wiederherzustellen, einerseits, und andererseits schließlich Winnies Hauptbeschäftigungen: in den Spiegel schauen, Makeup auflegen, auf ihre Brille aufpassen, ihre Zahnbürste usw., das alles bringt das Wesen der existenzialen Komödie heraus. Monotone Wiederholung dient hier beiden Zwecken: dem verzweifelten Hunger nach Kommunikation und dem hoffnungslosen Chaos kommunizierter Dinge.

Doch am Ende (vor dem Ende) erscheint Willie auf allen Vieren, sinkt mit dem Kopf zu Boden, kriecht zu Winnie. Mit gerade noch hörbarer Stimme sagt er: „Win." Und dann singt Winnie: „Du hast mich lieb!" Es ist die Erlösung durch die Liebe, nicht durch das Lachen.

In „Spiel", das man als Farce bezeichnen könnte, wird der Humor fast gänzlich durch eine monotone, sinnlose Rede getragen. In diesem Stück wird die Ironie konstitutiv, nicht der Humor. Zwei Frauen und ein Mann stehen in grauen Urnen, wir sehen nur ihre Köpfe. Die Geschichte, die sich aus den Mündern der drei entwickelt, ist die eines sehr gewöhnlichen, alltäglichen Dreiecks. Durch die extreme Egozentrik der drei Erzähler wird sie zu etwas Besonderem. Sie erzählen uns, was sie selbst glauben, sie berücksichtigen keine Zuhörer (es gibt keine), daher geben sie nicht vor, objektiv zu sein. Daher können sie ernsthaft und absolut egozentrisch sein. Sie besitzen drei Wahrheiten, die nichts gemeinsam haben. Daraus entsteht die Komik.

Im dritten Kapitel habe ich mich nach der Erörterung der Komödie gefragt, was aus dem erlösenden Lachen geworden ist. Man kann kaum von erlösendem Lachen als Antwort auf die existenzialen Komödien über Sünde, Schuld und Vergebung sprechen. Gewiss, es gibt Lachen, auch spontanes, leichtes, spielerisches Lachen. Doch die erlösende Kraft des Lachens hängt nicht allein von seiner Spontaneität ab, sondern auch davon, worüber man lacht. Wenn der Tyrann, der Geizhals oder der religiöse Heuchler verspottet wird, kann das Lachen nur dann erlösend sein, wenn wir auch lernen, über uns selbst zu lachen. Das komische Werk als Ganzes bringt Befreiung (wie ein Witz) und lässt uns unsere Stärke spüren, Spott anzunehmen, Egotrips zu vermeiden, verständnisvoller und weltoffener zu sein, kritisch und auch liebevoll. Das Gelächter, das existenziale Komödien begleitet, ist jedoch selten erlösend im obigen Sinn, und die Art von absurden Komödien, die durch konstitutiven Humor gekennzeichnet sind, sind es überhaupt nicht. In diesen Fällen hinterlässt das Lachen einen zweifelnden, verlegenen Nachgeschmack. Wir denken vielleicht, wir hätten nicht lachen sollen, obwohl das Gelächter die richtige Antwort war, die Antwort, die der konstitutive Humor verlangt hat. Tod, Sklaverei und das Ende der Welt können Gegenstand des Komischen sein, doch nicht auf dieselbe Art wie Hochzeit oder Cross-Dressing. Nicht, dass etwas verspottet wird, sondern die Art des Spotts, die Art, wie es verhöhnt wird, macht den Unterschied aus. Diese Frage wird uns auch im Folgenden begleiten, allerdings weniger radikal. Denn die meisten von Becketts Prosageschichten und Dramen sind, wie gesagt, Prototypen des existenzialen, konstitutiven Humors, während die meisten Werke von Ionesco Prototypen konstitutiver Ironie sind. Das bringt mehr Befreiung und weniger Zweifel. Ionesco ist ein skrupelloser Ironiker ohne Hemmungen.

*****

Viele Stücke Ionescos kündigen ihren komischen Charakter an. „Die Stühle" wird „eine tragische Farce" genannt, „Die Unterrichtsstunde" ein komisches Drama, „Die kahle Sängerin" ein „Antistück", „Amédée" eine „Komödie" usw. Ionesco setzt traditionelle komische Mittel ein, allerdings meist auf eine für die existenziale Komödie charakteristische Weise. So stellt sich zum Beispiel in „Das heiratsfähige Mädchen" heraus, dass das Mädchen ein Mann ist (kein Transvestit!) und dass er phonetische Wortspiele liebt und oft benützt. Er bringt uns mit desorganisierender Sprache zum Lachen. Ionesco macht sich häufig über Philosophen und Literaturkritiker lustig. In „Impromptu" zum Beispiel bringt er drei Männer auf die Bühne, die alle Bartholomäus heißen und Ionesco über die Bedeutung seiner Stücke informieren. Einer ist Marxist, der andere Essentialist und der dritte Phänomenologe. Alle drei sind – wie die Gelehrten bei Molière – gelehrte oder ignorante Narren. Einer der „Kritiker" schreibt eine Idee von Ionesco Aristoteles zu, und der andere widerspricht, das habe „Adamow" zuerst gesagt. Doch Ionesco kehrt auch die Vorzeichen um. Denn die Dummheit der drei Kritiker beweist auch die „Wahrheit" im Geiste der modischen Philosophen seiner Zeit, nämlich dass es das Werk gar nicht gebe, nur das, was darüber gesagt wird. Doch am Ende des Stücks gemahnt uns der Monolog des Dichters – gehalten vor seiner Nachbarin Marie (als seinem Publikum) – an eine pedantische Art zu predigen. Ironie ist auch Selbstironie.

Vielleicht erscheine ich auch ein wenig pedantisch, wenn ich darauf bestehe, Becketts konstitutiven Humor von Ionescos konstitutiver Ironie zu unterscheiden. Ich werde versuchen zu formulieren, warum. Ich kann nur wiederholen, dass es bei Beckett kein erlösendes Lachen gibt, weil nur Liebe und Güte die erlösende Kraft besitzen. Bei Ionesco gibt es fast kein erlösendes Lachen, aber auch keine erlösende Liebe oder Güte. Trotzdem sind die Komödien Ionescos nicht dunkler als jene von Beckett, tatsächlich wirken sie verspielter und leichter. Warum? Weil wir auch hier von einer erlösenden Kraft berührt werden. Es ist die Kraft der *Vernunft* im Sinne der Aufklärung. Nicht in allen Stücken von

Ionesco, aber in einigen, gibt es eine Figur namens Berenger, ein Held, kein Antiheld, denn er repräsentiert gediegene Vernunft in einer völlig sinnlosen und verrückten Welt. Weniger in seinen Argumenten (obwohl auch dann), sondern in seinen Handlungen und seiner praktischen Vernunft zeigen sich Rationalität und Sensibilität. (Der Name Berenger lässt sich leicht mit Bergeret verbinden, dem Namen des vernünftigen Mannes in einigen Romanen von Anatole France.)

Berenger ist der Held von „Die Nashörner", „Mörder ohne Bezahlung", „Fußgänger der Luft" und „Der König stirbt". Drei dieser Stücke haben eine direkte politische Botschaft. Seit Aristophanes hat erst das 20. Jahrhundert die politische Komödie wieder auf die Bühne gebracht. Schon vor Ionesco zeigten einige Farcen und Komödien von Bertold Brecht (z. B. „Arturo Ui") die Wiederaufnahme der ältesten komischen Tradition im Genre des komischen Dramas an. Männer und Frauen mit gesundem Menschenverstand (und Vernunft) treten auch in einigen von Brechts politischen Komödien auf. Das eröffnet die Möglichkeit zu konstitutiver Ironie, doch das ist nur eine Möglichkeit von vielen.

Bei Ionesco gibt es kein religiöses, sondern ethisches Pathos: Halb als Maß, halb als Unmöglichkeit, und weil es beides ist, ist das Pathos naturgemäß auch ironisch. Die Zweideutigkeit ist inhärent. Man denke nur an die ständige Intervention des Mädchens in „Die Unterrichtsstunde". Politik ist in Ionescos komischem Werk genauso ambivalent wie Ethik, allerdings weniger in den nur formal und nicht essenziell komischen Dramen wie „Die Nashörner". Ionescos politische Komödien setzen auch einige Mittel ein, die wir von Aristophanes kennen (Menschen brüllen wie Tiere und fliegen wie Vögel), und sie sind normalerweise recht direkt in ihren politischen Anspielungen. Es gibt auch direkte Parodien oder Karikaturen berühmter Personen sowie Moden der literarischen Welt und der Philosophie, ganz wie bei Aristophanes. Doch die Komödien Ionescos würden ohne die fiktiven und manchmal auch traditionellen komischen Figuren wie den Detektiv, die „englische Familie", den Logiker, den Besitzer, die Hausmeisterin oder ohne einige neue Parodien und Karikaturen wie den des Fremden aus der Antiwelt nicht funktionieren. Ionescos absurdes Theater ist von Parodien durchzogen, aber es parodiert nicht die Realität, denn die Welt, also die „Realität" selbst, wird als Parodie dargestellt.

Im Gegensatz zu Becketts Minimalismus hat die Inszenierung großen Anteil am komischen Effekt von Ionescos Stücken: Die Bühne setzt nicht nur die Spieler ins Bild, sie spielt auch. Die Bühne und ihre Gestaltung/Umgestaltung können wesentlich sein, um eine unheimliche Atmosphäre zu schaffen. In „Amédée", einer von Ionescos witzigsten Komödien, die zwei alternative Enden hat, wachsen in einem Raum Pilze und vervielfachen sich, während im anderen Raum ein Leichnam anschwillt, bis er durch das Fenster bricht. In „Der neue Mieter", wo unter anderem der Schluckauf von Platons Aristophanes (im „Symposion") ironisch wiederholt wird, ist es die Haushälterin (die sich bereit erklärt, den Herrn, den neuen Mieter, zu betreuen, der ihre Dienste nicht benötigt), die Schluckauf hat. In diesem Werk entsteht der albtraumhafte, absurde Charakter der Komödie ausschließlich aus dem Arrangement der Möbel. Ein neuer Mieter zieht nach dem verdächtigen Tod des früheren Mieters in eine Wohnung ein. Zwei Möbelpacker kommen und gehen ständig, um die leeren Räume zu möblieren. Sie bringen immer mehr neue Möbel hinein: Garderoben, Hocker, ein Radio, das nicht funktioniert, bis der neue Mieter davon völlig umzingelt ist. Und immer noch kommen neue Möbel. Schon ist das Stiegenhaus voll, dann die Straße, dann die U-Bahn. Die Themse hört zu fließen auf. Das Dach muss geöffnet werden. Die Übertreibung macht das Unheimliche lächerlich. Am Ende sprechen die Möbelpacker den Mieter an, der sich nicht mehr bewegen kann: „Jetzt sind Sie wirklich zu Hause! Wünschen Sie noch etwas? Machen sie das Licht aus. Danke."

Die Absurdität, der Albtraum ist nicht schwer zu entziffern. Sie funktioniert, wie wir oft in existenzialen Komödien gesehen haben und bei der Erörterung moderner komischer Malerei wieder sehen werden, durch die Darstellung von Metaphern in ihrer wörtlichen Bedeutung, so wie „vom Leben gesättigt" oder „überwältigt von Erinnerungen" usw. In diesem Fall erscheinen die Erinnerungen auf der Bühne. Sie werden durch die Möbel repräsentiert. Man möchte sein Gedächtnis einrichten, man sehnt sich nach Erfahrungen. Und wenn der Raum voll möbliert ist, kommt ein Punkt, an dem es keinen Platz mehr gibt. Das Licht muss gelöscht werden. Die Externalisierung des Internen, die Präsentation der Gedanken, der Erinnerungen als Objekte hat eine belustigende, aber auch unheimliche Wirkung.

Ich habe bereits erklärt, dass die Wiederholung – als bekanntes Mittel der Komik – in den Komödien der Existenz konstitutiv wird (man denke nur an die Rolle des „Hund in der Küche"-Songs in „Godot"). Ionesco setzt diese Technik sehr oft ein, und er nutzt auch ein anderes Mittel komischer Romane: zwei alternative Enden anzubieten. Der frühere Mieter ist ausgezogen, der nächste Mieter zieht ein, der neue Mieter wird ein alter Mieter sein, und wieder wird ein neuer Mieter einziehen. Jeder möbliert seine Wohnung bis zum Erbrechen, und dann geht das Licht aus. Etwas ganz Ähnliches passiert in „Die Unterrichtsstunde". Ein Professor mittleren Alters gibt Stunden, und seine junge Studentin wird ermordet. Das Dienstmädchen weiß schon vorher, was geschehen wird, denn es ist schon 39 Mal passiert!

Das Mädchen wird tatsächlich ermordet, und sofort klingelt die nächste Studentin an der Tür, das Opfer Nummer 41. Unnötig zu sagen, dass diese Komödie auch mit Metaphern spielt, wie „dressed to kill", indem sie sie wörtlich nimmt. Statt sich wie herkömmliche Komödien (und auch in Don Juan mit seinen

10.003 weiblichen Opfern) über einen Weiberhelden lustig zu machen und einen Professor darzustellen, der „die Herzen" der jungen, attraktiven und dummen Studentinnen „stiehlt", zückt der Professor ein Messer und das Mädchen stirbt wirklich. Und genau darüber macht sich eine solche existenziale Komödie lustig. Eine Metapher nach ihrem Wortsinn darzustellen oder ein Märchen auf „realistische" Weise, sind, wie gesagt, typische Mittel der Komik, sowohl im existenzialen Humor wie in der existenzialen Ironie. Die vierzig Särge, die einer nach dem anderen bestellt werden müssen, die Tatsache, dass das Dienstmädchen selbst die Kränze kommen lässt, machen das groteske Ende komisch. Béla Bartóks „Herzog Blaubarts Burg" nützt dieselbe Technik, doch dort ist sie nicht komisch, weil er die Metapher nicht in Alltagssprache überträgt, sondern in die Sprache der Märchen.

Kehren wir zu den aktiven Elementen von Ionescos komischen Stücken zurück. Was für Dinge zutrifft, trifft auch auf Geräusche zu. Naturalistische Geräusche spielen für den komischen Effekt eine ebenso große Rolle wie Dinge. Sie sind auch aktive theatralische Zutaten. Das ist zweifellos im Drama „Die Stühle" der Fall, und auch wenn man einen schwachen Eindruck von Sentimentalität gewinnt (in der Beziehung zwischen dem alten Mann und der Frau), dominiert das Farcenhafte und Groteske.

Das Stück beginnt mit einer Atmosphäre der Einsamkeit. Ein altes Paar lebt allein auf einer verlassenen Insel, umgeben vom Meer. (Auch hier wird die Metapher in ihrem Wortsinn dargestellt.) Sie sind sicher, dass am Abend Gäste kommen werden. Als die alte Frau (von ihrem Mann Semiramis genannt) sagt: „Alles ist nicht verloren, alles ist nicht verdorben, du wirst ihnen alles sagen, du wirst erklären, dass du eine Botschaft hast. Du musst leben, du musst für deine Botschaft kämpfen." Die unsichtbaren Gäste kommen durch verschiedene Türen herein und setzen sich auf die sichtbaren Stühle. Sie warten alle auf den Redner, der erscheint, aber nicht spricht. Er ist taub und stumm. Er kann nur undeutliche Geräusche machen. Erst am Ende des Stückes gelingt es ihm unter großen Anstrengungen, einige wenige sinnlose Wörter auf eine Tafel zu schreiben.

Der Kaiser ist zwar anwesend, aber er ist und bleibt unsichtbar. Das Paar wirft Konfetti auf den Stuhl des unsichtbaren Kaisers, sie rufen „Lang lebe der Kaiser!" und dann werfen sie sich aus dem Fenster. Die Stühle und die Tafel spielen auch Rollen, denn ohne sie gäbe es keine Komödie, ohne sie könnte niemand angesprochen werden, geschweige denn der unsichtbaren Kaiser. Und am Ende hören wir das unsichtbare Publikum.

Das am häufigsten eingesetzte komische Mittel bei Ionesco ist die Traumlogik, und das gebräuchlichste Medium für Komik ist die Sprache. Beide zusammen vermitteln uns das Bild einer aufgelösten Welt, die nur die Abwesenheit von Sinn beherbergt. In der Traumlogik verwandelt sich eine Person in eine andere und zurück, und der Träumende wundert sich keineswegs darüber. In der Traumlogik gibt es keine Kausalität, nur eine Abfolge, ein *post hoc* ohne richtiges *hoc*. Wir kennen Traumtechniken aus verschiedenen philosophischen Witzen. In mehreren von Ionescos Stücken wurden sie in der Zeitlichkeit der *longue durée* [dem zeitlichen Hintergrund] lustvoll entwickelt: Die Traumlogik kann sich durch volle drei Akte ziehen. Es gibt angenehme Träume und Albträume und Träume, in denen sich das Vergnügen plötzlich in einen Albtraum verwandelt und umgekehrt. Tote Menschen sind in Träumen ebenso am Leben wie Ungeborene. Wir können im Traum ermordet werden und auch fliegen. All diese Dinge können bei Ionesco vorkommen.

Doch die Traumlogik ist nicht immer komisch. In „Mörder ohne Bezahlung" verwandelt sich ein paradiesisches Traumland in einen Albtraum (so wie in totalitären Staaten). Dieses schwärzeste der Beringer-Dramen erscheint uns trotz seines traumähnlichen Charakters nicht komisch. Der Traum ist mit bekannten Elementen phobischer Erfahrungen gefüllt, wie etwa suchen ohne zu finden (die Liebste oder auch nur eine Brieftasche), er wird begleitet von Angst und Schrecken. Das Drama ist zwar auch voll von humorigen und grotesken Szenen und Gestalten, etwa einer Diskussion über Philosophie oder einer zwischen Stimmen von Clowns, z. B. „Wer war der Herr?" – „Ein Nationalheld. Harold Hastings de Hobson." – „Wie hat er es geschafft, denselben Zug zweimal zu erreichen?" – „Er hat eine Abkürzung genommen." Oder: „Es gab keinen Coq au Vin?" – „Schon. Aber sie haben mir nicht gesagt, dass es ein Coq au Vin war, deshalb habe ich ihn nicht richtig geschmeckt." Doch komische Szenen machen noch kein komisches Drama – man denke nur an Shakespeares „Macbeth". Berenger argumentiert (tatsächlich) rational für Vernunft und Unvernunft, um den Mörder vom Töten abzuhalten: „Einverstanden? Sie töten in diesem Fall ohne Grund, ich bitte Sie, ich flehe Sie an ohne Grund, ja, bitte, hören Sie auf. Es gibt keinen Grund, warum sie sollten, natürlich, aber bitte hören Sie auf, denn es gibt keinen Grund, zu töten oder nicht zu töten." (Der Mörder kichert nur.) Berenger zielt mit seiner Pistole auf den Mörder, dann lässt er seine „altmodischen Pistolen" fallen und stammelt: „Oh Gott! Wir können nichts tun. Was können wir tun … Was können wir tun …" Es bleibt offen, ob Berenger getötet wird. Wahrscheinlich wird er das, aber wir wissen es nicht sicher. Die Unsicherheit am Ende ist der Strategie mit den zwei Enden sehr ähnlich: Sie können wählen.

Mit dieser kurzen Skizze von „Der Mörder ohne Bezahlung" möchte ich nicht nur zeigen, dass der traumähnliche Charakter der Handlung aus einem Stück noch keine Komödie macht – auch nicht groteske Elemente. Ich möchte Ionescos konstitutive Ironie veranschaulichen. Das Stück ist im Geiste konstitutiver Ironie geschrieben, denn Ionescos Geschichten spielen in der Grauzone zwischen dem Ethischen und dem Ästhetischen, in der Sphäre der Ironie. Unnötig zu sagen, dass sich Berengers Argumentation (es gibt keinen Grund, zu töten, und auch keinen Grund, nicht zu töten) auf die Unvermeidbarkeit des existenzialen Wahl (den Sprung) bezieht, wie ihn Kierkegaard dargestellt hat. Und Berenger, der Mann der Aufklärung, behandelt hier seine eigene Rationalität ironisch, indem er ihre pragmatische Ohmacht eingesteht. Er schießt nicht, er lässt seine „altmodischen" Waffen fallen.

In „Fußgänger der Luft" wird Berenger zum himmlischen Spaziergänger, der komische Aspekt gewinnt die Oberhand. Das traumähnliche Stück ist voll von komischen Begegnungen, Figuren und Dialogen, doch auch hier findet der Rationalist Berenger keinen Trost. Nach der Rückkehr von seinem himmlischen Spaziergang sagt er: „Ich habe ganze Erdteile von Paradiesen in Flammen gesehen. Die Seligen brannten ... Dahinter ist nichts mehr." Seine negative Utopie ist nicht komisch, aber Berengers apokalyptische Vision hat trotzdem eine komische Seite: Sie ist allzu apokalyptisch. Sie erinnert mich an die schlimmsten futuristischen Albträume zeitgenössischer Umweltschützer. Doch warum der komische Aspekt? Die Dame hat ihre Tasse Tee, der Journalist geht in den Pub, der nach wie vor geöffnet hat, und Marthe bleibt bei ihrem „vielleicht".

Sprache ist bei Ionesco die unerschöpfliche Quelle für Witze und Spaß. Seine Figuren machen in jeder denkbaren Weise falschen Gebrauch von der Sprache. Vor allem zeigt er die Sinnlosigkeit des gewöhnlichen Small Talks. Es ist bekannt, dass er das Gespräch zwischen Herrn und Frau Smith in seiner ersten erfolgreichen Komödie „Die kahle Sängerin" mit wenigen Änderungen einem englischen Sprachlesebuch entnommen hat. Auch die englische Familie in „Fußgänger der Luft" spricht ein Englisch aus dem Grammatikbuch. Der Small Talk ist einfältig und klingt auch so, zum Beispiel: „Yoghurt ist ausgezeichnet für den Bauch, die Nieren, Blinddarmentzündung und Apotheose." Die Einfalt des Satzes erinnert mich an das Gespräch der ungebildeten Handwerker bei Shakespeare. Alltägliche Witze tauchen in einer sinnlosen Konversation auf: „In der Zeitung nennen sie immer das Alter der Verstorbenen, aber nie das Alter von Neugeborenen. Das macht keinen Sinn. – Daran habe ich nie gedacht." Als ein Polizist nach Amédée Buccinioni sucht, antwortet er: „Ich bin nicht der einzige Amédée Buccinioni in Paris! Fast die Hälfte der Leute von Paris haben denselben Namen!" Und so weiter.

Bei Ionesco kehren also alle traditionellen komischen Elemente wieder (mehr als bei Beckett), doch sie nehmen eine andere Bedeutung an, weil die Struktur der Stücke anders ist.

Der falsche Sprachgebrauch der Handwerker in Shakespeares Komödien war eine Lachnummer für die Schauspieler. Die Zuschauer lachen mit ihnen. Falscher Sprachgebrauch ist für Mitspieler in existenzialen Komödien jedoch „natürlich", dekonstruierte Sprache ist die richtige Sprache für sie. Sie ist ihr Sinn, sie kennen nichts anderes. Wir lachen vielleicht über eine Welt, in der niemand lacht. Traditionelle komische Romane spielen mit der Größe von Menschen. Gulliver war einmal ein Riese, dann ein Zwerg. Alice konnte wachsen oder schrumpfen, je nach der Nahrung, die sie zu sich nahm. In „Amédée" ist es ein Toter, der beständig wächst. Pilze sprießen aus dem Boden, und das ist ungewöhnlich, aber nicht überraschend. Niemand weiß außerdem, wer der tote Mann ist, niemand weiß auch, ob er eines natürlichen Todes gestorben ist oder umgebracht wurde. Amédée glaubt, dass er vielleicht selbst derjenige war, der ihn ermordet hat. Das dumme Alltagsgezänk eines verheirateten Paares (ein Spiel, das Beckett oft dargestellt hat), findet vor diesem Hintergrund statt. Sie müssen entscheiden, was sie mit dem wachsenden Leichnam anfangen.

> *Madelaine: Wenn du ihn nicht loswirst, lasse ich mich scheiden.*
> *Amédée: Was werden die Leute sagen!*
> *Madelaine: Du hättest zur Polizei gehen sollen und sagen, dass du ihn versehentlich getötet hast.*
> *Amédée: Habe ich ihn wirklich getötet?*

Amédée hat vielleicht nicht den jungen Mann, sondern ein Baby getötet, oder vielleicht sind beide auch eines natürlichen Todes gestorben. Vielleicht hat er auch nur eine Frau ertrinken lassen. Schuld ist da, aber nicht nur wir wissen nicht, welche Schuld Amédée hat, denn er hat es selbst vergessen. Wir sollten nicht vergessen, dass wir an einer Welt konstitutiver Ironie teilhaben, wo man davon ausgeht, dass jeder vergisst, was er nicht behalten möchte.

✳✳✳✳✳

Es ist vielleicht nur Zufall, dass sowohl in Becketts als auch in Ionescos Welt Polizisten und Detektive einen verdächtig zentralen Raum einnehmen. Sie spielen auch eine wichtige Rolle in den Kurzgeschichten von Borges und in Kafkas Romanen. Normalerweise unterscheiden wir zwischen narrativen Witzen und Rätselwitzen. Aus einem Rätsel kann ein Witz werden oder aus einem Witz ein Rätsel. Das Absurde und das Rätselhafte haben einiges gemeinsam. Die Sinnlosigkeit der Existenz kann auch als Rätsel dargestellt werden, ein unlösbares Rätsel, aber doch ein Rätsel. Dass die existenziale Komödie den Tod verspottet (oder verspotten kann), bringt sie ebenfalls in die Nähe eines Rätsels. Es ist das Rätsel von Leben und Tod. Denken wir an Borges' Geschichte „Der Unsterbliche". Wenn jemand stirbt, gibt es immer jemanden, der ihn oder sie getötet hat? Garcia Marquez wendet sich nicht nur einmal diesem Rätsel zu. Doch wenn ein Mörder unter uns ist, und mehr noch, in uns, dann ist da auch Schuld, und über diese Schuld kann man spotten oder sich zumindest mit ernsthaftem Humor und gnadenloser Ironie über sie hermachen. Die biblische Geschichte von Adam und

Eva und die Vertreibung aus dem Paradies scheint das Masternarrativ zumindest der westlichen Welt zu sein. Detektivromane kommen der existenzialen Komödie manchmal nahe, und manche Romane in der Stimmungslage existenzialer Komödien sind auch Detektivgeschichten. So wie die mystischen Geschichten von Borges, einige Romane von Umberto Eco und anderen.

Wir haben gesehen, dass viele traditionelle Gestalten von existenzialen Komödien aufgegriffen wurden. Es gibt immer wiederkehrende komische Themen: Liebe, Sex, Ehe. Sie sind allgemein und vielleicht auch „ewig" in dem Sinn, dass sie überall und in allen komischen Genres vorkommen. Die Ehe als Scherz gibt es vielleicht zuerst in der Legende von Sokrates und Xantippe, sie spielt ihre Rolle weiterhin in römischen Komödien, einigen Komödien von Shakespeare und Molière, bis wir zu Beckett und Ionesco kommen. Bei Beckett und Ionesco wird die komische Darstellung der Leere der Ehe ebenso wichtig wie die komische Darstellung von Liebe und Liebesspiel. Kierkegaard hat einmal gesagt, dass die Ehe selbst ein Witz sei, doch ein Witz, den man ernst nimmt (oder nehmen muss?). Die Genres sind geteilt. In Tragödien und manchen nicht tragischen Dramen wird die Ehe ernst genommen. In Komödien wird sie scherzhaft behandelt. Dasselbe kann man über Liebe und Sex sagen. In existenzialen Komödien werden sie als Scherz dargestellt und auch ernst genommen. Nur die existenziale Komödie ergänzt sie durch Tod, Schuld und Erlösung. Weil die Existenz selbst ein unlösbares Rätsel ist, werden Erlösung und Verdammnis, Identität und Nichtidentität, Segen und Fluch, Bindung und Einsamkeit, Verlangen und Ekel, Bedeutung und Bedeutungslosigkeit, Sinn und Sinnlosigkeit zusammen dargestellt, für uns, die Zuschauer, die bereit sind zu nicht erlösendem Lachen. Und wir lachen, denn wir nehmen die Welt, wie sie in existenzialen Komödien erscheint, nicht als „gegeben" hin. Doch die Figuren eines existenzialen Dramas tun dies zumeist, ob sie rational sind oder einfältig, vertrauensvoll oder verzweifelt. Wir sind nur Interpreten, desorganisierte Leibniz'sche Monaden, die ihr Fernrohr benutzen wie Clov das seine. Aber Clov lachte nicht, wir, die Zuschauer oder Leser, tun es. Wir genießen den Spaß, der unter dem Gleichgewicht von Hoffnung und Verzweiflung aufkeimt.

6. Der Witz oder die dritte Art narrativer Prosa

Es erschien mir vernünftig, die Erörterung komischer epischer Prosa mit dem komischen Roman zu beginnen, vielleicht, weil er selten eigenständig betrachtet wird, oder vielleicht, weil der komische Roman als Paradigma einer Verbindung fast aller komischen Haltungen, Stile und Arten dienen kann. Nachdem die „längste" komische Prosaform zu Beginn erörtert wurde, wäre es logisch gewesen, eine Besprechung von kürzerer komischer Prosa anzuschließen, der komischen Kurzgeschichte oder Novelle.

Die beiden hätten eigene Abschnitte verdient. Im Gegensatz zum typischen komischen Roman, der, wie wir gesehen haben, gänzlich unerotisch sein kann, konzentriert sich die komische Novelle auf erotische Abenteuer. Ebenfalls im Gegensatz zum komischen Roman, in dem die Helden fast ausnahmslos Männer sind, sind die Helden der komischen Novelle häufig Heldinnen. Weibliche Erotik und Sexualität werden meist mit Verständnis und Humor porträtiert. Ich hätte Geschichten aus „Tausendundeine Nacht" erörtern können, aus Geoffrey Chaucers „Canterbury Tales", Boccaccios „Decamerone", Honoré de Balzacs „Tolldreiste Geschichten". Ich widerstand der Versuchung, die komische Novelle zu behandeln, weil ich in diesem kurzen Buch nicht alle komischen Genres vollständig behandeln wollte. Der Leser mag auch Erörterungen von Aphorismen, Feuilletons, Cartoons und Sitcoms vermissen. Aber ich bin schon etwas ungeduldig, mich endlich dem am meisten erörterten und außergewöhnlichsten aller komischen Genres zuzuwenden: dem Witz.

Der Witz ist das einzige komische Genre, das *per definitionem* ausschließlich komisch ist. Man könnte sogar sagen, der Witz sei das *wesentliche* komische Genre. Es gibt Witze in komischen Dramen und komischen Romanen, und auch in der existenzialen, dunklen Komödie werden häufig Witze gerissen. Auch Clowns sind (unter anderem) Witzbolde. Der Witz überbrückt die Trennlinie zwischen „hohen" und „niederen" komischen Künsten. Es gibt subtile Witze, und es gibt derbe Witze, anspruchsvolle und raffinierte Witze, aber auch grausame. Es gibt transkulturelle Witze und lokale, Witze aus den Salons und von der Straße. Doch sie alle, ob anspruchsvoll oder nicht, raffiniert oder grausam, regen zum Lachen an. Witze werben um Gelächter. Die richtige Antwort auf einen richtigen Witz ist Lachen. Das ist einer der Gründe, warum das Lachen in Büchern über Witze so häufig (wenn auch nicht immer) analysiert wird. Echtes

Lachen ist die Antwort auf das Phänomen des Komischen, auf alle komischen Herausforderungen. Alle komischen Genres stehen vor dieser Herausforderung. Als Rohmaterial nutzen sie die typischen lächerlichen oder komischen Situationen des Alltagslebens, die selbst normalerweise Gelächter hervorrufen. Doch Lachen kann auch weniger direkt sein, es kann auch durch ein Lächeln oder „inneres" Lachen ersetzt werden. Weil das Lachen ein öffentlicher Affekt *par excellence* ist, kann man nicht genauso lachen, wenn man in der Ecke einer öffentlichen Bibliothek ein Buch liest, wie wenn man in Gesellschaft einer komischen Geschichte lauscht. Auf Lachen muss man eingestimmt sein, und die Bereitschaft zum gemeinsamen Lachen mit anderen ist die elementare Form der Einstimmung.

Der Witz ist ein öffentliches Genre, genauso wie das komische Drama. Daher versteht sich das Lachen als angemessene Reaktion auf gute Witze von selbst. (Der bekannte Umstand, dass sich ein Publikum manchmal aus Verlegenheit oder anderen Gründen nicht zu lachen traut, gehört zum Problem normativer oder sozialer Restriktionen des komischen Ausdrucks – wir kommen später darauf zurück.) Doch eines unterscheidet den Witz als Gattung von allen anderen Genres: Er ist, zumindest in der Moderne, vielleicht das einzige repräsentative Genre, das mündlich übermittelt wird. Witzkultur bleibt eine mündliche Kultur, sie ist das letzte Genre mündlicher Kulturen, das die Gutenberg-Galaxie und sogar die Welt von Multimedia überlebt hat. Natürlich erscheinen Bücher über Witze (sie sind sogar in Mode gekommen), und man kann eine Menge über Witze lernen, wenn man Witze-Lexika studiert. Doch die Witze, die man liest, sind keine richtigen Witze mehr. Sogar wenn man in der Öffentlichkeit Witze erzählt, um über sie zu informieren oder etwas zu veranschaulichen, verlieren sie ihren authentischen Charakter. Ein Witz ist nur dann echt, wenn er in der Gesellschaft von Menschen erzählt wird, die darauf eingestimmt sind, ihn anzuhören. Die richtige Antwort ist spontanes Gelächter, auch wenn zu den Nebenwirkungen noch weitere Interpretation oder Reflexion gehört. Man kann aus Witzen auch Informationen sammeln, aber das ist keinesfalls ein notwendiges Ergebnis oder der erwünschte Effekt beim Anhören von Witzen.

Der öffentliche und mündliche Charakter des Witzeerzählens erzeugt eine Art stille Verschwörung unter den Zuhörern. Die Bereitschaft zu lachen schafft wie das Lachen selbst eine Verbindung, eine Quasi-Gemeinschaft in einer Gruppe. Der Erzähler muss deshalb eine relative Homogenität der Gesellschaft voraussetzen, die auf Heiterkeit eingestimmt ist. Man erzählt bestimmte Witze bestimmten Leuten, von denen man annimmt, dass sie bestimmte Andeutungen, Hintergrundinformationen und die versteckte Botschaft des Witzes verstehen. Witze kann man nicht mit Anmerkungen erzählen. Es wären keine Witze mehr. In einer homogenen Gruppe mit einer bestimmten Witzkultur kann es sogar genügen, nur den ersten Satz zu äußern oder vielleicht die Pointe oder – nach einer bekannten Anekdote – die Nummer eines Witzes, und alle brechen in Gelächter aus, weil sie den Witz schon öfter gehört haben. Ein einzelnes Wort oder sogar eine Zahl können als Auslöser dienen, um den Witz ins Bewusstsein zu rufen und zugleich Lachen zu provozieren.

Auch Mythen, Märchen und epische Poesie gehörten lange Zeit zu den mündlichen Genres, doch zumindest in den mehr oder weniger modernen Kulturen haben sie ihren mündlichen Charakter bereits verloren. Als Repräsentationen mündlicher Kultur wurden sie bald zu Museumsstücken, so wie Volkskunst oder Volkslieder. Deshalb war es so wichtig, dass sie seit dem 19. Jahrhundert aufgeschrieben und gesammelt wurden. Wir erzählen unseren Kindern Märchen, weil sie noch nicht lesen können. Aber normalerweise erzählen wir sie nicht aus dem Gedächtnis, sondern wir lesen aus Märchensammlungen vor. Die Witzkultur hingegen ist höchst lebendig.

Witze werden nicht nur mündlich überliefert, sie werden auch laufend modifiziert. Häufig gibt es mehrere Varianten desselben Witzes. Man könnte sogar sagen, dass nie derselbe Witz erzählt wird. Der Witz lebt, und zwar indem er erzählt wird. Die Persönlichkeit des Erzählers, seine Fähigkeit, ein Pokerface zu bewahren, bevor er zur Pointe kommt, seine Gesten, die Modulation seiner Stimme, das alles trägt zum Vergnügen des Zuhörens bei. Ein Witz, der beim Lesen flach wirkt, kann äußerst vergnüglich sein, wenn er von einem guten Witzeerzähler erzählt wird.

Alle mündlichen Genres haben einige grundlegende Eigenschaften gemeinsam. Ich möchte jene aufzählen, die für Witze besonders relevant sind. Ähnlich wie Märchenerzähler sind Witzeerzähler keine Professionals, auch wenn das Erzählen von Witzen eine Fähigkeit unter vielen ist, die ein professioneller Komödiant parat hat. Wann immer sich eine Gruppe sammelt und sich auf Witze einstimmt, erzählen mehrere Teilnehmer – wenn nicht sogar alle – reihum, manche besser, manche schlechter. Doch wenn nur ein Unterhalter in der Gruppe ist und alle anderen nur Zuhörer oder Rezipienten sind, ist das Witzeerzählen kein lebendiges Genre mehr. Man darf nicht vergessen, dass ein Witz wiedererzählt werden muss, in einer anderen Gruppe, einer anderen Generation usw. Richtig Witze zu erzählen lernt man durch das Erzählen. In einer Gruppe, in der Witze erzählt werden, entsteht ein stiller Wettbewerb. Viele Teilnehmer möchten an die Reihe kommen. Das Bedürfnis ist wichtig – zumindest in meiner Wahrnehmung –, denn das Erzählen bringt eine große psychologische Genugtuung. Doch wie bei den Märchen gibt es bestimmte Menschen, die in ihren eigenen Kreisen dafür bekannt sind, dass sie Witze viel besser erzählen als andere. Sie haben ein Talent dafür, und daher sind sie gefragt. Doch sie machen das selten beruflich.

Früher waren die Narren professionelle Witzeerzähler. Heutzutage kennt man sie als Humoristen, Komödianten oder Clowns, das hängt von der Institution ab, in der sie ihren Beruf ausüben. Jeder, der den Eintritt bezahlt, hat Zugang zu den Darbietungen. Nicht professionelle Erzähler üben ihre Kunst an der Kreuzung zwischen öffentlichem und privatem Leben aus – vom Wirtshaus bis zum Salon. Hier trennen sich die Wege der oralen Genres Witzeerzählen und Märchenerzählen. Ich vermute, auch wenn ich es nicht beweisen kann, dass die mündliche Kultur des Witzeerzählens eine städtische ist, während das Märchenerzählen vor allem eine ländliche Kultur ist. Natürlich kann man mündliche Genres (wie Genres im Allgemeinen) nicht mechanisch trennen, schon weil sie mündlich übermittelt werden. Es gibt auch mündlich übermittelte Anekdoten. Die Struktur einer Anekdote unterscheidet sich sowohl von der eines Märchens wie von der eines Witzes. Es gibt darüber hinaus einige wichtige Elemente, die Witze und Märchen (und Mythen) verbinden – im Gegensatz zu Anekdoten. Sie stehen jedoch nicht direkt in Verbindung mit der Person des Erzählers oder der Darbietung der Erzählung: Die bekanntesten traditionellen Märchenerzähler sind ältere Menschen, vor allem ältere Frauen, während der typische Witzeerzähler kein bestimmtes Alter hat, aber meist männlich ist. Märchen wurden früher im Allgemeinen von Frauen erzählt, aber keine Witze. In den letzten fünfzig Jahren hat sich diese „Rollenteilung" allmählich geändert: Auch Frauen haben begonnen, Witze zu erzählen. Auch wenn der Inhalt von Witzen für ihre Technik nur eine zweitrangige Rolle spielt, muss man doch hervorheben, dass traditionelle Witze normalerweise eine männliche Weltsicht widerspiegeln. So machen sich Schwiegermutterwitze in der Regel nur über die Mutter der Ehefrau lustig.

Witze werden, wie gesagt, an der Kreuzung zwischen öffentlichem und privatem Leben positioniert. Der Witzraum ist nicht formal institutionell, aber erzählte Witze sind häufig politisch. Genauer gesagt, was die Zielscheibe von Witzen betrifft, macht die Welt der Witze keinen Unterschied zwischen politischen, privaten und intimen Sphären – keine ist vor dem Lachen geschützt. Witze sind älter als die moderne Welt, viele Gerüste traditioneller Witze haben wir geerbt. Komische Dramen aus Athen und Rom sind Fundgruben für Witze, doch hier haben wir es mit städtischen Kulturen zu tun, die eine gewisse kontinuierliche kritische Haltung zuließen. Der Niedergang der Komödie im römischen Reich stützt die These einer Verbindung zwischen der Witzkultur und zumindest einer begrenzten Freiheit.

Die praktischen Witze des Karnevals machen sich normalerweise über Autoritäten lustig. Aber – um einen wichtigen Aspekt von Witzen zu betonen – karnevaleske Witze verspotten äußere, nicht innere Autoritäten, und außerdem wurde die Erlaubnis erteilt, die traditionelle Hierarchie während des Karnevals für ein paar Tage umzustoßen. Das Aufkommen oder vielleicht Wiederaufkommen oder die Renaissance der Welt der Witze, die einige Jahrhunderte lang floriert hatte, hat etwas zu tun mit einer Entwicklung, die Jürgen Habermas in seinem Buch „Strukturwandel der Öffentlichkeit" beschrieben hat. Die Möglichkeit ungestörter Kritik an den Autoritäten in Salons, Wirtshäusern und Cafés auf der einen Seite und das Aufkommen einer Welt der Witze als solcher hängen wahrscheinlich eng zusammen.

Zielscheibe von Witzen kann alles und jeder sein, doch nicht immer und überall und nicht ohne gewisse Einschränkungen. Es gibt eine Art informelle Institutionalisierung des Witzeerzählens, das hat mit Moral zu tun, sozialer Stellung und auch mit den Umständen bestimmter Events. Die informelle Institutionalisierung von Witzen hat mit allen drei Faktoren zu tun.

Die moralische Einschränkung kann allgemein oder speziell sein. Eine allgemeine Einschränkung kommt meist von Konventionen – wir können sie eher ethisch als moralisch nennen, denn es geht nicht um die moralische Beurteilung des Erzählers. Zum Beispiel versteht es sich, dass bestimmte Witze nicht in Gegenwart von Kindern oder Damen erzählt werden dürfen. Diese spezielle Einschränkung kann man moralisch nennen, denn sie ist im moralischen Charakter des Erzählers eingebettet. Er sollte wissen, dass er in Gegenwart eines impotenten Mannes keine Witze über Impotenz erzählen sollte oder Witze über Gott in Gegenwart von tiefreligiösen Menschen. Diese Einschränkung ist nicht allgemein, denn sie hängt vom Taktgefühl des Erzählers ab und seiner persönlichen Beurteilung der Situation oder der persönlichen Empfindlichkeit der Umstehenden. Der Witzbold entscheidet, ob sich etwa eine religiöse Person verletzt fühlen wird oder ob sie „versteht", dass es nur um einen Witz geht und nicht um etwas Persönliches.

Die allgemeinen sozialen (nicht moralischen) Einschränkungen sind sogar noch informeller. Sie erinnern uns an den Unterschied zwischen hoher und niedriger Kultur – sie fügen sich sogar genau dort ein. Es gibt bekanntlich raffinierte und grobe Witze, indirekte und direkte, anspruchsvolle und einfache. Es gibt Kreise, in denen nur anspruchsvolle, komplizierte und feinsinnige Witze zirkulieren, und andere, wo nur einfache, derbe und manchmal brutale Witze die Runde machen. Menschen, die ihre Zugehörigkeit zur Hochkultur zur Schau stellen, werden nicht zulassen, dass in ihrer Gesellschaft grobe, brutale oder geschmacklos schmutzige Witze erzählt werden, und wenn doch, dann werden sie sicher nicht darüber lachen, und das wird den Erzähler in Verlegenheit bringen. Doch die Kultur anspruchsvoller Witze ist nicht notwendigerweise klassenspezifisch. Als ich jüdische Witze aus Polen und Russland des 18. und 19. Jahrhunderts mit jüdischen Witzen aus den USA verglich, war ich sehr überrascht. Während die osteuropäischen Witze höchst anspruchsvoll und philosophisch waren, sind die Witze amerikanischer Juden, insbesondere wenn sie im 20. Jahrhundert geboren wurden, oft grob und einfach. Das heißt nicht, dass der Reichtum anspruchsvoller Witze zurückgeht (Woody Allen verwendet sie in seinen Filmen), sondern zeigt, dasss sich die Witzkultur selbst gewandelt hat. Aufgrund der allgemeinen Tendenz zur Entsublimierung im 20. Jahrhundert pflegten alle sozialen Schichten grobe Witze. Die soziale Einschränkung, die Brutalität und Simplifizierung informell verbannte, wurde aufgehoben.

Insbesondere soziale Einschränkungen – wie besondere moralische Restriktionen – stützen sich normalerweise auf den Geschmack und den Takt der Erzähler, etwa bei ethnischen Scherzen. Heute werden solche speziellen Einschränkungen übrigens in allgemeine verwandelt, zum Beispiel in den USA, wo es politisch inkorrekt ist – und nicht nur unerwünscht –, Witze über Homosexuelle oder ethnische Minderheiten zu machen, auch wenn keine Vertreter da sind, weil sie in der Gesellschaft präsent sind, wenn auch nicht unter den Zuhörern. In der Welt der Witze ist diese Entwicklung kontraproduktiv.

Es gibt Orte, wo es schlechter Geschmack wäre, überhaupt Witze zu erzählen, zum Beispiel auf einem Friedhof, besonders während eines Begräbnisses, und das nicht nur, weil Scherzen frevelhaft wäre, sondern auch, weil andere nicht zuhören oder lachen können. In solchen und ähnlichen Situationen (zum Beispiel in der Kirche) hat ein Witz nicht denselben Zweck wie in der Gesellschaft von Menschen, die auf Witze eingestimmt sind. Einen Witz zu reißen (ebenso wie zu lachen beginnen) kann eine neurotische Reaktion sein, ein Ausdruck von Verlegenheit und auch eine Geste der Subversion. Die Subversion sozialer Regeln kann natürlich ein praktischer Scherz sein, aber Witzeerzählen ist kein praktischer Scherz, es bringt stattdessen die Aufhebung der praktischen oder pragmatischen Haltung mit sich. Man kann über die Subversion von Regeln oder Standards von Witzen sprechen, wenn komisches Desinteresse aufgehoben wird. Zum Beispiel, wenn der Erzähler durch einen Witz allgemeine Verlegenheit erzeugen oder jemanden beschämen oder verärgern möchte, hat sein komisches Desinteresse der Missachtung üblicher interpersoneller Bindungen Platz gemacht.

Die Bereitschaft zur Einstimmung auf Witze verlangt oft die Lockerung persönlicher oder sozialer Hemmungen (Alkohol kann zu diesem beschwingten Gemütszustand beitragen und tut dies auch), doch eine solche Entspannung ist nur unter der Bedingung von Vertrauen möglich: Man muss Vertrauen und darf keine Angst haben, sich zu blamieren. Direkte Anspielungen auf einen der Umstehenden verletzen das grundlegende Vertrauen und sorgen für Unbehagen. Manchmal mag dies aus moralischen Gründen angeraten sein, aber dieses besondere, konkrete Thema kann in diesem Zusammenhang nicht behandelt werden.

Die beste Zeit zum Witzeerzählen ist ähnlich wie die für Märchen oder Anekdoten. Man braucht Muße, Zeit zum Entspannen, eine Atempause. Kant glaubte, die beste Zeit für Witze sei nach einem guten Essen mit gutem Wein, beim Kaffee. Bei der Arbeit kann man keine Witze erzählen – oder bei einer anstrengenden Wanderung, beim Tanzen oder wenn man sich auf etwas anderes konzentriert. Witze zu erzählen oder Witzen zuzuhören, braucht die ganze Person, volle Konzentration.

Kant zählt das Witzeerzählen und das dabei Zuhören zu den Spielhandlungen. Es gibt drei Arten solche Spiele: Musik, Spiele und Witze. Der Witz ist ein Spiel der Gedanken und außerdem ein freies Spiel von Gedanken, und auf diese Weise ist er auch ein ästhetisches Urteil. Ich komme gleich darauf zurück.

Zunächst möchte ich noch kurz das Problem mündlicher Kulturen wiederaufnehmen, diesmal unter scheinbar formalen Aspekten. Mündliche Kulturen setzen schematische Wiederholungen ein. In Märchen über drei Brüder oder drei Schwestern treffen immer die Jüngsten ins Schwarze, haben das Glück oder werden glücklich. Meist gibt es eine gute und eine böse Hexe und so weiter. Schematische Wiederholungen sind auch für Witze kennzeichnend. Sowohl in der Welt der Märchen als auch der der Witze gibt es Wandermotive. Derselbe Witz kann mit ganz verschiedenen Figuren erzählt werden, wenn sie dieselbe Funktion erfüllen können. Die Witze, die ich als Kind über Hitler hörte, wiederholten sich in meiner Jugend über Stalin – vielleicht wurden sie bereits über Caligula erzählt, wer weiß. Witze wandern wie Märchen von Genre zu Genre. Hier ein Beispiel des berühmten Eierwitzes:

Ein Mann mittleren Alters geht zum Psychiater. „Doktor", sagt er, „ich fürchte, meine Frau hat ein Problem." – „Was denn für ein Problem?" – „Sie glaubt, sie sei eine Henne." – „Wie lange geht das schon so?" – „Ein Jahr." – „Warum sind Sie denn nicht eher gekommen?" – „Wir haben die Eier gebraucht."

Woody Allen erzählt am Ende seines Films „Der Stadtneurotiker" im Wesentlichen denselben Witz. In diesem speziellen Kontext fasst er die „Lehre" der ganzen Geschichte zusammen. In seiner Farce „Die Zukunft liegt in den Eiern" spielt Ionesco mit dem Witz: Jakob und Roberta tun ihre patriotische Pflicht und legen Eier zur Vermehrung der weißen Rasse.

Doch die vielleicht wichtigste gemeinsame Eigenschaft von mündlichen Genres wie Mythen, Märchen und Witzen ist ihre Gleichgültigkeit gegenüber Realität, Möglichkeit und Wahrscheinlichkeit. Allgemein verbreitete Ansichten sind ihnen egal. Sie genießen das Gefühl, dass ein Witz nichts mit dem Glauben zu tun hat, dass die Sache wirklich passiert ist oder passiert sein könnte. Das Groteske, Fantastische und Absurde mögen uns in einem Roman oder einem Drama überraschen, nicht bei einem Witz oder einem Märchen. Im Gegensatz zu Märchen gibt es Witze, denen jeder fantastische oder absurde Aspekt fehlt, und es gibt auch Witze, die reichlich davon haben. Deshalb würde ich nicht sagen, dass es keine „realistischen" Witze gibt, sondern nur, dass ihnen die Realität gleichgültig ist. Der Witz, den Platon und Diogenes Laertius über Thales und die thrakische Magd erzählten, hat nichts Fantastisches oder Absurdes, der Witz über die eierlegende Ehefrau hingegen schon.

Nach Freud sind manche Wortwitze und fast alle konzeptionellen Witze durch Indifferenz gegenüber Überzeugungen und Realität gekennzeichnet, weshalb man sie am besten mit Träumen vergleichen kann. Er meint, konzeptionelle Witze setzten Verschiebung, Widersinn, Absurdität und Darstellung durchs Gegenteil ein – das alles komme auch in der Traumarbeit vor (siehe „Der Witz und seine Beziehung zum Unbewußten").

*****

Was also macht ein Witz mit dem Erzähler und den Zuhörern? Warum erfreuen wir uns an Witzen? Welche bewussten oder unbewussten Wünsche und Bedürfnisse werden durch das Erzählen eines Witzes oder das Zuhören befriedigt? Drei bedeutende Theorien geben verschiedene Antworten auf diese Fragen: die Theorie der Dominanz, die Theorie der Befreiung und die Theorie der Inkongruenz. Die erste hat – wenn auch nicht ausschließlich – Hobbes formuliert, die zweite Freud und die dritte Kant. Alle drei Theorien verbinden die Erklärung von Witzen mit der Erklärung des Lachens. Hobbes spricht vom Lachen im Allgemeinen und nicht über jenes, das durch Witze ausgelöst wird, während Kant und Freud sich für das Lachen als Antwort auf Witze interessieren.

Nach der ersten Theorie ist das Lachen Ausdruck von Überlegenheit, von „plötzlicher Herrlichkeit" nach einem Sieg, die Freude, die das Gefühl eigener Macht und Dominanz begleitet. Es ist – um ein Wort von Nietzsche zu gebrauchen – der Moment, in dem der Wille zur Macht befriedigt ist. Wenn Witze oder komische Anekdoten Gelächter provozieren, müssen sie die Überlegenheit des Erzählers und die intellektuelle, politische, soziale oder persönliche Überlegenheit seiner Zuhörer offenbaren. Wir reißen also Witze über unsere politischen Gegner, über schlechten Sex, über dumme Leute, andere Nationen oder Rassen, Verrückte und Untergebene. Witze machen ist eine Art Egotrip. Sowohl der Erzähler wie auch die Zuhörer (zumindest jene, die über die Witze lachen) stärken ihre Egos. Sie haben das Gefühl, jenen, über die sie Witze reißen, überlegener zu sein als zuvor.

Es gibt Witze, die diesen Anforderungen entsprechen, doch die meisten tun dies nicht. Man könnte daraus – vielleicht voreilig – den Schluss ziehen, dass kein besonderes bewusstes oder unbewusstes Bedürfnis zu finden sei, das durch das Erzählen von Witzen oder das Zuhören erfüllt würde.

Man könnte die Theorie von Hobbes aber auch von einer anderen Seite betrachten. Man muss nicht fragen, ob alle Witze (oder die meisten) die Überlegenheit jener zum Ausdruck bringen, die sie erzählen oder die ihnen zuhören. Man könnte einfach fragen, ob die Situation selbst, die vom Erzähler und seinen Zuhörern geschaffen wird, dazu führt, dass sie die Erfahrung einer Art „plötzlicher Herrlichkeit" teilen, das Gefühl, das Schicksal in der Hand zu haben. Wenn das der Fall ist, dann könnte man sowohl den Inhalt des Witzes (was immer das heißt) als auch die Technik, den Charakter und die Art des erzählten Witzes außer Acht lassen.

Die Frage bleibt, ob die allgemeine Unterscheidung zwischen Autor, Rezipient und Werk auf Witze anwendbar ist. Ist sie anwendbar, dann kann man von Witzen aus der Position des Erzählers (des Autors) sprechen, dann aus der Position der Zuhörer (der Rezipienten) und schließlich aus der Position des Charakters, der Technik und der Art des Witzes selbst, also aus der Position der „Werkes".

Von Witzen wie von Kunstwerken zu sprechen, ist vielleicht nicht ganz angemessen, und zwar aus mehr als einem Grund. Erstens gibt es keine Autorenschaft, wie dies bei einem Kunstwerk der Fall ist. Witze werden selten von einem einzelnen Witzbold geschaffen, sie werden normalerweise weitergegeben, wenn auch stark verändert. Wird ein Witz einem bekannten Autor zugeschrieben, wie der berühmte absurde Witz über Zwillinge, der von Mark Twain stammen soll, sollte man vorsichtig sein. („Hast du einen Bruder?" – „Ich weiß nicht." – „Wie ist das möglich?" – „Ich und mein Zwillingsbruder badeten in einer Wanne, als wir drei Monate alt waren, und einer von uns ertrank. Ich weiß nicht, ob er oder ich.") Berühmte Autoren wiederholen normalerweise nur alte Wanderwitze. Natürlich kann es auch umgekehrt sein. Ein paar Witze von Heinrich Heine führen ein anonymes Leben als Wanderwitze. Die Autorenschaft ist aber ohnehin nur temporär und relativ, denn alle Rezipienten können zu Erzählern werden, und manche werden es auch. Doch der Wechsel zwischen Erzähler und Rezipient hebt den Unterschied selbst nicht gänzlich auf.

Nach Freud ist der Geschichtenerzähler ein Exhibitionist. Obwohl diese Vorstellung eng mit Freuds Befreiungstheorie zusammenhängt, ergibt sie auch Sinn, wenn man stattdessen die Macht- oder Egotrip-Theorie von Hobbes annimmt. Der Witzeerzähler besetzt die Position von Macht und Überlegenheit. Er kennt den Witz bereits, den er erzählen will, er kennt die Pointe vor seinen Zuhörern, er führt das Kommando. Er wählt die Witze auch aus, sein Privileg gehört zu seiner Machtposition. Sein Exhibitionismus ist nicht nur erlaubt, sondern erwünscht. In einer exhibitionistischen Darbietung überwindet der Erzähler seine Hemmungen, er umgeht die Zensur und entkommt ihr. Schließlich kann der Erzähler sich ein Vorrecht herausnehmen, das er sonst nicht genießen könnte: die Monopolisierung der Sprecher-Position. Auch wenn ihm andere normalerweise folgen, besetzen doch die tatsächlich Sprechenden eine Monopolstellung gegenüber den anderen. In dieser Hinsicht ist Witzeerzählen Ausübung von Macht, auch wenn der Erzähler sein Ego nicht mithilfe seiner Witze stärkt. Doch in einer guten Darbietung von Witzen bläst der Erzähler sein Ego auf und kann diesen Effekt noch durch zusätzliche Selbstironie verdoppeln. Wenn die anderen über die Witze lachen, steigt das Überlegenheitsgefühl des Erzählers, seine Macht wird immer wieder bestätigt. (Wenn sie nicht lachen, verliert der Erzähler sein Gesicht, er geht also ein Risiko ein, wenn er einen Witz erzählt, aber das tut jeder, der die Macht und ihren Erhalt anstrebt.) Doch die „plötzliche Herrlichkeit" ist nicht die Prämie für den Erzähler, dieses Geschenk wird von den Rezipienten des Witzes eingesammelt. Der Erzähler ist der Geber des Geschenks, die Rezipienten sind die Empfänger. Und wie schon Aristoteles sagte, steht der Geber eines Geschenks über den Empfängern. Man könnte hinzufügen, dass die „plötzliche Herrlichkeit" in diesem Fall die Erfahrung und das Lachen, also das empfangene Geschenk, auch das Geschenk der Macht ist, denn gemeinsames Lachen ist ebenfalls Ausdruck von Überlegenheit.

Ich würde sagen, die Theorie der Dominanz beschreibt gut die Situation aus der Sicht des Erzählers von Witzen (des Autors), doch ihre Erklärung reicht nicht unbedingt für die Perspektive der Rezipienten (der Zuhörer), und für die übergreifende Frage des Witzes, des „Werkes" selbst, ist sie überhaupt nicht erhellend.

Wir können uns an Freuds Theorie um Hilfe wenden, die Theorie der Befreiung als Befriedigung von unbewussten Wünschen und Bedürfnissen. Über die Techniken und Strategien von Witzen sagt Freud sehr interessante Dinge, vor allem im Geiste der Inkongruenztheorien, daher werde ich seine Beschreibungen und Beispiele häufig nutzen. Doch sein wichtigster eigener Beitrag zu den Theorien über Witze ist seine Theorie der Befreiung sowie der Vergleich zwischen der Traumarbeit und der Arbeit an der Produktion von Witzen. Freud spricht in seiner Theorie ganz offensichtlich aus der Sicht der Rezipienten. Befreiung kommt durch ein plötzliches Ereignis, die Pointe. Weil der Erzähler die Pointe im Voraus kennt, haben nur die Rezipienten dieses Vergnügen. Der Witz beschenkt uns mit der plötzlichen Herrlichkeit der Erleichterung, doch der Erzähler, der Exhibitionist, erfährt diese nicht. Den Witz zu erzählen und das Privileg des Exhibitionismus zu haben, soziale und besonders psychologische Zensurordnungen aufzuheben, die Barrieren der Scham, ist selbst eine Befreiung, aber es ist eine Befreiung des „Vorher" und nicht des „Danach". Die durch das Erzählen des Witzes empfundene Erleichterung ist nicht das Ergebnis der Geschichte. Sie kann nicht durch Lachen zum Ausdruck kommen. Der Erzähler darf nicht lachen, während er den Rezipienten zur Pointe führt. Im Lachen manifestiert sich die komische Befreiung, Lachen ist das Vergnügen, die Befriedigung und Wunscherfüllung. Diese Art der Erleichterung bleibt dem Erzähler verwehrt. Und genau diese Art des Lachens lässt sich mit der Theorie der Befreiung recht gut deuten.

Erleichterung ist Befreiung. Es ist eine Befreiung von Autorität. Autorität kann extern oder intern sein. Macht sich der Witz über äußere Autorität lustig (politische Autoritäten, den Vater, die Kirche), ruft er Lachen hervor und Erleichterung, aber wenn eine innere Autorität plötzlich umgangen oder aufgehoben wird – dazu gehören unsere eigenen Urteile, Glaubenssätze, Normen oder Vorurteile, unsere internalisierte Vision der Welt, der richtigen Ordnung der Dinge –, ist die Befreiung tiefer und viel bedeutender. Vor allem schafft die stille Subversion interner Autorität freie Bahn für Aggression, die sich aber nicht über einen aggressiven Akt äußert, sondern nur durch Gelächter. Lachen ist oder kann jene Art von Aggression sein, die unsere unbewusste oder bewusste Psyche von tief sitzendem Hass und Groll befreit, von Gelüsten, die wir im Alltag streng kontrollieren. Begierden, erotische und aggressive Wünsche werden durch das Lachen befriedigt, das die Pointe eines Witzes ausgelöst hat.

Die Theorie der Befreiung ist, wie gesagt, nicht allzu weit von der Theorie der Dominanz entfernt, sie ist eher eine komplementäre Theorie. Befreiung ist nicht nur möglich, indem man Barrieren der internen Autorität aufhebt, die die Psyche zensiert hat, sondern auch, wenn externe Autorität aufgehoben wird. Auch wenn jene, die unter dem Stiefel einer äußeren Autorität stehen und über einen Witz über diese lachen, nicht aus einer Machtposition oder tatsächlichen Überlegenheit heraus lachen, können sich diese Niedergetrampelten, Ausgebeuteten und Unterdrückten zumindest im Geiste ihren Unterdrückern überlegen fühlen. Es ist kein Egotrip, aber Auflehnung, Opposition und Protest. Die Überlegenheit ist im Kopf, nicht in der äußeren Stellung. Zu dieser Art Humor zählt auch der Galgenhumor.

Die dritte Theorie, die Theorie der Inkongruenz, wurde zuerst von Kant in der berühmten Passage der dritten „Kritik" formuliert. Er meint dort, Witze stellten etwas Unvernünftiges dar, und fügt hinzu, das Lachen sei ein Affekt, der auftritt, wenn eine gespannte Erwartung sich plötzlich in nichts auflöst. Er betont, im Gefüge jedes Witzes verberge sich eine Kritik der Konvention.

Kant interessiert sich hauptsächlich für die Rezeption, was in vollem Einklang mit seiner Philosophie des reflexiven Urteilens steht, und deshalb legt er so großen Wert auf die subjektiven Wirkungen von Witzen. Er fügt hinzu, die Wirkung von Witzen liege in ihrer Struktur. Diese erfordert es, dass im Witz eine gewisse Unvernunft steckt. Und sie erfordert auch, dass der Schein und nicht die wirkliche Sache sich schließlich in nichts auflöst, das heißt, sich am Ende als nichts erweisen sollte. Ein Witz muss Inkongruenzen enthalten, denn es ist die Inkongruenz, die sich in nichts auflöst. Auch wenn es in Kants „Kritik der Urteilskraft" um eine Rezeptionstheorie des Schönen und der Kunst geht, nimmt die Beschreibung der Struktur von Witzen doch eine zentrale Position ein.

Andere, spätere Inkongruenztheorien konzentrieren sich ganz auf die Struktur und die Technik von Witzen, also auf ihren Körper, auf das „Werk". Sie abstrahieren so weit wie möglich von der Position des Erzählers einerseits und der der Rezipienten andererseits. In diesen späteren Inkongruenztheorien ist das Lachen nicht wichtig, auch nicht die psychologische Lage des Erzählers und der Zuhörer, nur der Witz selbst wird untersucht.

Die Kant'sche Inkongruenztheorie ist, wie gesagt, eng mit Kants Vorstellung von Verspieltheit verbunden. Witze machen ist wie spielen. Es folgt nicht äußeren Interessen, es hat seinen Zweck in sich selbst. Diese Kant'sche Idee kann zwei verschiedene Themen beleuchten, die in Reflexionen über Witze häufig angesprochen werden. Das erste ist die Frage der Ernsthaftigkeit. Witze sind „nur" Witze. Man könnte sagen, sie sind nicht ernsthaft. Doch das läuft unseren Erfahrungen mit Witzen zuwider. Witze meinen es ernst, schließlich muss die Sinnlosigkeit einen Sinn haben. Wir lachen über die Sinnlosigkeit, aber es ist der Sinn des Sinnlosen, der uns Vergnügen bereitet, und das ist etwas Ernstes. Der Kant'sche Vorschlag zu Verspieltheit und Selbstlosigkeit öffnet ein tiefgreifendes Verständnis dieses doppelten Charakters oder vielmehr der Duplizität von Witzen. Die Inkongruenz gebietet, dass sich die Geschichte in nichts auflöst. Wenn wir schließlich lachen, finden wir uns bereits außerhalb der Welt des Witzes wieder. Der Witz ist zu Ende, und wir kehren in unsere alltägliche, praktische Welt zurück. In diesem Licht betrachtet ist der Witz nichts Ernstes, denn er hat pragmatische und praktische Interessen aufgehoben und sich als Gedankenspiel erwiesen. Doch wir begreifen auch den Sinn der Sinnlosigkeit, und in der Situation nach dem Witz denken wir vielleicht ernsthaft über diesen Sinn nach. Das Nachdenken über Sinnlosigkeit ist ein sehr ernsthaftes Geschäft. Doch diese Nachlese folgt dem Witz nicht notwendigerweise. Witze sind bekanntlich indifferent gegenüber Glauben und Realität. Sie sind also auch gleichgültig gegenüber ihrer Wirkung und Nachwirkung. Rätselwitze haben zum Beispiel kaum Nachwirkungen, denn die Freude, das Spiel konzentriert sich dabei allein auf die Lösung des Rätsels oder das Scheitern am Lösen eines Rätsels.

Die Aufhebung pragmatischer und praktischer Einstellungen, die Selbstlosigkeit von Witzen und ihre Indifferenz gegenüber Glauben und Realität problematisieren scheinbar die Dominanztheorie und insbesondere die Befreiungstheorie. Es ist unmöglich, kein praktisches Interesse daran zu haben, sich ermächtigt oder befreit zu fühlen – auch wenn es kein pragmatisches ist. Dieses Interesse an der Aufhebung praktischer Einstellungen ist jedoch kein praktisches Interesse, einfach deshalb, weil es gar kein Interesse ist. Die Befreiung und möglicherweise auch das Gefühl von Macht sind spontan, nicht rational, und völlig gefühlsbedingt. Ein solches Gefühl kann man nicht auf die begriffliche Ebene bringen, was eine Vorbedingung für Interessen wäre. Wir können kein Interesse haben, ohne dass wir das wissen und auch, worin es besteht. Es ist eben der unbewusste Charakter der Befreiung einerseits und die Unmöglichkeit, im „wirklichen Leben" auszuleben, was im Witz ausgelebt wurde, andererseits, die die Theorie der Selbstlosigkeit und Verspieltheit eher bestätigen als widerlegen.

Werfen wir noch einen letzten Blick auf die drei Theorien über Witze (Dominanz, Befreiung, Inkongruenz), so finden wir zwei gemeinsame Eigenschaften bei allen dreien. Die eine ist einfach: Ein Witz ruft Gelächter hervor, das so etwas wie Zuneigung zum Ausdruck bringt und daher selbst eine Art psychologischer Befriedigung bietet. Zweitens ist Plötzlichkeit (ein plötzliches Ende) eine Vorbedingung für die Wirkung von Witzen. Als zeitlicher Begriff oder temporale Beschreibung kann Plötzlichkeit auch auf etwas hindeuten, das, weil es nicht eingeführt wurde, überraschend kommt. Diese unbedingte Erfordernis der Plötzlichkeit begrenzt die Länge eines Witzes. Witze sind ein kurzes Genre. Sie können sehr kurz sein, auch nur aus einem einzigen Satz bestehen oder zwei Wörtern, die inkongruent nebeneinandergesetzt wurden, wie der berühmte Wortwitz von Heine, den Freud so oft zitiert hat, über einen armen Verwandten, der damit prahlt, Rothschild habe ihn ganz „famillionär" behandelt. In solchen Fällen führt nichts oder fast nichts zu plötzlicher Befreiung. Der ganze Witz besteht aus einer einzigen Pointe. Meist gibt es jedoch einen einführenden Teil, der zur Pointe führt, und genau in diesem Teil muss die Inkongruenz platziert werden, denn die Pointe wird die Erwartungen, die die einführende Geschichte geweckt hat, aufheben. Das macht den Witz zum Witz.

Ich denke, die beste Beschreibung des strukturellen Wesens von Witzen und Inkongruenz stammt von Arthur Koestler: seine Theorie der Bisoziation. Koestler meint, Witze seien Packungen von zwei Geschichten, die nichts miteinander zu tun haben. Indem er dem Pfad einer der beiden Geschichten folgt, wird der Zuhörer in die Irre geführt, und plötzlich, mit der Pointe, übernimmt die andere Geschichte. So wird die Erwartung getäuscht und das Unerwartete geschieht. Wir werden an der Nase herumgeführt, aber nicht betrogen. Es gibt zwei Wahrheiten, denn es sind zwei Geschichten, und beide sind oder können wahr sein. Indem er die erwartete Geschichte durch die unerwartete ersetzt, bringt der Erzähler das normale Denken durcheinander – die Vernunft spielt uns einen Streich. Alles erscheint wie in einem magischen Spiegel eines Vergnügungsparks. Es steht Kopf und macht doch Sinn. Ich möchte das an einem Rätselwitz verdeutlichen:

Frage: Was ist das? Bush hat einen kurzen, Gorbatschow einen längeren, der Papst hat einen, den er aber nicht benutzt, und Madonna hat keinen.
Antwort: Ein Nachname.

Die Frage wird so gestellt, dass sich eine Antwort ergibt. Doch plötzlich fügt die Pointe (die Antwort) die Frage in eine andere Geschichte ein. Das nennen wir normalerweise Inkongruenz. Unsere Erwartung läuft ins Nichts. Sie wird ausradiert, annulliert. Doch auch die zweite, durch die Antwort bestätigte Geschichte ergibt Sinn. Ohne Sinn im Unsinn gibt es keinen Witz. Worüber lachen wir? Über eine Geschichte, die sich über die Einfalt unserer einseitigen Erwartungen lustig macht: also über uns selbst.

Victor Raskin sieht die wesentlichen Eigenschaften von Witzen auf ähnliche Weise. Er meint, ein Witz bestehe aus zwei konkurrierenden, aber nicht gegensätzlichen Skripten. Insofern sind Witze wie Metaphern. (Das ist auch die Theorie von Peter Fonagy.) Die Pointe bricht den Referenzrahmen. Der Text ist kompatibel mit zwei verschiedenen Skripten, die um einzelne Informationsbrocken herum organisiert sind. Raskin verdeutlicht seine Theorie an folgendem Witz: „Ist der Doktor zu Hause? fragt ein Mann heiser flüsternd. – Nein, flüstert die hübsche junge Frau des Arztes zurück. Komm rein."

In einem gewissen Sinn kann man alle Witze nach diesem Schema beschreiben.

Alle Autoren von Büchern über Witze bieten Klassifizierungen an. Man kann sie nach Stereotypen einteilen, nach ihrer repräsentativen Person und nach ihren Zielen oder wie sie enden. Maßgeblich kann auch ihre komische Botschaft sein. Es gibt satirische Witze, humorvolle Witze, karikierende Witze und ironische Witze. Da es in diesem Buch aber nicht allein um Witze geht, sondern um das Komische und vor allem um dessen intime Beziehung zur Philosophie, werde ich mich mit den Klassifikationen von Witzen nur sehr kurz beschäftigten und vor allem philosophische Witze ausführlicher erörtern, welche Form auch immer sie haben.

Nach formalen Eigenschaften gibt es narrative Witze, Rätselwitze, aphoristische Witze und Doppelwitze. Nach ihrem kommunikativen Charakter kann man verbale Witze (Wortwitze) und referenzielle Witze unterscheiden. Gemäß ihrer Aufgabe können Witze schematisch, repräsentativ oder humorvoll sein oder konkretisiert und parodistisch (über Attribution). Nach dem Sinn, der sich in der Sinnlosigkeit auftut, können Witze philosophisch, linguistisch, sexuell oder sozio-politisch sein. Die Klassifizierungen überschneiden sich. Philosophische Witze sind oft narrativ, doch auch Rätselwitze und Aphorismen können philosophisch sein. Manche verbalen (phonetischen, semantischen) Witze sind auch philosophisch, so wie sexuelle Witze auch sozio-politisch sein können, aber nicht alle. Witze über die bekannte amerikanische Witzfigur JAP (Jewish American Princess, ein verwöhntes jüdisches Mädchen) sind meist sexuell, nicht philosophisch, während Witze über jüdische Heiratsvermittler – wie Freud beobachtete – oft sexuell, aber auch philosophisch sind. Der oben zitierte verbale Witz von Heine, den Freud so gern zitierte, über den „famillionären" Rothschild, ist ein sozialer, kein politischer Witz. Der politische Rätselwitz „Was ist der Unterschied zwischen Sozialismus und Kapitalismus? – Kapitalismus ist die Ausbeutung des Menschen durch den Menschen, im Sozialismus ist es umgekehrt" ist ebenfalls ein philosophischer Witz.

Eine der formalen Eigenschaften von Witzen ist ihre Länge. Kürze ist das Kennzeichen aller Witze, aber narrative Witze sind meist länger als andere. Narrative Witze brauchen die besten Erzähler, denn der Weg vom ersten Satz zur Pointe kann voller zeremonieller Varianten sein. Ausschmückung und Rhetorik spielen eine Rolle, weshalb der Erzähler auch eine Art Schauspieler ist. Einen narrativen Witz zu erzählen ist eine Darbietung.

Die meisten philosophischen Witze sind narrativ. Es gibt ein paar Muster, denen narrative Witze meist folgen, ob sie nun philosophisch sind oder nicht. Zum Beispiel informieren sie die Zuhörer sofort über den Ort der Handlung und die Hauptfiguren: „Zwei Juden reisen im selben Waggon eines Zuges ..." oder „Hitler, Mussolini und Churchill sitzen zusammen in einem Flugzeug ..." oder „De Gaulle kommt zu seiner Frau nach Hause ..." oder „Fritzchen meldet sich im Geschichtsunterricht ..." Die Inkongruenztheorie kann am besten mit narrativen Witzen veranschaulicht werden, denn der Erzähler kann mit den beiden Skripten des narrativen Textes frei spielen.

Rätselwitze sind kürzer. Sie bestehen im Allgemeinen aus einer Frage und einer Antwort. Die Doppeldeutigkeit muss in der Frage selbst bereits enthalten sein. Dieses Genre rühmt sich einiger Varianten, so wie „Was ist das?" oder „Was ist der Unterschied zwischen X und Y?" Verschiedene ethnische Witze gehören zu diesem Fragetypus: „Warum heiratet ein Mann eine viel ältere Frau?" Antworten: „Der Amerikaner: weil sie Geld hat. Der Franzose: weil sie sexuell erfahren ist. Der Deutsche: weil sie eine wunderbare Hausfrau abgibt. Der Russe: weil sie Lenin gekannt hat." Es gibt auch die Witze über gute und schlechte Nachrichten: „Sag mir die gute/schlechte Nachricht zuerst." Witze über Ärzte, Krankheiten und Tod folgen diesem Muster. Hier ein beliebiges Beispiel, das auch sexuell ist: „Sagt der Arzt zum Ehemann der Patientin: Ich habe gute und schlechte Nachrichten. – Bitte sagen Sie mir die schlechte Nachricht zuerst. – Ihre Frau hat Tripper. – Schrecklich, und was ist die gute Nachricht? – Sie hat ihn nicht von Ihnen."

Eine andere Variante verbindet politischen und philosophischen, narrativen und Rätselwitz: „In der Nazizeit treffen sich zwei Juden in Berlin auf der Straße. – Sagt der eine: Ich habe gute und schlechte Nachrichten. – Sag mir bitte zuerst die gute Nachricht. – Hitler ist tot. – Oh, wunderbar! Nach dieser Nachricht kann es eigentlich keine schlechte Nachricht von Bedeutung geben, aber sag mir trotzdem die schlechte auch. – Es ist nicht wahr."

Eine kürzere Form von Witzen ist vielleicht der Aphorismus und seine vielen Varianten. Eine Sorte sind die komischen Inschriften auf Grabsteinen. Diese

Art kann auch länger sein, etwa eine Strophe oder ein Vers. Es gibt aphoristische Witze, die berühmten Personen zugeschrieben werden, zum Beispiel hat jemand Voltaire einmal so angesprochen: „Ich habe gehört, Sie gehen gern allein. Das geht mir genauso. Also können wir ja zusammen gehen." Der aphoristische Witz ist oft verbal und als solcher unübersetzbar. Nehmen wir zum Beispiel den wunderbaren Aphorismus von Paul Valery: „Entre deux maux/mots on doit toujours choisir le moindre." Auf den ersten Blick ist dies ein phonetischer Witz, weil das Wort „maux" (Übel) und das Wort „mots" (Wörter) gleich ausgesprochen werden. Doch der phonetische Witz hat auch eine Bedeutung. Das man zwischen zwei Übeln das geringere wählen soll, ist ein Sprichwort, eine selbsterklärende Weisheit, aber dass man zwischen zwei Wörtern immer das kürzere wählen soll, ist weder ein Allgemeinplatz noch sehr vernünftig, und trotzdem ist es ein guter, wenn auch ironischer Rat für Dichter. Oder, um auf einen deutschen Witz über Wagners „Lohengrin" zu kommen: „Im Brautgemach angekommen, fragte Elsa von Brabant Lohengrin, wes Geschlechts er sei." Ein sexueller Witz und zusätzlich ein ironischer Seitenhieb auf Wagners Kunst.

Schließlich gibt es den Doppelwitz. Man erzählt uns, dass A einen Witz erzählt hat und erzählt uns dann diesen Witz. Dann erzählt man uns, wie B den Witz weitererzählt und dabei die Pointe komplett vermasselt hat. Doch in dieser zweiten Geschichte ist der vermasselte Witz auch ein Witz, und zwar genau deshalb, weil er vermasselt wurde. Einen bekannten Vermassler gibt es in jeder Witze-Kultur, in Ungarn heißt er Papp Jancsi.

Auf bestimmte Art entlarven Doppelwitze Witze im Allgemeinen. Sie zeigen das Geheimnis aller Witze, nämlich dass Witze das Sprachspiel durcheinanderbringen und nicht auf kooperative Kommunikation aus sind. Aber das ist nur die Oberfläche. Witze zielen nicht auf kooperative Kommunikation, weil sie – vielleicht völlig unbewusst – (unter anderem) den unaufrichtigen Charakter kooperativer Kommunikation auf der pragmatischen Ebene des Lebens entlarven. „Treffen sich zwei Männer auf der Straße. – Wissen Sie, wie spät es ist? – Ja."

✳✳✳✳✳

Fast alle wichtigen Befürworter der linguistischen Theorie über Witze stimmen darin überein, dass es, was Witze betrifft, keinen Unterschied zwischen Wortwitzen und referenziellen Witzen gibt. Die Überlagerung von zwei verschiedenen Texten oder Skripten ist in ein semantisches Phänomen eingebettet. Ob diese verschiedenen Skripte entgegengesetzt sein müssen oder nicht, bleibt umstritten.

Man kann Witze auch nach Stereotypen unterteilen. Nicht nur einzelne Witze werden mündlich übertragen, sondern auch Stereotypen. Genauer gesagt jene, die es ermöglichen, dass Witze variiert werden, eine Figur durch eine andere ersetzt wird, wenn sie dieselbe Funktion erfüllt wie das vorgeschriebene

Stereotyp. Funktionelle Rollen sind in einem Witz von größter Bedeutung. In dieser Hinsicht unterscheiden sie sich nicht wesentlich von Marktplatzkomödien. Es gibt Witz-Äquivalente für Harlekin, Kasper und Gretel. Die Figuren vom Marktplatz ändern auch ihre Namen. Sie haben eine Geschichte, aber ihre wesentliche Funktion bleibt gleich. Es gibt immer jemanden, der verprügelt wird, der die Mächtigen überlistet und so weiter.

Eine funktionelle Rolle ist nicht unbedingt eine menschliche Figur. Es kann auch ein Tier sein. Auf jeden Fall sind die komischen Genres eng mit Tiergeschichten verwandt. Die Geschichten von Jean de La Fontaine sind immer komisch. Der Wolf, der Fuchs, das Lamm, die Maus usw. sind (zumindest in europäischen Geschichten) stehende Figuren. Der Fuchs überlistet alle. Bei Walt Disney folgen die Schweine seiner Tradition. Doch treten die Figuren aus Tiergeschichten, die normalerweise bestimmte menschliche, soziale, politische und geschlechtliche Rollen übernehmen, selten als Protagonisten in Witzen auf. Es gibt Elefantenwitze (warum?), Hundewitze usw. Die meisten Tierwitze sind surrealistisch. Etwa: „Mein Freund spielt Schach mit meinem Hund." – „Du hast aber einen klugen Hund!" – „Wieso? Er hat schon zweimal verloren."

Auch in ethnischen Witzen gibt es stereotype Figuren, wie den Schotten oder den Juden (die die Rolle des Geizhalses übernehmen), den Franzosen (als Erotiker), den Deutschen (als humorloser Nörgler). In französischen Witzen sind englische und deutsche Küche wichtige Zielscheiben. Es gibt auch selbstironische ethnische Witze. „In der Schule fragt der Lehrer Toto (das französische Stereotyp für den scheinbar dummen, in Wirklichkeit aber klugen Jungen): Sag mir, wer war der erste Mensch? – Vercingetorix! – Nein, nein, das war Adam! – Ich wusste nicht, dass Ausländer auch zählen."

Es gibt auch stereotype Beziehungen, wie Arzt/Patient, das sexuelle Dreieck, arm/reich, Priester/Gläubiger oder Atheist. Besonders bei sexuellen Witzen gibt es auch stereotype Ziele, etwa die Schwiegermutter oder die Ehe im Allgemeinen. Weil Witze meist von Männern erzählt werden, folgen sie dem alten Aphorismus, nach dem die Ehe für die Frau tragisch und für den Mann komisch ist. Witze über Liebe und Sex (nicht Ehe oder Verlobung) sind weniger einseitig. Nehmen wir zum Beispiel diesen französischen: „Er: Mein Liebling, ich flehe dich an, sag mir, dass ich der Erste in deinem Leben bin! Sie: Natürlich, mein Schatz, das bist du. Ich wüsste nur gern, warum alle Männer immer dasselbe fragen." Typische Zielscheiben sexueller Witze sind Impotenz, der Penis selbst, die „frigide" Frau, oraler Sex, Homosexuelle und Masturbation. Solche Witze sind meist sehr direkt und weniger philosophisch. Das Vergnügen an solchen Witzen erinnert uns an das Vergnügen, sogenannte schmutzige Wörter zu benutzen, wie der deutsche aphoristische Witz: „Onanie ist ein Vergnügen an und für sich." Der Witz macht auch deutlich, dass die Anwendung eines philosophischen *terminus technicus* (hier eine hegelianische Variante) einen Witz noch nicht philosophisch macht. Oder wie der amerikanische Witz: „Was glaubt eine JAP (Jewish American Princess), was Cooking und Fucking sind? – Zwei chinesische Städte." Es gibt auch etwas anspruchsvollere Varianten dieser Art von Witzen. Angeblich wurde in der Herrentoilette der Universität Freiburg folgende Inschrift gefunden: „Such keinen Witz an dieser Wand, den Größten hast du in der Hand."

Fäkale Witze, die früher äußerst populär waren (von Aristophanes bis Rabelais), sind in der Moderne weniger wichtig geworden, aber es gibt sie noch, etwa: „Sagen Sie nicht ‚Scheiße' zum Bischof, Sie sprechen vom Heiligen Stuhl."

In den jüdischen Witzen aus Osteuropa sind die wichtigsten stereotypen Figuren: der Schlemihl (der Außenseiter), der Schnorrer (ein selbstbewusster Bettler), der Schadchen (der Heiratsvermittler), der chassidische Rabbi und sein Gefolge (die weltfremden Figuren), die Rebbetzin (die Ehefrau des Rabbi), der Bocher (der Helfer des Rabbi) usw. Viele dieser Witze sind philosophische Witze.

Attribution haben wir schon angesprochen: Bestimmte Witze werden bekannten historischen Gestalten zugeschrieben, vor allem Politikern, Künstlern und Wissenschaftlern. Es sind meist Wanderwitze. Der französische Witz über Sacha Guitry handelt in der englischen Version von G. B. Shaw. Es gibt Napoleon-Witze, Hitler-Witze und Stalin-Witze, Mussolini- und de Gaulle-Witze, und es gibt auch Einstein-Witze, Rothschild-Witze und Caruso-Witze. Witz-Motive sind wie Mythen-Motive. Man kann sie berühmten Menschen als Geschenk anbieten, Lebenden oder Toten.

✴✴✴✴✴

Nicht alle Witze sind philosophisch, aber viele. Philosophische Witze sind die tiefsten, die anspruchsvollsten. Die meisten Wanderwitze sind philosophisch, sie sind die „Überlebenden" unter den Witzen. Diese Art von Witz ist der ehrenwerte Zeuge der intimen Beziehung zwischen der Philosophie und dem ganzen komischen Genre. Ich werden nur ein paar „Tricks" philosophischer Witze anführen. Den ersten hat Charles Sanders Peirce festgestellt und beschrieben. Er meinte, dass Witze auf folgende Weise argumentieren:

„Alle Bohnen in diesem Beutel sind weiß; diese Bohnen sind weiß; also stammen diese Bohnen aus diesem Beutel." In einem Handbuch für Logik ist dies eine fehlerhafte Argumentation, doch bei einem Witz geht es darum, sich über das Argumentieren selbst lustig zu machen. Ein durchgehend stichhaltiger Gedankengang kann auch lächerlich sein, wenn er mit empirischen Regeln, Denken und Erwartungen kollidiert. Wie „Warum gibt es Fahrpläne, wenn die Züge sowieso immer zu spät kommen?" – „Wie sollten wir sonst wissen, dass sie Verspätung haben?" Witze können das Sprachspiel durcheinanderbringen, sie

können einem Gedankengang ad absurdum *folgen und aus dem gewöhnlichen Denken ausbrechen (absurde Witze können das). Automatisches Denken, sophistisches Schlussfolgern und das Aufbrechen bestehender Referenzrahmen – all das sind Tricks philosophischer Witze.*

Ich möchte die wichtigsten Typen philosophischer Witze anhand von osteuropäischen jüdischen Witzen veranschaulichen, und zwar mit einem Witz für jeden Typ. Natürlich gibt es viel mehr Varianten, und meine Auswahl ist wie üblich einigermaßen willkürlich. Die meisten der präsentierten Witze stammen aus dem 18., manche aus dem 19. Jahrhundert – dies deshalb, weil ich meine Untersuchung gern auf „überlebende" Witze beschränken möchte. Manche dieser Witze wie die Schlemihl- und die Schnorrer-Witze sind „soziale" Witze, andere, wie die Schadchen-Witze, sind sexuell, doch nie direkt, andere jedoch sind rein philosophisch.

Über jüdische Witze gibt es viele Studien. Darin wird unter anderem erörtert, ob und bis zu welchem Grad sie selbstironisch sind oder warum genau die Juden in den geschlossenen Gemeinden (Stetl) Osteuropas sich im Genre der Witze so hervorgetan haben. Das sind wichtige Fragen, aber sie gehören nicht in ein Buch über das Komische.

Typ 1

Ein junger Mann bestieg einen Zug nach Odessa und setzte sich neben einen wohlhabend aussehenden Reisenden. „Können Sie mir sagen, wie spät es ist?", fragte er. Der Fremde schaute ihn verächtlich an. „Scher dich zum Teufel!", antwortete er. „Was ist denn mit Ihnen los?", platzte der junge Mann verärgert heraus. „Ich frage Sie freundlich, und Sie antworten so unhöflich. Was haben Sie für ein Problem?" Der andere versuchte zunächst, ihn zu ignorieren, aber dann wandte er sich ihm seufzend zu und sagte: „Also gut, ich sags Ihnen. Erst stellen Sie eine Frage und ich soll antworten, ja? Also sage ich Ihnen, wie spät es ist. Dann beginnen Sie ein Gespräch über das Wetter, über Politik, über den Krieg, über das Geschäft – bald entdecken wir, dass wir beide Juden sind. Was passiert also? Ich lebe in Odessa, aber Sie sind dort fremd, also muss ich jüdische Gastfreundschaft üben und Sie zu mir einladen. Dort treffen Sie Sophie, meine wunderschöne Tochter, und nach einigen weiteren Besuchen verlieben Sie sich. Schließlich bitten Sie um meinen Segen, damit Sie und Sophie heiraten können. Warum sollten wir diesen ganzen Rattenschwanz nicht vermeiden? Denn eins sage ich Ihnen gleich, junger Mann: Ich weigere mich entschieden, meine Tochter irgendjemanden heiraten zu lassen, der sich nicht einmal eine Uhr leisten kann!"

Der Witz macht sich über die sogenannte konditionelle Notwendigkeit lustig (wenn dies, dann das), wie: Wenn ich das Wasser erhitze, wird es kochen, wenn es kocht, wird es verdampfen, der Kessel wird verbrennen und es stinken usw. Die Logik der konditionellen (hypothetischen) Notwendigkeit funktioniert im Alltagsdenken gut, wenn die Entwicklungen durch bestimmte einfache Naturgesetze reguliert sind. Doch in menschlichen Angelegenheiten funktioniert sie nicht, weil die Bedingtheit sie umstößt. Ob der junge Mann und Sophie sich verlieben, hängt völlig von den Umständen ab. Ereignisse der Zukunft können (wie Leibniz zu sagen pflegte) nur von Gott allein vorausgesehen werden, denn an jedem Punkt der Kette entscheidet ein Mensch. Sophies Vater (ein schwaches menschliches Wesen mit sehr begrenzter Voraussicht) beansprucht göttlichen Weitblick für sich, und das ist schon komisch genug. Noch komischer ist, dass der junge Mann erst aus der Rede des Mitreisenden erfährt, dass dieser ein großes Haus in Odessa hat und eine schöne Tochter im heiratsfähigen Alter mit einer ansehnlichen Mitgift. Die Entscheidung des Älteren, dem jungen Mann nicht zu sagen, wie spät es ist, ihm dann aber trotzdem mitzuteilen, warum er ihm das nicht sagt (eine weitere Ursache für Heiterkeit!), könnte genau zu dem Ergebnis führen, dass er unter allen Umständen vermeiden wollte. Die Pointe ist völlig einsichtig und pragmatisch. Doch diese scheinbar vernünftige Pointe folgt nicht aus einer empirischen Feststellung, sondern aus fehlerhafter Argumentation und ist eben deshalb nicht einsichtig, weil sie als Schlussfolgerung einer sinnlosen Ableitung gelten soll.

Dieser philosophische Witz ist ein typischer narrativer Witz. Man sollte ihn langsam und genussvoll erzählen. Er ist auch eine Darstellung der Chuzpe des jüdischen Geschäftsmannes, einer Figur, die beständig ihre eigenen Fragen stellt und beantwortet, immer bestimmt von streng geldorientierten Gedanken, ob sie nun passen oder nicht.

Typ 2

Ein außergewöhnlich frommer Chassid aus Troškūnai war es gewöhnt, dass er am Sabbat zum Abendessen als Vorspeise gehackte Eier bekam. Doch unvermeidlich kam der Moment, an dem sein Lieblingsgericht fehlte. Er fragte seine Frau nach dem Grund. „Der Sommer ist zu Ende und die Hennen legen sehr wenig Eier", erklärte sie. „Sie sind jetzt sehr teuer. Zu Anfang der Saison lag der Preis für ein Ei bei einem Groschen, jetzt sind es drei Groschen." „Gelobt sei Gott", rief der heilige Mann aus. „Wir können seine erhabene Logik nur bewundern. Noch der niedrigsten Henne gibt er die Intelligenz, mit dem Eierlegen für einen Groschen aufzuhören und erst wieder zu beginnen, wenn der Preis auf drei steigt. Was für ein Geschäftsmann Gott doch wäre!"

Wie bei manchen anderen philosophischen Witzen geht es um die Umkehrung von Kausalität. Bei diesem speziellen Witz geht es jedoch nicht nur darum (das Huhn legt weniger Eier, weil die Preise hoch sind), er macht sich über Idealismus im Allgemeinen lustig. Wenn Nietzsche die größten Irrtümer des Platonismus aufzählt, ist die Umkehrung von Ursache und Wirkung einer der wichtigsten Punkte. Der heilige Mann in diesem Witz glaubt, es sei eine höhere, göttliche Logik am Werk, die Hennen so intelligent macht, dass sie weniger Eier legen, bis die Preise steigen. Bis zu diesem Punkt wird die idealistische Art verspottet, „auf dem Kopf zu gehen", die Anwendung von feinsinnigem, erhabenem Denken auf alltägliche Dinge. Doch in der Pointe geht der Witz noch weiter. Erst wird das alltägliche Denken mit philosophischem Idealismus negiert, und dann, in der Pointe, wird dasselbe idealistische Denken verherrlicht, weil es der Rechtfertigung profanen Denkens dient. Alles kann bewiesen und durch alles gerechtfertigt werden.

Typ 3

Dieser Witz ist alt, aber er wird hier von jüdischen Immigranten in den USA erzählt.

> *Ein gerade angekommener Immigrant versuchte, sich in seinem neuen Land zu orientieren. „Sag mir eins", fragte er seinen Freund, „wie weit ist es von New York nach Philadelphia?" „Ungefähr hundert Meilen." „Und von Philadelphia nach New York?" „Na, das ist natürlich dieselbe Entfernung." „Was ist so natürlich?", gab der Immigrant zurück. „Hin und zurück ist nicht unbedingt dieselbe Entfernung. Von Purim zu Pessach dauert es zum Beispiel einen Monat. Aber von Pessach bis Purim, sind das nicht elf Monate?"*

Tatsächlich hat der Immigrant recht. Hin und zurück ist nicht unbedingt dieselbe Entfernung. In einer kreisförmigen Zeitvorstellung dauert es von Frühling zum Winter nicht gleich lang wie vom Winter zum Frühling, obwohl es in einem linearen Begriff von Zeit und Raum dieselbe Entfernung ist. Doch war die Frage absurd, weil sie dem alltäglichen gesunden Menschenverstand widersprach. In diesem Fall von wahr und falsch war das Denken des Immigranten aus dem Zusammenhang gerissen und dem Thema und der Situation unangemessen.

Typ 4

> *Ein kleiner alter Mann trat schüchtern zu seinem Chef. „Kann ich morgen frei haben? Es ist meine Goldene Hochzeit." „Gott im Himmel", knurrte der Chef, „muss ich diese Chuzpe alle fünfzig Jahre ertragen?"*

Dies ist ein absurder Witz, doch anders als der über den Mann, der mit einem Hund Schach spielte, ist er nicht surrealistisch. Wie der vorige ist es auch ein Witz über Zeit, doch hier geht es nicht um den im Kontext unangemessenen zirkulären Zeitbegriff, sondern die in diesem Zusammenhang unangemessene hyperbolische Ausdehnung linearer Zeit, die den Witz ausmacht. Die zweite Absurdität, die mit dem Zeitwitz verwoben ist, ist der übertriebene, hyperbolische Geiz des Chefs.

Typ 5

Der loyale Chassid verteidigt seinen Rabbi gegen einen skeptischen Litwak.
„Ist dir klar, wie groß der Rebbe von Sadhora ist? Jeden Sabbat steigt Gott
selbst am Nachmittag aus der Höhe herunter, betritt die Studierstube des
Rebbe, setzt sich auf einen Stuhl und leistet dem heiligen Mann Gesellschaft."
„Woher weißt du, dass das tatsächlich geschieht?", erkundigte sich der Litwak.
„Da gibt es keinen Zweifel. Der Rebbe selbst hat es uns gesagt." „Aber woher
weißt du, dass er die Wahrheit sagt?" „Schwachkopf!", rief der Chassid.
„Glaubst du auch nur einen Augenblick lang, Gott der Allmächtige würde sich
mit einem Lügner abgeben?"

Witze mit einer solchen Struktur gibt es in der jüdischen Folklore viele. Diese Version gehört zu den komplizierteren, weil die Geschichte aus der Sicht von zwei philosophischen Skripten gelesen werden kann. Die Bisoziation ist hier nicht nur eine narrative Strategie.

Das erste philosophische Textskript ist die ironische Darstellung der *petitio principii*, des Zirkelschlusses. Aus der Position des Litwak [des Litauers] ist dies das Wesentliche. Aus der Perspektive des zweiten philosophischen Skripts gibt es jedoch keine *petitio principii*, die Antwort des Chassiden ist absolut angemessen. Denn die religiöse Logik steht hier gegen die Alltagslogik. Um den grundlegenden Unterschied zwischen den beiden Logiken zu erläutern, erzählt der Chassid eine absurde Geschichte. Doch im religiösen Sinn kann das Absurde wahr sein. Moses hat bekanntlich die Stimme Gottes aus dem Dornbusch gehört, und es gab keine Zeugen. Moses hat es gesagt, deshalb ist es wahr. In diesem Witz ist sowohl das Skript mit der *petitio principii* als auch das Skript mit der religiösen Logik komisch. Das erste aufgrund seiner Starrheit (seit Bergson wissen wir, dass Starrheit immer komisch ist), das zweite, weil der Chassid den örtlichen Rabbi zum Sprachrohr Gottes erhebt, aber nicht auf positive, sondern auf negative Weise, er überträgt also Gott die Verantwortung für die Wahrheit. Er lässt nicht nur das richtige Maß, sondern auch die richtige Art vermissen, wie man von Gott spricht.

Typ 6

> *Eine verzweifelte Mutter ging wegen ihres kranken Kindes zum chassidischen Rabbi. „Rabbi", klagte sie, „mein Baby leidet schon seit einer Woche unter Durchfall. Ich habe jede Medizin probiert, aber nichts hilft." „Keine Sorge", tröstete sie der Rabbi, „Sie müssen nur Tefillin sagen und Sie werden ein Wunder erleben, da habe ich keinen Zweifel." Drei Tage später erschien die besorgte Mutter wieder im Haus des Rabbi. „Rabbi, ich habe genau das getan, was Sie gesagt haben, doch jetzt leidet mein kleiner Junge unter den gegenteiligen Symptomen. Er kann überhaupt nicht gehen!" „Sagen Sie das Tefillin noch mal", empfahl der Chassid. „Aber Rabbi", protestierte die Frau, „Tefillin stopfen doch!"*

Hier begegnen wir Hume, sogar zweimal, also in beiden Lesarten des Textes. Der Rabbi empfiehlt ein Gebet gegen den Durchfall, und das funktioniert, wo die Medizin versagt hat. Tatsächlich bewirkt es ein Wunder, und der Durchfall hört auf. Der Witz verspottet die Kausalität: *post hoc, propter hoc* – nachher, also deswegen. Doch da kommt noch das zweite Skript. Wunder geschehen in einzelnen Fällen. Doch dieses Wunder hat in der Mutter die Überzeugung entstehen lassen, dass der einzelne Fall ein allgemeiner sei, dass also das Gebet mit den Tefillin Durchfall beendet. Es ist also gar kein Wunder geschehen, der Rabbi hat lediglich die allgemeine Medizin gegen Durchfall empfohlen. Verstopfung ist also die Folge davon, wenn man Tefillin sagt. Der Glaube an Wunder und der Glaube, dass alles „wissenschaftlich" zugeht, überlagern sich: Aus zweimal Sinn entsteht Unsinn.

Typ 7

Dieser Typ ist das Gegenteil des vorangegangenen.

> *Es geschah Mitte des 18. Jahrhunderts. Ein frommer Chassid erzählte von den erstaunlichen Wundern, die sein Rabbi gewirkt hatte. „Zum Beispiel", meinte er, „gingen unser großer Rebbe und einige seiner Anhänger an einem Fasttag spazieren, als sie einen Juden bemerkten, der an der Wand lehnte und ein Stück Brot sowie einen Hering verzehrte. ‚Ungläubiger‘, schrie einer der Chassidim, ‚die Wand soll einstürzen und deine abtrünnigen Knochen zermalmen!‘ Doch der Rebbe sprach wesentlich milder: ‚Er hat diesen heiligen Fasttag übergangen, aber vielleicht hatte er einen guten Grund, diese Sünde zu begehen. Denken wir daran, dass auch ein Sünder ein Kind Gottes ist. Statt ihn zu verfluchen, sollten wir ihn segnen, und ich werde zum Allmächtigen beten, dass die Wand nicht einstürzen und ihn zermalmen wird.‘ Und was glauben Sie, was geschah?", schloss der Chassid triumphierend. „Kaum hatte der Rebbe gesprochen, blieb die Wand stehen und der Sünder entkam unverletzt."*

Dieser Witz hat ebenfalls eine doppelte Perspektive, und dies ist ein Weg, Bisoziation zu erzeugen. Die Geschichte wird aus der Position der Litwaks erzählt, also der Anhänger eines Rabbi, die sich über das Unvermögen des berühmten Rabbi einer anderen Gemeinde lustig machen (das Wunder besteht darin, dass alles so bleibt, wie es war), doch erzählt wird auch aus der Position der Anhänger dieses Rabbi, denn in der Geschichte geht es um seine Güte und die moralische Heiligkeit. Der Rabbi wirkt das größte Wunder: die Herzen seiner Anhänger zu erweichen, das Wunder des Vergebens, doch nach Ansicht der Anhänger geschah ein „materielles" Wunder, denn die Worte des Rabbi schützten die Mauer und der Sünder blieb unverletzt. Für die Anhänger zählt die spirituelle Wirkung nicht, nur die materielle. Darüber macht sich der Erzähler lustig, sowohl bei den Litwaks wie bei den Anhängern des Rabbi. Man liest hier zwei Texte in einem. Die vermeintliche Wirkung der Worte des Rabbi war überhaupt keine. Der wahre Effekt wurde verdrängt, und Verdrängung ist bekanntlich eine der wichtigsten Strategien von Witzen.

Die folgenden Witze werden über dieselben oder ähnliche Figuren erzählt, die Weisen von Chelm. Sie werden als Narren der komischen Tradition beschrieben (siehe Shakespeare). Sie sind scheinbar dumm oder stellen sich dumm, in Wirklichkeit sind sie auf naive Art weise. Im Allgemeinen sagen sie nichtrationale Dinge oder Dinge, die sehr viel Sinn ergeben, doch für andere unsinnig klingen. Wie bisher wähle ich auch hier nur einen Witz für jeden philosophischen Typ.

Typ 8
Dieser Witz hat mehrere Stadien durchlaufen. Eines machte in meiner Jugend die Runde, zur Zeit des totalitären Rákosi-Regimes. Ich nehme eine frühere Version:

> *Tachnum, der Wasserträger, war eines Abends auf dem Weg nach Hause, als ein Fremder auf ihn zulief und ihm ins Gesicht schlug. „Nimm das, Meyer!",*
> *rief der Angreifer. Tachnum rappelte sich von der Straße auf und starrte den Mann verwundert an. Plötzlich überzog ein breites Grinsen sein Gesicht und er lachte brüllend. „Meyer, worüber lachst du?", rief der andere. „Ich habe dich gerade niedergeschlagen." „Du bist der Angeschmierte", gluckste Tachnum. „Ich bin nicht Meyer."*

Dies ist ein Clown- und ein sozialer Witz, auch wenn es in der frühen Version keinen direkten Bezug zur sozio-politischen Lage gibt. Das philosophische Spiel dieses Witzes funktioniert bei jener Art von Witzemachern, die unterdrückt und arm sind und unprovozierter, irrationaler Strafe oder Gewalt ausgeliefert. Sartre spricht von der Radikalisierung des Bösen. Die Radikalisierung des Bösen bedeutet, die Positionen zu tauschen, die vom Unterdrücker aufgebürdete Identität zurückzuweisen, sich selbst zu erkennen und eine überlegene Position einzunehmen. Dies geschieht in diesem Witz. Lachen, insbesondere der Person ins Gesicht zu lachen, die einen verprügelt hat, bedeutet, dass man eine überlegene Position eingenommen hat. Doch der Witz ist deshalb witzig, weil er auch den Schritt zur Radikalisierung des Bösen verdrängt. Die Zurückweisung der Identifikation durch den Unterdrücker und der Schritt zur Selbstfindung ist hier kein Akt der Auflehnung, sondern die Feststellung einer empirischen Tatsache. Tachnum heißt Tachnum und nicht Meyer. Er wurde vom Angreifer falsch (empirisch falsch) als Meyer identifiziert. Der Angreifer ging nicht auf Meyer los, sondern auf Tachnum. Der Schritt zur Radikalisierung des Bösen ist komisch, weil nichts dergleichen passiert, es schien nur so (dem Angreifer, für einen Moment).

Typ 9

Es gibt viele Witze über Gebrauch und Missbrauch des Zählens, über Zahlen und Mathematik, und dies ist einer davon. Ich habe ihn ausgewählt, weil es ein sexueller Witz ist und bezeichnend für die „chelmische" Art zu denken:

Schloime, ein junger Schusterlehrling in Chelm, nahm sich ein Mädchen seines Alters zur Braut – achtzehn Jahre. Stellen Sie sich seine Überraschung vor, als seine neue Frau nach drei Monaten ein Kind gebar. Er eilte zum Haus des Rabbi, um eine Erklärung zu finden. „Rabbi", rief er, „Sie werden es kaum glauben, aber meine Frau hat ein Kind geboren." „Das machen Frauen so", bemerkte der Weise trocken. „Aber wir sind erst drei Monate verheiratet. Meine eigene Mutter, sie ruhe in Frieden, hat mir gesagt, dass man neun Monate braucht, um ein Baby zu machen. Glauben Sie mir, ich bin schrecklich besorgt." Der Rabbi strich sich über den Bart und dachte über den seltsamen Vorfall nach. „Wir werden das Geheimnis mit talmudischer Logik lösen: indem wir Fragen stellen. Erstens, mein Sohn, sagst du, dass du seit drei Monaten verheiratet bist?" „Ja, Rabbi." „Deine Frau lebt mit dir seit drei Monaten zusammen?" „So ist es, Rabbi." „Und du hast mit deiner Frau drei Monate zusammengelebt?" „Ja." „Da hast du es, mein Guter. Zähle alles zusammen, drei Monate plus drei Monate plus drei Monate, wie viel ergibt das?" „Neun Monate, Rabbi." „Richtig", sagte der Rabbi sanft. „Friede sei mit dir und den deinen. Nun geh zu deiner Frau und deinem neun Monate alten Baby."

Das Spiel mit Zahlen steht für das Spiel mit dem spekulativen Denken im Allgemeinen, und zuallererst für talmudische Logik. Der bekannte und oft angewandte Trick, die Vermischung von schlechter Logik und korrekten empirischen Beobachtungen und umgekehrt, ist in diesem Fall ganz klar. Er ist aber auch ein schönes Beispiel der Charakterisierung von Rollen in narrativen Witzen und der häufigen Mehrdeutigkeit der Charakterisierung selbst. Der Rabbi ist offenbar ein guter Mensch, der zwei junge Menschen und ein Neugeborenes vor Leid bewahrt – Fundamentalismus ist ihm fremd. Doch das ist nur eine Lesart des Skripts. Man kann den Rabbi auch als absolut weltfremden Menschen sehen, der sich gar nicht vorstellen kann, dass ein Kind anders auf die Welt kommt als nach der Umarmung eines legitimen Ehemannes, und der wirklich glaubt, dass er vor einem Problem steht, das gelöst werden muss. Der Witz macht sich über talmudische Logik und über den Schuster lustig, einen typischen Narren der chelmischen Witze, naiv und gutgläubig. In einer weiteren (möglichen) Lesart verspottet der Witz vor allem den Rabbi. In diesem Witz geht es um Leichtgläubigkeit, aber mit Happy End.

Typ 10
Der folgende ist ein Wanderwitz, der offensichtlich nur wenig verändert wurde. Er verträgt auch keine Variation, zumindest nicht in seinem Kern. Ich habe ihn zum ersten Mal in der Art gehört, wie er im 18. Jahrhundert erzählt wurde, und so wird er hier zitiert. Im einführenden Teil erfahren wir, dass Lekisch, der Kopf der Philosophen von Chelm, am Sabbat nicht in der Synagoge erschienen ist. Er war krank und konnte kein Wort sprechen, er lag nur still im Bett. Der Rabbi besuchte ihn und beschwor ihn, ihm zu sagen, was ihn quäle. Jetzt kommt der Kern:

> *„Ja, Rabbi, es gibt einen Gedanken, der mich zerreißt." „Sag mir." „Nun, stell dir vor, jeder lebende Mensch würde zu einem einzigen gigantischen Mann. Und stell dir weiter vor, alle Bäume auf der Welt würden zu einem Baum, alle Äxte zu einer Axt. Nun stell dir vor, der Mensch würde die Axt nehmen und den Baum fällen und der würde ins Meer fallen." „Ja! Weiter! Wie geht es weiter?" „Kannst du dir vorstellen", flüsterte Lekisch heiser, „wie das spritzen würde?"*

Dieser Witz hat eine ähnliche Pointe wie der, den Kant zitiert, und die kantianische Interpretation von Witzen (Erwartung, plötzliches Ende, Auflösung in nichts) ist auf diesen Witz perfekt anwendbar. Doch er ist viel komplexer als die beiden Witze, die Kant erzählt. Lekisch, die Hauptfigur des Witzes, ist Vorstand aller Philosophen, der größte, berühmteste, am meisten geachtete Philosoph von Chelm. Wenn er mit seiner Hypothese „Stell dir vor ..." ansetzt, tritt auch der Rabbi in einen philosophischen Bewusstseinszustand ein. Er denkt mit Lekisch, folgt einer Hypothese nach der anderen, und drängt ihn, den abschließenden Hinweis zu geben, um den philosophischen Sinn der ganzen Geschichte zu entschlüsseln, und genau da (in der Pointe) verliert sich die Geschichte im Unsinn, im Nichts. Es ist ein wunderbarer Witz über Metaphysik einerseits und Logik andererseits. Die Form der Beweisführung ist logisch, der Inhalt spekulativ/ metaphysisch. Wir, die Philosophen, spekulieren beständig über Dinge, an die „normale" Menschen gar nicht denken. Wir quälen uns mit Dingen, die normalen Leuten gar nicht in den Sinn kommen. Es gibt bekanntlich einen philosophischen Namen für die Hypothesen, die Lekisch auflistet. Den Baum, der alle Bäume ist, nennt man die Idee eines Baums, die Axt, die alle Äxte ist, ist die Idee einer Axt, und der Mensch, der alle Menschen ist, ist die Idee eines Menschen. Doch die Idee eines Menschen kann nicht die Idee einer Axt in die Hand nehmen, um die Idee eines Baumes zu fällen. Im Geist von Lekisch sind alltägliches, empirisches und spekulatives Denken hoffnungslos vermischt, und wegen dieser Verwirrung ist sein Problem ein Witz. Ideen spritzen nicht, trotzdem erwartet er, dass der Rabbi sich das vorstellt.

Typ 11

Der nächste Witz ist ein Beispiel für sophistisches Denken. Es gilt in den meisten Theorien als eine der Haupttechniken, um einen philosophischen Witz zu gestalten. Hier ist die Geschichte:

> *Simon, ein Winzer, war zutiefst verstört von etwas, das sich am Morgen ereignet hatte. Er ging also zum weisesten Mitglied des Rats der Sieben, um eine Erklärung zu finden. „Es ist eine verbürgte Tatsache, dass immer, wenn ein armer Mann wie ich eine Scheibe Brot fallen lässt, diese auf die Butterseite fällt", begann er. „Ja, das ist wahr", stimmte der Chelmer Würdenträger zu. „Nun, heute ist mir mein Brot heruntergefallen und es fiel mit der Butterseite nach oben!" „Was? Das ist unmöglich!", rief der Älteste. „So etwas habe ich noch nie gehört!" „Aber es ist passiert!" Der alte Weise dachte eine Weile über den ungewöhnlichen Vorfall nach. Schließlich dämmerte ihm die einfache Wahrheit und er lächelte. „Simon, geh nach Hause und entspann dich", riet er. „Du hast das Brot auf der falschen Seite gestrichen."*

Auch dieser Witz ist viel komplexer als die übliche sophistische Debatte. Das sophistische Argument, um das es geht, kommt in der Pointe, doch die Diskussion davor ist so absurd wie die Pointe selbst. Sowohl der Winzer als auch der Weise stimmen völlig darin überein, dass das Brot eines armen Mannes immer und ausnahmslos auf die Butterseite fällt. Aus einem zufälligen Ergebnis machen sie eine Art notwendige Beziehung zwischen zwei unabhängigen Dingen: der materiellen Lage einer Person, die ein Stück Brot fallen lässt, und dem Verhalten des Brotes, das auf die Butterseite fällt. Sie einigen sich auf eine Absurdität. Daher müsste man eigentlich erklären, warum die absurde Annahme korrekt sei. Da beide Gesprächspartner an diese absurde Annahme glauben, kann das nicht existierende Problem nur mit sophistischer Logik gelöst werden. Ein Unsinn erklärt den anderen. Damit spielen die Witze, die an der Weisheit von Chelm Vergnügen finden.

Typ 12

Zwei der hellsten Studenten in Chelm – wenn nicht der ganzen Welt – sprachen über die Schwierigkeiten bei der Aussprache biblischer Wörter. „Lass mich dir eine Frage stellen", sagte der eine. „Frag!", erwiderte der andere. „Wer braucht ein Gimel bei Noah?" „Aber bei Noah ist kein Gimel." „Dann sag mir, warum sollte bei Noah kein Gimel sein?" „Aber wer braucht ein Gimel bei Noah?" „Moment, Moment", protestierte der erste Student, „das ist dieselbe Frage, die ich dir am Anfang gestellt habe! Wer braucht ein Gimel bei Noah?"

Zwei Leute fragen dasselbe, aber es ist nicht dasselbe. Der eine spricht richtig, der andere falsch. Aber das macht noch keinen Witz. Der Witz zeigt sich als Identität des Nichtidentischen. Die richtige Frage und die falsche, die Frage des Wissenden und die des Ignoramus sind genau dieselben. Doch der Ignoramus (und seine Pointe) bleibt eisern dabei, dass, weil ihre Fragen dieselben sind, sowohl er wie auch der andere Student das Recht haben, zu fragen, und dass er selbst noch nicht einmal eine Antwort erhalten hat. Doch diese selben Fragen sind in Wirklichkeit völlig verschieden, wenn man sie in ihren ursprünglichen Zusammenhang stellt. Der erste Student ist auch ein Chelmer, er glaubt, er sei immer im Recht. Die Pointe sagt etwas über seinen Charakter, nämlich, dass seine Frage gar nicht als Frage gemeint war, weil er sich nicht für die Antwort, sondern ausschließlich für sich selbst interessiert. Er wird hier satirisch gesehen.

Typ 13

Die Pointe ist ähnlich, aber sowohl Sinn wie auch Unsinn sind in der folgenden Geschichte, die auch von Freud zitiert wird, anders:

„Du hast mich absichtlich belogen", sagte ein angehender Bräutigam zum Heiratsvermittler. „Ich bin schockiert! Ein Mann deines Alters und deiner Herkunft! Du denkst, ich lüge? Wovon sprichst du? Ist sie für dich nicht schön? Hat sie nicht exzellente Manieren? Inwiefern habe ich gelogen?" „Du hast mir gesagt, ihr Vater sei tot, dabei hast du gelogen! Das Mädchen hat mir selbst gesagt, dass er seit zehn Jahren im Gefängnis sitzt." „Jetzt frage ich dich", gab der Vermittler zurück, „nennst du das Leben?"

Seit Aristoteles haben sich Philosophen beeilt, einen Unterschied zu machen zwischen dem Leben und dem guten Leben. Ein Leben, das kein gutes Leben ist, sondern nur rein biologisches Überleben, kann man nicht „Leben" nennen.

Der Witz ist keineswegs absurd, wenn man darauf besteht, dass ein Leben im Gefängnis kein (lebenswertes) Leben ist. Wie in vielen Witzen ist die Abstraktion von einer Situation, vom Kontext, selbst ein Fall von Verdrängung. Denn in diesem Fall geht es nicht darum, ob das Leben im Gefängnis Leben genannt werden kann (eine durchaus vernünftige Frage), sondern ob der Vater der zukünftigen Braut tot oder lebendig ist. Außerdem ist die Diskussion nicht theoretisch, sondern pragmatisch. Es geht um eine Hochzeit und darum, ob es für den Bräutigam einen Unterschied macht, ob der Vater der Braut tot ist oder im Gefängnis sitzt. Diese Pointe ist alles andere als sinnlos, aber sie wird sinnlos, weil der Kontext ohne Vorwarnung verschoben wird.

Typ 14

Der folgende ist ein semantischer Witz. Ein sehr spezieller, weil dieser im Gegensatz zu vielen anderen semantischen Witzen zumindest in die Sprachen übersetzbar ist, die ich kenne, und aus demselben Grund auch in allen komisch ist. Der Witz erzählt die Geschichte von Rabbi Mordechai Koppelmann aus Brooklyn, der an einer Rabbinerkonferenz in San Francisco teilnimmt. Er schreibt an seine Frau:

> *„Liebe Lea, sende mir umgehend deine Pantoffeln. Ich schreibe ‚deine Pantoffeln‘, weil wenn ich ‚meine Pantoffeln‘ schreiben würde, würdest du es als meine Pantoffeln lesen und würdest mir deine Pantoffeln schicken. Und wozu brauche ich deine Pantoffeln? Deshalb sage ich einfach ‚deine Pantoffeln‘, damit du verstehst und es als deine Pantoffeln liest und nicht als ‚meine Pantoffeln‘ und mir daher meine Pantoffeln schickst.“*

Ein Witz über den Gebrauch von Personalpronomen und insbesondere über das „ich“. Was heißt es, „ich“ oder „mein“ zu sagen? Wittgenstein würde sagen, „ich“ sei keine Person. Dieser Witz nimmt Wittgensteins Sprachspiel-Theorie ernst. „Ich“ ist unterschiedlich, je nach der Perspektive des Schreibenden und des Lesenden, des Sprechenden und des Zuhörenden. Wer ist das „ich“? Der Rabbi? Oder seine Frau? Dem Witz zufolge ist es nicht selbstverständlich, dass die Leserin des Briefes die Perspektive des Schreibers einnehmen wird, wenn sie „mein“ liest, anstatt ganz unbefangen ihre eigene. Der Briefschreiber versucht, das Wittgenstein'sche Hindernis zu überwinden, in dem er „meine Pantoffeln“ und „deine Pantoffeln“ in Anführungszeichen schreibt, wie dies Philosophen in ähnlichen Fällen häufig tun. Der Witz dreht sich um die Grenze der Sprache, was die Wahrnehmung betrifft, die nicht einmal der Rabbi erfolgreich überwinden kann.

Typ 15

Weil ich anderswo keine guten Beispiele für die beiden letzten Typen philosophischer Witze finden kann, wende ich mich Freuds Buch über Witze zu. Von den Witzen, die er dort erzählt, wähle ich zwei aus.

A hat von B einen kupfernen Kessel entlehnt und wird nach der Rückgabe von B verklagt, weil der Kessel nun ein großes Loch zeigt, das ihn unbrauchbar macht. Seine Verteidigung lautet: „Erstens habe ich von B überhaupt keinen Kessel entlehnt; zweitens hatte der Kessel bereits ein Loch, als ich ihn von B übernahm; drittens habe ich den Kessel unbeschädigt zurückgegeben."

Nach Freud ist diese Begründung komisch, denn jede der drei Begründungen hätte für eine Verteidigung gereicht. Stattdessen argumentiert A mit allen drei Möglichkeiten, sodass jedes Argument die anderen aufhebt. Freud bezeichnet diese Argumentationslinie als sophistisch. Sie ist nicht nur deshalb sophistisch, weil A dreifach argumentiert und jedes seiner anderen Argumente aufhebt, sondern auch, weil er die Richter mit dem Gegenteil beeindrucken will, nämlich dass seine drei Argumente sich gegenseitig verstärken.

Typ 16

Ein Schnorrer borgt sich von einem reichen Bekannten 25 Goldmünzen aus und beteuert vielfach seine Notlage. Am selben Tag trifft ihn sein Wohltäter in einem Restaurant vor einem Teller Lachs mit Mayonnaise. Er sagte vorwurfsvoll: „Was? Sie leihen sich Geld von mir und dann bestellen Sie sich Lachs mit Mayonnaise? Dazu haben Sie mein Geld gebraucht?" „Ich verstehe Sie nicht", antwortete der Schnorrer. „Habe ich kein Geld, kann ich keinen Lachs mit Mayonnaise essen, und habe ich Geld, dann darf ich keinen Lachs mit Mayonnaise essen. Wann soll ich denn dann Lachs mit Mayonnaise essen?"

Freud analysiert den Witz folgendermaßen: Die Antwort ist scheinbar logisch, aber sie ist unlogisch. Mit seiner Antwort missachtet der Schnorrer die Bedeutung der Frage. Sein Wohltäter hat ihm nicht vorgeworfen, Lachs mit Mayonnaise zu essen, sondern es mit Geld zu tun, von dem er behauptet hatte, er brauche es für das Nötigste. Er sollte überhaupt keine Delikatessen verzehren.

Freud analysiert den Witz wunderbar, und zwar als sozialen Witz. Und es ist ein sozialer Witz. Aber es ist auch ein philosophischer Witz: ein Witz über den freien Willen. Das ist der Grund, warum der Schnorrer nicht nur den Ausdruck „Lachs mit Mayonnaise" wiederholt (Freud betont dies als Anwendung einer bekannten Witztechnik), sondern beim ersten Mal „ich kann nicht" sagt und beim zweiten Mal „ich darf nicht". Er spricht also von einer ursächlichen Beziehung einerseits und einem moralischen Imperativ auf der anderen Seite.

Ein Mensch ist Spielball der Kausalität: „Ich kann nicht" bedeutet, ich habe nicht genügend Ursache (das Geld) zur Verfügung, „Ich darf nicht" besagt, dass es nicht erlaubt ist, selbst wenn ich genügend Geld habe. Eingeklemmt zwischen Kausalität und Imperativ, erhebt sich die Frage: Wann habe ich die Freiheit, zu tun, was ich wünsche? Wie kann ich frei sein? Die praktische Antwort des Schnorrers ist, das moralische Sollen zu missachten. Er kann keinen Lachs mit Mayonnaise essen, wenn er nicht genügend Mittel hat (Ursache), ein solches Hindernis kann nicht überwunden werden. Doch wenn er die Mittel hat, warum sollte er sie nicht verwenden? Im ersten Fall hat der Schnorrer keine Wahl, im zweiten schon, und er entscheidet sich dafür, den Lachs mit Mayonnaise zu essen, so wie Eva beschloss, die verbotene Frucht zu essen. Der Witz ist witzig nicht nur, weil die Antwort im Kontext eines sozialen Witzes unlogisch ist, sondern weil es um eine Bagatelle geht (Lachs mit Mayonnaise zu essen oder nicht). Die philosophische Frage allerdings hängt in der Luft, sie bleibt. Wir können auch uns selbst befragen: Sind wir frei, unseren Lachs mit Mayonnaise zu essen, ohne eine Norm zu verletzen? Wann können wir und wann dürfen wir auch den Lachs mit Mayonnaise essen?

*****

Ich habe einige Typen von philosophischen Witzen erläutert – und dabei absichtlich die Unterscheidung zwischen verbal, phonetisch und semantisch vernachlässigt – sowie Typen von referenziellen Witzen, vornehmlich anhand von narrativen Witzen. Meine Erörterung von Witzen im Allgemeinen war sogar noch eingeschränkter. Es ging ausschließlich um „eingemachte" Witze (Wanderwitze, relativ stabile Witze) und nicht um anlassbezogene soziale Witze, die wir spontan über Personen machen, die in der Runde anwesend oder gerade dann abwesend sind. Gelegenheitswitze sind selten richtige Witze. Man erzählt nicht Witze, sondern „witzelt", stichelt mit mehr oder weniger gutem Geschmack gegen andere. „Witzeln" im Sinne von necken oder veralbern ist situations- und kontextbezogen, und sogar sehr witzige Bemerkungen sind schnell vergessen, wenn sie nicht in einer Anekdote erhalten bleiben. In einem solchen Fall ersetzt Attribution bald die wahrheitsgemäße Wiedergabe der witzigen Bemerkung. Man schreibt kontextuell witzige Bemerkungen bekannten Witzbolden, Humoristen, historischen Gestalten und typischen Witzfiguren zu und verwandelt sie so in eingemachte Witze.

Personen, die in der Gesellschaft von Freunden oder auch in einer verhältnismäßig zufällig gewählten Gruppe berühmter oder unbekannter Leute oder in einer Fernsehshow gute, witzige Bemerkungen machen, sind meist Menschen, die gerne Witze erzählen und die sie gut erzählen. Wir sagen, sie haben „Sinn für Humor". Im Alltagsjargon sagt man von einer Person, sie habe Sinn für Humor,

wenn sie witzig ist, komische Geschichten gut erzählt und auch eine liebens-
würdige Zuhörerin ist, die auf die Witze anderer mit herzlichem Lachen reagiert.

Ich habe auch sogenannte reine Witze erörtert und bin tendenziösen aus-
gewichen, die nach meiner Ansicht ohnehin nicht in den Bereich der „hohen
Witze-Kultur" gehören. Die kantianische Beschreibung des „freien Spiels der
Gedanken" ist auf tendenziöse Witze nicht anwendbar. Diese Witze haben eine
Absicht, nämlich mit Lachen zu überwältigen. In der Sprache einer anderen philosophischen Schule würde ich unterscheiden zwischen Witzen, die illokutionäre Akte sind, und solchen, die perlokutionäre Akte sind. Reine Witze sind
illokutionäre Akte. Nicht jeder satirische Witz ist notwendigerweise tendenziös,
nur konkret polemische sind es. Tendenziöse Witze sind hauptsächlich sozial,
politisch und sexuell. Doch alle diese drei Möglichkeiten gibt es auch in einigen
reinen Witzen. Ich habe auch sie übergangen (außer es waren auch philosophische Witze). Jetzt möchte ich dieses Versäumnis kurz nachholen.

Obwohl sie verschiedene Themen haben, sind die Techniken und Strategien
von sozialen, politischen und sexuellen Witzen sehr ähnlich. Philosophische
Witze nutzen dieselben Techniken und Strategien und können, was ihre Themen
betrifft, auch politisch, sozial oder sexuell sein. Die Zielscheibe philosophischer
Witze ist meist das Denken selbst. Manchmal wird Alltagsdenken oder gewöhnliche Sprache verspottet, doch meistens sind es Philosophie, Logik und Idealismus. Häufig macht man sich lustig über das, was Nietzsche die „vier große
Hauptirrtümer" metaphysischen Denkens genannt hat, oder den Platonismus.
Doch die schwierigste Eigenschaft dieser reinen Witze ist ihre Mehrdeutigkeit,
das Schwanken über das Ziel des Spottes. Ein philosophischer Witz ist immer
eine Art Spiel mit Verstehen und Vorstellung, bei dem keins von beiden die
Oberhand gewinnt, sodass ein beständiges Pendeln entsteht, eine nie aufgelöste
Mehrdeutigkeit.

Freud vergleicht die Imagination von Witzen mit jener der Traumwelt, tatsächlich kann in einem Witz alles passieren. Wir nehmen ihn, wie er ist, wie bei
einem Märchen. Anders als bei Märchen ist allerdings das Unglaubliche und
Irrationale selten fantastisch, am ehesten noch bei surrealen Witzen. Unglaub-
lich oder nichtrational erscheint die Art des Denkens selbst, das durch die Witze
sowohl ausgedrückt wie bloßgestellt wird. Könnte man den Brief im Witz über
Rabbi Mordechai Koppelmann überhaupt schreiben? Ist er nicht ebenso absurd
wie ein Hund, der Schach spielt? Der Verstand der Figuren in einem Witz und
ihre unvernünftige Rationalität sind Produkte und Provozierer der Imagination
und können nicht unter anderen Begriffen eingeordnet werden. Die Pointe eines
Witzes kann man nicht in Begriffe fassen, man kann sie nur wiederholen. Ein
philosophischer Witz verhält sich wie ein Kunstwerk: Er steht für sich selbst, ist
autonom und bringt eine Vorstellungskraft zum Ausdruck, die nicht begrifflich

zu fassen ist. Doch ist ein Witz kein Kunstwerk im selben Sinn wie ein Gemälde, ein Roman oder auch eine Kurzgeschichte (obwohl eine komische Novelle normalerweise mit einer Pointe endet). Unter allen Kunstwerken ist die Besonderheit reiner und vor allem philosophischer Witze (wenn wir sie überhaupt zu den Kunstwerken zählen können), dass sie durch und durch intellektuell sind.

Alle komischen Genres haben ein intimes Verhältnis zur Rationalität. Lachen als Antwort auf die Herausforderung eines komischen Phänomens oder Werkes ist immer rational. Im zweiten Kapitel habe ich das Lachen den Instinkt der Vernunft genannt. Es gibt zwei Arten von Rationalität. Die eine nenne ich die „Rationalität der Vernunft", die andere die „Rationalität des Intellekts". Die Rationalität der Vernunft ist die Rationalität des gewöhnlichen pragmatischen Lebens. Ich handle oder denke rational, wenn ich im Einklang mit allgemeinen Erwartungen handle oder denke. Max Weber hat zwischen „Zweckrationalität" und „Wertrationalität" unterschieden. Wenn man in einem dieser beiden Sinne der Vernunft handelt, handelt man rational insofern, als andere verstehen, warum die Handlung gesetzt wurde, unabhängig davon, ob sie für richtig oder falsch gehalten wird. Enttäuscht jemand die Erwartungen alltäglicher Rationalität und schadet dabei anscheinend niemandem außer sich selbst, halten wir es vielleicht für komisch und lachen darüber. Diese Rationalität allgemeiner Erwartungen, die „Rationalität der Vernunft", kann von einer anderen, konkurrierenden Rationalität infrage gestellt werden. Man kann die Position eines Wertes einnehmen (meist den der Freiheit oder des Lebens), die allgemeinen Regeln der Vernunft als Regeln der Unvernunft ablehnen und stattdessen neue, alternative Normen an ihre Stelle setzen. Menschen, die eine solche Gegenposition einnehmen, argumentieren meist mit der Gerechtigkeit und Sinnhaftigkeit des Wertes oder der Norm, die sie der existierenden, bereits anerkannten, entgegengesetzt haben. Üblicherweise schimpfen sie über traditionelle, anerkannte Normen und nennen sie dumm, konservativ, voreingenommen, starr, häretisch, böse usw. In den komischen Genres wie komischen Theaterstücken oder Romanen sind wir beiden Arten von Rationalität begegnet und haben erlebt, wie eine die andere verspottet. Meist machen sie sich gegenseitig übereinander lustig wie in Molières „Der Menschenfeind" oder Shaws „Cäsar und Cleopatra". In einer typischen Komödie wird eine Art der Rationalität mehr verspottet als die andere, und das Stück kann einen halbwegs oder völlig glücklichen Ausgang nehmen. Dieselbe Teilung der Rationalitäten ist auch in komischen Romanen typisch, man denke nur an Don Quijote und Sancho Panza.

In einem philosophischen Witz geschieht etwas Bemerkenswertes: Normalerweise kommen beide Rationalitäten jeweils in einem der beiden Skripte derselben Geschichte zum Ausdruck, und wenn sie komplex genug sind, auch innerhalb der beiden Skripte. Die Witze ergreifen nicht Partei. Sie repräsentieren nicht entweder die Rationalität der Vernunft oder die Rationalität des Intellekts, sondern beide und keine von beiden. Die Aufteilung der Rollen ist, soweit vorhanden, relativ. Sie wird oft auf den Kopf gestellt oder verdrängt. Derselbe Witz macht sich aus der Sicht einer Art der Rationalität über die andere lustig und umgekehrt, und zwar plötzlich, in der Pointe. Genau das bedeutet das freie Spiel der Gedanken in einem Witz. Dieses Doppelspiel, die gleichzeitige Darstellung von zwei gegensätzlichen Rationalitäten, von denen sich jede über die andere lustig macht, ist darüber hinaus derart überbestimmt, dass das Schema (die Auseinandersetzung oder Geschichte), das diese Rationalitäten normalerweise unterstützt oder rechtfertigt, für das ganze Werk des Witzes aufgehoben wird. Gemäß der Rationalität der Vernunft ist alles rational, das Erwartungen erfüllt, während Alltagserwartungen in der Welt der Witze enttäuscht werden müssen. Aus der Perspektive der Rationalität des Intellekts sollte man für die eigene gerechte Position und gegen die Erwartungen des Alltagsverstandes argumentieren. In philosophischen Witzen geschieht dies normalerweise, doch die Argumente sind dabei sophistisch, falsch und in mehr als einer Weise völlig deplatziert. Im Namen der Vernunft verspotten alle Arten von Rationalität alle anderen, doch wie sie das tun, bringt auch ihre eigenen Methoden der Rechtfertigung durcheinander und wirkt lächerlich. Vernunft verspottet die Vernunft auf rationale Art und entlarvt dabei ihre Unvernunft. So funktioniert das freie Spiel der Gedanken – als Selbstironie der Vernunft.

Kehren wir nochmals zu einer früheren Darstellung in diesem Kapitel zurück. Wie erwähnt, gibt es drei wichtige Theorien über Witze: die Theorie der Dominanz, die Theorie der Befreiung und die Theorie der Inkongruenz. Meiner Ansicht nach kann man jede der drei Theorien annehmen, allerdings aus verschiedenen Perspektiven. Erstens befindet sich der Erzähler von Witzen in einer Machtposition, er ist ein Exhibitionist, er monopolisiert den Diskurs. Zweitens werden die Rezipienten von ihren Hemmungen befreit, von der Zensur sowohl der äußeren wie der inneren Autoritäten, sie können über Dinge lachen, an die sie normalerweise nicht einmal denken dürfen, wie die Verrücktheit eines Diktators, ihre Begierden und Regungen, ihre dummen oder untreuen Ehepartner, ihre sogenannten Perversionen usw. Sie können jeden Gedanken frei treiben lassen. Und drittens, was die Technik und die Strategie von Witzen im Kern angeht, beschreiben Inkongruenztheorien am besten, wie Witze aufgebaut sind und wie sie funktionieren, um ihre Wirkung zu erzielen.

Weiter oben habe ich geschrieben, man könnte – vielleicht voreilig – den Schluss ziehen, dass kein besonderes bewusstes oder unbewusstes Bedürfnis zu finden sei, das durch das Erzählen von Witzen oder das Zuhören erfüllt würde. Zu dieser offenen Frage möchte ich schließlich zurückkehren. Im zweiten Kapitel über Lachen und Weinen habe ich mich mit den anthropologischen

Quellen jener beiden spontanen, angeborenen, affektähnlichen Ausdrucksformen beschäftigt, die allerdings keine echten Affekte sind. Ich erzähle von der Conditio humana, vom zufälligen In-die-Welt-geworfen-Sein, sodass unser genetisches Apriori keine Verbindung hat zu dem sozialen Apriori, in dem wir uns wiederfinden (also die besondere Welt, in die wir geworfen sind). Im Laufe unseres Lebens vermitteln wir, wie gesagt, zwischen den beiden Apriori, doch es bleibt ein Abgrund zwischen ihnen, der nie ganz gefüllt oder überbrückt wird. Wenn wir lachen oder weinen, überspringen wir den Abgrund, und das ist einer der Gründe, warum diese Ausdrucksformen völlig spontan und nicht begrifflich zu fassen sind. Während wir lachen oder weinen, können wir nichts anderes tun, schon gar nicht sprechen.

Lachen heißt immer, über den Abgrund zu springen. Der Witz ist das einzige Genre, dass sich darauf „spezialisiert" hat, Lachen hervorzurufen und dazu anzustiften. Doch der Abgrund besteht natürlich weiter, denn wir müssen auch zu lachen aufhören, und was danach bleibt, ist eine Ahnung vom Sinn des Sinnlosen, die Präsenz des Abgrunds selbst und die Erkenntnis, dass er da ist, was immer wir tun.

Erleichterung oder Befreiung, Dominanz oder Inkongruenz – letztlich beziehen sich alle auf dasselbe. Was immer uns über den Abgrund springen lässt, hebt uns plötzlich aus dem Davor und Danach heraus, erfüllt uns mit dem Gefühl von Ermächtigung, von Befreiung, von Erleichterung und ist jedenfalls ein Gewahrsein der Absurdität oder Inkongruenz. Inkongruenz zeigt auf den Abgrund, während Erleichterung und Machtgefühl, diese „plötzliche Herrlichkeit", etwas in der Vergangenheitsform versprechen. Sie verspricht etwas Sinnloses, etwas, das in seiner Sinnlosigkeit Sinn macht. Sie versichert uns nämlich, dass wir gerade unsere Conditio humana überwunden haben – innerhalb der Grenzen unserer Endlichkeit. Wir haben für einen Augenblick überwunden, was nicht überwunden werden kann.

Die „Erleichterung" kommt auch in sexuellen Witzen nicht daher, dass die Grenzen sexuellen Verhaltens überschritten werden, sondern daher, dass dadurch und zugleich jene Grenzen überschritten werden, die unsere Bedürfnisse (das genetische Apriori) und die Regeln unserer Welt (das soziale Apriori) im Allgemeinen trennen. Die Erleichterung selbst ist nicht sexuell. Niemanden erregt ein Schadchen-Witz oder auch ein grober Witz über ein Mädchen, das nicht weiß, was „blasen" heißt. Ein Witz beschreibt sexuelle Begegnungen nicht bildhaft. Er spricht, er benutzt Worte, Gedanken und Argumente. Den „herrlichen Moment" verdanken wir nicht dem „Ausleben" eines Bedürfnisses. Die Befriedigung ist nicht sexuell oder aggressiv, es ist die Befriedigung, über alles zu reden, was wir wollen, die Freiheit, über alles zu sprechen, was wir tun und erfahren möchten, die Freiheit, unsere geheimen Wünsche auszusprechen oder diese Wünsche im Witz wiederzuerkennen. Auch in politischen Witzen ist die Befreiung nicht politisch. Nichts ändert sich nur dadurch, dass ein politischer Witz erzählt wird, nicht einmal das eigene politische Urteil. Schon bevor man einen politischen Witz hört, steht die eigene politische Meinung fest. Der Witz befriedigt nur das Bedürfnis, Verbotenes auszusprechen, zensierte Texte zu hören, frei zu sprechen, ohne dafür zu haften. Der Witz ist ein Spiel, und wie in allen authentischen Spielen kann man handeln und sprechen, ohne Verantwortung zu übernehmen.

Beinahe alle Witze stellen Autorität infrage oder durchkreuzen sie, doch die Autorität ist nicht nur durch direkte Beschreibung präsent (sexuelle Normen, politische Systeme, soziale Unterdrückung), alle Autoritätsfiguren stehen für eine Art von Rationalität. Witze stellen diese Rationalitäten infrage, indem sie sich im Namen der Vernunft über sie lustig machen. Doch sie machen sich auch über die Vernunft lustig, in deren Namen sie sich über die Rationalität lustig machen. Denn sonst könnte man den Abgrund nicht überspringen. Es gibt nur eine alles umspannende Logik im Witz, nämlich die Logik des Witzes selbst. Und die Logik des Witzes ist die Logik des entfesselten Geistes. Vielleicht haben die Leser und Leserinnen schon den Verdacht gehegt, dass ich mit all dem nur Schlegels Definition des Witzes erläutert habe: „Witz ist eine Explosion von gebundenem Geist."

7. Das komische Bild in der bildenden Kunst I: Bilder

Die Archetypen aller komischen Genres sind elementare komische Situationen wie Grimassen schneiden, zu große oder zu kleine Kleidung tragen, jemanden verwechseln, Stottern mitten in einer Ansprache, Wörter falsch verwenden, Stolpern trotz vorsichtigen Gehens, den Gang oder die Sprechweise eines anderen nachahmen, persönliche oder berufliche Manierismen. Elementare komische Situationen werden immer von Clowns auf dem Jahrmarkt oder im Zirkus eingesetzt – genauso wie dies früher Berufsnarren und Witzbolde taten. Alle ihre Wortspiele, ihre ausgefallene Kleidung, die einstudierten Grimassen, Gesichtsbemalung, akrobatische Tricks, die komischen kleinen Geschichten sind Kombinationen von Archetypen. Die „hohen" komischen Genres wie das komische Drama, der komische Roman, der Witz und die existenziale Komödie beziehen sich ebenfalls auf elementare komische Situationen, von denen manche vorrangig sind und andere zweitrangig, manche bestimmend, andere untergeordnet. Diese Genres können nicht alle wichtigen archetypischen komischen Gesten, Äußerungen und Vorfälle verbinden. Im Verlauf der Homogenisierung sublimieren die „hohen" komischen Genres die elementaren komischen Situationen.

Der einflussreichen ästhetischen Tradition, das Komische gegen das Erhabene zu stellen, kann ich mich nicht anschließen. Ich glaube im Gegenteil, dass zwischen dem Komischen und dem Erhabenen eine starke Verwandtschaft besteht. Diese Familienbeziehung wird in der existenzialen Komödie explizit. Im sechsten Kapitel habe ich mit der Idee gespielt, dass Gelächter nicht nur bei existenzialen komischen Werken erlösende Wirkung hat. Auch auf andere „hohe" komische Genres (einschließlich der philosophischen Witze) ist in der Tat erlösendes Lachen die Antwort.

Auch jene Werke, die im strengen Sinn nicht erhaben sind, sublimieren elementare komische Situationen und Gesten. Sie transformieren die affektive Reaktion (das Lachen) von einer quasi instinktiven Reaktion in eine spontane. Sie wandeln dummes, gehässiges, sozial „vorgeschriebenes", aber egozentrisches und in diesem Sinne unfreies Lachen in rationales, freies Gelächter um. In diesem weiteren Sinn hat Erhabenheit nichts mit ihrem Gegenstand zu tun. Das Werk eines „hohen" Genres kann erhaben sein, auch wenn Thema und Sprache obszön sind wie beim fäkalen Humor. Don Quijote steht als Figur für die „hohen" komischen Genres. Er verwandelt die Wirtstochter in eine Prinzessin und das

Wirtshaus in ein Schloss. So etwas geschieht in jedem bedeutenden komischen Werk. Doch die komische Wirkung bleibt abhängiger von der Sichtweise als das Erhabene im Allgemeinen.

Nirgends ist dies von so herausragender Bedeutung wie bei komischen Bildern. Das visuell Komische ist einer der auffälligsten Bestandteile elementarer komischer Situationen. Das Verzerren des Gesichts oder physischer Proportionen ist einer der Hauptauslöser für quasi instinktives Lachen. Wir alle kennen das Spiel der Erwachsenen mit kleinen Kindern. Der Erwachsene bedeckt sein Gesicht, dann zeigt er es plötzlich und lächelt das Kind an, oder er bedeckt das Gesicht des Kindes und nimmt die Hände plötzlich wieder weg. In beiden Fällen wird das Kind mit einem quasi instinktiven Lachen reagieren (wie beim Kitzeln). Präsenz oder Absenz eines Gesichts oder von Dingen abzuwechseln, ist eine elementare Situation ebenso wie das Grimassieren. Immer, wenn wir grimassieren, antworten die Kinder mit Gelächter. Es genügt, wenn wir ein Gesicht mit ungewöhnlichem oder auffälligem Make-up sehen, jemanden, der Fleisch mit einem Löffel schneidet, zwei verschiedene Schuhe trägt oder solche, die doppelt so groß sind wie seine Füße, und wir lachen. Die bisher erörterten „hohen" komischen Genres verbannen das visuell Komische in den Hintergrund. Wir lachen auch über den Auftritt von Schwindlern in einer Komödie nicht hauptsächlich wegen ihres Aussehens, sondern weil wir ihren Charakter bereits erkennen und schon ein neues Manöver von ihnen erwarten.

Albrecht Dürer hat eine Reihe von Zeichnungen und Holzschnitten angefertigt, um die Komödien von Terenz zu illustrieren. Es sind wunderbare Zeichnungen, aber es sind keine komischen Bilder. Es sind Illustrationen zu Komödien, doch sie erscheinen nicht komisch, weil die Figuren in den Komödien von Terenz nicht deshalb komisch sind, weil sie komisch aussehen, sondern weil sie komisch handeln und reden und weil ihre Listen – wenn auch auf plumpe Weise – zu einem glücklichen Ende beitragen. Komische Bilder sind keine Illustrationen komischer Geschichten oder Stücke (auch wenn sie es sein können), sie müssen eine eigene, visuelle Art des Komischen präsentieren und repräsentieren, unabhängig von Verbindungen zu anderen komischen Genres. Was ich „das komische Bild" nenne, ist eine Homogenisierung der visuellen Seite des Komischen. Alles Komische ist im Bild konzentriert. Eine visuelle Komödie, wie sie vor allem auf komischen Gemälden, Fotos und manchmal auch mit Skulpturen dargestellt wird, ist die „erhabene" Art des komischen Bildes.

Ich habe den Eindruck, dass die komische Wirkung von Bildern mehr von der Perspektive abhängt als bei anderen komischen Genres. Ich sage „Eindruck" statt „Überzeugung", nicht aus falscher Bescheidenheit, sondern weil ich mich dabei auf ein europäisches Modell stütze. Was als komisch „gesehen" werden kann und was nicht, hängt extrem von Vorstellungen und Erwartungen ab. In

Europa wurde das Auge des Betrachters lange Zeit durch das platonische und das christliche Erbe geschult. Und selbst als man später etwas als komisch „sah", wurde die Frage, ob seine Art der Repräsentation in der Welt der Repräsentationen einen hohen Rang einnahm, historisch beantwortet und blieb daher abhängig von Vorstellungen. Bilder (Gemälde, Skulpturen), die ursprünglich gar nicht komisch gemeint waren, erscheinen den Menschen vielleicht schon nach einem Jahrhundert komisch. Vor dem 19. Jahrhundert waren alle anderen komischen Genres gegen den Einfluss des platonischen Erbes und daher auch gegen die geänderte Auffassung dieses Erbes immun. Alle komischen Genres waren immanent – sie hatten keine Beziehung zum Glauben, außer wenn dieser zur Zielscheibe einer Parodie oder eines Witzes wurde.

Nehmen wir zum Beispiel die Darstellung göttlicher Gestalten. Griechische und römische Götterstatuen folgten einem bestimmten Schönheitskanon. In Komödien konnte man sich über Götter und Halbgötter lustig machen, doch Skulpturen von Göttern und auch Halbgöttern mussten den Schönheitskanon strikt befolgen, ihre körperlichen Proportionen durften nicht verzerrt werden und ihre Gesichter keine komischen Grimassen zeigen. Sie waren von der Welt der komischen Bilder ausgeschlossen. Komische Statuen von Satyrn und anderen sinnlichen Monstern waren in Griechenland und vor allem in Rom weit verbreitet, aber das waren keine Götter. Ganz anders Ganesch, das Gegenstück zu Hermes in der indischen Mythologie: Er entstand aus Schiwas Lachen und wurde – als göttlicher Gauner – mit seinem Elefantenkopf und seinem fetten, doch elegant sitzenden Körper und schönen Beinen dargestellt, eine reizender komischer Gott. Kein Wunder, dass die indische Bildhauerei sich in Darstellungen komischer Götterbilder selbst übertraf. Ich weiß nicht, ob sie komisch gemeint waren oder uns und der modernen indischen Kultur heute so erscheinen. Doch ich muss meine Erörterung auf europäische und mediterrane Kulturen beschränken.

Ich möchte hier keine noch so kurze Geschichte aller komischen Darstellungen bieten, doch muss festgehalten werden, dass komische Darstellungen in Rom und vor allem in der Kaiserzeit zu den prächtigsten und geschmackvollsten Dekorationen privater Paläste und Häuser gehörten. Es waren heimliche, manchmal erotische oder mythologische Szenen, zum Beispiel aus den Geschichten von Homers Ilias und Odyssee. Ich erwähne dies hier nur, weil sie einige repräsentative Werke von Malern der Renaissance beeinflusst haben, zum Beispiel Raphael. Das Wort *grotesk* prägten Maler und Bildhauer des 15. Jahrhunderts, die in die Casa Aurea hinabstiegen und zunächst glaubten, es sei eine Grotte. Sie beschrieben die Wandmalereien, die sie dort entdeckten, als grotesk. Doch sind nicht alle Malereien komisch, die grotesk genannt werden, und es ist auch heute noch nicht leicht, die Absicht dahinter zu erkennen.

Besonders interessant an der Geschichte göttlicher Figuren ist, dass das Heilige im Mittelalter zumindest am Tag der Narren verspottet werden durfte, man konnte sich über Priester, Kardinäle und sogar das Abendmahl, über gemalte oder geschnitzte Christusfiguren lustig machen – doch wurde kein Heiliger als komisch empfunden, ebenso wenig die Hölle und die sieben Tugenden. Warum? Man kann mit mehreren Antworten experimentieren und vielleicht enthalten sie alle ein Körnchen Wahrheit. Erstens besaßen Bilder magische Kraft. Die magische Kraft eines komischen Bildes ist unheimlich, man kann unschuldige Zuschauer nicht damit konfrontieren und noch weniger fromme Gläubige. Wir können auch eine andere Erklärung versuchen. Im Gegensatz zur jüdischen Tradition und zur Bewegung der Bilderstürmer begrüßte der Katholizismus Darstellungen heiliger Geschichten wie die Bibel des „idiota". Dabei geht es um eine Erzählung des Lebens Jesu, nicht die Repräsentation als solche. Eine komische Darstellung würde daher dem Ziel einer Erziehung zur Frömmigkeit entgegenwirken.

Trotz mancher Diskontinuitäten, auf die ich bald zurückkommen möchte, gibt es eine Art Kontinuität zwischen dem Griechischen, Römischen, Christlichen, der Renaissance und sogar den klassizistischen Darstellungen auf Bildern des 18. Jahrhunderts, und die stärksten Motive für die Unterdrückung des erhabenen komischen Bildes finden sich in der metaphyischen Tradition Europas. Ich denke hier an die metaphysische „Position" des Begriffs des Schönen. Das Schöne (die Idee des Schönen) wurde als identisch mit dem Guten angesehen (der Idee des Guten) und auch mit dem Wahren (der Idee des Wahren). Schönheit ist Perfektion. Sie ist es, die wir lieben, wenn wir überhaupt lieben. Lieben wir das Schöne, lieben wir auch das Gute und Wahre. Hässlichkeit ist ein Mangel, *steresis* und Entbehrung, Hässlichkeit ist das Schlechte oder Böse – und das Unwahre.

Es ist die Aufgabe der schönen Künste, das Gute und Wahre im Schönen darzustellen. Was immer als verzerrt und unvollkommen dargestellt wird, ist hässlich und deshalb auch falsch und schlecht (böse). Diese metaphysische Konstruktion ist platonisch, auch wenn die Identifizierung von himmlischer Schönheit und vollkommener Gestalt von Plotin am besten formuliert wurde. Der Bildhauer ahmt die spirituelle Idee Gottes und der Schönheit in seiner eigenen Seele nach. Sowohl Werner Gombrich wie Hans Belting sehen in Hegel den letzten Philosophen, der noch bis zu einem gewissen Grad diesem metaphysischen Erbe verpflichtet war. Das Schöne (sagt Hegel) ist das Ideal, die sinnliche Erscheinung der Idee. Ich würde hinzufügen, dass Hegel, der von seiner eigenen Theorie nicht restlos überzeugt war, ein paar interessante Gedanken zum komischen Aspekt der holländischen Malerei entwickelt hat. Einer von Hegels besten Studenten, Karl Rosenkranz, war nach den Romantikern der erste, der die platonische Tradition in der Philosophie der Kunst philosophisch und methodologisch infrage gestellt hat: in seiner „Ästhetik des Häßlichen". Dazu musste er die Theorie des Mangels aufgeben. Das Hässliche ist nicht das Fehlen des Schönen und schon gar nicht mit dem Unwahren und Bösen gleichzusetzen. Es ist eine wichtige Lebenserfahrung – wie das Schreckliche, das Unheimliche, das Verzauberte, das Komische usw. Daher verdient auch das Hässliche eine schöne, also kunstvolle Darstellung. Wir sind natürlich im Zeitalter der „Fleurs du Mal".

Ich möchte kurz einen Gedanken zur Diskontinuität der antiken christlichen Auffassung von Schönheit ergänzen. In der Antike war die Darstellung von Geschöpfen erlaubt, die menschliche und tierische Formen verbanden (z. B. die Sphinx von Gizeh). Im Osten, von Ägypten über Babylon bis Indien, nahmen diese Geschöpfe einen zentralen Platz in der Mythologie ein. Soviel ich weiß, haben die östlichen Hochkulturen keinen Kanon für die Darstellung eines schönen Körpers entwickelt wie die Griechen, sie ließen alle möglichen Arten von Götterdarstellungen zu, göttliche Gestalten, Dämonen usw. – auch komische. In Griechenland und Rom waren Skulpturen mit menschlichen oder zoomorphen Formen im Allgemeinen nicht hässlich oder komisch, weil die Kreaturen, die sie darstellten, nicht unbedingt als komisch, hässlich oder bösartig betrachtet wurden. Kentauren etwa waren tapfere und besonders schöne Geschöpfe. Im Gegensatz dazu wurden Verbindungen von Mensch und Tier in der mittelalterlichen Malerei und Skulptur hässlich, unheimlich, teuflisch und grausam dargestellt. Und auch später, als der Platonismus schon zu schwinden begann, sehen Kombinationen von Mensch und Tier komisch und auch hässlich aus – das Hässliche und das Komische wurden hier bereits gleichgesetzt (siehe etwa Pan bei Rubens). Heidnische Götter, die Götter der griechisch-römischen Mythologie, konnte man nun hässlich und komisch porträtieren, auf keinen Fall aber den christlichen Gott oder die Heiligen. Nebenbei gesagt, wurde die Kunst von Rubens zur Vorlage für Honoré Daumier.

Wann also tauchen die komischen Bilder auf? Und welchen Stellenwert haben sie dann? Was für komische Bilder erscheinen und wann?

Ich möchte folgende Schritte machen: Zunächst möchte ich mittelalterliche und Renaissance-Darstellungen behandeln, also unabsichtlich Komisches; zweitens möchte ich den Manierismus und die holländische Malerei ins Blickfeld rücken, also absichtlich Komisches; drittens werde ich den Auftritt des Komischen als Programm der Antikunst behandeln; viertens die Ansprüche komischer Bilder, Kunst zu sein; und fünftens werde ich das komische Bild als Kunstkritik aufgreifen. Es ist eine historische Abfolge, auch wenn die Ansprüche aller komischen Genres heute gleichermaßen und zugleich anerkannt werden.

Jede Art der Darstellung, von Sub-Genre, Haltung oder Spiel, die wir in der Komödie, im komischen Roman, in Witzen und dem existenzial Komischen finden, hat schließlich auch ihren glänzenden Auftritt in Malerei, Bildhauerei, Fotografie oder einer ähnlichen Kunst. Im Vergleich zu komischen Stücken, komischen Romanen und auch Witzen ist das komische Bild ein ziemlicher „Nachzügler" in der Welt des Komischen im modernen Europa. Doch im 20. Jahrhundert erreichte es – wenn ich so sagen darf – den „gleichen Rang" wie die Darstellung „des Schönen" (abstrakte Kunst, Minimalismus). Unter den komischen Bildern finden wir satirische Darstellung – in ihren polemischen und humorvollen Varianten –, Parodie, Karikatur, Porträtkarikatur, Ironie, Witz, konstitutive Ironie und konstitutiven Humor: Wir finden alles, was je das Komische gekennzeichnet hat. Und das vielleicht Wichtigste der zeitgenössischen Geschichte des komischen Bildes war und ist die immer wieder neue Parodie der Religion der Kunst.

*****

Wenn wir über bestimmte typische figurative Formen auf mittelalterlichen Kathedralen nachdenken, wie etwa Wasserspeier, und ihren Stil benennen wollen, sagen wir oft, sie seien grotesk. Das Wort hat seine Geschichte. Im 20. Jahrhundert kam es in Mode und wurde (unter anderem) dazu verwendet, die komischen Aspekte von Werken hervorzuheben, die zur Zeit ihrer Entstehung nicht komisch gemeint waren. So nannte man auch bestimmte Darstellungen auf mittelalterlichen Kirchen „grotesk", weil sie dem Betrachter lächerlich und komisch erscheinen, auch wenn dieser weiß, dass ihre Schöpfer an die Existenz von Vorbildern und deren unheilvollen Einfluss auf die Menschenwelt glaubten. Aus diesem Grund hatte das Wort „grotesk" auch den Beigeschmack des Unheimlichen, Unheilvollen. Die Entdeckung mittelalterlicher „Grotesken" setzte bereits eine Veränderung im Auge der Betrachter voraus. Zur Zeit des Klassizismus galt mittelalterliche Kunst als ungeschickt und primitiv. Viele glaubten damals, mittelalterliche Bildhauer seien nicht fähig gewesen, eine Person nach dem antiken Kanon in richtigen Proportionen zu formen. Das Auge der Betrachter vollzog im 19. Jahrhundert Veränderungen, als die Verschmelzung von Unheimlichem und Lächerlichem in der romantischen Bewegung zum ersten Mal programmatisch wurde. Jean Paul bezeichnet „die verkehrte Welt" als Quelle des Komischen und der „Karikatur". In seiner „Vorschule der Ästhetik" spricht er von der Ambiguität der Ernsthaftigkeit, etwa beim Narrenfest.

Grimassen, verzerrte Gesichter und Körper, Zwerge, Verbindungen menschlicher und tierischer Formen, all das wurde später „grotesk" genannt, obwohl (anders als die Narrenfeste) höchstwahrscheinlich zur Zeit ihrer Entstehung nicht lächerlich gemeint oder gar dazu gedacht, befreiendes Lachen auszulösen. Dennoch erhielten solche Werke ihre hässliche oder komische Form nicht aus Unfähigkeit oder mangelndem Sinn für Proportionen. In großen Kathedralen, wie Bamberg oder Rouen, finden sich sowohl Figuren mit schönen Proportionen als auch Figuren mit verschiedenen Disproportionen. Da man das Böse, Falsche und Hässliche als letzten Endes ident ansah, weil alle drei als Zeichen für einen „Mangel" an Güte, Schönheit und Wahrheit gehalten wurden, galt die „groteske" Darstellung als wahre Darstellung des Falschen, Bösen, Dämonischen, von Kreaturen der Unterwelt, die anständige Christen (einschließlich der Bildhauer selbst) umzingelten, in Versuchung führten und verführten. Ich würde dazu die Werke von Hieronymus Bosch zählen. In seinem Weltgerichtstriptychon („Das jüngste Gericht") sehen die Verdammten komisch aus, obwohl sie nicht komisch sind, sondern niederträchtig. Niedertracht ist ein ernstes Geschäft. Noch deutlicher wird dies bei einem Blick auf sein „Die Versuchung des heiligen Antonius". Das Gemälde ist voller Traumgeschöpfe und Monster, manche mit vielen Füßen, andere wie Vögel oder kriechend, wieder andere aus Eiern ausschlüpfend. Diese Monster sind Dämonen, sie versuchen anständige Menschen und zerstören sie, wenn diese sich nicht felsenfest zum einen wahren Glauben bekennen. Man kann bei Bosch allerdings auch einen distanzierenden Gestus erkennen, zum Beispiel bei „Das Narrenschiff", wo die komische Wirkung offenbar beabsichtigt ist. Es liegt mir fern zu behaupten, dass komische Darstellungen im Mittelalter niemals offen beabsichtigt waren, denn ich kann das nicht wissen. Außerdem habe ich einige Werke gesehen, die in meinen Augen als Parodien gemeint waren. Es gibt zum Beispiel eine kleine Bronzestatue von Aristoteles und Phyllis, um 1400, die sich heute in der Sammlung Lehmann befindet. Aristoteles ist auf allen Vieren, er benimmt sich wie ein Pferd und wird auch wie ein solches behandelt. Phyllis reitet auf ihm. Das Gesicht des Philosophen ist anders als traditionelle Porträts oder Büsten, es sieht aus wie eine Karikatur. Phyllis hat eine Hand auf seinem Hintern, die andere auf seinem Kopf. Die kleine Statue ist schön geformt und wunderbar komisch. Das kann kein Zufall sein.

Doch ich sollte ein wenig vorsichtiger sein. Denn man kann manchmal nicht entscheiden, ob ein Gemälde humorvoll oder ganz ernst gemeint ist. Wenn ich zum Beispiel „Die Ausstellung des Rhinozeros" (1751) von Pietro Longhi anschaue, sehe ich ein Muster parodistischen Humors vor mir. In einem leeren Zirkus steht eine Gruppe neugieriger Leute, vermutlich Wissenschaftler, die das ausgestellte Nashorn bewundern, das sich seinerseits nicht um sie kümmert und friedlich sein Heu verzehrt. Die Ausstellung exotischer Tiere war damals Mode (ein anderes Bild zeigt die Ausstellung einer Giraffe) und man kann sicherlich darüber diskutieren, ob Longhi sich darüber und über den Kult des Exotischen lustig macht oder ob er nur als Fotograf handelte, der ein Souvenir eines interessanten Ereignisses festhält. Eine solche Unsicherheit kann man auch bei zeitgenössischen Werken erleben. Nehmen wir zum Beispiel „Our Lady of Cajica" (1972) von Fernando Botero. Man sieht eine riesige, fette Jungfrau Maria mit einem hässlichen Gesicht und einem Doppelkinn. Der kleine Jesus liegt mit einem unverhältnismäßig kleinen Kopf in ihrem Schoß. In meinen Augen ist dies eine Karikatur, eine humorvolle, nicht satirische Karikatur, und zwar nicht der Jungfrau selbst, sondern der Marienverehrung, wie sie inszeniert wird von fetten, hässlichen Priestern und Kardinälen, deren unverhältnismäßig kleine Köpfe in diesem Gemälde die üblichen Engel ersetzen und deren fette Gesichter von grünen Wolken umgeben sind. Aus der Feder eines angesehenen Kunsthistorikers habe ich allerdings gelesen, dass dies ein sehr katholisches Bild sei, entstanden aus dem Glauben und einer religiösen Erziehung. Warum bezweifle ich dies, obwohl ich es nicht „widerlegen" kann? Vielleicht einfach deshalb, weil ich das Gemälde anders sehe. Vielleicht auch, weil ich ein anderes Werk von Botero gesehen habe, „Joconde" (1978), das im selben Stil gemalt ist. Es besagt: Unsere „Mona Lisa" ist fett, sie hat auch ein Doppelkinn, ihre Hände sind unverhältnismäßig klein, und sie sieht so dumm wie Bohnenstroh aus. Das ist eine Karikatur, daran besteht kein Zweifel. Boteros „Joconde" gehört zu einer Reihe von Mona Lisa-Karikaturen, die sich nicht über Leonardo da Vinci lustig machen und noch weniger über die junge Dame, die für ihn sitzt, sondern über die Religion der Kunst, die Kunstanbetung. Trotzdem möchte ich dem Verständnis der Kunsthistoriker nicht widersprechen, zu deren Beruf die fachliche Beurteilung gehört. Ich will nur betonen, dass die Entscheidung darüber, ob ein Gemälde ernst „gemeint" ist, oder mehr noch, ob es eine Parodie oder Karikatur sein soll, häufig vom Auge des Betrachters abhängt.

Sowohl Hans Belting als auch Werner Hofmann erzählen von der Anbetung der Schönheit in der Renaissance. Belting erörtert, wie die „Venus von Milo" oder der „Apollo von Belvedere" oder Raffaels „Sixtinische Madonna" von Kunstwerken zu Objekten der Verehrung und Mustern absoluter Schönheit geworden sind. Man muss nicht betonen, dass die Zeiten damals für Darstellungen des Komischen nicht günstig waren, vor allem nicht in Italien. Leonardo selbst hat empfohlen, das Schöne mit dem Hässlichen zu konfrontieren und eine Studie mit fünf Köpfen angefertigt, von denen vier hässlich sind. Hofmann meinte dazu, das 19. Jahrhundert habe deren Züge als Grimassen von Verrückten interpretiert, später habe man den mittleren Kopf als klassisch angesehen und die vier anderen als Personifizierungen der vier Temperamente. Als die Zeichnung in Nordeuropa bekannt wurde, war es nur natürlich, dass man dahinter biblische Motive vermutete.

Wir können davon ausgehen, dass Hieronymus Bosch Leonardos Studie kannte, als er seine „Dornenkrönung" malte. Die Verzerrung der Gesichter drückt darin die Niedertracht der Folterer Christi aus und ist nicht komisch gemeint. Hofmann zeigt uns auch, dass das Urteil im „Auge des Betrachters" auch von der Tradtition eines Ortes abhängt, nicht nur von der Zeit. Es ist allerdings bemerkenswert, dass Leonardos Köpfe zwar ganz verschieden interpretiert wurden, aber keiner der Interpreten hat sie komisch gefunden.

Das erste Auftreten komischer Bilder würde ich im 16. Jahrhundert orten. Das Komische erscheint offen im Manierismus der Carraccis und Giuseppe Arcimboldos, in den Niederlanden beim ersten großen Meister komischer Bilder (wie von vielen anderen Dingen), Brueghel, und es taucht bei den repräsentativen Genremalern auf, etwa bei Jan Steen. Bei diesen will ich ein wenig verweilen.

Die große Karriere des komischen Bildes beginnt mit Brueghel. Er befreite die Darstellung des Hässlichen von ihrem Zusammenhang mit dem Schlechten. Als Erster nutzte er künstlerisches Zitieren für ironische Darstellungen. Er bereicherte Bilder von Alltagsbeschäftigungen durch einfühlsamen Humor. Und er führte die beißende Sozialsatire als Metapher in die Welt der Kunstwerke ein.

Ein repräsentatives Bild soll die Befreiung des Hässlichen von seiner Verbindung zum Schlechten veranschaulichen. „Der Gähner" von Brueghel sieht nicht wie ein besonders ambitioniertes Bild aus, und doch ist es eine bemerkenswerte Manifestation einer geänderten Lebenseinstellung. Brueghel interssierte sich für alles, nichts war ihm zu unwichtig für eine künstlerische Darstellung. Gähnen kann nun einmal nicht unter dem Stern der Schönheit dargestellt werden, weil es das Gesicht verzerrt und verzerrte Gesichter hässlich sind. Es ist nicht einmal eine repräsentative Verzerrung, denn das Gesicht sieht ganz anders aus, wenn es nicht gähnt, die Darstellung des Gähners ist also kein Porträt, nicht einmal eine Karikatur. Diese besondere Verzerrung der Gesichtszüge ist allgemein menschlich und steht nicht für einen bestimmten Charakter. Brueghels „Gähner" scheint ein realistisches, lebensnahes Bild des Gähnens zu sein. Der junge Bauer öffnet den Mund und schließt die Augen. Die Verzerrung des Gesichts ist nicht Ausdruck der Niedertracht. Er ist kein Dämon oder eine teuflische Kreatur. Er tut, was alle Menschen tun: Wir alle gähnen. Auch unsere Gesichter verzerren sich (und nicht nur beim Gähnen). Das Gemälde ist ein Statement: Die Verzerrung des Gesichts gehört zum Menschsein, ob wir reich sind oder arm, schön oder hässlich. Das Gemälde ist eine Art „Gleichmacher", aber kein Totentanz. Nichts liegt Brueghel ferner als ein Totentanz. Er ist ein Maler, der das Leben liebt, die Freude, das Vergnügen, auch wenn er die Menschen als solche nicht mag. Es ist die Haltung eines echten komischen Meisters.

Bei Brueghel sehen alle großen Innovationen einfach aus. Man vergleiche nur Arcimboldos „Vier Jahreszeiten" mit dem „Gähner". Arcimboldos komische Bilder entzücken, weil sie verspielt sind. Er gewinnt sein Spiel, indem er einen elegant gekleideten Mann „porträtiert", dessen Kopf und Gesichtsausdruck aus Früchten und Gemüse besteht, Gurken, Blättern, Kirschen, Pflaumen, Birnen, Zwiebeln usw. Auf diese Weise stellt er den Sommer dar und lässt die Metapher auf der Leinwand erscheinen (wir sagen ja auch, dass der Sommer kommt, als sei er eine Person, die kommen und gehen kann). Ich möchte Arcimboldos humorvolle Erfindung nicht herabsetzen, aber sie öffnet keine ganz neuen Horizonte. Brueghels sehr einfaches Statement tut genau das.

Das Zitieren „klassischer Werke" war bei den Meistern der Renaissance eine viel geübte Praxis. Meistens ging es um griechische oder römische Vorbilder. Doch vor dem Manierismus kenne ich kein ironisches Zitat. Möglicherweise könnte ein Kunsthistoriker ein paar Fälle aufzählen. Doch wann der Erste, Zweite oder Dritte auftrat, ist nicht wirklich wichtig. Wichtig ist, dass Brueghel sich neben vielen anderen Arten komischer Darstellung auch in der Praxis ironischer Zitate auszeichnete. Zu der Kontroverse, ob seine italienischen Landschaften parodistische Elemente enhalten, möchte ich nicht Stellung nehmen. Vielmehr möchte ich noch einen wieder sehr einfachen Fall behandeln: die „Sieben Laster".

In Brueghels Tafeln der sieben Laster erkennen wir neben der Hauptfigur oder im Hintergrund die bekannten Monster von Bosch, nicht die Männer mit den verzerrten Gesichtern aus der Kreuzigung, sondern die kleinen, unheimlichen, hässlichen Traumfiguren, die zoomorphen Zwerge, die netten Dämonen. Brueghel „kopiert" Bosch – der ein halbes Jahrhundert vor ihm lebte – nicht einfach, er zitiert ihn. Und indem er die grotesken Monster von Bosch zitiert, verändert er die Art, wie wir sie ansehen. In den Zitaten Brueghels erscheinen sie uneingeschränkt komisch. Brueghel macht sich absichtlich über Boschs Monster lustig. Doch da ist noch mehr. Die Stiche sind ein bildliches Statement, nämlich: Die sieben Laster sind komisch. Das ist jedoch kein theoretisches Statement, sondern eines im Sinne des komischen Dramas von Terenz, Shakespeare und Molière. Ja, Trägheit, Eitelkeit, Völlerei, Neid, Stolz und Gier sind komisch, sie charakterisieren den komischen „Helden" des komischen Dramas und sind auf komische Art selbstzerstörerisch.

Auch für eine Darstellungsweise, die man später „soziale Satire" nennen wird, griff Brueghel auf religiöse und bildliche Traditionen zurück. Er formte eine polemische, satirische, bildliche „Kritik" sozialer Ungleichheit und der Notlage der Armen. Nehmen wir zum Beispiel „Die fette Küche" und „Die magere Küche". Hofmann weist darauf hin, dass hier eine verbreitete komische Technik angewandt wird: Die Reichen sind sehr dick, die Armen sehr dünn. Im ersten stillt eine riesige Frau mit gewaltigen Brüsten ein extrem fettes Baby, im zweiten füttert eine ausgemergelte Frau ein ausgemergeltes Kind. In der biblischen Tradition wie auch in den sozialsatirischen Bildern vom 18. bis ins 20. Jahrhundert, von William Hogarth bis George Grosz werden wir angehalten, ausschließlich mit den Armen zu sympathisieren. Auch hier sieht es danach aus, denn die Armen sehen sehr hungrig aus und kämpfen um ihr unansehnliches Essen, während die Reichen keine Eile haben und zahlreiche Delikatessen zu sich nehmen können. Doch das stimmt nicht ganz. In Brueghels „sozialer Satire" findet sich ein Element, das sie in eine Allegorie des menschlichen Lebens verwandelt. In beiden Bildern gibt es eine offene Tür, durch die ein Mann einzutreten versucht. Ein dünner Mann möchte zu den Reichen kommen, und bei den Armen möcht ein fetter gerne eintreten. Beide werden gleichermaßen abgewiesen, in meiner Sicht hinausgeworfen. In dieser Allegorie stehen auch Armut und Reichtum in Geist und Glauben gegeneinander.

Brueghel ist auch ein großer Meister humorvoller Genremalerei. Während die „Küchen" polemische Satiren sind, umfassen die Genregemälde das gesamte Gebiet von der ironischen Darstellung bis zum humorvollen Porträt. „Die Bauernhochzeit" (1566) ist eine typische humorvolle Darstellung. Es gibt zwar plumpe, aber niemals brutale Gesichter. Die schwerfälligen Gestalten sind weit vom Himmlischen und Erhabenen entfernt. Es gibt keinen Gegensatz zwischen fett und dünn, doch auch hier ist die Hintertür offen, und eine große Menge strömt herein: Sie sind willkommen. Das ist symbolisch und nicht „nur" realistisch. Auf dem Fest herrscht gute Laune, und Brueghel teilt sie. Bei einem anderen Gemälde, „Der Bauerntanz", werden wir ebenfalls Zeugen eines Festes. Bewegungen und Gesichter sind hier stärker verzerrt. Manche der Bauern sehen dumm aus, doch wissen wir nicht, warum. Beim Tanzen, Weintrinken und Betrunkenwerden sehen die Gesichter der Menschen für Beobachter oft grotesk aus. Dieses Gemälde ist ironischer als die Bauernhochzeit. Der Maler distanziert sich von den Tänzern, obwohl er ihre fröhliche Stimmung zu teilen scheint. Wollen wir noch einen Schritt weiter gehen, können wir das „Schlaraffenland" betrachten, den Traum der Armen auf Leinwand, auf dem drei junge Bauern schlafend auf dem Boden liegen und darauf warten, dass ihnen gebratene Tauben freiwillig in die Münder fliegen. Das Gemälde ist ironisch – nicht satirisch – polemisch. Der Maler wahrt Distanz zu den Träumenden, er verspottet ihren Traum, doch mit Verständnis und einiger Empathie.

Vielleicht kann ich meine Ansicht, dass Brueghel die Kraft des komischen Bildes bewusst und absichtlich zu kultivieren – oder eher zu entdecken – begann, untermauern, indem ich noch auf zwei weitere seiner Bilder hinweise: „Das Fest der Narren" und „Die Kinderspiele". Beide Gemälde bilden Mittel ab, Lachen zu erzeugen, und erkunden sie – indem sie etwas Sinnvolles, vielleicht sogar Kritisches (eine verkehrte Welt) und Satirisches darstellen, mit Streichen, Rätsellösen, Jonglieren, Seiltanzen oder Wettstreit anderer Art ohne „ernste" Folgen. Erinnern wir uns an Kants kurze Erörterung von Spielen in der „Kritik der Urteilskraft", wo er erklärt, dass Spiele neben Musik und Witzen das „Freie Spiel" der Einbildungskraft ermöglichen.

Brueghels humorvolle Genregemälde (die sich in der Farbgebung ebenso auszeichnen wie die Landschaften) begründeten eine Tradition. In der Genremalerei ist es schwierig, das „Ernsthafte" vom „Humor" zu unterscheiden. Bei fast allen (mehr oder weniger großen) Genremalern des 16. und 17. Jahrhunderts aus den Niederlanden kann man auf einigen Gemälden Humor oder Ironie entdecken – Malern wie Gerard Dou, Gabriel Metsu, Jan Steen, Gerard ter Borch und sogar Jan Vermeer. Doch nur von Jan Steen traue ich mich zu sagen, er habe als Maler Humor und Ironie kultiviert. Er hat in seine humorvollen Gemälde auch Narrative eingefügt. Was Steen mit dem Erbe von Brueghel verbindet, ist nicht nur sein Interesse an der Abbildung von Festen (er war Gastwirt und organisierte Feierlichkeiten), sondern auch sein verständnisvoller Humor für die Schwächen und kleinen Laster von Männern und Frauen sowie seine Freude an ihrer guten Stimmung. Brueghels großartige humorvolle Ader hatte zwei Quellen: seine Lebenslust und seine Skepsis bezüglich des menschlichen Charakters. Letztere fehlt auf den Gemälden von Steen und wird oft durch Allegorien ersetzt. Auf seinem Bild „Das Tanzpaar" sehen wir zum Beispiel wieder eine fröhliche Gesellschaft, die trinkt, isst und ganz allgemein eine schöne Zeit verbringt. Doch im Vordergrund werden Eier zerbrochen und erinnern Zuschauer wie Feiernde an unser aller Sterblichkeit.

Ich wage zu behaupten, dass Brueghel auch der Erste war, dessen Fantasie sich dem existenzial Komischen zuwandte. Auf den Gemälden „Der Blindensturz" und „Der Misanthrop" schlägt er eine Brücke über die Jahrhunderte bis zu den modernen Überlegungen zur Conditio humana. Im ersten können wir unsere eigene Blindheit erkennen, und im zweiten – in der Gestalt des kleinen Dorfnarren, der aus dem hohen und mächtigen Misanthropen einen großen Narren macht, indem er ihm hinter seinem Rücken die Geldbörse stiehlt – erkennen wir eine wunderbare Verbindung zwischen der Geschichte über die thrakische Magd und Molières gleichnamiger Komödie.

✳✳✳✳✳

In den Niederlanden waren komische Darstellungen nicht polemisch, wie schon bei den Carraccis, denn die „südliche" Kultivierung antiker Schönheit hatte dort nicht denselben exklusiven Status wie in Italien, Frankreich, England, Schottland und Deutschland. Die komische Kunst der Niederlande wurde nicht als Anti-Kunst geboren, dazu wurde sie erst im 18. Jahrhundert.

Was als Anti-Kunst gilt und was nicht, ob alle komischen Bilder dieses Prädikat verdienen oder nur einige, ist ein umstrittenes Thema. François Bouchers „Odalisque" zum Beispiel sieht mit ihrem nackten Hinterteil auf erotische Weise komisch aus. Erotische „Posen" und das Komische sind jedenfalls eng verwandt. Doch Boucher wurde nicht als komischer Maler angesehen, sondern als frivoler. Seine Gemälde waren gesucht und zählten nicht zur Anti-Kunst, vielleicht nur deshalb, weil so etwas wie das nicht ganz wohlgeformte, doch immer noch hübsche Hinterteil einer jungen Frau beinahe dem Kanon traditioneller Schönheit entsprach. Außerdem war Erotik im Zeitalter des Rokoko ohnehin sehr beliebt. Was Francisco de Goya betrifft, sind nur seine späteren Werke, seine dunklen, grotesken Gemälde (zum Beispiel „Saturn verschlingt eines seiner Kinder") Meisterwerke der Anti-Kunst, nicht aber die leichten, fröhlichen Bilder aus seiner Jugend, die uns an die „Insel" des Wilhelm Meister erinnern, das Paradies aufgeklärter Fantasie, das bei Hofe wie bei den Bürgern gleichermaßen beliebt war.

Das Hauptwerk der Anti-Kunst ist das Werk von William Hogarth, und er rühmt sich dessen auch. Diese Ehre erbte fast ein Jahrhundert später Honoré Daumier, auch wenn die komische Kunst unter seiner „Regentschaft" von Anti-Kunst zu Kunst wurde. In der zweiten Hälfte des 19. Jahrhunderts wurden komische Bilder zu legitimen Nachfahren der Venusse und Madonnen der Vergangenheit. Ich möchte nebenbei erwähnen (auch wenn dies noch von einem Historiker bestätigt oder zurückgewiesen werden sollte), dass eben in jener Zeit, in der das Komische als Anti-Kunst auftauchte, und während es allmählich als Kunst akzeptiert wurde, die große Karriere der „komischen Genres" in der gedruckten Presse begann. Dort wurde das komische Bild, besonders als Zeichnung und Karikatur, eine ebenso wichtige Zutat wie die komischen Texte. Im 19. und frühen 20. Jahrhundert hatten die Zeitungen eine Spalte für Humor. Humorvolle Bilder, satirische Darstellungen, Zeichnungen und Karikaturen spielten oft eine wichtige, manchmal zentrale Rolle. Solche Bilder erbauen, sie machen Spaß und bringen uns zum Lachen. Heute stehen politische und sexuelle komische Bilder in gedruckten Medien – direkter denn je – im Zentrum des Interesses. Sie sind keine Anti-Kunst mehr, doch wie weit sie Kunst sind, bleibt die Frage.

William Hogarth und Henry Fielding waren eng befreundet. Damals wurde auch der Roman als eine Art Anti-Kunst betrachtet, eine niedere Art der Unterhaltung. Die Freundschaft war nicht nur eine persönliche, sie waren auch Verbündete im Kampf um die Anerkennung des komischen Genres als Sozialkritik und feinsinnige Unterhaltung. Der komische und satirische englische Roman und die komischen und satirischen Bilder von Hogarth waren nicht nur zeitgenössisch, sie hatten auch eine wesentliche Passion gemeinsam: die Verachtung für verlogene Kunst. Sie teilten die Überzeugung, dass Autoren und Maler traditioneller Stile und Interessen sowohl in der epischen Literatur wie in der bildenden Kunst, Künstler also, die sich auf die Darstellung von Schönheit, Eleganz, guten Manieren und edlen Gefühlen beschränkten, schlicht Lügner waren. England sei ein Land von Räubern, Scharlatanen, neureichen Gigolos, Prostituierten, korrupten Politikern und Richtern, von Irrenhäusern und Schuldgefängnissen. Es sei ein Land von Habsucht, Geiz und Gier, von Luxus und Trägheit, ein Paradies für Heuchler und Geldsäcke, unbarmherzig gegenüber den Armen. Wie alle erwähnenswerten komischen Schriftsteller seiner Zeit erklärte Hogarth, wenn die Kunst nur aus Klassizismus bestünde, mit seinen klassischen Schönheitsidealen (ein weit verbreiteter Standpunkt), dann sei er kein Künstler, sondern ein Anti-Künstler. Die Künstler zur Zeit Hogarths brachten diese Ansicht nicht nur durch Worte zum Ausdruck, sondern auch in ihren Werken. In der Frühstücksszene von „Marriage A-la-Mode" (1745) führt uns Hogarth in den riesigen Salon eines neureichen Paares und ihrer Gefährten und zeigt die geschmacklosen und lächerlichen Kunstobjekte auf dem Sims über dem Kamin. Ich würde nicht sagen, dass die komischen Künstler den Werken immer gerecht wurden, die sie mit beißender Ironie und Parodie behandelten. „Shamela" wurde Richardsons „Pamela" nicht gerecht, ebensowenig die wunderbare „Beggar's Opera" den Opern Purcells.

Die enge Verwandtschaft zwischen Hogarths satirischen Bildern einerseits und den komischen Romanen sowie der „Beggar's Opera" andererseits (von der Hogarth eine Szene illustriert hat) ist nicht nur von historischem Interesse. Sie sagt etwas aus über die Beziehung zwischen den verschiedenen Künsten, zwischen bildender Kunst und Literatur. Hogarth, der erste große moderne Meister der sozialen Satire, war ein Erzähler. Seine Art der Darstellung zeigt eine Nähe zu Filmen und Cartoons. Seine berühmtesten Werke, wie „The Harlot's Progress", „The Rake's Progress" (das Strawinsky zu seiner Oper inspirierte) und „Marriage A-la-Mode", sind ganze Serien von Gemälden. Jede Serie erzählt eine Geschichte. Die einzelnen Teile zeigen Szenen einer größeren Geschichte.

Das ist an sich noch keine Innovation. Die religiöse Kunst hat das schon immer gemacht, wenn sie das Leben von Jesus oder der Jungfrau erzählte oder das eines Heiligen von der Geburt oder Erweckung bis zum bitteren Ende. Bill Viola meint, Giottos Fresken in der Arena-Kapelle seien Werke eines großen Videokünstlers, dem nur die entsprechende Technologie fehlte. In diesem Sinne könnten wir sagen, Hogarths Serien sind große Werke eines Cartoonisten, dem nur die Technologie zur Animation fehlte. Auch wenn Hogarths Bilder satirisch sind und deshalb etwas ganz anderes als die frommen Geschichten der Tradition, haben sie doch eines gemeinsam: die Moral. Hogarth hat einen Standpunkt und eine Absicht. Er ist ein Moralist, der Amoralität entlarvt, indem er sie lächerlich macht. Und das ist noch nicht alles. Seine Geschichten sind lehrreich, sie lehren Moral. Alle finden sie ein bitteres Ende: die Dirne, der Lebemann und der reiche Verlobte aus „Marriage A-la-Mode". Die Dirne (Molly) kommt vom Lande und wird in London von einer bekannten Bordellchefin angesprochen. Das nächste Mal (im nächsten Bild) sehen wir sie beim Dinner mit einem reichen „Freund" in einer sehr gestylten Rokoko-Suite mit einem kleinen Rokoko-Knaben als Diener, und sie zeigt ihre Empörung und ihren Ärger. Beim nächsten Mal/im nächsten Bild, in dem sie auftaucht, befindet sie sich in einem schäbigen Raum, in dem die Polizei sie eingesperrt hat, und im nächsten ist sie im Gefängnis. Auf den letzten beiden Bildern stirbt sie, und das kümmert niemanden. Sie ist ein Opfer, und doch ist sie auch „schuldig", weil sie der Versuchung nicht widerstehen konnte. Das „Ende" von „The Rake's Progress" ist nicht glücklicher. Der Lebemann stirbt im Irrenhaus. Er ist schuldig und verdient sein bitteres Ende. Auf den Gemälden „Industry and Idleness" steigt ein fleißiger junger Mann zum angesehenen Bürgermeister auf und ein fauler wird hingerichtet. William Thackeray (der ein Buch über die englischen Humoristen des 18. Jahrhunderts geschrieben hat) bekundete sein Mitgefühl mit dem faulen Tom.

Die erzählenden komischen Genres, insbesondere das komische Drama, haben im Allgemeinen ein Happy End, bei dem sich das Schicksal zugunsten derer wendet, die es verdienen, und gegen jene, die es nicht verdienen, die Niederträchtigen. Als erzählender satirischer Maler gehört Hogarth dieser Tradition an. Doch bei Hogarth kann man die Story auch beiseitelassen und jedes einzelne Bild als eigenes Werk ansehen. Das ist nicht schwierig, und Hogarth hat auch einzelne satirische Szenen ohne Fortsetzungen gemalt. Sehen wir von Erzählung und Moral ab, können wir Hogarths Gemälde aus einem anderen, vielleicht entgegengesetzten Blickwinkel betrachten. Hogarth wäre dann in der Malerei nicht nur der erste Meister sozialer Satire und polemischer Ironie, sondern auch der erste Meister der Gesellschaftskomödie. Eine solche Komödie der Sitten ist auch eine Kritik an den Sitten. Sie ist allerdings nicht notwendig beißend und satirisch. Werfen wir einen Blick auf das Bilderpaar „Before and After" (1736). Die erste Szene zeigt einen Mann und eine Frau vor dem Geschlechtsverkehr, die zweite danach. Ein Bild von Amor hängt an der Wand. Auf dem ersten Bild kniet der junge Mann vor der Frau und greift nach ihrem Kleid, auf dem zweiten kniet die Frau vor dem jungen Mann und greift nach seinem Anzug. Für uns ist die symmetrische Umkehrung der Beziehung komisch, weil sie als symmetrischer Tausch der Positionen dargestellt wird (stehend versus kniend). Wir sind uns der humorvollen, ironischen Botschaft der Darstellung bewusst, doch wir brauchen darin keine Moral zu suchen. Ihr Humor (erotischer Humor) liegt in der Darstellung selbst: Die asymmetrische soziale Beziehung zwischen den Geschlechtern im Bezug auf Bedürfnisse und Vergnügen des Geschlechtsverkehrs kommt eben durch die Symmetrie der beiden Bilder zum Ausdruck. Der Tausch der Positionen und der Griffe zeigt die Asymmetrie des Begehrens zwischen Männern und Frauen. Diese Art der Umkehrung erotischer/sexueller Beziehungen wird typisch werden für die sogenannte Gesellschaftskomödie und die komische Oper. Mozarts „Hochzeit des Figaro" und „Don Giovanni" fallen einem sofort dazu ein. Man kann auch die ersten vier Bilder von „The Rake's Progress" betrachten, und man erkennt ohne Vorwissen sofort das komische Bild der Gesellschaftskomödie.

Die komische Wirkung von Hogarths Gemälden und Stichen wird durch die Darstellung einer komischen Situation erzeugt und die Charakterisierung ihrer Hauptfiguren. Gesichtsausdrücke und Bewegungen sind übertrieben dargestellt, aber die Porportionen von Gesicht und Körper sind kaum je massiv verzerrt. Wenn Hogarth manchmal verzerrte Gesichter malt, tut er das „realistisch", zum Beispiel in der Darstellung eines lachenden Theaterpublikums oder von Biertrinkern. Er malt auch Porträts, aber keines ist eine Karikatur. Ich würde sagen, der bildliche Humor von Hogarth ist von „literarischer" Art, auch in seinen nicht narrativen Werken.

In seinem Buch „Kunst und Illusion. Zur Psychologie der bildlichen Darstellung" macht Ernst Gombrich darauf aufmerksam, dass Hogarth nicht nur ein Anti-Artist oder Kritiker der „schönen Künste" war, sondern auch Ironie mobilisieren konnte. Über die Perspektive bemerkt er, dass Hogarth durch die Platzierung eines Bildes mit falscher Perspektive „schlechte Malerei" nachahmt. Hogarth hat auch ein Buch über Schönheit geschrieben, in dem er einige Regeln für schöne Darstellungen festhält (nicht für die Idee der Schönheit), die eher technischer denn philosophischer Natur sind.

Im Jahrhundert nach Hogarth regten kritischer und sozialer Zorn – nicht Hass – die Entstehung komischer Bilder an und inspirierten sie. Da ich hier keine Geschichte der komischen Malerei schreibe, muss ich einige weniger bedeutende Meister übergehen. Zwischen Hogarth und Daumier entsteht meines Wissens nach ausschließlich in den Werken Goyas eine völlig neue Art komischer Vorstellungskraft. Obwohl die komische Darstellung in Goyas gigantischem Werk nur einen kleinen Raum einnimmt, ist sie einzigartig, doch nicht ohne eine gewisse Tradition europäischer Traumvorstellung.

Ich sage Traumvorstellung, denn im Gegensatz zu den bodenständigen Darstellungen von Brueghel, Steen und Hogarth kehren wir mit Goya auf einem anderen Weg zur Welt von Bosch zurück. Die Albträume von Niedertracht, vom Bösen und von Dämonen der Unterwelt tauchen bei Goya wieder auf. Seine Darstellung ist traumähnlich, seine Assoziationen surrealistisch, sein Entsetzen groß. Schon bei Bosch sind wir Dämonen, zoomorphen Kreaturen und mythologischem Horror begegnet. Ich glaube, wie gesagt, dass Bosch solche Dämonen nicht komisch zeigen wollte, weil er sie nicht als komisch ansah. Er glaubte an sie, an ihre Existenz, ihre Kraft und ihren destruktiven Einfluss. Es war der allgemeine Glaube seiner Zeit. Es waren die Dämonen der christlich-mittelalterlichen Welt, der Albtraum war allen gemeinsam. Nur seine Darstellung war persönlich. Wenn zum Beispiel Brueghel in seinen Stichen der sieben Laster Boschs Monster zitiert, glaubt er nicht an diese Monster oder an die Angst erzeugende Macht der Laster. Laster sind keine Sünden, sondern menschliche Unzulänglichkeiten, lächerlich und selbstzerstörerisch und vielleicht bis zu einem gewissen Grad korrigierbar. In Hogarths Universum einer verachtenswerten, ungerechten sozialen Welt gab es nichts Schreckliches von außerhalb. Das gewöhnliche Leben in London war eine schmutzige Komödie, die jeder sehen konnte.

Auch in Goyas Darstellungen ist nicht jede Art von Schrecken dämonisch. In vielen Zeichnungen über die Grausamkeit und das Leiden im Krieg gibt es keine Anzeichen einer satirischen, humorvollen oder auch ironischen Stimmung – wenn auch manche sadistischen Szenen besonders lustvoll gezeigt werden. Nur in Goyas persönlichen Albträumen kehren die Dämonen zurück – Dämonen mit verzerrten Gesichtern, mit verkrüppelten oder zoomorphen Körpern, die nicht nur hässlich sind im traditionellen Sinn, sondern die uns auslachen, uns lächerlich machen und verspotten. Diese Bilder sind unheimlich. Sie ähneln stark manchen Werken der existenzialen Komödie zwei Jahrhunderte später. Doch in den Bildern Goyas, seinen existenzialen Komödien, wenn ich so sagen darf, gibt es keinen Trost, keine Empfindung und keine Rationalität. Sein Universum ist gänzlich irrational und teuflisch, ironisch im romantischen Sinn und in der Doppeldeutigkeit der Welt. In seinem Universum gibt es keine Identität, nichts Festes, kein Fundament. Alle Menschen sind Monster, doch wir wissen nicht, wer unter ihnen wer ist. Die Dämonen oder Monster sind bestialisch. Wir befinden uns in einem Bestiarium. Der Schrecken und die Angst von Albträumen werden in dunklen Farben gemalt. Im Gegensatz zur existenzialen Ironie des alten Goya scheinen die Bilder Honoré Daumiers ein Kinderspiel zu sein. Doch das sind sie nicht.

Auch Goyas groteske und unheimliche Bilder muss man als Anti-Kunst beschreiben. Sie polemisieren gegen die Schönheit in der Kunst, auch gegen die Darstellung der Schönheit in seinem eigenen Jugendwerk. Die Wende der Anti-Kunst-Welle wird Daumier sein. In seinem Werk wird die Anti-Kunst schließlich als Kunst assimiliert. Und nach ihm beginnt, wie gesagt, der große und damals unvorhersehbare Triumphzug des komischen Bildes, der heute noch andauert.

⁕⁕⁕⁕⁕

Gegen-Kunst ist keine Provokation. Sie ist Kritik, Ablehnung, Negation, Abscheu, Moralisierung und in Goyas Fall auch Hass. Daumier ist ein Provokateur, aber er wird „assimiliert". Wir sind mitten in der modernen Welt, wo die Versöhnung über die Negation kommt, um mit Hegels „Phänomenologie" zu sprechen, also die Provokation. Vielleicht kann man das nicht immer sagen, doch es gilt zweifellos für die Welt der modernen „hohen Kunst". Daumier beendet sein Leben als feinsinniger Unterhalter, als Sozialkritiker und Polemiker, als Urheber polemischer, kritischer, aber anerkannter Kunst. Ein Künstler, der auf seine Position am Rande stolz ist, öffnet einen neuen Weg ins Zentrum. Ihm, der tausende von Karikatur-Lithografien und nur wenige Gemälde angefertigt hat, werden bald Mainstream-Maler wie Edgar Degas (der Daumier sammelte), Henri de Toulouse-Lautrec und Georges Seurat folgen sowie später Gino Severini und Fernand Léger. Auf den Leinwänden dieser letzteren Maler werden Humor oder das Komische mit dem Schönen schließlich verschmelzen.

Bei Daumier saugt das Bild alles auf. Nicht die Story inspiriert das Bild, das Bild selbst ist die ganze Geschichte. Daumiers Vision ist komisch, ironisch und satirisch. In seinen Gemälden und Zeichnungen stellt er alle Einstellungen und Varianten des komischen Genres dar, wie etwa leichten Humor, humorvolle Ironie, beißende Ironie, Satire und polemische Satire, Karikatur und Parodie. Seine Werke können realistisch, surrealistisch oder allegorisch sein. Alles und jedes kann zur Zielscheibe seines Humors werden.

Seine berühmte Litografie von Don Quijote und Sancho Panza ist ein „Porträt" der beiden Hauptfiguren von Cervantes. Es ist keine Karikatur, sondern ein Porträt. Es sagt: Schau, so sind sie! Es ist eine getreue Darstellung zweier komischer Gestalten, die in ihren eigenen Augen nicht komisch sind. Das Bild wendet alle komischen „Tricks" an, wie den Gegensatz zwischen groß und klein, dünn und dick, Pferd und Esel. Doch das Gesicht von Don Quijote ist traurig. Er lacht nicht. Es hat einen schmerzlichen und würdevollen Ausdruck. Die Literatur über Daumier geht traditionell davon aus, dass er sich in Don Quijote selbst dargestellt hat. Er hat sich mit ihm nicht äußerlich identifiziert, sondern mit seiner Position als randständiger Außenseiter und Idealist – ein Kämpfer gegen Windmühlen. Diese – in meinen Augen korrekte – Beobachtung ändert allerdings die Perspektive des Betrachters. Wenn sich Daumier mit Don Quijote identifiziert, wird aus dem Bild mehr als nur ein Porträt zweier fiktiver Figuren. Es wird zur ironischen Darstellung des Malers selbst. Nicht nur die Gestalten, der Maler selbst erscheint in einem komischen Licht. Diese Ironie ist jedoch nicht beißend, sondern mild und liebevoll. Das Licht, die leuchtenden Farben des Bildes, die Farben der Hoffnung in der Mitte, die mit den Gestalten irgendwie verschmelzen, unterstreichen seine Liebe.

Daumiers „Pygmalion" auf der anderen Seite ist eine ironische Parodie und auch ein Palimpsest. Sie fängt den Augenblick ein, in dem sich seine Statue – eine sehr lebendige Statue – dem erstaunten Bildhauer zuwendet. Das Bild folgt der assoziativen Logik von Witzen. Wir erwarten die eine Geschichte: Der Bildhauer verliebt sich in seine Statue, die zu einer Frau wird. Doch wir bekommen eine andere Geschichte: über einen Bildhauer, der in seinem lebenden Modell nur die Statue gesehen hat, die er anfertigen will, und sich wundert, dass sie überhaupt lebt (und sich dann offensichtlich in sie verliebt). Das Bild ist die

Parodie einer Legende und zugleich das ironische Porträt von Künstlern, einschließlich seiner selbst.

Einen Schritt weiter weg vom Liebe- und Humorvollen hin zur satirischen Darstellung finden sich Werke wie „Das Orchester, während man eine Tragödie spielt". Im Vordergrund sieht man zwei Musiker des Orchesters, einer gähnt, zwei weitere sind anscheinend bereits eingeschlafen. Vor ihnen stehen die Noten, aber sie haben offensichtlich keine Aufgabe in der laufenden Szene auf der Bühne. Wir sehen die Bühne aus ihrer Perspektive, nur die unteren Teile zweier Gestalten – eines Mannes und einer Frau – sind sichtbar. Sie tragen klassische Kostüme, vielleicht spielt man Racine oder Corneille. Auf der Bühne entwickelt sich eine Tragödie, Leidenschaften treffen aufeinander, Menschen werden getötet, doch in der Unterwelt des Orchesters ist das nur tägliche Routine, ermüdend und langweilig. Es gibt nur wenige Bilder, die so viel zugleich sagen, und das mit so wenigen Strichen. Man kann es nicht als Parodie oder Karikatur sehen (wovon?, könnte man fragen), sondern als ironisch-satirische Darstellung der „Beziehung" zwischen Kunst und ihren Rezipienten, zwischen der geistigen Welt und der Alltagswelt. Es ist nicht nur ein Bild der *vanitatum vanitas* (alle Leidenschaften sind vergebens, man ist gelangweilt), sondern auch eines vom Paradox des Schauspielens. Die Leidenschaften auf der Bühne sind nicht die der Schauspieler, sondern ihrer Rollen. Das Gähnen in der Unterwelt ist daher nicht ganz unberechtigt, denn die Aufgabe der Musiker ist nur, die Noten zu spielen. Musiker wie Schauspieler sind nur bezahlte Profis, sie erledigen ihren Teil, was andere tun, geht sie nichts an. Man könnte über das Bild verschiedene Geschichten erzählen, die erklären würden, was sie alle tun.

„Die Drucksammler" allerdings ist eine Karikatur. Eine subtile Karikatur. Der karikierende Effekt wird nicht durch Verzerrung der Proportionen erreicht. Damit will ich nicht sagen, dass Karikaturen, die ihre Wirkung durch verzerrte Gesichter erzielen, minderwertig seien. Wenn es dem Künstler gelingt, nicht nur die Ähnlichkeit zu betonen, sondern in einem Gesicht die Charakterzüge des Vorbildes sichtbar zu machen, die uns zuvor verborgen waren, kann das eine große Leistung sein. Ich möchte damit nur sagen, dass Daumiers „Drucksammler" ihre karikierende Wirkung auf andere Art erzielen. Auf dem Bild sehen wir zwei offenbar reiche Herren, die in einer Galerie Drucke betrachten und jene auswählen, die sie kaufen wollen. Einer sitzt, der andere steht. Die Art, wie sie die Mappe mit Drucken anfassen und wie sie darauf schauen, bringt ihre rein pekuniären Interessen zum Ausdruck. Möglicherweise handelt es sich um eine Karikatur realer Menschen, doch ich glaube, es ist eine Karikatur der Kommerzialisierung der Kunst. Daumier war schließlich ein Zeitgenosse Balzacs. Das Bild ist keine freundliche oder humorvolle Karikatur, sondern eine satirische.

„Der Triumph des Menelaos" ist eine beißend satirische Parodie. Es geht um einen bekannten mythologischen „Helden" aus Homers Ilias, einen satirischen Bildkommentar zum Heldentum im Allgemeinen und Kriegsheldentum im Besonderen. Es ist eine politische Stellungnahme im Sinne Goyas, gezeichnet mit rechtschaffenem und giftigem Stift. Menelaos marschiert mit gezogenem Schwert triumphierend aufs Schlachtfeld. Um ihn herum liegen verstreute Leichen, brennende Häuser, eine Rauchwolke, ein einsames, ausgemergeltes Pferd. Menelaos ist dick, sein Bauch steht hervor, und er trippelt auf den Zehen wie ein Balletttänzer. Er hat eine Frau am Arm. Sie geht hinter ihm, hässlich, rundgesichtig, und sie macht ihm hinter seinem Rücken eine lange Nase. Der Gegensatz zwischen den beiden clownesk komischen Gestalten und der Zerstörung um sie herum, der Gegensatz zwischen der Hässlichkeit des Menelaos (zudem verzerrt gezeichnet) und seinem selbstverliebten Benehmen und der Gegensatz zwischen Menelaos und der Frau, die sich hinter seinem Rücken über ihn lustig macht – all das macht die Parodie beißend, satirisch, polemisch und politisch. Einmal mehr haben einige wenige Striche eine Welt geschaffen.

Am einen Pol von Daumiers komischem Genie sind wir Don Quijote und Sancho Panza begegnet, dargestellt mit liebevollem Humor, am anderen Pol dem beißenden, satirischen, politischen Statement ohne Parodie. Letzeres kann auch am Beispiel von „Kriegsrat" (1872) veranschaulicht werden. Man sieht eine Tür mit der Inschrift „Conseil de Guerre" [„Kriegsrat"] und davor aufgebrachte Skelette, die das Haus stürmen, als sei es die Bastille im Jahre 1789. Unter ihnen findet sich das Skelett eines Kindes, einer Frau und eines enthaupteten Mannes, und das größte Skelett zeigt mit dem Finger anklagend auf die Tür. Die Allegorie ist so deutlich wie alle Allegorien: die Kriegsopfer klagen jene an, die sie auf die Schlachtbank geschickt haben. Gehört diese Lithografie noch zum komischen Genre? Ich lasse die Frage offen. Wenn allerdings die albtraumhaften Visionen des alten Goya etwas von einer dunklen Komödie haben, wenn Becketts „Endspiel" komische Aspekte hat, warum nicht diese Litografie eines komischen Künstlers? Man könnte hinzufügen, auch der mittelalterliche „Totentanz" sei auf seine Weise komisch. Oder, dass in Mexiko zu Allerheiligen Skelettspielzeug auf dem Markt verkauft wird und in den Straßen Bilder des Todes (symbolische Skelette) gefeiert und zu Kinderspielzeug werden. Doch diese Lithografie ist anders. Ihre Skelette sind keine Allegorien des Todes, sondern des gewaltsamen Todes. Wir können dem Tod ins Gesicht lachen, aber nicht dem gewaltsamen Tod. Nicht die Skelette werden von Daumier satirisch dargestellt, sondern die Inschrift an der Tür, Kriegsrat. Wo ist dieser Kriegsrat? Drinnen oder draußen? Sind die Skelette nicht der eigentliche Kriegsrat? Wenn man das so sieht, kann man das Bild zu Daumiers komischer Kunst zählen, als extreme Verkörperung seiner dunkelsten Seite.

Zu den erwähnten Kinderspielen kann ich gleich noch „Kinderbücher" in die Erörterung einbringen, diesmal nicht in Mexiko, sondern in Europa und besonders Deutschland. Zur Zeit Daumiers waren komische Bilderbücher bei Kindern sehr beliebt. Ich meine vor allem „Max und Moritz" sowie „Struwwelpeter". Beides sind erzählende Bilderbücher mit außerordentlich komischen Zeichnungen. Die Dinge führen sich auf wie Menschen, und Menschen sehen aus wie Puppen. Die Welt wird beständig auf den Kopf gestellt. Nie vorher oder nachher hatten Kinder mehr echte Kunstwerke zur Verfügung. Wilhelm Busch, der Erfinder von „Max und Moritz", wird heute als hervorragender Karikaturist angesehen, und in Frankfurt ist dem Struwwelpeter-Kult ein ganzes Museum gewidmet. Doch erinnern wir uns an ihre Geschichten? Max und Moritz, die bösen Jungen, werden in einer Mühle gemahlen, und bei „Struwwelpeter" nimmt die Hauptfigur in jeder einzelnen Geschichte ein böses Ende, sei es, weil er sich weigert, seine Suppe zu essen, sei es, weil er immer zum Himmel hinaufschaut statt vor sich (so wie Thales) und so weiter. Sind das sadistische Geschichten, oder sind sie nur komisch, satirisch und parodistisch? Ich denke, sie machen Spaß und gehören zu den Klassikern des komischen Genres.

*****

Im 20. Jahrhundert gibt es, ausgehend von Expressionismus, Dadaismus und Surrealismus, derart viele komische Künstler und hervorragende komische Malereien, Fotografien, Lithografien und mehr, dass ich einen anderen Ansatz wählen muss, um wenigstens einige davon zu erörtern. Ich möchte für jede Haltung, jedes Genre oder Sub-Genre etwa ein Werk nehmen. Ich werde nur Werke auswählen, die offensichtlich komisch sind, die komische Statements, Witze, Farcen, Parodien usw. sein sollen, und deshalb sollte ich zunächst ein paar Worte über Künstler sagen, deren Werk nicht „offensichtlich" komisch ist und die doch zwei für die komische Kunst wesentliche Einstellungen repräsentieren: Ich meine Picasso und Chagall. Man kann meine Wahl willkürlich finden. Schließlich haben sich viele Künstler neben Picasso durch Ironie ausgezeichnet, und noch mehr neben Chagall durch Humor. Trotzdem ist das keine beliebige Wahl. Ich glaube nämlich, dass fast das ganze Werk von Picasso ironisch ist, und fast das gesamte Schaffen von Chagall humorvoll. Hätte ich zum Beispiel Paul Klee für „Humor" und „Ironie" ausgesucht, hätte ich sofort hinzufügen müssen, dass er sich durch beides auszeichnete und zusätzlich auch satirisch gemalt hat, etwa in seiner Radierung „Zwei Männer, einander in höherer Stellung vermutend, begegnen sich" (1903), einer typischen sozialen Satire. In seiner Illustration von Voltaires „Candide" übersetzt er einen komischen Roman sorgfältig in Bildersprache. Ich entscheide mich für Picasso und Chagall, weil ich mit ihnen meine Aussagen genauer treffen kann.

Picasso ist in dem Sinn ein ironischer Maler, wie die Romantiker Ironie verstanden. Während fast seines ganzen Lebens bildet er eine Welt marginaler und multipler Identitäten ab – in allen seinen Stilen (mit Ausnahme vielleicht der kubistischen Phase). In seiner Jugend arbeitete er noch im Stil direkter Repräsentation: Er malte Clowns und Narren, traurige und leidende Witzbolde. Die direkte Repräsentation ließ er nie ganz hinter sich, aber er entfernte sich von den traditionellen Themen der direkten Repräsentation, wie Clowns, Huren, Tänzern, Jongleuren, dem Zirkus, Tierbändigern usw. Natürlich möchte ich die komischen Botschaften oder die Schönheit humorvoller oder ironischer direkter Repräsentationen auf den Leinwänden von Toulouse-Lautrec, Degas, Seurat und anderen nicht herabsetzen. Und ich möchte auch keiner historischen Reihung folgen. 1923 zum Beispiel malte Francis Picabia seine wunderbar humorvolle Parodie „Dresseur d'animal", in der ein Tierbändiger, der aussieht wie eine griechische Statue in Schwarz mit einer Cyrano-Nase, dabei ist, seine Tiere zu zähmen, vier hundeähnliche Geschöpfe und eine Eule, die wie von Kinderhand gemalt erscheinen.

Picassos großes Genie liegt in der Erfindung, multiple Identitäten indirekt auf die Leinwand zu träumen, die Signale der „Welt" und des „Auges" umzukehren. Er malt fast immer traditionelle „Themen" wie Porträts, badende Frauen, Liebende, nackte Mädchen, Musiker, Stillleben etc. Die Bilder dieser traditionellen „Themen" werden verzerrt, nicht weil Picasso sich über sie lustig machen wollte, sondern weil er die Welt selbst verzerrt sieht und sie genau so abbildet. Meine Bezeichnung dafür ist „konstitutive Ironie". Die Ironie ist in der Welt selbst und wird nicht erst durch jemandes Blick hineingetragen. Das Auge des Malers verunglimpft die Alltagswelt nicht. Er führt keine Polemik gegen sie und behandelt sie auch nicht satirisch. Die ironische Welt wird manchmal mit Verständnis und Empathie dargestellt, manchmal mit Distanz, und manchmal mit Spaß und Gelächter. Die Beschaffenheit der Welt selbst bleibt ironisch. Ich möchte betonen, dass konstitutive Ironie nicht dasselbe ist wie konstitutiver Surrealismus. Konstitutiver Surrealismus (auf den ich gleich noch zurückkomme) folgt einer Traumlogik, sei es als Logik von Witzen oder von Albträumen. Picasso ist ein spielerischer Maler, aber nur selten ein Witzbold. Und er ist ein instinktiver, spontaner Maler, ein „natürliches" Genie. Seine ironische Kunst ist zum Beispiel weniger philosophisch als die von Marcel Duchamp oder René Magritte. Auf der anderen Seite kann er Schrecken und Leid auf die Leinwand bringen, diese Gemälde sind absolut nicht komisch. „Guernica" ist nicht komisch und kann auch nicht auf humorvolle Weise betrachtet werden. Die Verzerrungen dieser Gemälde unterscheiden sich wesentlich von denen, die uns in Picassos ironischen Werken begegnen. Nicht nur sind die Proportionen von Körper oder Kopf verzerrt, nicht nur sind die Menschen als geometrisch konstruierte Puppen abgebildet, sondern ihre Glieder sind gänzlich abgetrennt, ihre Körper zerrissen und versprengt. Bei „Guernica" denkt man eher an das „Zerreißen" des Körpers von Osiris oder Dionysos als an die Mädchen mit den drei Nasen.

Ich würde, wie gesagt, Picassos kubistische Periode kaum zu seinem komischen Werk zählen. Trotzdem wurde die kubistische Technik vielleicht zum wichtigsten künstlerischen Mittel für die ironische Darstellung der Welt. Schauen Sie sich zum Beispiel das Porträt von Dora Maar an, seiner Geliebten. In ihrem geometrisch verzerrten Gesicht finden sich zwei Nasen – und doch ist sie schön. Wir sehen nur, dass der Maler nicht genau weiß, wer sie ist, und das kann er auch nicht, denn sie ist nicht, was sie ist. Denken wir an eine Ionesco-Komödie, in der ein junger Mann sich wünscht, seine Frau hätte drei Nasen, und sich schließlich mit einer zufriedengibt, die nur zwei hat. In dieser Farce geht es um eine sehr ähnliche Geschichte. Wer interessiert sich für eine Frau, die vollkommen identisch ist mit sich selbst? Bei Picassos „Dora Maar" gibt es kein mysteriöses Geheimnis (wie vielleicht bei der „Mona Lisa"), es geht nicht um ein verstecktes Wesen, dass im Bild eines geometrisch verzerrten Gesichts mit zwei Nasen sichtbar wird. Es geht eher um die Unsicherheit der Identität, die Ambiguität wird sichtbar gemacht. Oder, um es anders auszudrücken, nicht die Seele ist zerrissen, sondern die Identität. Obwohl die „Weinende Frau" (1937) etwa zur Zeit von „Guernica" gemalt wurde und tiefen Kummer vermittelt, ist es im Gegensatz zu Letzterem ein ironisches Gemälde. Das Gesicht (in Weiß, Grün und Gelb gehalten) drückt Leid und Verzweiflung aus, aber der Hut! Der winzige, elegante rote Hut mit der künstlichen blauen Blume steht derart in Kontrast zum verzerrten, weinenden Gesicht, dass sofort ein Gefühl von Ambiguität und Distanz aufkommt. Erpresst die Dame womöglich nur ihren Liebhaber mit den Tränen? Oder ist sie Mutter eines unschuldigen Opfers? Das Ziel des Bildes ist, meine ich, uns als Betrachter mit dem Gefühl von Unsicherheit und Unruhe zu erfüllen. Was für Gesichter gilt, gilt auch für Körper, wie im Fall der „Les Demoiselles d'Avignon" und für Picassos Stillleben. Tische, Vasen, Blumen, Früchte usw., all die traditionellen Paraphernalien des Stilllebens sind verzerrt, sowohl in ihren Proportionen als auch in ihren Größenverhältnissen. Nehmen wir beispielsweise „Stillleben mit Tulpen", bei dem die Frau nur eine Parodie einer griechischen Statue ist, die auf Büchern und kleinen Beinchen steht – neben einem Korb mit Tulpen –, wo gar nichts stehen könnte, weil es nur blaue Farbe ist und kein Tisch. Was an Magrittes wunderbaren philosophischen Witz erinnert, ist hier kein Witz, sondern eine ironische Darstellung. Picasso malt keinen Tisch mit der Aufschrift, dass er kein Tisch sei, er malt einen Tisch, der keiner ist. Alle Gegenstände auf diesem Bild verkörpern den Geist der Welt, wie sie es immer tun, und im Falle Picassos läuft das auf konstitutive Ironie hinaus. Die Frau ist keine Frau, sondern eine verzerrte griechische Büste, der Tisch ist kein Tisch, sondern blaue Farbe – und trotzdem ist die Frau eine Frau und der Tisch ein Tisch. Und wieder, wie im Fall seiner Porträts, ist die ironische Darstellung auch schön.

Man muss nicht einmal ein einziges Werk aus Picassos „klassischer" Periode untersuchen, um die Ironie wahrzunehmen, auch wenn die Techniken ironischer Repräsentation hier völlig anders sind. In den klassischen Stücken begegnen uns Palimpsest, ironische Zitate, parodistische Darstellung und natürlich eine Verzerrung der Proportionen. Und diese Werke sind schön oder können zumindest so gesehen werden – ich möchte nochmals betonen, dass Picassos konstitutive Ironie die Schönheit nicht preisgibt. Sie polemisiert nicht einmal gegen das Schöne, sondern zeigt es, wie es ist und wie es in der modernen Welt nur sein kann – ohne zu lügen.

Ähnliches kann man von Chagall in seiner ersten künstlerischen Schaffensperiode sagen. Ähnliches, aber nicht dasselbe. Picassos Werk ist ironisch, Chagall ist ein Humorist. Ich möchte meine Kierkegaard-Interpretationen nicht überstrapazieren. Doch ich spiele manchmal gern mit dem Gedanken, dass sich Picassos Kunst in der Sphäre zwischen Ethik und Politik entfaltet, während sich Chagalls Kunst zwischen Religion und Poesie entwickelt. Und dies nicht wegen der Themen ihrer Darstellungen – das wäre ein offensichtlicher, aber billiger Ansatz –, sondern aufgrund ihrer künstlerischen Fantasie.

Die repräsentativsten Gemälde von Chagall sind Träume vom Glück. Da ist diese Stadt, Witebsk, mit ihren kleinen, ungelenk gezeichneten Häusern, die so aussehen, als wären sie ein wenig beschwipst und von unsicherer Kinderhand gemacht. Es könnte auch das Miniaturmodell einer Stadt sein, nicht, um gebaut zu werden, sondern, damit man sich an sie erinnert. Zwischen den Papiermaschee-„Modellhäusern" gibt es alte Juden im Kaftan, junge jüdische Knaben mit Schläfenlocken, auch zur Erinnerung. Der Traum ist eine gemalte Reminiszenz und auch eine gemalte Erwartung. Die Spannung zwischen diesen beiden erzeugt die humorvolle Wirkung. Man sieht das Kalb im Bauch der Kuh (die unsichtbare Zukunft) und den Verlobten über der Stadt fliegen (das Unmögliche). Das Motiv des Fliegens, das auch in Ionescos Halbkomödien häufig vorkommt, ist ein Symbol (nicht die Allegorie) der Erlösung und auch der körperlichen Liebe. Die fliegenden Liebenden stehen für ein Versprechen auf das Glück der Erlösung und der körperlichen Liebe, auf die Vereinigung mit Gott und die Vereinigung mit dem/der Geliebten.

Die Vision ist entzückend, warm, fröhlich, erhaben, angenehm für Auge und Herz. Das Gemälde lächelt uns an und wir lächeln zurück. Doch der Humor ist konstitutiv. Denn der Traum vom Glück ist ein Traum, gemalt als eingefrorener Augenblick, als irreale Realität. Alle Träume sind persönlich und können nicht geteilt werden, wie Heraklit schon vor langer Zeit bemerkt hat, und wenn man sie Unbeteiligten mitteilen möchte, werden sie entweder entsetzlich oder heiter, und verwirrende Träume sind Witze.

Werfen wir einen Blick auf Chagalls Gemälde „Über der Stadt" (1918). Über den winzigen Häusern von Witebsk fliegen ein junger Mann und eine junge Frau in sehr komischer Position. Die Frau wirkt größer als der Mann und fliegt in seinem Schoß, entspannt wie auf einem Kissen. Der junge Mann legt eine Hand auf ihre Brust, eines seiner Beine hängt herunter, das andere sieht man nicht, wahrscheinlich ist es hinter dem langen Kleid der Frau, oder vielleicht hat er auch keins. Die Lage des fliegenden Paares wirkt merkwürdig, scheint für sie aber normal zu sein, denn sie sind die Träumenden des Traums. Der Betrachter teilt den Blick des Malers. Was humorvoll gezeigt wird, nimmt man mit einer Art humorvoller Befriedigung auf, zweifellos wegen der bildlichen Darstellung des Traumes. Der Traum vom Glück muss in leuchtenden Farben erscheinen, als liebevoll gemalte Schönheit. Denn Schönheit, Glück und Liebe sind wieder eins.

Die meisten Bilder Chagalls sind mit verständnisvollem Humor und mit Liebe gemalt, inspiriert von der doppelten Bedeutung des Fliegens. Ob nun auf der Leinwand fliegende Paare sind oder nicht, spielt fast keine Rolle.

*****

Moderne Künstler haben auch komplexe Porträtkarikaturen gemalt. Mein Beispiel dafür ist Otto Dix' Porträt „Der Kaufmann Max Roesberg, Dresden" (1922). Warum gibt Dix den Beruf von Max Roesberg im Titel an? Das Bild selbst gibt die Antwort. Es ist ein Palimpsest der Kaufleute-Porträts Hans Holbeins des Jüngeren. Wie bei Holbein finden sich jene Dinge auf der Leinwand, die für den Beruf des Kaufmanns kennzeichnend sind – als Allegorien des Berufes. Im Gegensatz zu Pomp und farbenprächtig-dekorativem Lebensstil von Holbeins Kaufleuten, weist dieses Bild auf den Kapitalismus à la Max Weber hin: Frugalität. Der Anzug des Kaufmanns ist in einem gräulichen Blau gehalten, er passt zum Beruf, und obwohl nichts daran persönlich ist, wurde der Anzug mit größter Sorgfalt ausgeführt. Die Wand ist gräulich-grün. Dort hängen eine Uhr und ein Kalender. Kein Gemälde, keine Fotografie, keine Blume, nichts Schönes. Auf dem Schreibtisch befindet sich ein Telefon, eine gebrauchte Schreibunterlage, ein Tintenhalter mit Tinte, und hinter diesem „utilitaristischen" Tisch steht der Herr. Er ist die Verkörperung professioneller Genügsamkeit. Aus seinem dünnen Körper, der eher wie ein Besenstiel aussieht (es ist schließlich eine Karikatur), ragt ein Gesicht mit klugen, neugierigen, misstrauischen Augen. Das Gesicht ist verzerrt, aber nicht in auffälliger Weise, die Proportionen sind im Wesentlichen erhalten (anders als zum Beispiel in manchen karikaturhaften Darstellungen von Jean Dubuffet), außer vielleicht dem Ohr. Trotzdem sieht das ganze Gesicht – abgesehen von den Augen – wie eine Maske aus. Es ist nicht nur die Karikatur eines Mannes, sondern als Palimpsest auch die Karikatur eines Berufsstandes, seiner leeren, nüchternen, zweckmäßigen, funktionalistischen Realität: der „Entzauberung der Welt".

Palimpseste [„Überschreibungen"] sind in der modernen und postmodernen Kunst sehr verbreitet, sowohl in der Malerei als auch in der Literatur. Viele der Bilder, die ich kurz erörtern möchte, sind ebenfalls Palimpseste. Um im Dschungel der modernen komischen Kunst ein wenig Ordnung zu halten, werde ich das Thema „Kunstkritik" in den Mittelpunkt stellen. Sehr verschiedene Ansätze und Sub-Genres kann man beim Auspacken dieses Korbes erörtern, aber nicht alle finden sich in diesem Korb. Alle Gemälde, Skulpturen, Fotografien und Videos, die man in den Korb „Kunstkritik" legen kann, sind spielerisch. Auch ihre Ernsthaftigkeit, sogar ihr Sarkasmus ist verspielt. Es können Witze sein. Sie stellen sich selbst infrage. Schließlich sind sie nicht immer, aber meistens philosophisch. Sie haben einen „Text": Er ist nicht immer auf das Bild selbst geschrieben (wie bei Magritte), aber jedenfalls darin eingearbeitet. Schwarzer Humor, die direkte Darstellung des Unheimlichen, Monströsen, Schrecklichen und Grotesken sind solche Fälle. In manchen Gemälden von Giorgio de Chirico oder Salvador Dalí ist das Unheimliche oder Monströse indirekt dargestellt, nicht grotesk, sondern als Verbindung von Allegorien oder Symbolen, die nach einer Beschreibung verlangen, wenn nicht sogar einer kompletten Geschichte, und die eine Neigung zu Verspieltheit haben. In dieser Hinsicht ähnelt ihre komische oder doch beinahe komische Kunst den Stücken Ionescos.

Die beiden modernen Gemälde, die ich ausgesucht habe, um das Genre des Unheimlichen und Grotesken zu veranschaulichen, sind aus Gründen der Einfachheit Palimpseste. Von Francis Bacon betrachten wir „Pope I" (1951) anstatt des bekannteren „Study After Velazquez: Portrait of Pope Innocent X", weil es keine Allegorie ist und keinen offensichtlichen und indirekten Bezug zum Horror hat. Ob dieser Papst „nach Raffael" oder „nach Velasquez" gemalt ist, spielt keine Rolle. Es ist das Renaissance-Porträt eines Körpers mit einem vielsagenden Unterschied: Die Hände sind asymmetrisch, die rechte Hand erinnert an eine Vogelkralle. Aus dem überbreiten Nacken wächst ein völlig verzerrtes Gesicht. Der Mund (wenn es überhaupt ein Mund ist) scheint sowohl grausam wie leidend. Was, wissen wir nicht, vielleicht beides, wie bei Dostojewskis Großinquisitor. Die Augen blinzeln etwas und schauen den Betrachter mit forschendem Blick an. Die purpurne Kopfbedeckung wirkt wie eine Narrenkappe. Mit dieser Kopfbedeckung sieht der grausame/leidende Papst aus wie ein Clown. Ein leidender oder grausamer Clown vielleicht, jedenfalls ein gefährlicher. All das verleiht dem Bild eine optisch unheimliche Wirkung. Dieses Gemälde ist nicht grotesk, sondern dunkel und verstörend.

Noch verstörender, wenn auch grotesk, ist das Bild von Pierre Bettencourt, „La Bouchée" [„Der Bissen"] (1963). Es ist ein Palimpsest von Goyas „Saturn verschlingt eines seiner Kinder". Ein Gesicht bedeckt die gesamte Leinwand. Es ist ein maskenhaftes Gesicht, wie das eines heidnischen Gottes. Kein elegantes Gesicht, sondern brutal und doch im Grunde gleichgültig. Im Mund dieses Gottes/Biestes erkennen wir eine kleine, weiß gemalte Gestalt, die auch hier, wie meist, auf Unschuld hinweist. Das Monster schluckt das Geschöpf nicht, sondern hält es zwischen den großen, gleichmäßigen, raubtierhaften Zähnen und zermalmt es. Die kleine weiße Kreatur, ein ohnmächtiges oder bereits totes Opfer, dessen vom Schmerz gezeichnetes Gesicht man (anders als bei Goya) erkennen kann, ist ein Mädchen: eine Frau, ein schön geformter weiblicher Körper oder eine Leiche. Das Palimpsest überträgt auf diese Weise einen Mythos in einen anderen: Der Mythos eines Vaters, der seinen Sohn tötet, wird zum Mythos eines Mannes, der eine Frau tötet, diesmal ganz natürlich, mit äußerster Gleichgültigkeit, als läge es in der Natur der Sache. Trotzdem wirkt das Schreckliche auch lächerlich. Nicht allein wegen des offensichtlichen Wechsels der Proportionen (ein riesiges Gesicht mit einem puppenhaften weiblichen Körper), sondern auch, weil das Gesicht eine Maske ist – es ist irreal. Goya hat den Mythos wörtlich genommen, Bettencourt übersetzt einen traurigen, aber alltäglichen Vorfall in einen Mythos. Beide sind grotesk.

Moderne Künstler machen sich über die Kunstwelt lustig und über die Welt mit der Kunst. Sie spielen mit Träumen und träumen vom Spielen auf der Leinwand auf tausend verschiedene Arten. Sie erfinden Witze. Komödien und komische Romane wurden schon immer von der Philosophie angeregt, sie waren immer philosophisch. Diese Philosophie war nie platonisch, den der Platonismus (ich meine hier natürlich nicht Platon selbst) hatte keinen Humor. Es wäre schwierig, eine einzelne Philosophie als Inspirationsquelle für komische Literatur hervorzuheben. Müsste ich das tun, würde ich den rationalen Skeptizismus dafür wählen. Das komische Genre lässt eine Beziehung zur Transzendenz zu – das ist ein Aspekt des konstitutiven Humors schon bei Platon, wenn auch nicht im gängigen Platonismus –, aber es hat nichts mit Metaphysik zu tun. Natürlich hat es in der modernen Kunst eine Richtung gegeben, die sich selbst als „metaphysische Malerei" bezeichnete, aber dort stand das Wort „metaphysisch" für „mystisch". Ein kurzer Blick auf Carlo Carras ansonsten humorvolles Gemälde „The Metaphysical Muse" genügt, um zu sehen, dass es nicht um Metaphysik im philosophischen Sinn des Wortes geht.

Die kreativen Künste, Malerei und Skulptur waren lange Zeit von platonischer Metaphysik angeregt. In dieser Zeit konnte das komische Genre nur am Rande auftauchen. Stand es im Zentrum, wurde es nicht als solches gewürdigt. Doch in Zeiten der Dekonstruktion von Metaphysik und Platonismus, im Zeitalter der „Götzendämmerung" kann sich das komische Genre vom Rand in die Mitte bewegen und sich von allen Arten fragmentierter Philosophie inspirieren lassen, auch von persönlichen Philosophien, von denen der rationale Skeptizismus nur eine ist. Alle philosophischen Doktrinen, über die sich der komische Roman lustig gemacht hat, werden schließlich auch auf komischen Bildern verspottet: die Ideen von einer geordneten Welt, von erfüllten Erwartungen, eines Äußeren, dass das Innere getreulich zum Ausdruck bringt, von wohlbegründetem Wissen einschließlich des Wissens über sich selbst, von Sicherheit, Alltagsvernunft, von der Einheit des Guten, Wahren und Schönen, von unreflektiertem Glauben, von Totalität, von Ganzheit und Heiligkeit, vom Unbedingten – alles wird Gegenstand bildlicher Komödie.

Um ein wenig Ordnung zu halten, möchte ich die Gemälde und Fotografien auf folgende Weise präsentieren: 1. Verspottung von Kunstkritik und Kunstverständnis, 2. Verspottung von Schönheitsidealen, 3. Verspottung von Kunstanbetung, 4. Verspottung der Beziehung zwischen Zeichen und Bezeichnetem und des Begriffs von und dem Glauben an „Repräsentation", 5. Verspottung der traditionellen Logik gemalter Bilder und 6. Witzemachen in „reiner" bildender Kunst.

Das Verspotten von Kunstkritikern, Kunstautoren und Kunstförderern hat seine eigene Tradition. Das Kunstwerk selbst muss das Auge täuschen. Der Blick des aufgeblasenen, selbstsicheren, wissenden Kunstsachverständigen muss von den Künstlern lächerlich gemacht werden. Man kann dies durch das Malen von *trompe l'oeil* – Illusionsmalerei – tun. Doch am meisten verbreitet war der Streich, dem „Kritiker" eine Fälschung zu präsentieren, als wäre sie ein Original, sie von ihm anerkennen zu lassen, zum Beispiel als griechische Statue, und am Ende die Kunstwelt und die Öffentlichkeit über die Wahrheit aufzuklären. Diese Art von Scherzen steht nicht mehr auf der Tagesordnung. Seit dem 20. Jahrhundert machen sich Kunstwerke auf direktere Art über Kritiker lustig, indem sie deren „Ideen" von wahrer Kunst oder wahrer Kritik auf die Leinwand bringen und sie lächerlich machen. Man kann Kunstkritiker auf satirische, ironische oder humorvolle Weise lächerlich machen. Mehr noch als moderne komische Bilder im Allgemeinen sind Gemälde, die Kunstkritiker verspotten, textuell, reflektiert und manchmal sogar narrativ.

Die bekannte Fotomontage „Der Kunstkritiker" von Raoul Hausmann (1919/20) veranschaulicht den satirisch-polemischen Stil gut. Als Dadaist und subversiver Künstler verschmilzt Hausmann die satirische Darstellung des Kunstkritikers mit Sozialkritik oder Sozialsatire. Der Kunstkritiker, dessen Kopf im Zentrum steht (der kleine Körper klebt am Kopf), sieht durch die Brille eines anderen. Sein hässlicher, offener Mund entblößt Beißzähne, doch die Hälfte seines Mundes ist völlig zahnlos. An seinem Hirn klebt eine Banknote, eine andere an seinem Nacken. In der Hand hält er einen „Venus"-Stift, auf seinem Anzug stehen zwei durchgestrichene Namen (einer davon George Grosz). Die Botschaft ist klar: Als Agent des Kapitalismus' verehrt der Kunstkritiker die Venus und bringt „alternative" Künstler um. Er sieht die Dinge nicht mit seinen eigenen Augen. Er beißt, aber er hat seine Macht auch schon zur Hälfte veräußert.

Mark Tanseys Bild „The Innocent Eye Test" (1981) ist humorvoller. Seine Botschaft wird dem Betrachter nicht entgegengeschleudert. Das Bild zeigt ein Museum, in dem eine Neuerwerbung (oder ein frisch gemaltes Gemälde) vor Förderern und Kritikern enthüllt wird. Doch auf deren Meinung kommt es nicht an. Das Gemälde, auf dem zwei Kühe zu sehen sind, muss von einem „unbefangenen Auge" beurteilt werden: dem Auge einer dritten Kuh. Das Bild verspottet den Opportunismus der Kunstkritiker, die den Mut verloren haben, selbst Maßstäbe zu setzen und die selbstzufriedene Haltung unwissender Narren akzeptieren: dass das wirkliche Auge das unschuldige Auge ist, das Auge, das nicht vergleichen kann, weil es noch keine anderen Gemälde gesehen hat. Zudem kann die Qualität eines Gemäldes nur jemand wie die Abgebildete ermessen. Hier wird eine der „Ideologien" der Moderne nicht mit Hass oder Polemik, sondern in der Art eines Witzes lächerlich gemacht.

Nachdem drei Werke seit langer Zeit den Standard für den weiblichen Körper gesetzt haben, hat sich eine Art Wettbewerb zwischen den Palimpsesten entwickelt, die zum „Thema" „Mona Lisa", „Venus von Milo" und „Sixtinische Madonna" entstanden sind, besonder zu den ersten beiden. Duchamp bildete hier, wie bei vielem anderen, die Speerspitze mit seiner „Mona Lisa mit Bart" und ließ diesem Werk noch andere Karikaturen der Mona Lisa und der Venus von Milo folgen. Er hatte eine Reihe von Nachahmern (darunter die oben besprochene Mona Lisa-Karikatur von Botero). Doch nicht nur klassische Schönheitsideale verdienen eine Parodie oder Karikatur, auch die Schönheiten der Popkultur. Auch sie sind Kultfiguren. Andy Warhol, von dem auch eine Mona Lisa-Parodie stammt, hat Marilyn Monroe auf dieselbe Weise behandelt, und zwar nicht nur im Bildschirmdruck auf Papier aus dem Jahr 1976, wo der offene Mund der Schauspielerin in „Rot" dem Bild einen komischen Aspekt verleiht, sondern auch mit den Gemälden von „vervielfachten" Marilyns, die genauso aussehen wie die vervielfachten Mona Lisas. Als Künstler im Zeitalter der mechanischen Reproduktion hat Warhol den Geist der Reproduktion nicht nur zum Ausdruck gebracht, sondern auch eingeklammert, verpackt und ironisiert. In der Reproduktion besteht zwischen Marilyn und Mona Lisa kein Unterschied: Beide sind Postkarten für die Massenproduktion. Magrittes „Le Bouquet tout fait" [„Der fertige Strauß"] hat sich für seine humorvolle Behandlung des Themas ein anderes Bild ausgesucht, die „Allegorie des Frühlings" von Sandro Botticelli, das genau auf den Rücken des schwarzen Mantels eines Mannes kopiert wird, der durch einen Wald im Frühling geht (1957).

Die Verspottung von Schönheitsidealen beschränkt sich nicht auf weibliche Schönheiten wie Mona Lisa oder die Venus oder Marilyn Monroe. Parodien traditioneller Schönheitsvorstellungen gehen über das ganze Feld des „Erhabenen". Alles „Erhabene" kann zum Gegenstand parodistischer Darstellung werden, auch Mythologien, wie in den Werken von Max Beckmann, Salvador Dalí und vor allem Giorgio de Chirico. Auf dessen „Hektor und Andromache" (1968) sehen wir das erhabenste „Paar" homerischer Poesie im erhabensten Moment, als sie sich vor Hektors Tod zum Abschied küssen. Wir sehen zwei hölzerne Figuren, die in verschiedenen Brauntönen auf Leinwand gemalt sind. Anstatt Köpfen sitzen Ei-ähnliche hölzerne Dinger auf ihren hölzernen Körpern. Sie haben keine Gesichter, diese werden nur durch zwei Linien und zwei Punkte angedeutet. Sie sind von einem Gerüst umgeben. Die Figuren der Mythologie sehen ganz künstlich aus. Sie leben nicht, bestehen nicht aus Fleisch und Blut. Dieses parodistische Palimpsest ist mehr als ein Palimpsest: Es ist auch eine Parodie der Liebe.

Es gibt auch humorvolle und fröhliche Parodien wie Niki de Saint Phalles farbige Statue „Temperance no. 14". Wie bei Magrittes „Bouquet" wird auch hier eine Allegorie zur Zielscheibe eines Scherzes. Temperance ist eine riesige Frau mit dicken Beinen und immensen Brüsten in einem Minikleid, das ihre Brüste vorstehen lässt. Sie hat zwei Flügel und ist fröhlich, allerdings ohne Gesicht. Sie tanzt offenbar und steht auf einem Bein. Diese „Mäßigung" ist keine Umkehrung der Tugend, es geht nicht um „Unmäßigkeit". Das Mädchen ist eine, die sich nicht um tradtionelle Tugendvorstellungen kümmert, doch sie steht auch nicht dafür, dass die gegenteiligen Tugenden realere wären. Sie lehrt uns nichts, sie ist nur lebendig und glücklich.

Über Kunstanbetung kann man sich nicht lustig machen, ohne sich über die Institution der Kunst lustig zu machen. Diesen „klassischen" Dreh zeigte Duchamp mit seinem „Fountain" (1917), indem er von einem Installateur-Lieferanten ein Urinal erwarb und – mit „R. Mutt" signiert – an eine Kunstausstellung schickte. Duchamps Scherz war eine philosophische Geste. Sie weist darauf hin, dass es nicht länger um die Frage geht, „Was ist schön?", sondern „Was ist Kunst?" und „Was macht Kunst zu Kunst?". Es war vielleicht das erste Mal, dass eine wesentliche Frage der Kunst in und durch einen praktischen Scherz gestellt wurde. Seit Duchamp – und zumindest bis zum Beginn einer deutlich postmodernen Perspektive – wurde dieselbe Frage immer wieder gestellt. Heute ist sie ein Randthema. Es lohnt sich nicht mehr wirklich, sich über Kunstverehrung lustig zu machen, denn der universelle Kunstbegriff ist bereits verkümmert, ersetzt durch ein „Heidentum", das die Existenz von hoher Kunst gänzlich verneint.

Komische Bilder machen sich heute über bestimmte „Vorurteile" lustig und auch über die Idee der Repräsentation. Gilbert and George haben sich mit ihren Bildern in diesem Spiel besonders hervorgetan, zum Beispiel mit „Hands Up!", auf dem sechs junge Männer sitzen oder stehen, hinter ihnen drei große Hände, die in Weiß auf die Wand gemalt sind, oder mit dem Foto „Thumbing" (1991), wo zwei Männer (die Künstler) vor einem grünen Apartmenthaus im Hintergrund stehen, die beide irgendetwas eine lange Nase machen. Wem oder was? Offenbar der Idee einer „Perspektive", denn es gibt keine, oder bestimmen Kunstvorstellungen, oder der Fotografie überhaupt. Wir können nur raten.

Ich bin bei den letzten drei Fragen der Serie „Kunstverspottung" angelangt: der Kritik der Repräsentation, der Logik der Kunst und den bildlichen Scherzen. Alle drei kann man am besten am Werk von Magritte veranschaulichen. Und nicht nur an seinem. Wenn man (wie ich) die Theorie der Bisoziation von Witzen akzeptiert (siehe im sechsten Kapitel), finden sich auch in Bildern anderer Künstler wunderbare Beispiele für Witze. Meine Beispiele drehen sich um Männeranzüge. Der „Filzanzug" von Joseph Beuys wird nicht am Körper getragen präsentiert, sondern auf einem Bügel. Noch ähnlicher einem Witz ist Robert Mapplethorpes Foto „Man in Polyester Suit" (1980). Man sieht einen sehr eleganten Mann in einem sehr eleganten Anzug, und aus dem offenen Reißverschluss hängt für alle sichtbar ein ziemlich großer Penis. Man könnte hier an Bruce Naumanns „Study for Mean Clown" (1989) denken, wo sich Clowns mit sehr großen Händen und sehr großen Penissen grüßen. Viele Künstler verspotten auch den Begriff der Repräsentation, die Dinglichkeit gemalter Bilder. Zu den in diesem Geiste gemalten Gemälden gehört Salvador Dalís „Die Beständigkeit der Erinnerung" (1931) mit den bekannten „Uhren", die sich nicht wie feste Gegenstände verhalten, die sie angeblich „repräsentieren", sondern eher wie Mollusken. Andy Warhols „8 Revolvers" zeigt nicht acht Revolver, sondern höchstens zwei, die anderen sind nur ihre Schatten oder vielleicht dieselben beiden in anderen Positionen. Auch die gigantischen Zitate gewöhnlicher Dinge, kommerzialisierter Ideale oder von Junk Food machen sich über Repräsentationsansprüche lustig, indem sie Werbung für Dinge oder Lebensstile imitieren (oder sind?). Anders als bildende Kunst führt Werbung einen Akt der Perlokution aus, nicht der Illokution. Pop Art verspottet den populären Geschmack und repräsentiert ihn zugleich, wie Roy Lichtensteins „In the Car" (1963). Das Doppelporträt eines Mannes und einer blonden Frau mit völlig leeren Gesichtern in einem Auto repräsentiert das Ideal, das vermeintliche Rollenbild des amerikanischen Lebensstils. Claes Oldenburgs riesiger Hamburger „Floor Burger" (1962) und andere Werke machen sich über die populäre Kultur lustig und repräsentieren sie zugleich.

Ich möchte jedoch beim Werk von Magritte bleiben, um die Visualisierung der letzten drei Arten der Verspottung der Welt, der Philosophie und der Kunst zu veranschaulichen. Magritte ist der größte moderne komische Künstler der bildenden Künste. In meinen Augen ist er neben Brueghel der größte komische Künstler der bildenden Kunst überhaupt. Aber das ist ein sehr persönliches Urteil. Weniger persönlich ist Magrittes einzigartige Stellung in unsere Geschichte der komischen Bilder in zumindest dreierlei Hinsicht. Erstens hat fast seine gesamte Kunst komischen Charakter, zweitens hat er sich in allen Arten des komischen Genres hervorgetan, einschließlich Witzen, und drittens verkörpert er die intime Beziehung zwischen philosophischem Denken und der komischen Kunst am radikalsten.

Das Bild „Dies ist keine Pfeife" (1929) und ein anderes mit Namen „Die zwei Mysterien" (1967), das sich auf das erste bezieht, hat Michel Foucault in seinem Essay „Dies ist keine Pfeife" wunderbar besprochen. Ich möchte hier nur über das erste Bild sprechen, das eine einzelne große Pfeife darstellt und darunter den handgeschriebenen Text „Ceci n'est pas une pipe". Ich kann hier nicht Foucault erörtern und werde nur kurz einige Gedanken erwähnen, die für ein Buch über das komische Genre unerlässlich sind. Foucault akzeptiert Magrittes Interpretation seines eigenen Werkes, insbesondere unterscheidet er scharf zwischen Ähnlichkeit und Gleichheit. Ähnlichkeit setzt einen primären Referenten voraus, Gleichheit tut dies nicht. Zweifellos ist die gemalte Pfeife keine Pfeife, auch wenn sie das Ebenbild davon ist. Sie ist etwas anderes, denn man kann sie nicht rauchen. Doch auch die Behauptung „Dies ist keine Pfeife" ist im Lichte der Konvention nicht wahr. Gemäß der Konvention ist auch eine gemalte Pfeife eine Pfeife, wenn man davon ausgeht, dass Ähnlichkeit für Repräsentation steht. Mit dieser Konvention lernen Kinder lesen und schreiben. Foucault schreibt:

Zwei Prinzipien haben, glaube ich, die abendländische Malerei vom 15. Jahrhundert bis zum 20. Jahrhundert beherrscht. Das erste setzt die Trennung zwischen figürlicher Darstellung (welche die Ähnlichkeit einschließt) und sprachlicher Referenz (welche die Ähnlichkeit ausschließt) fest. … Das zweite Prinzip … behauptet die Äquivalenz zwischen der Tatsache der Ähnlichkeit und der Affirmation eines Repräsentationsbandes. … Wesentlich ist, daß Ähnlichkeit und Affirmation nicht zu trennen sind. [Übersetzt von Walter Seitter, München 1997.]

Dies geschieht nur, so meint Foucault, bei Kandinsky und Klee. Die Leser werden sich erinnern, dass Ähnlichkeit und Affirmation in Witzen getrennt sind: Die Ähnlichkeit wird verdoppelt, Erwartung oder Affirmation wird abrupt negiert. Foucault wies unter anderem auf die Gleichheit hin zwischen etwas, das wir mit der Sprache tun, und etwas, das wir mit Bildern tun oder mit Bildern und Sprache gemeinsam: Wir reißen einen Witz, einen philosophischen Witz.

In Magrittes Werk gibt es zwei komische Elemente: Das eine ist Dissoziation, die wir von Witzen her kennen. Das andere ist die Darstellung von Metaphern im wörtlichen Sinn, eine Technik, die wir vom existenzialen komischen Drama her kennen. Das Bild „Dies ist keine Pfeife" steht für beide. Bisoziation ist auch für Magrittes Bilder ohne Text typisch: zum Beispiel „Das rote Modell" (1935), wo Füße und Stiefel in ein Bild verschmelzen, oder „Die kollektive Erfindung" (1935), ein weiblicher Körper mit Fischkopf in blauen und rosa Farben, der schlafend oder tot am Meeresstrand liegt. Bisoziation wird auch bei „Die unendliche Dankbarkeit" (1963) sichtbar, auf dem zwei winzige Männer in Schwarz, einer mit einem Stock, die an Clowns erinnern, zwischen den Wolken eines bewölkten Himmels stehen. Oder bei „Die Vergewaltigung" (1934), auf dem ein weiblicher Körper zu einem Kopf bzw. Gesicht mutiert, dessen Augen Brüste sind und der Mund die Vagina. Auf „Der Wasserfall" (1961) sehen wir ein Gemälde auf einer Staffelei in einem dichten Wald, und das Gemälde zeigt einen Wald, möglicherweise denselben. Dies sind Beispiele von Dissoziation, die die Witz-ähnliche Fantasie der Bilder auch ohne geschriebenen Text veranschaulichen. Bis auf die Titel, die selbst Texte sind und als solche Rätsel aufgeben. Warum heißt die Verschmelzung eines weiblichen Körpers und Gesichts „Die Vergewaltigung"? Enthält die Verzerrung eines Gesichts zu einem Körper und umgekehrt eine Art Gleichheit der inneren Erfahrung des Vergewaltigens oder Vergewaltigt-Werdens? Oder warum heißt ein Gemälde „Die kollektive Erfindung"? Wer hat was erfunden? Bedeutet das Wort „kollektiv", dass es hier um eine gemeinsame Erfahrung geht? Und was ist mit der Erfindung? Warum heißt das Bild, das einen fast (oder vielleicht ganz) nackten Mann zeigt, neben dem seine Kleidung steht, darüber eine Melone, „Die Straße nach Damaskus"? Der Titel weist auf eine philosophische Botschaft, die wir nur entziffern müssen, wenn es uns überhaupt interessiert, denn der bildliche Witz hat ohnedies eine direkte Wirkung.

Magritte zeichnet sich auch durch bildliche Rätselwitze aus. Auf einem Bild trägt ein großer Apfel die Inschrift „Au revoir", das Bild heißt „Ratespiel". Sein unerschöpfliches Werk umfasst auch narrative Witze wie „Mann mit einer Zeitung" (1928). Es gibt Bilder, die zwar keine Witze sind, aber die humorvolle Interpretation einer Idee, wie „Die Menschenrechte" (1947). Darüber hinaus gibt es unheimliche und mysteriöse Werke wie „Der verlorene Jockey" (1926) … Ich könnte schließlich Magrittes gesamtes Werk anführen.

Was ist Realität? Was ist eine Täuschung? Was Traum? Was Fiktion? Was ist innen und was außen? Welche Beziehung haben die Menschen zu den Dingen und die Dinge zueinander? Was ist ein Gesicht? Ein Körper? Alle vier von Aristoteles aufgezählten Erklärungsmöglichkeiten – Materialursache, Formursache, Wirkursache und Zweckursache – fehlen. Kann man irgendetwas erwarten? Gibt es irgendeine Logik oder Kontinuität der Dinge?

Nein, gibt es nicht (das ist die Komödie), und ja, gibt es. Sie entsteht durch die Fantasie der Künstler. Sie ist persönlich, aber nicht zufällig. Dinge, Geschichten und Beziehungen werden auseinandergerissen und auf einzigartige Weise wieder zusammengesetzt, deren Bedeutung nicht „leicht" zu finden ist. Nach dem Lachen kommt die Reflexion über das Bild: was es wirklich präsentieren möchte, auch wenn es nichts *repräsentiert*.

Lachen ist das Lachen der Vernunft. Das Nachbeben der Bilder ist das Denken. Was den durch Konvention erblindeten Augen absurd erscheint, erhält Sinn, wenn wir zu denken beginnen. Stellen Sie sich „Hegels Ferien" (1958) vor – es zeigt ein Glas Wasser auf einem Regenschirm. Magritte berichtet:

Ich dachte mir, Hegel wäre für dieses Objekt empfänglich gewesen, das zwei entgegengesetzte Funktionen hat: gleichzeitig kein Wasser einzulassen (es abzustoßen) und es einzulassen (es zu enthalten). Er wäre erfreut gewesen, glaube ich, oder vergnügt (wie im Urlaub), und deshalb nannte ich es Hegels Ferien.

Wer wäre darauf gekommen? Nicht nur Hegel hätte sein Vergnügen gehabt. Wir auch.

8. Das komische Bild in der bildenden Kunst II: Filme

Hätte ich es unternommen, eine Geschichte der komischen Gattungen zu schreiben, hätte ich eher von bewegten Bildern gesprochen als von der Komödie im Film. Die hundert Jahre Filmgeschichte sind eine Episode – in meinen Augen allerdings eine entscheidende – für die Abenteuer der bewegten Bilder. Das Spiel mit Schatten (Silhouetten) und mit Farben war zum Beispiel früher einmal beliebt und zählte für Kant sogar zu den Künsten. Es gibt komische Bewegtbilder in der zeitgenössischen Videokunst, sogar auf einige Installationen passt eine solche Beschreibung. Doch ich schreibe keine Geschichte und kann nur über – nach meiner Ansicht – repräsentative Genres sprechen. Dazu gehören Filmkomödien.

Abgesehen von Witzen verdanken wir der hundertjährigen Filmindustrie die größte Ausbeute komischer Darstellungen. Die Zahl der Komödien übertrifft jene der Dramen (nicht die der Tragödien!). Stand-up Comedians (wie Seinfeld) und Komiker (wie in der englischen Serie „Yes, Minister") sind im Fernsehprogramm unter den Sitcoms unentbehrlich. Die Menge der komischen Produktionen wird natürlich ermöglicht durch Massenproduktion. Massenproduktion befriedigt normalerweise (erkannte) Bedürfnisse. Die Massenproduktion von Komödien durch die Filmindustrie befriedigt das Bedürfnis nach „dem Komischen", nach einem ordentlichen Lachen. Als relativ neues Medium hat der Film in einer Hinsicht einige traditionellere komische Genres ersetzt. Auf dem Markt gibt es keinen „Kasper" mehr, und der Zirkus ist nur noch Unterhaltung für Kinder, der „Clown" ist nicht mehr seine größte Attraktion und sogar das Kabarett hat seinen Glanz verloren. In den goldenen Tagen des Kinos öffnete sich ein neuer öffentlicher Raum um die Kinos der großen Städte wie auch der kleinen Dörfer. Es war die Zeit des „Kinoparadieses". Das Publikum weinte und lachte gemeinsam. Die Zeiten sind vorbei. Das Gelächter ist bei Fernsehkomödien eingeschränkt, weil Menschen normalerweise in Gesellschaft von anderen lachen und sich dabei von ihnen anstecken lassen – das kann in einem Lehnstuhl nicht passieren. Deshalb wird bei Sitcoms und Stand-up-Komikern an geeigneter Stelle der Klang von Gelächter eingeblendet, also nach den Gags, wenn man lachen soll. Dadurch wird eine Art Vorauslachen für die Zuschauer erzeugt, was natürlich nur eine Kopie der ursprünglichen Erfahrung ist.

Trotzdem befriedigen die Filmkomödien das Bedürfnis nach Komik. In Massengesellschaft und moderner Demokratie müssen sie noch andere Bedürfnisse bedienen. Es gibt nur wenige große komische Künstler, die die Bedürfnisse (fast) aller Menschen auf höchstem Niveau befriedigen können, denn die Zuschauer genießen verschiedene Schichten von Humor meist nach ihrem Bildungsgrad. Wir werden über einige von ihnen sprechen, wie Charlie Chaplin, Buster Keaton, die Marx Brothers und Woody Allen. Die meisten Filmkomödien erheben jedoch nicht den Anspruch, „Kunst" zu sein. Sie begnügen sich damit, die Unterhaltungsfunktion zu erfüllen. Es gibt gute, mittelmäßige und schlechte Unterhaltung. Gute Unterhaltung können Zuschauer aller Bildungsgrade gleichermaßen genießen.

Den Unterschied zwischen guter Unterhaltung und Kunst kann man in der Komödie viel besser bestimmen als beim „Film-Drama". Er liegt in der Präsenz oder im Fehlen einer „dritten Dimension", die in der Filmkomödie, wie bei allen anderen komischen Genres, die Philosophie ausfüllt. Diese dritte, philosophische Dimension kann mehr oder weniger tiefgründig sein. Interpretation ist heute eine zunehmend persönliche Sache, daher gibt es große Meinungsunterschiede darüber, ob ein Film eine dritte Dimension hat oder nicht. Fest steht jedenfalls, dass es allein von dieser Dimension abhängt, ob eine Komödie hohe Qualität besitzt.

*****

Filme können insofern einzigartige komische Effekte erzeugen, als sie die heterogenen Elemente grundlegender, spontaner komischer Alltagserfahrungen bewahren und verdichten können. Augen und Ohren registrieren das Komische in jeder Lage, bei jedem Ereignis, das dargestellt oder erzählt werden kann. Verzieht jemand das Gesicht, registrieren das unsere Augen. Macht jemand eine komische Bemerkung, registrieren wir das mit unseren Ohren. Wenn ein Mann von gigantischen Proportionen mit einem dünnen Stimmchen zu sprechen beginnt, bringt uns der Kontrast zwischen Auge und Ohr zum Lachen. Macht jemand die Gesten eines anderen nach, registrieren wir das mit den Augen. Imitiert jemand die Art eines anderen zu sprechen, nehmen wir das mit den Ohren wahr. Beides sind elementare Fälle der Parodie. Wenn ein Kellner sein Tablett fallenlässt und Saft auf den eleganten Anzug eines Gastes vergießt, lachen wir vielleicht über die Situation. Werden wir Zeuge, wie ein Ehemann seine Unschuld beteuert und gleich, nachdem seine Frau weggegangen ist, in den Armen einer anderen liegt, können wir über die Geschichte oder das Narrativ lachen. Um allen Aspekten alltäglicher komischer Erfahrungen gerecht zu werden, müssen alle komischen Genres eine Illusion erzeugen.

Theaterkomödien können eine Geschichte mit Figuren und Gesten erzählen, also mithilfe von Bildern (einschließlich Bilderwechsel) und Sprache, also durch den Sinn oder Unsinn, der geäußert wird, durch die Stimmen der Schauspieler und ihre Modulation oder ihre Schweigen. Doch sie können nicht mehrere Szenen oder Geschichten oder Stimmen gleichzeitig vorführen (außer in der Oper). In einem Theaterstück kann man nicht Rede und Gedanken eines Darstellers gleichzeitig präsentieren, seine Erinnerungen an die Vergangenheit und seine gegenwärtigen Handlungen, seine Träume und seine reale Situation. Die Romantiker sahen darin eine Schwäche von Komödien. Auch wenn ich diese Einschränkungen nicht als Mängel sehe, muss ich zugeben, dass das Bedürfnis nach Kino schon vor seiner Erfindung bestand. Der Film kann alles, was sich Schlegel vom Komödientheater erhofft hatte.

Das komische Bild (wie das Bild im Allgemeinen) versuchte häufig, Geschichten mitzuteilen, die auf der Leinwand dargestellten Situationen in Bewegung zu setzen (zum Beispiel springende Pferde), und zu erzählen. Hogarths Bilderserien sind typische Beispiele. Manchmal benutzen die Maler auch Untertitel wie Stummfilme. Doch Stummfilme erzählen auch ohne Untertitel Geschichten, denn die Beziehungen zwischen den Figuren ändern sich laufend, und jede Änderung erzeugt eine neue Situation unter ihnen und auch zwischen ihnen und dem Rest der Welt. Und einen Tonfilm ohne eine oder mehrere Geschichten gibt es nicht.

Man kann in Filmen auch Witze erzählen, nicht nur einen, sondern viele. Praktische Scherze sind ein Hauptbestandteil komischer Filme, ganz besonders der Stummfilme. Kurz gesagt, der Film stellt die ursprüngliche komische Situation auf „künstliche Art" wieder her – die totale komische Erfahrung, die normalerweise spontanes Gelächter auslöst. Er kombiniert komische Situationen, humorvolle Gesten, charmante Figuren, komische Rede, Wortspiele, lächerliche Bewegungen, und verbindet sie alle zu einem Faden, der durch die Geschichte oder die Geschichten läuft. Die dominante Einstellung komischer Filme kann leicht humorvoll, satirisch, sarkastisch oder ironisch sein, und sie können Parodien oder bestimmte Elemente von Parodien enthalten und tun dies auch meist.

Der komische Film erschließt die gesamte Tradition des komischen Genres, besonders die des komischen Dramas. Die Welt des komischen Dramas hat der „leichten" Unterhaltung immer Raum gegeben. Das Bürgertum des 19. Jahrhunderts brauchte diese Art der leichten Unterhaltung. Die Menschen gingen ins Theater, um über die Dummheit anderer zu lachen und ihre Alltagssorgen zu vergessen. Weil die große Mehrheit komischer Filme eine solche leichte Unterhaltung bietet, liegt es nahe, das komische Drama auf der Suche nach Gags und Storys zu plündern. Die meisten komischen Filme sind gute oder weniger gute Varianten und Modernisierungen und übrigens auch Remakes der *comédie larmoyante,* der sozialen oder Gesellschaftskomödie. Elemente der komischen Oper und der Operette des 19. Jahrhunderts werden von komischen Filmen ebenfalls aufgegriffen – und nicht nur im Soundtrack. Sie nutzen Musik und

Lieder, die zu „Signaturen" bestimmter komischer (und nicht nur komischer) Filme werden.

Auch die großen Themen und Kniffe des komischen Dramas begegnen uns in der Filmkomödie wieder. Hat eine bestimmte Situation ihre soziale Relevanz verloren, werden historische Komödien geschaffen, in denen die alten Tricks noch brauchbar sind (zum Beispiel die Beziehung zwischen Herrn und Diener), oder die Figuren der Vergangenheit werden modernisiert. Im Zentrum des komischen Films steht, wie im komischen Theater, natürlich die Liebe: das beinahe verhängnisvolle, aber nie ganz fatale Missverständnis von Liebenden, der Tausch sozialer oder sexueller Rollen. Sex – Begehren, Impotenz, die Lust der Alten auf die Jungen usw. – ist seit den Sechzigerjahren nicht mehr Gegenstand von Andeutungen, sondern direktes Thema auf Zelluloid. Doch sogar das ist eine geringfügige Variation. Die Komik von Liebesbeziehungen ist unerschöpflich und bleibt das Ziel humorvoller Darstellungen ebenso wie die Streitereien zwischen Geschlechtern und Generationen und die üblichen alten Laster. Der Geizhals, der Verschwender, der Lüstling, der Pedant und der Fanatiker sind und bleiben lächerlich und werden bestraft, zumindest durch das Lachen des Publikums. Auch verwechselte oder vorgetäuschte Identitäten bleiben, zum Beispiel der Schwindler, der sich als gut situierter Gentleman ausgibt. Doch natürlich müssen diese Filme ein gutes Ende nehmen. Wir erwarten das von einer Komödie.

Sich über Institutionen lustig zu machen, Sprache und Verhalten von Institutionen zu parodieren, gehört zum Erbe von Aristophanes, Molière und des komischen Romans und wird in komischen Filmen wieder aufgegriffen. Weil Institutionen im 20. und 21. Jahrhundert im Leben eine größere Rolle spielen denn je, ist institutionelles, „professionelles", rollenkonformes Verhalten und Sprechen noch häufiger Ziel von Satire, Parodie und anderen humorvollen Darstellungen im Film. Institutionelles Verhalten wird im Film öfter verhöhnt als im komischen Drama. Zu den verspotteten Institutionen gehören die Börse, das Geschäftsessen, die Party, das Militär, die Polizei, politische Institutionen, touristische Führungen und – selbstironisch – die Unterhaltungsindustrie selbst. In totalitären Ländern werden besonders zu Zeiten von „Tauwetter" totalitäre Reden, totalitäres Verhalten sowie der Irrationalismus von Diktaturen satirisch oder sarkastisch aufs Korn genommen.

Nach den ersten Jahrzehnten mit kürzeren Stummfilmen hat sich die Länge von Spielfilmen zwischen 90 und 120 Leinwandminuten eingependelt. Auch ein komisches Drama dauert in etwa so lange. Doch wegen ihres Bildcharakters und der fast epischen Erzählweise spielen Dialoge in Filmkomödien eine untergeordnete Rolle. Außerdem haben komische Filme im Allgemeinen einen weniger dramatischen Charakter als nicht komische Filme, denn um elementare komische Situationen zu erzeugen, müssen sie visuelle Gags und verwandte Bilder viel breiter und radikaler einsetzen als andere Filme. Die Zeitgrenzen komischer Filme werden viel strenger eingehalten als bei anderen. „Vom Winde verweht" dauert fünf Stunden, „Laurenz von Arabien" und „Ben Hur" dauern in der ungeschnittenen Fassung vier. Das kann bei komischen Filmen nicht passieren, denn dort muss eine Art homogene Atmosphäre aufrechterhalten werden. Man muss während der ganzen Vorführung seine Bereitschaft zum Lachen behalten, was kaum länger als zwei Stunden möglich ist. Natürlich gibt es zu erfolgreichen und komischen, gut geschriebenen und gespielten, wenn auch ein wenig flachen Filmen wie „Ein seltsames Paar" oder der Krimiparodie „Der rosarote Panther" Fortsetzungen. Große Komiker wie die Marx Brothers, Peter Sellers oder Jack Lemmon machen komische Filme nicht allein groß. Auch wenn Groucho Marx auf der Höhe seines komischen Talents agiert, können seine Filme witzige, aber flache Music Hall-Komödien sein.

Im Folgenden soll es nur um einige wenige Künstler gehen, die in der Welt der sublimen Komödie etwas ganz Neues im Film geschaffen haben – unter sublim verstehe ich dabei die Sublimierung komischer Alltagserfahrungen.

Eine große Komödie braucht komisches Genie. Um ein komisches Genie zu sein, muss man die Welt „von Natur aus" in einem komischen Licht sehen. Dies gilt für den Film mehr als für alle anderen Medien. Der Grund ist einfach: Der komische Film sublimiert alle Stimuli des Alltagslebens, die Lachen auslösen. Er sublimiert nicht bloß komische Situationen, Bilder oder Wortspiele, er sublimiert sie alle zusammen. Das ist natürlich keine Erklärung, sondern nur eine Beschreibung.

Es gibt hier keine „Regeln", nur Beobachtungen und persönliche Urteile. Nach meinem persönlichen Urteil sind die größten Künstler im Medium Film keine komischen Künstler. Dies ist schon ein allzu restriktives Urteil, denn bei den „größten Künstlern" denke ich an Jean Renoir, Federico Fellini oder Ingmar Bergman. Manche dieser Regisseure haben auch versucht, komische Filme zu drehen, doch die waren schlecht oder ziemlich schlecht, vielleicht die einzigen schlechten Filme, die sie je gemacht haben. Natürlich gibt es in ihren Filmen wunderbar komische Szenen, so wie es auch wunderbar komische Szenen in Shakespeares Tragödien gibt. Doch eine Synthese und Sublimierung der totalen komischen Alltagserfahrung gelingt ihnen nicht. Bei ihnen entsteht die komische Wirkung entweder aus der Situation oder aus Figuren, die niemals die Hauptfiguren sind, auch wenn die nicht komische Hauptfigur in einer komischen Situation dargestellt werden kann (zum Beispiel in Fellinis „La dolce vita", „Roma" oder „Amarcord", in François Truffauts „Jules und Jim" oder in Pedro Almodóvars „Kika"). Es gibt auch wunderbare Clownerien (wie in „Kinder des Olymp" von Marcel Carné mit Jean-Louis Barrault), aber keine noch so meisterhafte Clownerie wird Barrault zu etwas machen, was er nicht ist, nämlich eine komische Figur.

*****

Der besondere und einzigartige Beitrag des Films zur Welt des Komischen ist die Kreation einer einzigartigen komischen „Persona". In allen Kulturen gibt es typische komische Gestalten. Vielleicht sind sie so alt wie die menschliche Zivilisation. Neben Jongleuren, Akrobaten und Tierbändigern nahmen Clowns und das Puppentheater einen wichtigen Platz als Unterhalter auf den Jahrmärkten ein. Eine Puppe ist eine „Persona". Wenn sie auftritt, wissen wir bereits, welche Rolle sie spielen wird; ob sie geschlagen wird oder andere verprügelt, ob sie sich in eine andere Persona verlieben wird oder nicht, ob sie nett ist oder gehässig. Es gibt auch Personas, die paarweise auftreten, wie Punch and Judy, Kasperl und Pezi oder Pierrot und Pierette, und es gibt einzelne wie Punchinello. Wer immer die Puppen gemacht und/oder die Fäden gezogen hat, die Figuren blieben (in einem bestimmten Zeitrahmen) dieselben und ihre Rollenverteilung hat sich auch nicht geändert. Wahrscheinlich hat sich auch die zugrunde liegende Puppengeschichte nicht substanziell geändert. Die Zuschauer mögen Wiederholungen, das ergötzt sie, und sie erwarten immer den Sieg der niedlichen und gutherzigen Puppe und den Untergang der dummen und niederträchtigen.

Große komische Filme schaffen eine sublime Version des alten Puppentheaters und der Meisterclowns. Der komische Film steht dabei nicht ganz allein. Wir haben gesehen, wie Beckett die Figur des Clowns in seinen Romanen und Dramen neu formt, so wie Wladimir und Estragon. Der komische Film mobilisiert alle Möglichkeiten des Mediums in einzigartiger Weise für denselben Zweck. Der komische Künstler ist derjenige, der den Film erfindet, ihn schreibt (wenn es überhaupt ein Drehbuch gibt), der die Hauptfigur spielt und Regie führt. Der gesamte Film wird von einer einzigen Person geschaffen. Er dreht sich um diese eine Person, oder besser, um die Persona dieser einzigen Person. Zudem spielt er oder sie in (fast) allen Filmen dieselbe Persona – es kann ein Dutzend Filme sein. Die Persona ist die Signatur des Films, die Hauptsache. Wenn sie auftritt, beginnt das Publikum zu lachen, denn seine oder ihre Erscheinung trägt sämtliche Konnotationen, auch die Hoffnung auf ihre Wiederkehr.

Die vom Schöpfer des Films geformte Persona ist nicht mit ihm identisch. Sie tritt zwar in seinem Körper auf und spricht mit seiner Stimme, doch sie sind keinesfalls identisch. Der Schöpfer des komischen Films, das komische Filmgenie, kreiert auch sich selbst als besondere komische Persona. Es kann lange dauern, bis man seine Persona findet. Chaplin zum Beispiel fand seine Persona nach einer relativ langen Zeit des Experimentierens. Selbstverständlich war sie nie Chaplin selbst. Und doch war sie Chaplin – als Produkt seiner Selbstschöpfung.

Woody Allen hat einmal erzählt, dass er schon in der Schulzeit immer Witze gerissen habe und dass die Komödie in diesem Sinne immer Bestandteil seines Lebens war. Doch er bestritt, dass seine Persona viel mit ihm selbst zu tun habe. In einem Interview machte er die witzige Bemerkung, dass seine Persona mehr mit seiner Mutter zu tun habe als mit ihm selbst. Das ist mit Vorsicht zu genießen. Aber wie groß oder klein auch immer die Distanz zwischen Künstler und Persona ist, sie ist da. Wären Schöpfer und Persona ident, wäre die Kreation des Selbst als Persona unmöglich.

Die Identität der Persona ist keinesfalls die Identität der Figur, die sie spielt. Dieselbe Persona kann als ganz verschiedene Figuren auftreten. Chaplin (die Persona) kann im selben Film sowohl ein kleiner Jude sein als auch Hitler. Woody Allen kann ein Schlemihl [Außenseiter] sein wie ein Hochstapler oder ein berühmter Schriftsteller, seine Persona bleibt dieselbe. Und die Erscheinung dieser Persona selbst bringt Hoffnung. Wenn wir sie auf der Leinwand sehen, wissen wir, dass Gerechtigkeit getan wird, dass es gut ausgehen wird, oder zumindest, dass die Geschichte eine Moral hat. Die Persona ist das Versprechen der Moral. Die Philosophie, die dritte Dimension, wird immer von der Persona geschaffen, mit ihrer Figur wird die Moral veranschaulicht.

Große komische Filme mit einer großen Persona moralisieren nicht, aber sie haben eine Moral. Sie moralisieren nicht, denn sie werden der menschlichen Fehlbarkeit, Schwäche und Zerbrechlichkeit immer gerecht. Wenn wir die Grenzen zu Kriminalität und Bösem nicht überschreiten, werden wir mit verständnisvollem Humor behandelt. Das ist erlösendes Lachen: Frieden zu machen mit uns selbst ohne Selbstgerechtigkeit. Der komische Film bringt Hoffnung, weil die komische Persona erhöht und ihr vergeben wird, auch wenn sie stirbt – allerdings nur, wenn sie die Grenzen zum Bösen nicht überschreitet (was nur in zwei Filmen des späten Chaplin geschieht).

In der hundert Jahre langen (oder kurzen) Geschichte der „bewegten Bilder", unter hunderttausenden komischen Filmen entsprechen nur wenige den Erwartungen, denn nur wenige nutzen alle Möglichkeiten, die das Medium bietet, um etwas Neues zu schaffen, dem Reichtum des komischen Genres etwas hinzuzufügen, das es vorher noch nicht gab, und zwar nicht im technischen, sondern im geistigen Sinn. Wenn auch kurz, sind hundert Jahre doch eine lange Zeit, in der der komische Film mit einigen Variationen experimentiert hat. Technologische Veränderungen haben dabei auch eine Rolle gespielt, vor allem natürlich der Wechsel vom Stummfilm zum Tonfilm, dann, am Ende dieser Entwicklung, die Zeit, in der der Film als problematische Kunstform gesehen wurde, schließlich die Zeit der Dekonstruktion des komischen Films. Wenn hier auch nur wenige Filme aufgezählt werden sollen, die „den Erwartungen entsprechen", sind sie immer noch zu zahlreich, um sie auch nur kurz zu erörtern. Das ist nicht anders als in den vorangegangenen Kapiteln über Dramen, Romane, Witze oder Gemälde. Doch wenn ich so sagen darf, die Erörterung des Films muss ein relativ breiteres Gebiet abdecken als die vorangegangenen.

*****

Meine Auswahl (ich glaube, nicht ganz willkürlich), um dieses weite Feld abzudecken, umfasst Charlie Chaplin, Buster Keaton und Woody Allen, sowie zwei „einzelne" Filme, „Das Leben ist schön" von Roberto Benigni und „Get Up, Buddy, Don't Sleep!" von Miklós Jancsó.

Der komische Stummfilm und der frühe Tonfilm sind Amerikas größte Beiträge zur komischen Kunst. Chaplin, Keaton und die Marx Brothers kamen von der Volks- oder Unterhaltungskunst. Die meist kurzen Filme waren die ersten Schwalben des „Kinoparadieses". Sie präsentierten eine Traumwelt in Schwarz und Weiß (ernst oder komisch) für das Volk, vor allem für Menschen mit wenig Geld. Obwohl die Filmindustrie so alt ist wie das Filmtheater, kann man von Volkskunst sprechen, denn die Filme boten dem breiten Publikum etwas, was sie zuvor nur auf Jahrmärkten gesehen hatten. Der Film war eine Institution des kollektiven Tagträumens.

Auch komische Träume sind Träume, und Gelächter ist öffentlich besonders befriedigend. Das Volk wollte gute Unterhaltung für wenig Geld, jeder Film mit Aussicht auf Erfolg war willkommen. So kam es, dass die größten komischen Stummfilme außergewöhnlich und doch populär waren. Die größte Herausforderung für intelligente und geistreiche Künstler und Komiker war es, etwas zu produzieren, an dem sich alle freuen konnten, und dabei etwas zum Ausdruck zu bringen, was nur wenige gebildete Zuschauer verstanden. Das Amerika der frühen Zwanzigerjahre war der fruchtbarste Boden für das Wachstum des neuen Genres. Amerikanische Juden, deren Sinn für Humor durch Folklore und Tradition osteuropäischer jüdischer Witze und Humor geschärft war, bildeten ein vitales Element in der aufkeimenden Branche – sowohl als Produzenten wie als Künstler. Diese Tradition beeinflusste auch die bedeutenden Komödien zur Zeit des Tonfilms und später die Kunst von Woody Allen, der seine jüdische Persona schuf.

Zwischen dem Stummfilm und dem Tonfilm gibt es bei komischen Filmen eine große Kontinuität. Sicherlich konnten sich manche bedeutende Filmkünstler des Stummfilms in der Welt des Tonfilms nicht mehr halten. Aber Chaplin machte auch weiterhin Filme, und auch wenn man meint, dass keiner mehr die Perfektion von „Goldrausch" und „Moderne Zeiten" erreichte, waren sie doch vorzügliche komische Filme der Tonfilmzeit. Das ist nicht nur eine persönliche Sache. Der Stummfilm erzielte seine komische Wirkung hauptsächlich durch Bewegung, Gesichtsausdruck und Gesten. Der Tonfilm hat natürlich auch die gesprochene Sprache. Das Drehbuch spielt eine besondere Rolle: Der Text selbst muss komisch sein. Man könnte Woody Allens Filmskripts gedruckt veröffentlichen, sie wären auch als Bücher komisch. Außerdem geht es nicht nur um den Text, auch die Stimme, ihre Modulation, die Sprechgeschwindigkeit sind Bestandteile des komischen Effekts und müssen bedacht werden. Trotz der zunehmenden Bedeutung von Text und Sprechweise hat die Sprache selbst jedoch ihren Gestencharakter bewahrt, und was vielleicht noch wichtiger ist, Gesten und Bewegungen im traditionell clownesken Stil sind charakteristisch für alle komischen Künstler der vergangenen Jahrzehnte. Das gilt für Allen, Benigni, Sellers, Totò und die anderen.

Die Persona eines Stummfilms sieht zumindest in zweierlei Hinsicht noch wie ein Zirkusclown aus, erstens in der Erscheinung und zweitens in ihren Bewegungen. So wie das Gesicht eines Clowns im Allgemeinen gepudert oder bemalt ist, so sind die Gesichter von Chaplin und Keaton kreideweiß. Sie tragen spezielle Kleidung, Chaplin seine großen Schuhe, Keaton seinen flachen Hut. Die Art zu gehen ist eine ihrer wichtigsten Signaturen. Sie sind Akrobaten, wie die Zirkusclowns. Sie übertreiben ihre Tollpatschigkeit, Unbeholfenheit und Schnitzer. Keaton kann (in „Der General") sein Schwert nicht ziehen. Das ändert sich in der Tonfilmzeit. Die komische Persona muss nicht mehr wie ein Clown aussehen, auch wenn sie sich gern als solche bewegt, was bei Allen und Benigni nicht selten vorkommt. Trotzdem wird die Sprache zur wichtigsten Signatur aller Personas. Allens Stimme und Sprechtempo sind unverwechselbar, welche Figur er auch spielt. Doch was er sagt und die komische Wirkung hängen nicht nur von seiner Persona ab, sondern auch vom dargestellten Charakter. Stummfilme blieben der Tradition des komischen Dramas insofern treu, als sie immer gut ausgingen, glücklich oder mit erwiderter Liebe – in komischen Tonfilmen ist das nicht immer so. Dort kann die „Komödie der Existenz" die traditionelle Komödie ergänzen oder ersetzten, wie in den jüngsten Werken von Woody Allen.

Filme bieten verschiedene Möglichkeiten für komische Effekte, die es vorher nicht gab. Man träumte davon, aber man konnte sie nicht darstellen. Man kann zum Beispiel bestimmte wichtige Werke der romantischen Komödie (z. B. von Ludwig Tieck) im Theater nicht spielen. Auf der Bühne kann man nicht gleichzeitig die Handlungen und Bilder einer Figur und jene Handlungen und Bilder darstellen, die ihr durch den Kopf gehen. Im Film ist das möglich. In „Goldrausch" wird Chaplin zu einem Hühnchen, als sein hungernder Kumpel ihn so sieht. Niemand muss den Drang zum Kannibalismus verdeutlichen – das Bild sagt alles, und so wird diese Szene komisch, obwohl Hunger und Kannibalismus selbst nicht komisch sind. In „Stardust Memories", in dem Woody Allen einen berühmten Filmregisseur spielt, sieht man zwei Erinnerungsfragmente zugleich mit der Handlung.

„Stardust Memories" gehört auch zu jenen Filmen, die mit der Aristophanes-Technik der Parabase – dem Einschub in Form eines Kommentars – arbeiten. Wir wissen nicht genau, ob wir den Prozess der Entstehung eines Films sehen oder den Film selbst, ob es um die „wirkliche" Handlung geht oder nicht. Welche ist die wirkliche Handlung? Wir können diesen Film leicht mit Fellinis wunderbarem Film „8 ½" vergleichen, wo wir dem Filmemachen beiwohnen, das durch die Geschichte eines Mannes verkompliziert wird, der zwischen zwei Frauen gefangen ist. Doch bei Fellini gibt es kein Spiel zwischen drinnen und draußen, keine Parabase.

Der komische Film kann das Absurde darstellen. Das symbolische, spielerische, traumähnliche Absurde. Und die Darstellung des Absurden kann lustig sein, aber auch symbolisch und ernst. Chaplins Metamorphose zu einem Huhn habe ich schon erwähnt. Im selben Film wird die Metapher „Tanzen über dem Abgrund" visuell dargestellt. Charlie und sein Kumpel tanzen in einem winzigen Haus am Rande des Abgrundes von rechts nach links und zurück. Tanzen sie in die eine Richtung, fällt das Haus beinahe hinunter, tanzen sie in die andere Richtung, stabilisiert es sich wieder. Dieses Spiel dauert einige Minuten. So ist in der Tat unser Leben. In „Moderne Zeiten" kämpft Chaplin darum, mit der Montagelinie Schritt zu halten, und wird in einer Maschine gefangen – als ihr Produkt. Das ist nicht nur eine satirische Darstellung unmenschlicher moderner Technologie, hier wird auch eine Umkehrung der Verhältnisse zwischen Mensch und Maschine angedeutet. In Allens „Zelig", einer fingierten Biografie, erzählen echte Gestalten des New Yorker Kulturbetriebs wie Irving Howe und Susan Sonntag von ihren „Erinnerungen" an den „Helden" des Films und interpretieren seine Geschichte psychologisch und soziologisch. Der Held, um den es geht, überquert unterdessen den Atlantischen Ozean kopfüber in einem Flugzeug. Eine sehr komische Geschichte über eine Person mit „unnatürlichen Fähigkeiten wie ein Chamäleon", die so wird wie die Menschen, mit denen sie spricht, Japaner unter Japanern, Psychoanalytiker in der Gesellschaft seines Psychoanalytikers, Nazi unter Nazis, ein Jude unter Juden. Offensichtlich ist, dass es bei dieser „unnatürlichen" Fähigkeit eines menschlichen Chamäleons einfach um die absurde, weil extreme Form des geforderten, empfohlenen und geförderten amerikanischen Werts der „Anpassung" geht. Bei Allen kann das Absurde auch zum Mittel der Parodie werden. Die absurden Szenen in „Schatten und Nebel" sind Parodien von Detektivgeschichten, und die völlig absurden Szenen von „Der Schläfer" sind Science Fiction-Parodien. „Mach's noch einmal, Sam" ist hingegen keine Parodie, sondern ein Palimpsest. Allen kreiert Komödien in allen ihren Varianten und Arten, doch viele drehen sich um die traditionellen komischen Themen Liebe, Familie, Sex, Betrug und Vertrauen.

In Woody Allens Filmen ist der Spaß am Text ebenso wichtig wie der Spaß an den Bildern. Die beiden Seiten sind so eng verbunden, dass man sie nicht trennen kann. Wenn er (seine Persona) protestiert, er sei kein Atheist, sondern loyale Opposition Gottes, oder wenn der Chorus in dem pseudogriechischen Stück „Geliebte Aphrodite" nach Zeus schreit und ein Antwortservice mitteilt, Zeus sei im Moment nicht erreichbar, man solle es später nochmal versuchen, sind die Texte in die Geschichte eingebettet und nicht nur Gags oder Wortspiele.

Die komplexesten komischen Filme knüpfen, wie gesagt, an die Tradition des komischen Genres an. Sie sind philosophisch, sie haben eine „dritte Dimension", sie sind komisch auf ernsthafte Weise, sie nutzen alle Einstellungen des komischen Genres (humorvoll, satirisch, ironisch) und seiner Sub-Genres (Parodie und Travestie). Und sie sind sentimental, jeder hat eine Moral. Sie sind nicht belehrend oder moralisierend, aber sie haben eine Moral. In Allens „Verbrechen und andere Kleinigkeiten" (der nur teilweise eine Komödie ist) wird die Lehre ausgesprochen. Wir alle sind schwache Kreaturen mit starken Leidenschaften, wir sind tollpatschig, wir beschädigen, doch es gibt eine Grenze, die zu überschreiten verboten ist. Wer immer sie überschreitet, ist verloren, denn er ist böse geworden. Es gibt keine moralischen Gesetze (denkt die Persona Allens), die uns eine absolute Richtlinie für die Wahl zwischen Gut und Böse geben könnten, doch uns stehen Geschichten zur Verfügung, und wir können im Film auch neue Geschichten erzählen. Eine Komödie nach der anderen kann uns ein Paradigma (*ein* Paradigma) über die Wahl zwischen Gut und Böse anbieten. Moralische Fragen und die Frage nach Gott beschäftigen Allens Persona ohne Unterlass, er kämpft beständig mit ihnen, und seine Antworten sind immer konkret und der Situation entsprechend. In „Manhattan" kommen die Antworten aus Vertrauen und Hoffnung, in „Eine Sommernachts-Sexkomödie" ist es eine fundamentale, endgültige Treue, in „Harry außer sich" ist es die Lehre, dass jemand, der nicht lieben kann, stattdessen dem treu bleiben sollte, was er kann (in diesem Fall schreiben). In „Der Stadtneurotiker" besteht die Lehre in der Fähigkeit, vertrauensvoll und ohne Bitterkeit zu resignieren, während die Einsicht in unsere Torheit und Zuversicht „Hannah und ihre Schwestern" bestimmt. Ich glaube, in der Moral von Allens Filmen gibt es drei grundlegende Werte: Vertrauen, Verantwortung übernehmen für sich selbst, und Resignation „ohne Bitterkeit".

*****

Alle komischen Filme mit einer philosophischen Dimension kennen absurde Porträts, die komische Darstellung absurder Bilder. Es gibt allerdings verschiedene Arten des „Absurden": absurd als unmöglich, absurd als völlig übertrieben oder extrem, absurd als unvorstellbar, absurd als unheimlich oder dämonisch, absurd als paradox und absurd als Realität. Paradoxe sind keine Bilder, sondern

Gegenstand von Gedanken, auch wenn Bilder paradox gedacht werden können. Daher können wir bei der Erörterung von Filmen diese Art von Absurdität übergehen. Die meisten absurden Szenen in komischen Filmen sind von jener Art des Absurden, die ich mit dem ansonsten Unvorstellbaren oder Unmöglichen verbinden würde (zum Beispiel das kleine Haus am Abgrund oder die Überquerung kopfüber in einem kleinen Flugzeug). Darstellungen des Absurden können auch unheimlich sein (Chaplin als Hühnchen, die Strafanstalten in „Der Schläfer"). Das Absurde als Realität und die Realität als Absurdität sind grundlegend verschieden. Die absurde Realität ist die Realität totalitärer Massenvernichtungsregime.

Traditionelle komische Filme zeichnen sich durch eine absurde Fantasie aus. Die Darstellung absurder Realität benötigt jedoch keine absurde Fantasie, sie braucht überhaupt keine Fantasie, sondern Verständnis für die Absurdität, also Verständnis für das Unverständliche. Totalitäre Massenvernichtungsinstitutionen sind in verschiedenen Geschichten auf der Leinwand porträtiert worden, doch werden (nach meiner Ansicht) komische Filme der Darstellung des wirklich Absurden gerechter als jedes filmische Drama. Der Grund ist, dass das Genre des komischen Films selbst nach der Darstellung des Absurden verlangt. Komische Filme müssen nicht so tun, als würden sie das Unverstehbare verstehen. Sie müssen das Unbegreifliche nicht als „schrecklich" oder „katastrophal" oder „furchtbar" darstellen, sondern wie es ist, war und bleibt: absurd.

„Das Leben ist schön", der vieldiskutierte Film von Roberto Benigni, beginnt als typischer, traditioneller komischer Film. Benigni (Autor, Schauspieler, Regisseur) spielt wie immer die Rolle des komischen Clowns, der sich in ein Mädchen aus besseren Kreisen verliebt, die, schlimmer noch, bereits mit einem anderen Mann verlobt ist. Der clowneske Liebende spielt die üblichen komischen Spiele, um seine „Prinzessin" zu erobern, und brennt mit ihr schließlich in der Hochzeitsnacht durch. Sie leben glücklich und in Frieden, bis …, bis das Leben selbst absurd wird. Benignis Persona ist ein Jude, und wir befinden uns in der Zeit Mussolinis und der deutschen Besetzung Italiens.

Anfangs scheint die Verfolgung der Juden eine Art dumme Ranküne zu sein, die sich für die übliche komische Darstellung eignet, zum Beispiel, wenn Antisemiten das Pferd des Onkels als „jüdisches Pferd" brandmarken. Chaplins wichtiger Film „Der große Diktator" porträtiert die Welt Hitlers auf seine Weise – zu einer Zeit, in der das Publikum von Auschwitz noch nichts wusste. Doch Benignis Persona, sein kleiner Sohn und seine Frau werden ins Konzentrationslager deportiert (Auschwitz oder Buchenwald). Dort, im Lager, wird das Verhältnis von Imagination und Realität umgekehrt. Die Realität von Auschwitz ist unvorstellbar und unverständlich, wie ein verrücktes Spiel ohne jede Logik. Einige erwachsene Männer spielen ein tödliches Spiel mit Menschenmaterial, erfinden immer neue Tricks, um effizient zu morden. Als der Vater seinem Sohn die „Geschichte" erzählt, dass sie an einem Wettbewerb teilnehmen, Punkte sammeln, und dass der Sieger einen Panzer gewinnt, lügt er nicht, denn diese Beschreibung des Geschehens ist genauso gut oder schlecht wie jede andere. Die völlig irrationale und unbeschreibliche Realität könnte man beschreiben, wie man will, alle Beschreibungen wären gleich irrelevant. Hier liegt die Quelle des schwarzen Humors, des Humors der Verzweiflung oder, um mit Kierkegaard zu sprechen, der Ironie der Verzweiflung.

Die schwarze Komödie von Miklós Jancsó „Get Up, Buddy, Don't Sleep!" zeigt die Entwicklung zeitgenössischer komischer Filme am besten. Es ist kein narrativer Film. Er erzählt nicht eine Geschichte, sondern mehrere, und das nicht in historischer Abfolge. Die historische Wahrheit wird aufgehoben, um die Wahrheit über Geschichte zu erzählen. Wir sehen das heutige Budapest mit den neuen Hotels am Ufer der Donau, doch auf den Brücken werden Juden mit gelben Sternen auf ihren Mänteln von Faschisten in Transporten deportiert. Lastwagen bringen singende Soldaten an die russische Front, und stalinistische Jugendgruppen marschieren. Die Geschichte ist hier, in unseren Köpfen, in unserer Gegenwart – wir tun nur so, als wäre sie nicht mehr da. Trotzdem ist es eine Komödie. Wir begegnen einem Paar von Clowns, Kapa und Pepe, die sich in der üblichen clownesken Manier benehmen. Und es gibt wieder die bekannte Trennung zwischen Persona und Figur. Kapa und Pepe spielen verschiedene Figuren, sie sind einmal Juden und in einer anderen Szene Soldaten, in einer dritten Ärzte, dann wieder sie selbst, Clowns. Es gibt eine Parabase: Der Regisseur spielt auch im Film, er stirbt, wird operiert und wiederbelebt. Irgendwann wissen wir nicht mehr, ob wir uns innerhalb oder außerhalb der Geschichten befinden. Es gibt Parodien, hauptsächlich von kommerziellen Filmen. Es gibt Parodien von Filmen über den Zweiten Weltkrieg, von Deportationsfilmen und Krankenhaus- und Ärzteserien wie „Emergency Room". Der Film bewegt sich zwischen Repräsentation und Dekonstruktion von Repräsentation. Er sagt die Wahrheit, indem er uns sagt: „Ich sage nicht die Wahrheit", denn Repräsentation ist unmöglich. Er sagt: Ich bin nur ein Film, jene, die hier sterben, stehen gleich wieder auf, sie sterben nicht, die Toten können wir nicht repräsentieren. Wir lachen stattdessen über uns selbst. Doch auch hier, in diesem nicht narrativen Streifen, gibt es ein Körnchen Sentimentalität, das offensichtlich untrennbar ist vom komischen Film. Vielleicht muss deshalb der Junge am Ende von „Das Leben ist schön" seiner Mutter begegnen, und wir, als gebildete Zuschauer, würden dieses Ende lieber vergessen.

Dieser Umstand bedarf eines Nachsatzes.

Das komische Drama ist nicht „sentimental", auch der komische Roman ist das nicht und noch weniger die Witze. Doch auch der beste, tiefste komische Film hat eine sentimentale Seite. Wir erinnern uns aber, dass der komische Film nicht das einzige komische Genre mit einem leichten sentimentalen Touch ist. Interessanterweise kann man dies auch über ein paar Meisterwerke unter Becketts Komödien der Existenz sagen wie „Warten auf Godot" oder „Mercier und Camier". Ich erwähne Beckett, um eine leichte Antwort auf unsere Frage zu vermeiden: Der Film sei ein Genre sowohl für das breite Publikum als auch für gebildete Zuschauer, und das breite Publikum brauche die Sentimentalität. Doch Becketts Werke wenden sich nicht an das breite Publikum. Und wenn diese Erklärung nicht überzeugt, dann vielleicht eine andere: der Clown. Die Clowns der Jahrmärkte sind sentimental. Oft vergießen sie Tränen. Sogar auf Gemälden (siehe Picasso und andere) sehen Clowns oft betroffen aus. Auch in der Oper (man denke an „Bajazzo" oder auch „Rigoletto") werden Clowns mit einem Körnchen Sentimentalität dargestellt. Wenn die Clowns daher in einem grandiosen Genre eine bedeutende Rolle spielen, kann diese sentimentale Tradition nicht übergangen werden. Wir schulden ihnen Dankbarkeit dafür, dass sie uns zum Lachen bringen. Dankbarkeit wird mit Zärtlichkeit belohnt, Zärtlichkeit mit einem leicht gebrochenen Herzen.

9. An die treuen Leser und Leserinnen

Ich fürchte, dieses letzte Kapitel wird an einen komischen Roman erinnern. Ich könnte über die komischen Genres, die ich bisher nicht bedacht habe, immer weiter schreiben, oder ich könnte auf das Phänomen des Komischen im Alltag zurückkommen, über das ich zu wenig gesprochen habe. Ich könnte beim Komischen auf den Jahrmärkten verweilen oder bei populären komischen Zeremonien, die noch gar nicht vorgekommen sind. Ich könnte mich auch noch intensiver mit den verstreuten Bemerkungen beschäftigen, die man in verschiedenen philosophischen Werken über die Komödie des Lebens findet, die ich nur angedeutet habe, und das auch nur in Bezug auf die Werke Platons und Kierkegaards. Ja, ich könnte noch viele Jahre an diesem Buch schreiben, aber wie jeder komische Roman muss auch ich einmal aufhören und schließlich das Wort „ENDE" tippen oder kritzeln.

Wie eine Figur in einem komischen Roman, die von einer Reise heimkehrt, könnte ich über meine eigenen Abenteuer nachdenken, die weder äußerlich noch innerlich waren. Nicht äußerlich, weil ich während der Reisen und auch während der Vorbereitung dazu hier an meinem Schreibtisch gesessen habe. Noch waren meine Reisen innerlich, denn ich habe mich nicht in meine eigene Seele versenkt und die Geschichte meiner eigenen Erfahrungen erzählt. Kurz, diese Fahrt war eine philosophische Reise. Philosophische Reisen können zugleich intern und extern sein, denn sie führen auf und durch den Kontinent der „Conditio humana". Meine philosophische Reise muss daher mit der Frage enden: *Wie und warum ist das menschliche Leben selbst komisch?* Diese Frage kann ich nicht übergehen, bevor ich die Worte „THE END" schreibe.

Lassen Sie mich zunächst über die Abenteuer nachdenken, zu denen ich Sie, meine treuen Leser und Leserinnen, eingeladen habe, Sie gebeten habe, mich auf diesen gemeinsamen Reisen zu geteilten Abenteuern wissentlich oder unwissentlich zu begleiten. Was haben wir auf unseren Reisen erfahren?

Wir haben herausgefunden, dass das Phänomen des Komischen omnipräsent ist. Es gibt keine bekannte Kultur ohne komische Erfahrungen und keine bekannte Hochkultur ohne formale Darstellung des Komischen. Vielleicht gibt es überhaupt keine Kultur ohne Darstellung des Komischen, ob in Bildern, Tänzen, Ritualen, Skulpturen oder Schriften – aber ich möchte das doch nicht verallgemeinern.

Wir haben auch gesehen, dass das Lachen allgegenwärtig ist. Der „Homo sapiens" ist ein lachendes und weinendes Tier. Lachen und Weinen gehören zur Familie unserer „Affekte". Affekte – wie Zorn, elementare Angst, Ekel und elementares, nicht physisches Vergnügen und Missvergnügen – sind das, was manche „Instinktreste" aus dem Prozess der Selbstdomestizierung nennen, Erfahrungen, die angeboren sind, aber als Antwort auf äußere Stimuli oder Erlebnisse auftreten. Sie sind auch erlernt. Das heißt, eine zornige Reaktion ist, wie jeder Affekt, angeboren, doch man lernt, worauf man zornig reagieren sollte und wie der Zorn am besten ausgedrückt wird. Auch Scham ist ein Affekt, auch wenn es fraglich ist, ob man ihn als Instinktrest beschreiben kann. Scham ist ein sozialer Affekt, und als solcher spielt er eine prominente Rolle im Prozess der Sozialisation – gemeinsam mit Schmerz und Vergnügen. Sie gehört auch zur grundlegenden Autorität des moralischen Urteils (und war lange Zeit die einzige). Es ist bemerkenswert, dass Philosophen, die so lange einen feindseligen Groll gegen die Triebe hegten (die andere Sorte von Instinktresten), den Affekten mit größerer Sympathie gegenüberstanden. Kant zum Beispiel unterschied zwischen dem Begehrungsvermögen auf der einen Seite und dem Vermögen von Lust und Unlust auf der anderen.

Lachen und Weinen sind – so haben wir also gelernt – den Affekten verwandt, denn sie haben verschiedene Eigenschaften gemeinsam. Vor allem sind sie der menschlichen Spezies angeboren. Doch ob sie Instinktreste sind, lässt sich nicht mit Sicherheit sagen. Es wird auch nach wie vor diskutiert, ob manche Haustiere wirklich weinen und lachen können. Ich bin bisher davon ausgegangen, dass sie es nicht können. Wie andere angeborene menschliche Affekte, sind Lachen und Weinen Antworten auf äußere Stimuli, Ereignisse und Erfahrungen. Wie bei Zorn, Scham oder Angst können die äußeren Stimuli verschieden sein – sie sind sogar ganz verschieden. Man kann sich vor Blitzen, Dämonen oder Bomben fürchten, davor, erwischt zu werden, vor dem Verlust der Ehre und so weiter. Lachen und Weinen können von völlig verschiedenen Ereignissen und Phänomenen ausgelöst werden. Beim elementaren Lachen oder Weinen wird wie bei allen elementaren Affekten die ganze Person vom Affekt „erfasst": Stimme, Körper und Gesten zusammen bringen den Affekt zum Ausdruck. Wird man von Lachen oder Weinen ergriffen, kann man nichts anderes tun, nicht denken, sprechen oder manuelle Tätigkeiten ausführen. Doch wie bei anderen Affekten können Erkenntnis und Wahrnehmung einer Situation in das Lachen und Weinen einfließen. Man kann also lächeln, statt in Lachen auszubrechen, ebenso kann man leise weinen.

Wir haben gelernt, dass Lachen und Weinen trotz ihrer engen Verwandtschaft Gegensätze sind. Elementares Weinen ist einsam, auch wenn es in Gegenwart von anderen stattfindet. Lachen ist ein sozialer Effekt. Wir lachen in Gesellschaft von anderen, auch wenn wir allein sind. Und Lachen ist ansteckend. Wir haben versucht, diese seltsame Sache zu verstehen, nämlich, wie zwei affektähnliche, empirisch universelle Ausdrucksweisen trotz ihrer Ähnlichkeit Gegensätze sein können. So sind wir auf folgende Hypothese gestoßen.

Metaphorisch gesprochen – und dennoch gestützt auf wissenschaftliche Tatsachen – sind alle Menschen in ein konkretes soziales Universum „geworfen". Die genetische Ausstattung des Menschen ist für ein soziales Leben programmiert, aber ein Neugeborenes ist genetisch nicht speziell für diese oder jene besondere, konkrete soziale Umgebung ausgestattet, in die es geworfen wurde. Philosophisch gesprochen gibt es im menschlichen Leben zwei ursprüngliche Apriori: ein soziales Apriori (die Welt, in die man geworfen wird) und ein genetisches Apriori (die erbliche Ausstattung des geworfenen Wesens). Da es zwischen diesen beiden anfangs keine Verbindung gibt und diese nur durch die Erfahrung jeder einzelnen Person aufgebaut werden kann, ist es philosophisch korrekt, von zwei Apriori zu sprechen, weil sie der Erfahrung aller Neugeborenen vorangehen. Um mit Hannah Arendt zu sprechen: Es ist eine Grundbedingung der menschlichen Natalität. Im Prozess der Sozialisation müssen diese beiden Apriori zusammenkommen und sich verbinden, damit das Individuum überleben kann. Doch – und das ist meine Hypothese – die beiden Apriori können nicht zur Gänze verbunden werden. Es bleibt eine Spannung zwischen ihnen. Um eine andere Metapher zu bemühen: Es bleibt ein unüberbrückbarer Abgrund zwischen den beiden Apriori. Ich nenne dies die existenziale Spannung, den existenzialen Abgrund. Nach der hier vertretenen Auffassung sind Lachen und Weinen Reaktionen auf die Unmöglichkeit, den Abgrund wirklich zu überspringen. Lachen und Weinen sind Antworten auf das Scheitern einer vollständigen Verbindung zwischen dem sozialen und dem genetischen Apriori. Dies ist natürlich eine philosophische Hypothese, aber sie veranschaulicht verschiedene Dinge. Erstens erklärt sie, warum Lachen und Weinen überall im menschlichen Leben präsent sind. Außerdem wird deutlich, warum die Anlässe oder Auslöser für Lachen und Weinen historisch, kulturell und individuell so verschieden sind. Schließlich wird auch klar, warum Menschen, die sich mit einem sozialen Apriori zur Gänze identifizieren (ohne vorher über den Abgrund gesprungen zu sein) unfähig sind, zu lachen oder zu weinen. Ich komme gleich noch darauf zurück.

Doch diese Hypothese allein erklärt den Gegensatz zwischen Lachen und Weinen nicht. Daher habe ich meine Hypothese durch die Überlegung erweitert, dass eine Person aus der Perspektive beider Apriori auf ihre Unfähigkeit reagieren kann, über den Abgrund zu springen. Wenn wir weinen, identifizieren wir uns mit dem Selbst eines Mitgeschöpfes und fühlen den Kummer über die Ungerechtigkeit, das Schicksal und den Verlust der Welt. Beim Lachen hingegen stellen wir uns auf die Seite der Welt und lachen über die Torheit der Leute einschließlich unserer eigenen. Das Lachen hat keine Emotion. Deshalb komme ich zu dem Schluss, dass das Lachen die Position der Vernunft einnimmt, die der Rationalität.

An dieser Stelle kann man vielleicht die beiden scheinbar nicht verwandten Phänomene besser verstehen. Auslösende Ereignisse für das Weinen treten viel regelmäßiger auf und sind weniger kulturabhängig als Anlässe zum Lachen. Wir identifizieren uns mit uns selbst und unseren Mitgeschöpfen, wir empfinden in grundsätzlich ähnlichen Situationen Mitgefühl für uns und andere. Sehen wir jemanden weinen, gehen wir immer davon aus, dass er einen großen Verlust erlitten hat oder erleiden wird (von Liebe, Leben, Land). Wir nehmen an, er fühle sich hilflos „unglücklich". Doch die Menschen lachen über grundverschiedene Dinge, und diese sind wie gesagt kulturspezifisch und oft auch individuell verschieden. Menschen lachen beim Anblick eines Scheißenden, eines Buckligen oder physisch behinderten Menschen, ebenso, wenn sie hören, dass ein Feind von Unheil betroffen ist. Menschen lachen auch in Momenten von Selbstgerechtigkeit, Wichtigtuerei, Selbstgefälligkeit oder der Überidentifikation mit einer sozialen Rolle. Menschen lachen über geizige oder gehässige Charaktere, schlechte Gedichte oder gute komische, über Tyrannen und Sklaven, über Gebrauch und Missbrauch von Sprache und über die Art, wie jemand gekleidet ist. Um dieses riesige Feld zu überblicken, unterscheide ich zwei wesentliche Arten von „Gründen" oder Standpunkten, von denen man annehmen kann, dass sie durch Lachen überwunden werden. Natürlich nimmt man keine dieser Positionen absichtlich ein, sondern sehr spontan, ohne nachzudenken. Ich beschreibe eine Position der Rationalität oder Vernunft, den Standpunkt des gesunden Menschenverstandes. Von hier aus sehen wir, dass man verschiedene Arten von gesundem Menschenverstand unterscheiden kann. So ist er für Ungebildete und Gebildete verschieden, doch in beiden Fällen urteilt das Lachen aus der Position des gesunden Menschenverstandes. Die Rationalität des Intellekts ist jedoch die Vernunft der Ideen, eine normative Art von Vernunft, mit der man auch über den gesunden Menschenverstand lachen kann. Welche Haltung man auch immer spontan einnimmt oder ob man von einer Haltung zur anderen wechselt und wieder zurück, wie es oft geschieht, man lacht immer aus der Position der Vernunft über die Unvernunft.

So sind wir vorläufig zu dem Schluss gekommen, dass Lachen ein Urteil ist, und zwar ähnlich dem Kant'schen Geschmacksurteil ohne Begriff. Rationalität oder Vernunft urteilen hier ohne Begriff, weshalb ich das Lachen den „Instinkt der Vernunft" genannt habe. Dieser wesentliche Unterschied zwischen Lachen und Weinen trägt auch zum Verständnis einer weiteren Differenz zwischen ihnen bei, die vor allem im zweiten Kapitel erörtert wurde. Obwohl Weinen wie auch Lachen empirisch universeller Ausdruck einer existentialen Spannung oder eines Abgrunds zwischen den beiden Apriori ist, entstehen hohe kulturelle Genres nur in Verbindung mit dem Lachen, nicht mit dem Weinen. Man kann natürlich über das Schicksal von Anna Karenina weinen, doch Lew Tolstoi hat den Roman nicht geschrieben, um die Leser zum Weinen zu bringen. Als Kind habe ich immer bei Beethoven-Symphonien geweint, aber Beethoven hat sie nicht geschrieben, um junge Mädchen weinen zu lassen. Im Gegensatz dazu sind alle hohen komischen Genres – komische Dramen, Novellen, Romane, Witze, Bilder und Filme – dazu bestimmt, die Menschen zum Lachen zu bringen. Nur „niedrige" Genres wie kitschige Romane oder rührselige Filme lassen Leser oder Zuschauer weinen. Schon die Absicht, einen Leser zum Weinen zu bringen, zeugt von der minderen Qualität eines Werkes, während man die Leser sowohl mit Schund als auch mit großen Kunstwerken zum Lachen bringen kann.

Vielleicht würden einige von Ihnen, verehrte Leser und Leserinnen, mich jetzt unterbrechen, um mir zu sagen, dass sie meine Grundhypothese akzeptieren. Doch, so werden Sie fragen, warum zum Teufel habe ich all diese komischen Genres eins nach dem anderen analysiert, nachdem ich meine Hypothese glaubhaft gemacht hatte? Ich hätte – so höre ich Sie vielleicht sagen – dem zweiten Kapitel gleich dieses hier folgen lassen können, nur drei statt gleich neun Kapitel schreiben können und gleich direkt über das Wesen des Phänomens des Komischen sprechen können, statt die Leser mit einer Analyse von komischen Dramen, Romanen, Witzen, existenzialen Komödien, komischen Bildern und leider auch Filmen zu langweilen. Hätte ich das getan, ich hätte ein recht schlankes, interessantes und nicht langweiliges Buch verfasst. Und vielleicht haben Sie recht, liebe Leser, vielleicht sollte ich mich entschuldigen. Vielleicht habe ich die letzten sechs Kapitel nur aus Neugier geschrieben. Vielleicht aber auch nicht. Vielleicht war der Umweg überhaupt keiner. Vielleicht war es der einzige Weg, etwas darzulegen, das nach meiner Ansicht eine Darlegung erforderte und nicht nur eine hypothetische Erwähnung, nämlich, dass alle Elemente alltäglicher komischer Situationen in hohen Genres dargestellt werden, wenn auch nicht alle im selben, und dass diese „Arbeitsteilung des Lachens" zwischen den Genres (zumindest teilweise) auch die Trennlinien zwischen den verschiedenen Arten des Komischen selbst anzeigt. Liebe Leser und Leserinnen, dieses Mal war die langweilige Aufgabe die eigentlich philosophische.

Man darf die Philosophie nicht vergessen. Schließlich haben wir uns in das Rätsel des Phänomens des Komischen verstrickt, als deutlich wurde, dass die Philosophie darüber weitgehend schweigt. Oft genug haben Philosophen das Komische nebenbei erwähnt, doch außer Platon sowie vielleicht Kant und Kierkegaard hat sich niemand dafür ernsthaft interessiert. Erste Wahl der Philosophie – von Aristoteles über Hegel bis Heidegger und Lukács – war immer die

Tragödie. Der wahre Held der Philosophen war immer der tragische. Natürlich kamen Komödien bei der Erörterung literarischer Genres wie des Romans oder des Dramas vor, und fast immer wurden die Komödien des Aristophanes angesprochen – manchmal hat man den Eindruck, nur deshalb, weil er Grieche war. Offensichtlich haben sich jene, die über Shakespeare schrieben, auch für seine komischen Werke interessiert. Doch ich kann es nicht oft genug wiederholen: Das Phänomen des Komischen *per se* wurde als dem Standard einer philosophischen Diskussion unwürdig angesehen. Ganz am Anfang dieses Buches fragten wir: *Warum?* Und fanden eine vorläufige Antwort: Metaphysische Philosophie wünscht sich endgültige Homogenität. Alles Heterogene hat seinen Platz auf der Welt und ist wert, interpretiert zu werden, doch am Ende muss das Heterogene in einem homogenen Ganzen Platz finden, weil alles zum Ganzen passen muss. Nach einer bekannten metaphysischen Binsenweisheit ist das Ganze größer als die Summe seiner Teile. Die Tragödie ist ein homogenisierendes Genre. Wie Aristoteles sagt, sind tragische Helden überlebensgroß, denn Tragödien porträtieren Menschen so, wie sie sein sollten oder könnten. Das „Wesen" der Tragödie kann man zusammenfassen, und die verschiedenen philosophischen Zusammenfassungen sind einander sehr ähnlich. In allen spielt so etwas wie ein endgültiger Wert eine Rolle, der höher ist als Leben und Tod, eine höchste Erfahrung und Schuld.

Daher schlage ich – kurz gesagt – Folgendes vor: Philosophien sind vom Komischen nicht begeistert, weil komische Phänomene völlig heterogen sind. Es geht hier nicht wie im Tragischen um die große, omnipräsente Ausnahme, die immer woanders auftaucht. Die Philosophie interessiert sich aus mindestens zwei verwandten Gründen nicht für Heterogenität. Erstens kann man das Heterogene nicht elegant in einer philosophischen These erfassen. Zweitens umgeht das Heterogene die mathematische oder geometrische Binsenweisheit der Metaphysik. Das Ganze steht nicht höher als seine Teile oder irgendeine ihrer Summen. Meine verehrten Leser werden klugerweise einwenden, dass ich die Beziehung zwischen der individuellen Substanz und dem Begriff grob missverstanden hätte. Die Tragödie (der Begriff) steht nicht höher als einzelne Tragödien mit ihrer individuellen Substanz, werden Sie protestieren. Der Begriff wird durch jeden Fall bestimmt, den er umfasst. Das ist wahr, doch im vorliegenden Fall gilt es nicht. Denn das „Phänomen des Komischen" ist kein Begriff, zumindest nicht in dem Sinne, wie es eine „Tragödie" sein kann. Nach meiner These ist das Phänomen des Komischen – wie gut auch immer es abgegrenzt wird – nicht endgültig definierbar. Das Phänomen des Komischen passt weder in ein *genus proximum* [eine Gattung] noch zu einer *differentia specifica* [einer besonderen Art].

Jetzt werden meine Leser ungeduldig. Na gut, sagen Sie vielleicht, aber das erklärt nicht, warum wir all die Erörterungen der komischen Genres durchgehen mussten. Ich denke, es ist eine Erklärung. Zumindest war es meine Absicht, dies deutlich zu machen. Wenn man mit einem Spiel beschäftigt ist, das Philosophie heißt, kann man seiner Tradition nicht ganz entkommen. Ich komme gleich auf den Ausdruck „beschäftigt" zurück. Doch zuerst möchte ich diese Tradition ansprechen, insbesondere die Bevorzugung von Homogenität. Wenn die oder irgendeine Welt auseinanderfällt und nur Fragmente bleiben, versucht die Philosophie, die Teile zusammenzusetzen, so gut sie kann, wie in einem Puzzlespiel. Oder sie beschäftigt sich mit ausgewählten Fragmenten, als wenn sie ein Ganzes wären. Darum geht es, wenn man Begriffe identifiziert und begreift. Es gibt Begriffe, die nie als Ganzes begriffen werden können, weil der allgemeine Begriff selbst nicht als *differentia specifica* aufgefasst werden kann. Solche Begriffe sind die existenzialen oder endgültigen Begriffe, oder, wenn man mit Hegel spricht, die Ideen. Nehmen wir zum Beispiel den Zeitbegriff. Seit Augustinus ist über die Unmöglichkeit, einen allgemeinen Zeitbegriff zu bilden, nichts wirklich Neues mehr gesagt worden. Man kann entweder einige Fragmente über die Natur der Zeit zusammenstellen wie bei einem Puzzlespiel oder jedes einzelne Fragment für sich als Ganzes untersuchen. Dies könnte einer der Gründe sein, warum traditionelle metaphysische Denker die Zeitlichkeit vernachlässigen: Sie stellt ein allzu heterogenes Puzzle dar. Doch die Praxis, einige wenige Fragmente zusammenzustellen oder ein Fragment zu untersuchen, als sei es ein Ganzes, rettet den wichtigsten Aspekt der Homogenität: die Verständlichkeit. Ohne wenigstens eine relative Verständlichkeit kann eine der Hauptaufgaben der Philosophie nicht erfüllt werden. Man sagt gern „ich weiß nicht" oder „das kann man nicht begreifen", wenn eben das Fehlen jeder Möglichkeit des Verstehens selbst als Sprungbrett dazu dient, etwas anderes zu verstehen, etwas, das deshalb begriffen werden kann. Im Falle des Phänomens des Komischen geht es uns sogar noch schlechter als mit der Zeit, denn alles kann komisch sein. Absolut alles kann eine komische Seite haben oder in komischem Licht dargestellt werden, auch die Zeit. „Komische Phänomene" sind nicht einmal ein Begriff oder eine Idee, sondern die vorläufige Referenz auf eine offene Gruppe. Deren Existenz haben wir erfahren, aber von der empirischen Existenz können wir keinen definitiven Inhalt ableiten. Ist man philosophisch mit dem Rätsel komischer Phänomene beschäftigt, muss man repräsentative Fragmente auswählen, die als relative Ganze untersucht werden können – denn nur diese Art der Übung macht philosophisches Verstehen überhaupt möglich. Ich denke, man kann so hohe komische Genres tatsächlich als relativ homogene, repräsentative Ganze betrachten. Der verehrte Leser wird vielleicht wieder unterbrechen und fragen: Warum dann nicht eines auswählen oder das repräsentativste Genre, oder, wenn man so viele komische Genres ansprechen muss, warum dann nicht einfach alle? Warum nicht aus jedem einzelnen Genre ein einzelnes Werk auswählen? Die Antwort auf den ersten Teil der Frage ist einfach. Ich versuche zu zeigen – und ich überlasse es Ihnen zu entscheiden, ob die Darstellung erfolgreich war –, dass jedes einzelne komische Genre neben bestimmten Gemeinsamkeiten auch ganz eigene Elemente des Phänomens des Komischen repräsentiert. Daher zwingt jedes Genre auch zu eigenen Beziehungen zwischen den komischen Phänomenen und ihren Rezipienten. Den zweiten Teil der Frage kann ich nur pragmatisch beantworten. Es hat meiner Ansicht nach für meine Zwecke genügt, die Erörterung auf einige wenige Genres und Sub-Genres zu begrenzen. Meine Leser sind eingeladen, die Lücken zu füllen. Auf die Frage, warum ich von jedem Genre nicht nur ein einziges repräsentatives Werk gewählt habe, kann ich nur antworten, dass wir dann nicht in der Lage gewesen wären, die Gemeinsamkeiten und Strategien komischer Darstellungen innerhalb der einzelnen Genres zu entdecken, und das war die philosophische Hauptaufgabe dieses Werkes. Ich erhebe keinen Anspruch auf die Lorbeeren von Kunstkritikern. Ungeduldige Leser müssen eben vom zweiten gleich ins letzte Kapitel springen.

*****

Liebe Leser und Leserinnen, ich komme auf meinen Anspruch zurück, dass ich in diesem Buch philosophisch vom Phänomen des Komischen spreche. Ich war direkt und nicht indirekt damit beschäftigt, etwas über das Komische auszusagen. Das bedeutet mit anderen Worten, dass mein Buch nicht komisch ist. Ich habe über das Komische in nicht komischer, sagen wir „ernster" Weise geschrieben. Aber, mag der ungeduldige Leser einwenden, gibt es etwas Ernsteres als einen Witz? Oder ein komisches Drama? Auch wenn „nichts" eine leichte Antwort ist, und obwohl dieses „nichts" vielleicht sogar wahr ist, würde diese Antwort dem Problem selbst ausweichen. Wenn ich zum Beispiel sage, dass nichts ernster ist als ein Witz, unterscheide ich den Ernst vom Witz. Ich meine nicht, dass Witz und Ernst oder der komische Roman und Ernst identisch sind, ich meine etwas anderes. Ich möchte Sie an Kierkegaards Unterscheidung zwischen zwei Arten der Ironie erinnern: Entweder sagt man etwas auf ernste Weise und meint es scherzhaft, oder man sagt etwas scherzhaft und meint es ernst. Es muss eine Differenz geben zwischen Scherz und Ernsthaftigkeit, sonst könnte das eine nicht auf das andere weisen. Doch kann diese Differenz nicht in der Botschaft selbst sein, sie muss in der Präsentation oder Kommunikation der Botschaft liegen. Wäre die Differenz nur innerhalb der Botschaft, könnte man das Spiel zwischen „Meinen" und „Sagen" nicht spielen. Kierkegaards Erörterung der Ironie weist auf den Unterschied zwischen direkter und indirekter Kommunikation. Man kann sich denken, dass die Differenz zwischen direkter und indirekter Kommunikation die Unterscheidung zwischen direkter und indirekter Betroffenheit teilweise erhellen kann.

So passiert es, dass man sich über jemanden lustig macht, der etwas tut oder sagt, was man dumm findet, und die entrüstete Antwort erhält: „Mach bitte keine Witze darüber, ich habe das ernst gemeint." Stellen Sie sich vor, eine Frau sagt zu ihrem Mann: „Wenn du so weitermachst, lasse ich mich scheiden." Der Mann gibt zurück: „Machst du Witze?" Sie antwortet: „Nein, ich mache keine Witze, ich meine es ernst." Wir verstehen genau, was sie mit „ernst" meint: Sie scherzt nicht und sie ist gekränkt, weil ihr Mann das annimmt. Sie meint, was sie sagt, und nichts anderes. Ein Freund kann zu einem anderen sagen: „Ich bin verliebt" oder „Ich bin zu der Erkenntnis gelangt, dass mein ganzes Werk Unsinn ist" oder „Ich habe meinen Glauben verloren" – und wenn der Freund fragt: „Meinst du das ernst?", wird die Antwort sein: „Ja, ich meine das ernst." Bei diesem zweiten Typ des Mini-Dialogs geht es nicht darum, *ob* man meint, was man sagt, sondern *was* man meint, wenn man etwas sagt, oder was die Wahrheit der Aussage tatsächlich bedeutet.

An dieser Stelle, lieber Leser, müssen wir ein wenig zurückblicken auf die Erörterung von Lachen und Weinen. Sie haben vielleicht die Hypothese bereits akzeptiert, dass die Position, die man mit Lachen einnimmt, die des „sozialen Apriori" ist – der Standpunkt der Rationalität, auch wenn es sehr verschiedene Arten von Rationalität gibt, vom gesunden Menschenverstand bis zur Vernunft. Im Lachen ist kein Körnchen Emotion. Man wahrt beim Lachen die Distanz zu dem, über das man lacht. Man kann dem, über das man lacht, nicht positiv verbunden sein. Man kann natürlich einer Figur positiv verbunden sein, doch dann lacht man nicht über sie, sondern über eine ihrer Handlungen, Charaktereigenschaften, Versehen oder Ähnliches. Positive Verbindung und Lachen schließen sich aus. Wenn man im Alltag über etwas lacht, dem man positiv verbunden sein sollte, schämt man sich des Gelächters. Beim Weinen steht man auf der Seite des „genetischen Apriori". Man ist direkt mit sich selbst oder anderen beschäftigt. Dies ist ein emotionaler Ausdruck. Die zwei für das Weinen charakteristischen Gefühle sind Mitgefühl und Mitleid (Mitgefühl für sich selbst und Selbstmitleid sind immer dabei). Hier sehen wir die völlige Identifikation mit dem Phänomen, das das Weinen ausgelöst hat, ohne jede Distanz.

Jetzt möchte ich meine lieben Leser bitten, zumindest als Ausgangspunkt folgende Hypothese anzunehmen: Gefühl ist immer mit etwas verbunden, oder, in einer anderen Formulierung, fühlen heißt immer, von etwas betroffen zu sein. Steht man auf der Seite des genetischen Apriori und trauert über die Unmöglichkeit, den Abgrund zu überwinden, ist man mit Selbstmitleid und Mitgefühl beschäftigt. Man fühlt keine Distanz zwischen der Situation und ihren Zeugen. Die Beschäftigung mit etwas oder jemand anderem, die Beschäftigung mit „Differenz" (also auch mit sich selbst als different) ist keine Reaktion auf die Unmöglichkeit der Conditio humana, sondern der unablässige Versuch, sie zu

meistern. Ernsthaft zu sein bedeutet, das Leben zu meistern, manchmal im Allgemeinen, manchmal in den auftretenden Einzelfällen. Beide Arten des „Meis-
terns" sind direkte Beschäftigungen. Indem wir etwas meistern, beschäftigen wir
uns damit. Die Affekte differenzieren sich und entwickeln sich in verschiedene
Schattierungen konkreter Emotionen und einzelne konkrete Beschäftigungen
mit konkreten einzelnen Situationen. Ich möchte wiederholen: Elementares
Lachen ist die rationale Reaktion auf die Unmöglichkeit der Conditio humana,
eine Reaktion aus der Distanz, ohne Gefühle oder Emotionen. Beim elementaren Weinen ist man andererseits mit sich selbst beschäftigt, mit Mitgefühl mit
sich selbst und Selbstmitleid. Man kann nicht „arbeiten", während man lacht
oder weint, man kann nicht einmal sprechen. Wer weint, versucht nicht, fragile
Brücken zu bauen, macht sich nicht die Mühe, vergeblich über den Abgrund zu
springen. Wenn man ernst ist, ernsthaft über etwas nachdenkt, etwas ernsthaft
unternimmt, ist man emotional mit einer Sisyphusarbeit beschäftigt. Nur das ist
Beschäftigung: Engagement mit anderen und für andere, für Menschen, Aufga-
ben und Ideen.

Auch wenn meine verehrten Leser meine Hypothese als reine Spekulation
zurückweisen, werden sie wahrscheinlich zugeben, dass die Unterscheidung
zwischen Kognition und Emotion ein vergebliches und philosophisch totes
Unternehmen ist, und dass das, was wir Philosophen heute tun, als „kognitive
Beschäftigung mit Dingen der Welt" beschrieben werden kann – eine Welt, die
reich ist an Emotion, Leidenschaft und Gefühlen der Orientierung über Wahrheit und Unwahrheit. Sie, meine Leser, haben bereits die Hypothese akzeptiert,
dass Gefühle sich mit dem Anderen beschäftigen. Philosophen haben ein spekulatives Verständnis für Fragen wie „Warum gibt es etwas und nicht nichts?"
oder „Wie kommt das Böse in die Welt?", also für die sogenannten „letzten"
Fragen. Wir arbeiten am Abgrund. Von den alten Metaphysikern glaubte jeder
einzelne, eine theoretische Lösung für die letzten Fragen gefunden zu haben.
Immer kam der Nächste und beantwortete dieselben Fragen auf andere Weise.
Nach jedem metaphysischen Ansatz zur Lösung der letzten Fragen wurde ein
weiterer, einzigartiger dargelegt. Alle zusammen ergaben keinen Weg. Postme-
taphysiker, unsere Zeitgenossen, erheben keine derartigen Ansprüche, doch sie
arbeiten weiterhin daran, die Conditio humana und die Welt zu verstehen, im
Wissen, dass das letzten Endes vergeblich sein wird. Die Arbeit selbst jedoch ist
nicht umsonst, sie bleibt eine Passion.

Es ist Zeit, sich nochmals an die Liebesaffäre zwischen Philosophie und Tra-
gödie zu erinnern. Ich behaupte in aller Kürze, dass die Tragödie nicht das „hohe
Genre" des Weinens ist, weil Weinen überhaupt kein hohes Genre haben kann.
Aristoteles hat dies in seiner Theorie der Katharsis deutlich gemacht. Wenn die
Tragödie die Seele von Mitleid und Angst reinigt, dann reinigt sie die Seele von

genau jener Betroffenheit, die die Menschen beim elementaren Weinen überwältigt. Doch tragische Helden sind von etwas betroffen, und diese Verwicklung ist nicht partiell, sondern total. Sie überlassen sich mit Leidenschaft und Begeisterung ihrem Schicksal. Was Philosophen zu tun glauben und manchmal bewusst tun, meist mit weniger Risiko, führen tragische Helden in Taten aus. Die Sympathie oder eher die Sternenfreundschaft (wie Nietzsche eine solche Beziehung nennt) zwischen Philosophie und Tragödie ist leicht zu verstehen. Tragische Autoren belohnen diese Liebe im Allgemeinen, während komische Autoren der Philosophie das Geschenk einer zockenden, spielenden Freundschaft gemacht haben, ohne ihre Liebe bis in die späte Moderne erwidert zu sehen.

Wenn also jemand sagt: „Ich meine es ernst, bitte mach dich nicht über mich lustig", meint er: „Ich bin jetzt mit der Arbeit an der Conditio humana beschäftigt, ich kann und will mich nicht distanzieren, ich will jetzt nicht völlig rational sein, denn während ich so beschäftigt bin, kann ich nicht zugleich aus der Entfernung und ohne Gefühle darüber nachdenken, was mich beschäftigt." Wenn der Ehemann seine Frau fragt, ob sie es ernst meint, und sie sagt: „Ich meine es ernst", dann meint sie: „Ich habe mich entschieden und bin bereit, mit dir unter bestimmten Umständen zusammenzuleben. Ich kann und will meine Entscheidung nicht mit deinen Augen betrachten. Wenn du glaubst, ich bin verrückt, dann bin ich das eben."

Im Allgemeinen meinen wir es ernst im Leben. Doch das Komische ist allgegenwärtig. Der verehrte Leser wird entschuldigen, dass ich wieder mit der einfachen Frage komme. Das Komische ist omnipräsent, weil es eine Antwort ist auf die Ernsthaftigkeit – nicht alle Arten von Ernsthaftigkeit, aber einige. Weil Ernsthaftigkeit einschließt, dass man mit etwas beschäftigt ist, weil sie voll ist mit bestimmten Gefühlen und Emotionen und weil sie eine Art der Arbeit an der Conditio humana ist, kann sie genau an diesen Stellen dem Lachen in die Falle gehen. Nicht das Engagement selbst, aber die Art, der Charakter und das Ausmaß des Engagements sind die Achillesferse ernster Anliegen und machen sie zur Zielscheibe des Spotts.

Irrationale Gefühle sind immer Gegenstand von Gelächter. Es gibt Gefühle, die an sich irrational sind im Sinne von selbstzerstörerisch, so wie Neid oder Eifersucht. Es gibt andere Emotionen, die an sich nicht selbstzerstörerisch oder irrational sind, die aber in bestimmten Situationen irrational werden können und dann das Lachen auf sich ziehen. Alle Arten von Emotionen und emotionalen Dispositionen können Lachen auslösen, so wie Liebe oder Hass, Mitleid und Rachsucht, auch intellektuelle Gefühle wie Leichtgläubigkeit, Misstrauen oder Neugier. Menschliche Figuren, die von irrationalen Gefühlen heimgesucht werden, werden ausgelacht. Es gibt Emotionen, die Gegenstand des Spottes werden, weil sie überzogen oder übertrieben sind (meist wegen Überidentifikation), auch wenn sie ansonsten gar nicht lächerlich sind. „Überidentifikation" ist ein Urteil, und Lachen zeigt an, dass eine Identifizierung als Überidentifikation verurteilt wird. Dieselbe emotionale Betroffenheit, die der eine als Überidentifikation sieht, kann ein anderer als angemessen betrachten. Der Erste wird lachen, der Zweite nicht und wird sogar jene zurechtweisen, die etwas sehr Ernstes verspotten. Und was zu einer Zeit als angemessene Identifikation, richtiges Verhalten und passendes emotionales Engagement gilt, wird von Menschen anderer Zeiten als Überidentifikation angesehen. Sie werden Dinge komisch finden, die ihre Ahnen als äußerst ernst oder banal empfanden. Das ist bekannt und wird in der Welt von Theater und Oper ausgeschlachtet. Ernste Stücke oder Opern werden heute oft wie Komödien inszeniert, denn sie funktionieren nur so, und das gut.

Damit das Komische existiert, müssen gewisse Dinge ernst sein, sie müssen ernsthaft gemeint und getan werden. Es scheint, als hätte die Frage, die in allen vorangegangenen Kapiteln immer wieder erörtert wurde, nämlich die problematische Identität von Figuren und Autoren bei komischen Genres, etwas mit der Betroffenheit zu tun und ihrer emotionalen Qualität. Es scheint, als stünde Überidentifikation vom Standpunkt des sozialen Apriori aus in einem komischen Licht. Der kluge Leser, die kluge Leserin schüttelt den Kopf: Wie kann Überidentifikation lächerlich sein, wenn das Lachen Ihrer (meiner) Ansicht nach auf der Seite des sozialen Apriori steht? Warum ist das soziale Apriori der Standpunkt der Rationalität, wenn es emotionales Engagement am Ende nach eigenen Maßstäben auf grausame Weise verurteilt, also gegenüber dem sozialen Apriori?

Ich möchte den Leser einladen, eine weitere Unterscheidung zu treffen, oder genauer, jene Unterscheidungen zu bedenken, die wir bereits gemacht haben. Erstens: *Welches* soziale Apriori? Zweitens: *Welche Art* von Engagement? Wir sind durch Zufall in die Welt geworfen. Wir machen den ernsthaften Versuch, unser soziales und genetisches Apriori in Einklang zu bringen. Wir sind damit beschäftigt, an uns selbst zu arbeiten als jenen, die geworfen sind. Aber es gibt nicht nur eine Welt, nicht nur ein Selbst. Wir leben normalerweise nicht nur in einer Welt, sondern in mindestens zwei Welten. Da ist die Welt des täglichen Lebens, der Sitten, konkreten Normen und gewohnten Erwartungen, und da ist die geistige Welt, die Welt der Religionen, Mythen, Kunstwerke und Geschichten, Träume und Fantasien. Der „Wurf" kann uns auch in zwei Selbste teilen, eines, das sich an die tägliche Routine anpasst, und ein anderes, das in der geistigen Welt lebt. Das eine Selbst kann sich darüber hinaus vom anderen und von dessen Welt distanzieren. Es gibt Menschen, die sich einfach beiden Welten anpassen, als seien sie nur eine, und die sich mit sich selbst und dieser engen Welt zugleich identifizieren. Menschen, die allein in der hochfliegenden geistigen Welt leben, Menschen mit ausschließlich sublimen Passionen, die alltäglichen Bedürfnissen und Wünschen den Rücken kehren, können eine komische Figur abgeben und für die ganze Welt wie Fremde wirken, nicht vertraut mit Alltagsklugheit oder gesundem Menschenverstand. Pragmatische Menschen mit gesundem Menschenverstand, die sich ganz mit ihrer Umgebung identifizieren und keinen Unterschied machen zwischen gewöhnlichen und geistigen Dingen, können hingegen eine komische Figur abgeben, wenn man sie im Lichte einer nicht pragmatischen sozialen, kulturellen oder geistigen Perspektive betrachtet. Alle, die sich mit einem Aspekt der sozialen Welt völlig identifizieren, ohne irgendeinen anderen Aspekt wahrzunehmen, geben eine komische Figur ab, sieht man sie aus der Sicht eines dieser anderen Aspekte.

Nur jene, die sich emotional in der Welt engagieren und an der Conditio humana arbeiten, die jedoch in zwei Welten zugleich leben und das bewusst, Menschen, die sich gelegentlich von sich selbst distanzieren können und sich doch mit sich und ihrem Schicksal identifizieren, geben keine komische Figur ab, weder vom Standpunkt des gesunden Menschenverstandes aus noch aus der Sicht von Geistigkeit und Fantasie. Als Beispiel hierfür könnte Diderot mit seinem Dialog „Rameaus Neffe" dienen. Sokrates, der ironisch und selbstironisch ist, kann nicht von jemand anderem aus derselben Position ironisch behandelt werden, doch man kann ihn immer noch humorvoll sehen (wie dies Platon oft tut), denn der Standpunkt einer humorvollen Bewertung (der religiöse) unterscheidet sich vom Standpunkt einer ironischen Bewertung (dem ethischen). Diese Unterscheidungen, von Kierkegaard ausgeborgt mit seinen Bezeichnungen dafür in Klammern, sind hier modifiziert, sodass der Leser die Freiheit hat, sie nicht überzeugend oder lächerlich zu finden.

Der freundliche Leser wird mich jetzt mahnen, dass ich meine Versprechen nicht gehalten habe, weil ich nichts über indirekte Betroffenheit gesagt habe. Er hat recht, aber ich muss noch eine Sache über direkte Betroffenheit sagen. Ich ersuche daher noch um ein paar Minuten Geduld.

Ich denke, auch der gebildetste Leser kann – zumindest widerwillig – akzeptieren, dass meine Hypothese sehr konsistent ist, obwohl ich mich darum nie bemüht habe, sogar mehr, als ich selbst erwartet hätte. Ich beziehe mich immer noch auf Ernsthaftigkeit und auf die Frage, welche Art von Ernsthaftigkeit komisch erscheint und welche nicht in Gefahr ist, Ziel einer Komödie zu werden. Eine Person, die sich gelegentlich aus der Entfernung betrachten kann, hat sowohl einen kritischen Verstand wie auch Sinn für Ironie oder Humor. Sie bietet keine gute Angriffsfläche für eine komische Darstellung. Doch wenn sich die Distanz selbst stabilisiert und die Person nicht immer einen ernsthaften Standpunkt einnehmen kann, ändert sich die Lage. Ein milder Skeptiker ist nicht komisch, aber ein totaler Skeptiker sehr wohl, denn völlige Skepsis ähnelt völliger Gutgläubigkeit wie ein Ei dem anderen, wie wir von Molière lernen können, wenn wir es nicht aus eigener Erfahrung wissen. Die Komödie kann Einstellungen aufs Korn nehmen, die zu starr sind und sich nicht mehr an wechselnde Situationen anpassen können. Sie ist sensibel für prinzipielle Festlegungen, die eine Überidentifizierung mit einer Rolle anzeigen. Doch meine Leser sind ungeduldig und wollen nicht länger in eine noch detailliertere Erörterung hineingezogen werden. Ich werde deshalb die weitere direkte Beschäftigung mit der Ernsthaftigkeit beenden und mich dem brennenden Thema der indirekten Betroffenheit zuwenden.

Dies ist ein brennendes Thema, denn es ist die vorherrschende Frage, die meine Leser zum komischen Genre haben werden. Die Frage lautet wie folgt: Das Komische braucht die Ernsthaftigkeit, weil sie sich über sie lustig macht oder von ihr zehrt. In der Komödie macht, wie ich zu zeigen versucht habe, die Vernunft sich über die Emotion lustig. Wie kann es dann sein, dass Menschen weiterhin behaupten, nichts sei ernsthafter als eine Komödie, ein komischer Roman oder ein Witz? Wie kann das wahr sein oder auch nur akzeptabel?

Alle komischen Genres bringen uns zum Lachen – über Dinge, die man ganz allgemein und aus der Position zumindest einer rationalen Einstellung als „irrational" bezeichnen kann. Aber kein komisches Genre besteht nur aus Lachen. Nicht einmal ein Witz kann zur Gänze mit Lachen gesättigt sein: Wir sollen erst am Ende lachen, wenn die Pointe kommt. Auch bei einer Karikatur oder einem komischen Bild geht es nicht bloß ums Lachen, sondern um etwas, das uns zum Lachen bringt. Die komischen Genres bringen uns zum Lachen, das ist ihre Absicht – aber nicht die einzige. Sie bringen uns nicht allein des Lachens wegen zum Lachen (das tun nur Sitcoms, um Geld zu machen), sondern sie laden uns ein, ihre Position, ihren Ansatz, ihr Urteil, ihre Bewertung eines Charakters, einer Situation oder Handlung einzunehmen. Die komischen Genres laden uns ein, unseren Blick zu verändern. Sie bitten uns, etwas aus der Distanz wahrzunehmen, von dem wir zu sehr betroffen waren, um es zu erkennen – einschließlich unserer eigenen Torheiten. Die Metapher vom Zerrspiegel habe ich bereits gebraucht. Im Spiegel eines Freizeitparks sehen wir uns als Riesen oder Zwerge, sehr dünn oder sehr dick, wie in einem komischen Roman. Aber komische Genres sind keine optischen Spiegel, sondern poetische. Zu jedem Charakter gehört ein eigener Spiegel.

Was bedeutet es wirklich, wenn man sagt, dass die komischen Genres uns einladen, die Position der einen oder anderen Art von Rationalität einzunehmen? Es heißt, dass sie uns bitten, unsere Betroffenheit zu unterbrechen, Dinge, Ideen, Handlungen und Figuren als fremd zu betrachten, die uns sonst laufend beschäftigen. Sie bitten uns, unsere Emotionen auszusetzen. Nicht nur positive, auch negative Emotionen sollen so zeitweilig aufgehoben werden. Liebe wird ebenso suspendiert wie Hass. Und wenn wir dann in Lachen ausbrechen, lachen wir über Dinge, die wir lieben, ebenso wie über Dinge, die wir hassen. Wir lachen über unsere eigene Liebe und unseren Hass. Wir lachen über unsere politischen Freunde und auch unsere Gegner. Wir lachen über uns als Väter und Söhne, als Verheiratete oder Unverheiratete, als Ärzte oder Rechtsanwälte. Wir lachen über unsere Ernsthaftigkeit einschließlich der ernsten Welt unserer Geschäfte. Solange man wirklich lacht, fühlt man keinen Hass, keine Liebe, kein Mitleid. Man kann sich daher auch nicht selbst bemitleiden.

Wenn wir lachen, heben wir unsere Emotionen auf und unsere Betroffenheiten, und zwar alle. Wir meinen es nicht ernst. Man kann seine Betroffenheit nicht im Ernst aufheben, und deshalb brechen wir in Gelächter aus. Doch man lacht nicht während der gesamten Aufführung eines komischen Dramas oder der Lektüre eines komischen Romans oder die ganze Zeit, in der man einen komischen Film sieht. Man lacht in Wellen, von Zeit zu Zeit. Wenn jeder Satz eines ganzen Stückes ein „Gag" ist, dann handelt es sich nicht um ein hohes komisches Genre.

Ein Werk hoher komischer Kunst, und nur um solche geht es in diesem Buch, bringt uns in Wellen zum Lachen, das heißt, es gibt Zeiten, in denen wir nicht lachen. Wir müssen weiterhin lesen, zusehen oder zuhören, und während wir lachen, können wir das nicht. Die Schauspieler halten inne, während das Publikum lacht. Auch bei einem Witz lacht man erst, wenn er eigentlich „vorbei" ist, man lacht genau dann, wenn man nicht länger aufmerksam sein muss. Unsere emotionale Betroffenheit, unsere Ernsthaftigkeit sind während der Aufführung einer Komödie nicht gänzlich aufgehoben (geschweige denn bei einem Roman), sondern nur von Zeit zu Zeit. Und diese Aufhebung ist nicht notwendigerweise total. Wenn eine Komödie einen Aspekt des Verhaltens einer Figur verspottet, lachen wir nicht über die ganze Figur, und wir können ihr gegenüber immer noch positiv oder negativ empfinden, wir können sie mögen oder nicht, zu ihr halten oder nicht. Es gibt kein „Happy End" ohne positive und negative Anteilnahme, ohne Ernsthaftigkeit. Es stimmt schon, satirische Komödien haben keinen guten Ausgang, zum Beispiel Gogols „Revisor", doch in einem solchen Stück kann die negative Anteilnahme nicht dauernd aufgehoben werden. In einem satirischen oder polemischen Roman wie Swifts „Gullivers Reisen" lieben wir kein einziges menschliches Wesen, aber durch die komische Darstellung lernen wir Vieles mehr zu hassen. Die Ernsthaftigkeit wird also nie ganz aufgehoben, sondern nur teilweise, wie auch die emotionale Anteilnahme an der einen oder anderen Figur nie ganz oder abschließend aufgehoben ist. Wir sehen, dass etwas oder jemand aus der Ferne irrational oder lächerlich erscheint, doch auch mit Anteilnahme, als jemanden, den man lieben, hassen, bedauern oder verachten oder mit dem man mitfühlen kann. Doch durch den entfremdeten Blick geschieht etwas Wichtiges: Wir sehen dadurch Dinge, die wir vorher nicht gesehen haben, bemerken Umstände, die wir vorher nicht wahrgenommen haben.

Meine wohlinformierten Leser werden zweifellos noch eine weitere Korrektur anbringen wollen: Warum stellen Sie es so dar, als hätte nur das komische Genre einen so dauerhaften Effekt, schließlich gehört eine solche Wirkung zum Anspruch jedes bedeutenden Kunstwerkes, nämlich, uns Dinge sichtbar zu machen, die wir zuvor nicht bemerkt haben? Die aufmerksamen Leser haben erneut recht, und ich entschuldige mich. Ich muss meine Aussage modifizieren. Die komischen Genres lassen uns Dinge und Figuren in einem anderen Licht sehen, indem sie unsere Betroffenheit selbst verändern. Komödien verändern unsere Betroffenheit, indem sie sie stärken, schwächen oder auf andere Art, und indem sie uns die Möglichkeit geben, uns von bestimmten Dingen stärker zu distanzieren. Sind wir Wellen von Gelächter ausgesetzt, gewöhnen wir uns an den Wechsel der Einstellungen und der Betroffenheit und gewinnen Distanz dazu. Die komischen Genres haben erzieherische Wirkung, nicht weil sie eine Moral darstellen oder eine Lehre erteilen, wie manche behauptet haben, sondern weil sie unsere Identifikation lösen und uns darin üben, uns von etwas oder von uns selbst zu distanzieren und unsere emotionalen Bindungen und Beziehungen neu zu formen.

Zur Erklärung für den verehrten Leser erörtere ich zum Schluss die Art von Betroffenheit, die ich „indirekt" nenne. Der komische Roman lässt uns an Figuren, Dingen und Ideen Anteil nehmen, die uns zuvor nicht gefesselt haben. Er hilft uns, die Anteilnahme an Figuren und Dingen zu lösen, die uns zuvor beschäftigt haben, und er stärkt oder schwächt unsere Anteilnahme, indem er uns von Zeit zu Zeit mit denselben Dingen beschäftigt und dann auch wieder nicht. Die Anteilnahme wird durch indirekte Erfahrungen und die Aufhebung direkter Erfahrungen verändert.

„So weit, so gut", sagt der gebildete Leser. „Ich verstehe, dass komische Werke mir Dinge nicht nur in einem anderen Licht zeigen, sondern auch meinen Sinn für Distanz und Identifikation verändern und auch die Beziehung zwischen sogenanntem rationalem und emotionalem Denken sowie egozentrischem und selbstlosem Denken. Ihre Geschichte läuft auf folgende kleine Schlussfolgerung hinaus: Die Wirkung des Komischen ist ernst, und die Art der Ernsthaftigkeit der Rezipienten ändert sich oder kann sich zumindest ändern. Doch Sie haben dabei die Ernsthaftigkeit nicht gut vertreten. Denn komische Genres sind nur verschleierte Märchen, es sind Träume und Fantasien, Stücke und Spiele, wie Sie selbst einige Kapitel zuvor zugegeben haben. Sie werden sich wohl an die Stelle erinnern, denn Sie haben sie geschrieben. Also, wie tief kann die Ernsthaftigkeit gehen, die sie vertreten?

Wie immer hat der gebildete Leser nicht ganz unrecht. Auch wenn er sich dabei auf meine Bemerkungen speziell über Witze bezieht (die in diesem Falle Kant und Freud folgen), bin ich bereit, die Herausforderung anzunehmen. Der gebildete Leser zieht einen anderen Begriff von Ernsthaftigkeit aus dem Hut, als ich ihn bisher erörtert habe, aber er könnte trotzdem recht haben, wenn er mich damit konfrontiert. Schließlich muss nicht jeder meine Auffassung von Ernsthaftigkeit akzeptieren. Jeder kann einen anderen Vorschlag machen. Wenn ich den gebildeten Leser recht verstehe, dann meint er, dass man immer dann im Ernst spricht, wenn man sich auf etwas „Reales" bezieht. Das Thema ist zu umfangreich, um hier behandelt zu werden. Irgendwo in diesem Buch – ich weiß nicht mehr genau, wo – deute ich einige Antworten an auf die Frage nach der „Realität" von etwas. Wenn ich mich richtig erinnere, sage ich etwas in der Art, dass Wahrheit und Realität sich nur in Hegels Philosophie völlig vereinen lassen. Nicht alle Zerrspiegel sind wahre Spiegel, nur einige. Was ist Wahrheit? Der gebildete Leser kann nicht erwarten, dass ich hier, am Ende meines Buches, Platons Frage für mich beantworte. Oder doch? Die Frage nach der Wahrheit verlangt nicht nach der Wiederholung einer Offenbarung („Ich bin die Wahrheit …"). Auch bei der Frage, was offenbarte komische Wahrheit ist, geht es nicht um die Wahrheit einer Offenbarung, denn das eine ist die Offenbarung des Einzigen als Absolutem und das andere enthüllt Einzigartiges, das ganz und gar nicht absolut ist. Die Wahrheit von Kunstwerken kann im Allgemeinen mit enthüllender Wahrheit umschrieben werden, und komische Werke machen da keine Ausnahme. Ihre Wahrheit, wenn es überhaupt um Wahrheit geht, ist enthüllend. Man kann diese Wahrheiten zeigen (ich spreche hier im Plural, denn alle Werke sind einzigartig, aber nicht absolut), und wenn man die Frage nach ihrer Wahrheit mit der Frage „Was ist Wahrheit?" beantwortet, dann bleibt diese Antwort immer noch komisch, so wie die Frage „Was ist Realität?" (die Pilatus nicht gestellt hat). Offenbarte Wahrheit kann angenommen oder abgelehnt werden, aber wenn es um Kunstwerke geht, geht es nicht um Glauben, sondern um Geschmack. Aus diesem Grund bin ich bereit, die Behauptung des gebildeten Lesers zu akzeptieren, dass wir es hier mit Spielen im doppelten Sinn zu tun haben. Klären müssen wir jedoch, lieber gebildeter Leser, dass Geschmack nicht gänzlich unabhängig ist von der Person, die ihn hat. Geschmack zeigt zum Beispiel, ob eine Person in ihrer Missachtung oder Zuneigung zum komischen Genre Sinn für Humor hat. Ich nehme an, der gebildete Leser hat Sinn für Humor, denn sonst hätte er mich nicht der Lächerlichkeit preisgegeben, indem er eine so naive Frage stellt, auf die ich, wie er sicher weiß, nur eine dumme Antwort geben kann.

*****

Der ungeduldige Leser hat jetzt wirklich geduldig gewartet und drängt mich nun, genau an diesem Punkt, endlich das Wort „ENDE" zu schreiben. Im Ernst: Ich hätte dies schon getan, auch um ihn zufriedenzustellen, aber das Wort

„ENDE" erinnert mich an etwas, was ich Ihnen noch erzählen wollte, liebe Leser. Mir ist bewusst geworden, dass ich vielleicht eine vorläufige Antwort auf die vorläufige Frage geben könnte: Worüber lachen wir? Natürlich gibt es auf diese Frage keine Antwort, denn wie wir nun wissen, ist das Komische heterogen, und wir lachen über so viele verschiedene Dinge, dass es ganz unmöglich wäre, auch nur einen guten Teil davon aufzuzählen, selbst wenn das Buch doppelt so dick wäre. Doch wenn ich keine Angst hätte, als Holistin gebrandmarkt zu werden oder als Metaphysikerin oder als sonst ein komisches Monster, dann hätte ich bereits den Mut gefunden, eine vorläufige ANTWORT zu geben. Nur Mut! Mit Ihrer freundlichen Erlaubnis oder ohne sie habe ich Mut gefasst und das Wort „ENDE" ausradiert (es stand hier oben), um eine Wette abzuschließen.

Wir sind die „Geworfenen" und werden es niemals schaffen, die Lücke zwischen den beiden Apriori-Bedingungen der Conditio humana zu überbrücken. Wir lachen und weinen aus der Sicht des sozialen Apriori und/oder des genetischen Apriori. Wir lachen oder weinen über – „Um Himmels willen, Sie wiederholen sich, und das nennen Sie Mut oder eine Wette?" Nun gut, ich komme zum Punkt. Es war schon im ganzen Buch offensichtlich, aber wir erkennen das Offensichtliche meist nicht. Ich werde das Weinen im Moment übergehen. Aber, um meinen Gedanken zu Ende zu führen, wir lachen über etwas, dass allem gemeinsam ist, über das wir lachen, je gelacht haben und jemals lachen werden. Das Offensichtliche ist in den drei Theorien über das Lachen versteckt. „Wie kann das Offensichtliche versteckt sein?" Ich möchte Sie an unsere drei Theorien über das Lachen erinnern: die Theorie der Dominanz, die Theorie der Befreiung und die Theorie der Inkongruenz. Mir wird nun bewusst, dass alle drei Theorien auf dieselbe Sache hinweisen. Ich verspreche, mich kurz zu fassen.

Die menschliche Existenz selbst ist die wesentliche Inkongruenz. Inkongruenz ist also das Wesen der menschlichen Existenz. Wir werden geboren, um zu sterben. Alles, wofür oder wogegen wir leben, all unsere Versuche, über den Abgrund zu springen oder ihm beizukommen, unsere Erkenntnisse und Emotionen, die Tatsache selbst, dass wir immer mit etwas beschäftigt sind, ist inkongruent mit *nichts*. Auch der Tod (nicht das Sterben, das ist etwas) ist nichts. Kant hat den Witz als Gedankenspiel beschrieben, das plötzlich im Nichts endet. Das menschliche Leben ist wie ein Witz. Es ist wie ein Roman oder ein Drama, das im Nichts endet – ein komischer Roman, ein komisches Drama: die menschliche Komödie. Ohne die Lücke zwischen den beiden Apriori gäbe es kein Bewusstsein der menschlichen Komödie. Hier kommt wieder die Dominanztheorie ins Spiel.

Wenn wir in Gelächter ausbrechen, fühlen wir unsere Kraft, wir werden ermächtigt und überwinden in diesem Augenblick den Tod. Nun kommt wieder die Theorie der Befreiung. Befreiung von der Tyrannei des Despoten (auch wenn nur in einem komischen Drama oder einem Witz) führt dazu, dass wir uns in innerster Seele frei fühlen und unsere Angst vor dem Tod loswerden. Gleichzeitig öffnet uns die Befreiung von unserem inneren Zensor für die Aufgabe, uns als Sterbliche zu verstehen und bewusst mit der Perspektive der Sterblichkeit zu leben. Alle drei Theorien des Lachens besagen, dass wir jedes Mal, wenn wir lachen, über den Tod lachen.

„Ich muss Ihnen sagen", meint der gebildete Leser, „Sie haben ihre Wette bereits verloren, denn Sie sind zu weit gegangen. Man kann nicht über den Tod lachen ohne eine große Liebe zum Leben, und nicht alle komischen Schriftsteller lieben das Leben. Sie haben selbst den Alceste-Typ des komischen Autors erörtert und auch das komische Werk mit melancholischem Blick, das, wie Sie deutlich sagen, eine typische Form zumindest des komischen Romans ist. Und vergessen Sie nicht, auch in der existenzialen Komödie wird der melancholische Blick wesentlich." Der gebildete Leser hat wie immer nicht unrecht. Und doch hat er unrecht, denn ich kann meine Wette am besten mit der existenzialen Komödie stützen. Denn in ihr manifestiert sich die verborgene Wahrheit am stärksten: Der Tod selbst wird komisch dargestellt – bei Beckett und Ionesco und manchmal sogar bei Kafka. „Vergessen Sie's", sagt der gebildete Leser, „eine Wette muss sich ohnehin auf nichts stützen. Sonst wäre es ja keine Wette." Nehmen Sie es also bitte als Hypothese. „Einverstanden", sagt er.

Weil ich ihn auch jetzt, am Ende, nicht loswerde, frage ich den gebildeten Leser, ob er meine Hypothese unterstützen würde, nachdem ich sie ihm zuliebe eine Hypothese genannt habe. „Welche meinen Sie", gibt er zurück und deutet damit an, dass ich mehrere Hypothesen aufgestellt hätte. Ich bitte Sie also, meine letzte Hypothese zu unterstützen. Ich fasse sie zusammen: Weil wir Sterbliche sind, muss die Komödie unsterblich sein. Ich hoffe Sie stimmen mir zu, dass dies eine präzise formulierte, wunderschöne Hypothese ist. Bitte pflichten Sie ihr bei.

Der gebildete Leser antwortet: „Die Formel ist dumm genug, um als Zusammenfassung am Ende eines Buches zu stehen, das sich bemüht hat, das Phänomen des Komischen zu erfassen. Also gut, ich stimme zu. Solange wir sterblich bleiben, wird die Komödie unsterblich sein."

ENDE

Dank

Ich danke meinen Freunden Andras Kardos, Gergo Angyalosi, Otto Hevizi und Tibor Pongracz, mit denen ich die ersten Kapitel des Buches in ihrer ungarischen Version besprochen habe, sowie Mari Zsámboki posthum. Ich danke Bela Bacso, der auch spätere Kapitel gelesen hat und über dessen großzügige Anmerkungen ich ernsthaft nachgedacht habe. Ich bin den ebenfalls schon verstorbenen György und Maria Márkus dankbar, die fast das ganze Buch sehr genau gelesen haben und deren kritische Lektüre mich veranlasst hat, die Komposition des Kapitels über Witze zu korrigieren, und mich auf die Schwierigkeiten dieses Unternehmens aufmerksam gemacht hat. Ich danke auch den Studenten meines Seminars über „Komödie und Philosophie" an der New School Graduate Faculty 2002, vor allem Robert Gero, von dessen Fragen und Anmerkungen ich sehr profitiert habe. Ich danke Andrew Van Kempen für seine Unterstützung in bibliografischen Fragen und seine Arbeit an der Endfassung. Mein wärmster Dank geht allerdings an Katie Terezakis – für ihre Liebe zu diesem Buch, ihre fortwährende Hilfe, ihr Interesse und ihre Unterstützung und – last but not least – ihre gewissenhafte Textbearbeitung.

Dieses Buch ist meinem lieben Freund und Kollegen Richard Bernstein gewidmet, einem großen Liebhaber der Philosophie, dessen Ernsthaftigkeit und Begeisterung für alle guten, schönen und wahren Dinge seinem wunderbaren Sinn für Humor nie im Wege standen.